1　天寿国繍帳女性像

天寿国繍帳は，聖徳太子の没後，妃の橘大郎女《たちばなのおおいらつめ》の発願により天寿国での太子のさまを刺繍したとされるもので，数個の残欠を貼合して額装したものが現在に伝わる。鎌倉時代の補修部分も多いが，この女性像の部分は制作当初のものとされる。天寿国の女性像と推測されるが，腰下丈の上衣に襞をたたんだ裳《も》という装いは埴輪女性像と共通するものであり，下絵は当時の上流層の女性の姿をモデルに描かれたと考えられる。

2　舞　姫　（『年中行事絵巻』）

後白河法皇（1127 − 92）の要請によって描かれた『年中行事絵巻』であるが，内裏炎上によって原本は焼失した。現存伝本の主たるものは，近世前期の住吉父子による模写本であるが，平安末期の風俗を知る第一級の資料であることに変わりはない。この「舞姫」は，正月の内宴行事における内教坊《ないきょうぼう》（宮中の舞教習所）の舞妓たちである。髪上げをして花釵《かさ》を挿し，唐衣《からぎぬ》裳《も》装束《しょうぞく》に領巾《ひれ》・裙帯《くたい》を加えており，平安時代の最盛装である物具装束《もののぐしょうぞく》の姿がうかがえる。

3　狩衣姿　（『春日権現験記絵』）

春日神社の由来と霊験を描く『春日権現験記絵』は延慶2年（1309）の制作である。春日大明神を長年拝み続けてきた信経が関白の病気平癒を祈ると，病悩はたちまち回復した。褒美として与えられた御剣と御衣を持つ高齢の信経の手をひく2人の公家は，狩衣《かりぎぬ》に立烏帽子姿である。腰の曲がった信経は神事の際着用される狩衣と同形の白い浄衣《じょうえ》を着ている。

4　大　鎧　（『蒙古襲来絵詞』）

武士は戦場で戦功をあげて恩賞を手にするために戦ったが，手柄を立てた時にそれが誰なのか見分けがつくよう，鎧の威毛《おどしげ》や鎧直垂《よろいひたたれ》に意匠を凝らした。『蒙古襲来絵詞』には肥後国の御家人竹崎季長が，文永の役・弘安の役で奮戦する様子が描かれている。季長は騎馬で赤糸威《あかいとおどし》の大鎧を着て弓矢と太刀で武装している。前方には腹巻を着け，走りやすい足《あし》半《なか》を履いた雑兵の姿がみられる。

5　白縮緬地京名所文様友禅染縫小袖

友禅染は，文様の輪郭に防染糊を置き細やかに色を挿す技法で，江戸時代前期に染織技術がめざましく発達するなかで考案された。絵を描くように多彩な文様を表すことが可能であったことから，18 世紀以降，町人女性の主要な小袖装飾技法となる。この作品は，清水寺や五条大橋など京都東山の名所と往来する人びとを小袖全面に表す絵画的な構図の文様を，微妙なぼかしなど装飾的な色遣いで繊細に表現した 18 世紀前・中期の友禅染を特徴づける小袖である。

6　お茶の水高等女学校運動会　(『風俗画報』279 号所載)

当時は集団訓練によって心身を鍛錬する目的で運動会が奨励され，各学校において盛んに行われた。「お茶の水」の通称で親しまれた女子高等師範学校附属高等女学校では，明治 31 年に通学服装は袴着用と規定され，生徒は地質がセル・サージ・モスリンなどの毛織物で，色は海老茶・紫などの袴をはくようになった。この運動会でも生徒の多くは振袖のきものと袴に靴をはいた姿であるが，なかには洋服姿もみられる。

7　パリモード便り　(『婦人グラフ』大正 15 年 5 月号所載)

「五月の風（巴里最新流行衣裳）」として掲載された。この頃日本にもパリのモードがいち早く紹介されるようになる。この年，ヨーロッパではモードが一大転換してシルエットが円筒化し，スカートは短くなって膝下丈となった。この後，スカート丈は 1930 年までさらに短くなっていく。断髪にショートスカートのギャルソンヌスタイルにともなって，山の高い，いわゆるお釜帽が流行した。

日本衣服史

増田美子［編］

吉川弘文館

目次

人はなぜ衣服を着るのか

衣服の起源　地球上にはさまざまな動物がいるが、そのなかで衣服を着ているのは人間だけである。なぜ人間は衣服を着るのであろうか。

人類の歴史は、今から五〇〇万年ほど前の猿人から始まるとされる。彼らは直立歩行をしていたが、全身が獣毛で覆われていたかどうかは明らかではない。さらに、五〇万年ほど前の北京原人やジャワ原人など原人の頃になっても、まだ、衣服着用の痕跡はみられない。

現時点において、人類が衣服を着た可能性をうかがうことができる最古の資料は、コロモシラミの出現である。おそらく衣服が着用されるようになったために、頭シラミから枝分かれしてコロモシラミが誕生したのではないかと考えられており、その出現時期は、ドイツのマックスプランク研究所の研究によると、今からおよそ七万二〇〇〇年前とされている（『朝日新聞』二〇〇三年八月十九日付）。これはネアンデルタール人やローデシア人など旧人の時代である。さらに時代が下り、五万年ほど前の現生人類の直接の祖とされるホモ＝サピエンス（新人）になると、中国周口店上洞遺跡から骨針が出土する。毛皮などを縫い合わせて衣服を作成したのであろう。

全身が獣毛で覆われていたか否かは不明であるが、いずれにしても裸で暮らしていたであろう人類の祖先は、なぜこのように衣服を着るようになったのであろうか。この疑問には古くから関心が寄せられており、現在までに身体保護説、羞恥説、装飾本能説、呪術説、特殊性説、集団性説、紐衣説の七つの起源論が主張されている。

身体保護説　これは、気温の変化や害虫・茨などのさまざまな外敵から身体を保護する必要性から衣服が着られるようになったという説である。野生の動物を追って山野を駆け巡っていた当時の人びとの生活を考えれば、茨・害虫・獣などから身体や皮膚を守るために体を覆ったのではないかとの考えも浮かぶ。しかし、地球上には近年まで裸で暮らしていた人たちがいた。彼らは、何万年いや何十万年ものあいだ裸で暮らしていたのであり、彼らの皮膚は非常に強靭であって、虫を寄せつけないばかりか、藪のなかを走りまわっても皮膚を傷つけることなどはない。長年裸で暮らしていたであろう人類の祖先の皮膚は、この裸族の人たちと同様に非常に強靭なものであった可能性は高く、外敵からの保護という理由で衣服を着用する必要性はなさそうである。

他方、気温の変化への対応ということは考えられる。人類が最初に居住していたとされるアフリカにおいては、現代の裸族と同様衣服の必要性は低いであろうが、原人になると中国の北京郊外にまで居住域を拡大する。現在でもこの地域の冬の寒さは厳しく、気温は氷点下二〇度以下が続く。まして原人たちはいく度かの氷河期を経験しており、この地域の寒さは現代よりもさらに厳しかったことが推測できる。衣服着用の証拠となるものは出土していないが、彼らがこの寒さへの対応として毛皮などを纏《まと》った可能性は十分考えられるのである。

羞恥説　人類の衣服の起源については、すでに『旧約聖書』「創世記」に記されている。アダムとイヴが禁断の木の実を食べたことにより羞恥心が目覚め、二人はイチジクの葉で生殖器を覆った。このことにより人間は衣服を着るようになったというものである。ヨーロッパのキリスト教全盛時代においては、これこそが衣服の起源であると信じられていた。しかし、現代まで存在しつづけたアフリカやインドネシアそしてアマゾン流域の裸族たちは、男女とも素っ裸で暮らしているが、彼らはなんら羞恥心を感じていない。羞恥心は覆うことによって生じるものであり、元来裸でいたとされる人類の祖先に突然生じるものではないのである。したがって、今日ではこの説は完全に否定されている。

装飾本能説　人間には装飾本能があり、これに基づいてなにか物を身に装ったとするものである。たしかに裸族の人たちには、入墨《いれずみ》やボディペインティングをしている例を多くみかける。しかし、これは装飾本能によるものとはいえず、その多くは呪術から生まれ、しだいに装飾となった可能性が高いものであり、このせっかく美しく描かれた入墨やボディペインティングは、衣服で覆うとみえなくなってしまうものでもある。したがって、装飾本能から装ったというのには説得力が薄い。が、美しい豹や虎の毛皮などをファッションとして装い、それが常習となった可能性も否定はできない。

呪術説　科学の未発達な時代においては、呪術は人間の生存と深く関わるものであり、悪霊から身体を守るために衣服が着用されはじめたという説は、原始状態の人びとの精神面からすると説得力のあるものである。前述のように、入墨やボディペインティングも、そして種々のアクセサリー類も、その起源は呪術にあるとされるものが多い。しかし、これら呪術目的で施された文様や色彩も、装飾説と同様に衣服で覆われれば、その効力は薄くなる。よって、呪術説も皮膚装飾や装身具の起源論としては有力なものであるが、衣服の起源論となると説得力は弱い。ただ、ギリシャ神話のなかに、雷から身を守るために、女神アテネはゼウスから牝山羊の毛皮をもらい、ケープ状にはおった話がみえる。このように、特殊な毛皮などに呪力をもたせ、それを纏うことにより災厄から身を守ることができると信じ、装ったことが始まりということも考えられなくはない。

特殊性説　この説には、集団の統率者やシャーマンが、集団のなかでのみずからの地位を顕示するために特殊な毛皮などを装ったとするものと、集団のなかで異性に対してみずからをアピールするためになにかを装ったとする二通りがある。集団生活を営むことにより、みずからの存在を維持し発展させてきた人類の祖先たちの暮らしぶりを考えると、たしかに集団の統率者が統率力を高める目的で、トラなどの猛獣の毛皮を装った可能性も考えられなくはない。アメリカ先住民族の首長のつける羽冠や台湾先住民族の部族長のかぶるイノシシの牙で飾った帽子などのように、部族の長などがほかの集団構成員とは異なる装いをしている例は多い。しかし、それらはいずれも頭部の装いであり、衣服での区別ではない。異性へのアピールも同様である。

集団性説　特殊性説と表裏をなすものであり、集団で生きていた人びとのなかには、集団の団結と他集団との区別のために、その集団独特のなにかを装ったのではないかとする説である。たしかに、裸体で暮らしているアマゾン奥地のシクリン族の女性たちは、全身に青土で縦縞模様を描いているが、これはほかの部族の女性と区別するためであると説明されている。このように、シクリン族のボディペインティングと同様、ほかの集団と区別する目的で、集団の構成員全員がなにか特殊な毛皮や樹皮布を纏ったという可能性もなくはなかろう。

紐衣説　もっとも新しい説である。人類の祖先は、長年にわたって狩猟・採集の生活をしていた。彼らが収穫物や獲物の保持運搬の目的で、植物の蔓《つる》や動物の腱《けん》を腰に巻いたのが衣服の起源であるとするものである。腰紐があればたしかに、石刀・石斧《せきふ》などの狩猟・採集の道具も腰から下げることができ、両手は自由になり、狩猟・採集効率も格段に高まるであろう。このように、人類が最初に身につけたものが腰紐であった可能性はたしかに高いと思われるし、実際に、裸族の人びとのなかにも、腰紐のみを身につけている者は多い。

しかし腰紐は衣服ではない。道具や収穫物の保持運搬の機能は腰紐のみで十分果たされており、腰紐から衣服が生まれたとするのには無理がある。ただ、腰紐は、身体に毛皮などの衣服をとめる大切な役割を果たすものであり、また、フンドシや腰蓑《こしみの》も腰紐がなければ装えない。したがって、腰紐は衣服ではないが、衣服の着装という面からすると無視できないものでもある。

有力な仮説はどれか　以上七つの説のうち、羞恥説は現在では完全に否定されているので、衣服の起源としては六つの可能性が考えられるということになる。これらの起源論のなかで、やはり有力なのは、身体保護説であろう。人類の歴史は居住地の拡大の歴史でもあり、寒冷地に移住しなければならなかった者たちにとっては、衣服は生命維持のための必需品であるからである。彼らは生きるために衣服を着用しはじめたと考えられる。

しかし一方で、身体の保温を必要としない人びとのあいだでも衣服は着用されるようになった。その要因としては、人間が集団で社会生活を営む存在であったことが大きいであろう。特殊性や装飾本能や呪術でなにかを装った者がいたとしても、それが個の段階にとどまっていたのでは、衣服の存在とはいえない。それが部族集団のあいだに拡大して、身体をなにかで覆うことが集団員のあいだで常態化したときに、はじめて衣服は誕生したといえるのである。そしてこの拡大のプロセスこそ、まさしくファッションであり、以降の人類の衣服の発展を支えたものでもある。生命維持の必要性から衣服を着用するようになった人びとのあいだにも、生活にゆとりが生まれるにつれて、ファッション性が生じ、人類の衣服の歴史がかたちづくられてゆくのである。

日本人と衣服　日本一帯に住みはじめた日本人の祖先たちは、現段階では、今から五万年ほど前の、現生人類の直接の祖である新人と考えられており、当時の日本あたりの気温からして、当然のことながら衣服を着用することを常習とした人びとであろう。彼らの衣服の中心はおそらく毛皮であったと考えられる。以降今日まで、日本人の衣服の歴史は一万数千年以上という長い歴史になるのであるが、その変遷の考察にあたっては、七つの時期に区分するのが妥当かと思われる。

第一期は原始衣服の時期で、縄文時代から弥生時代までにあたり、一万年ほどの長期間である。この時期には毛皮だけでなく、編物による衣服も着られるようになり、さらに縄文末期には麻や楮《こうぞ》などの草皮・樹皮から繊維をとって布を織ることも始まった。その後は布製の衣服が日本人の衣生活の基本となる。弥生時代には養蚕も伝わり、支配者層には美しい絹製の衣服も着られるようになった。この時期は時間的には非常に長いものの、衣服の発達はいたって緩慢であり、ごく簡単な貫頭衣《かんとうい》や巻《まき》布《ぎぬ》形式の衣服を着ていたと考えられている。一方この時期には、腕輪やネックレス、ピアスなどの装身具類が盛んに装われたことも忘れてはならない。

第二期は胡服《こふく》の時期であり、古墳時代から白鳳時代前期までに該当する。この時期は大和の王権がしだいに強力となり、天皇を中心とした中央集権国家が誕生し、以降のわが国の文化に大きな影響を与える仏教も伝来するというように、政治的・社会的にも文化的にも変化の激しい時期である。時間的には四〇〇年にわたるとはいえ、衣服においてはあまり大きな変化はみられない。中国北部から朝鮮半島にかけて勢力を誇っていた騎馬民族の装いである身体に添った形の窄衣《さくい》形上衣と褌《はかま》（ズボン状のもの）や裳《も》（スカート状のもの）という胡服形式の衣服が支配者層の中心的衣服となり、これが着用されつづけた時期である。この胡服形式の衣服は、現在の洋服を思わせる形態のものであるが、これと同形式の衣服がヨーロッパにゲルマン人などによってもたらされ、今日の洋服の起源となるのである。したがって、以降もこの胡服がわが国の服飾として定着していれば、日本の服飾はいち早く洋服に近いものになっていた可能性が高いが、中国に唐王朝が誕生することで大きく変化する。

第三期は唐風化の時期で、白鳳時代後期から平安時代前期までの二〇〇年ほどである。六一八年に唐が中国を統一し、西ではイスラム帝国と境を接する巨大帝国が誕生した。日本は、この唐に使者や留学生を派遣してその文化の吸収に積極的に努め、唐風の都をつくるとともに、唐に倣《なら》って律令・官人体制を整備した。そして、服飾においても、積極的に唐の服飾に同化する政策をとった。したがって、奈良時代中期には、衣服はもちろんのこと髪形からクツにいたるまで、男女とも唐の男女の服飾に近い姿となった。この唐風志向は、平安京が完成した後にはさらに拍車がかけられ、平安の都には唐風の建物が建ち並び、都大路には唐風ファッションの男女が行きかっていたのである。

第四期は国風化の時期である。寛平六年（八九四）の遣唐使廃止以降、朝廷は積極的に中国文化を摂取することをやめてしまった。以降平安中期から後期にかけては唐風文化を日本的に変化させ、かな文字や寝殿造り建築などを誕生させた貴族文化の最盛期となる。これは衣服においても例外ではなく、貴族男性の中心的衣服である束帯《そくたい》や直衣《のうし》は唐風の衣服を大きくゆったりとした形に変化させたものである。しかし、女性の中心的装いとなる袿《うちき》姿は、唐風の衣服が変化したものではなく、平安中期以降女性が奥にいることをよしとする風潮のなかから生まれたものであった。とはいえ、正装の際に袿姿の上に装う儀礼的な意味を持った唐衣《からぎぬ》と裳は、唐風の衣服が変化したものである。

第五期は武家服装の成立の時期であり、鎌倉・室町時代の四〇〇年弱に該当する。武家政権誕生とともに、政治の中枢にある武家たちは、狩衣《かりぎぬ》や水干《すいかん》という自分たちが平安時代に装っていた衣服を武家の公服とした。しかしその後、武家政権が確固たるものになると、垂領《たりくび》仕立て（今のきものの形の襟）の直垂《ひたたれ》形式の衣服を武家の公服とするようになる。この直垂形式の衣服の袖がなくなった簡略な肩衣《かたぎぬ》と袴《はかま》形式の衣服が、戦国時代を経てしだいに重宝されるようになり、これが江戸時代に入って形式を整え裃《かみしも》となるのである。公家たちはおおむね平安時代の装いのままでいたが、財政的に厳しくなるにしたがって、重ねる枚数を減らすとともに、簡略化してゆく。

第六期は庶民服飾の充実の時期であり、織豊から江戸時代にわたる三〇〇年ほどである。武家の支配下にあった庶民ではあったが、町人のなかには経済力を蓄え、武家をしのぐ贅沢をする者も現れた。これに対し幕府は種々の禁令を出して統制を試みたが、実効は少なく、とくに中期以降は服飾文化のリーダーは町人に移行してゆく。江戸時代においては武家・庶民を問わず衣服の中心は小袖《こそで》であり、着るものといえば小袖であったことから、小袖は「着物《きもの》」と呼ばれるようになった。袖口が手首が通るほどしか開かない小袖形式の衣服は、古代から庶民のあいだでは実用的な衣服として用いられていたものであるが、平安後期になると貴族たちも広袖の衣服の下に防寒用下着として着用するようになる。これが武家社会になって重ねる枚数の減少とともに、しだいに表面に出ていったものである。とくに戦国時代以降は、武家も庶民も小袖が表衣《おもてぎ》として着られるようになり、美しい色や文様がつけられて表衣として完成してゆく。こうして、江戸時代のファッションは、小袖の文様や色そしてこれを結びとめる帯の文化となるのである。

第七期は洋風化の時期であり、明治維新以降現代までである。欧米の強力な文化に触れた明治政府は、政府主導のもとに急速な服飾洋風化政策をとる。七世紀後半から一二〇〇年弱にもおよぶ長期間にわたって男性の頭に君臨しつづけてきた髷《まげ》を切ることを奨励して洋髪の普及に努めるとともに、軍人・警察官・官吏に洋服の制服を制定し、国家体制の中枢部から洋装化を推進した。そして会社勤めのサラリーマンなどの多くは政府の政策のもとで洋服を着用するようになる。しかし出勤時には洋服着用の彼らも、自宅に帰るときもので寛ぐというように和洋二重の生活を過ごしていた。その後、日清・日露戦争、第一次大戦と経過するなかで従軍経験者も増え、一般男性のなかにも洋服に慣れる人が増加していった。第二次大戦では全員が軍服か国民服という洋服着用となり、洋服があたりまえの生活となってゆく。

一方、明治政府は条約改正の思惑もあり、一八八三年、日比谷に社交クラブ鹿鳴館《ろくめいかん》を作り、ここでの舞踏会に出席する貴族女性には洋服が奨励された。この風潮のなかで、東京女子師範学校など一部エリート女学生の制服も洋装化されたが、一八九〇年代の国粋思想の高まりのなかで舞踏会は下火となり、貴族女性や女学生の洋装も姿を消していった。男性とは異なり、女性の洋服は一時的に、しかもごく一部のエリート女性のあいだでのみみられたものであり、大多数を占める一般女性には遠い存在であった。一般女性の多くは、依然として江戸時代そのままの、きものに帯という姿で過ごしていたのである。しかし、第二次大戦中には和服を改良した筒袖にもんぺ姿が多くなり、機能的な服装に慣れることとなる。戦後は、アメリカを中心とした連合国の占領下に入り、アメリカ文化の影響を強く受けた結果、男女とも急速に洋服中心の衣生活が浸透してゆく。

以上七つの時期区分に基づいて日本人の衣服の歴史を概観したが、その移り変わりに大きな影響を与えたのは、なんといっても騎馬民族文化や唐文化、そして欧米文化といった強力な外来文化であった。これらの外来文化を吸収し、それを日本的に改良して日本人の服飾を生み、そしてまた新しい強力な外来文化の影響を受けて変化するというかたちで、わが国の衣文化は変遷してきた。

日本の服飾文化を支えてきたもの

しかし、日本の服飾文化のなかには、外来文化の影響を受けながらも、古代より頑《かたく》なに守りつづけてきたものもある。その一つが季節と一体となる楽しみ、季節感の表現である。

日本人は古代より、自然の植物を服飾に取り入れて、自然と一体になることを楽しんでいた。『万葉集』に「梅の花　今盛りなり　思うどち　挿頭《かざし》にしてな　今盛りなり」（八二〇）の歌がある。「梅の花が今盛りだよ。心の合った者どうし、梅の花を手折って髪に挿そうよ。梅の花は今盛りだよ」という意味であり、梅の花を頭に挿して、梅の花と一体になることを楽しんでいる。「かざし」は本来は、頭に挿すことによりその植物の生命力を身体に取り入れ、延命長寿を願う呪術的行為であったが、この時代になると遊びの要素が強くなっている。

この古代からの自然との関わりの伝統のうえに、平安時代の貴族たちは重ね色目の文化を生んだ。衣服の配色に四季折々の紅梅・桜・菊などの植物名をつけるとともに、その植物の風情と季節感を衣服の色で表現し、桜の重ねを着て桜を愛でる宴に集うというかたちで、やはり自然と人間が一体になることを楽しんだ。

武家社会になると、旧暦九月九日の重陽《ちょうよう》の節句から三月末日までは冬の装い、四月一日から五月四日までは合いの装い、そして五月五日の端午の節句から九月八日までが夏の装いというように衣替えが定められ、季節に応じた装いがなされた。また、衣服の文様でも季節感が表現され、春の季節には梅や桜などその季節の植物の文様の着物を、秋の季節には菊や桔梗や女郎花などと季節に応じた文様のきものを着て、やはり季節を全身で表現することを楽しみとした。

この装いによる季節感の表現は、明治時代以降も、和服の世界ではごくあたりまえのこととして受け継がれてきた。季節はずれの装いは恥ずべきことであり、日本人の心得るべき教養の一つでもあった。しかし、第二次大戦後の生活全般の急速な洋風化は、日本人の衣生活における季節感の表現をも希薄にしてしまった。

現在でも衣替えの風習は、学校や企業などの制服の世界ではまだ残ってはいるが、地球の温暖化と冷暖房の普及は、急速に日本人の衣生活から季節感の表現を奪いつつある。日本人が営々と守りつづけてきたこの伝統がまったく消えてしまうのもそう遠いことではなさそうである。

一　縄文・弥生の衣服——衣文化の誕生

1　縄文人の衣と装身具

最古の装身具　今から二万年ほど前、寒さは厳しく、日本一帯の気温は今よりも七〜八度ほど低かった。海水面は低下し、人びとは地続きであった大陸と往来していたと考えられる。しかし、一万五〇〇〇年前より始まった温暖化に伴って、日本は列島となったが、ドングリやクリなどの落葉樹林が広がりはじめ、食料の種類も増えていった。そして彼らは、一万二〇〇〇年くらい前に、無文《むもん》土器や隆起線文《りゅうきせんもん》・爪形文《つめがたもん》などを施した土器を作って食物を煮炊きすることを知り、さらに一万年ほど前になると縄目を特徴とする土器を製作するようになった。

この頃には、竪穴住居を作って定住するようになり、一棟に一家族を単位として居住し、親族で環状集落を形成する。そして中期頃までは集落の中心部に墓を造っている場合が多く、居住域と墓域との区別はみられなかった。むしろ墓のなかの祖先霊に守られることによって安心して暮らしていたと考えられる。

縄文時代の遺跡からは多くの装身具類が出土しており、これらから、当時の装いの一端をうかがうことはできる。しかし、それらは死装束として装ったものや、埋葬儀礼のときに使用してそのまま遺体と一緒に埋めたものの可能性もあり、出土品についてはこの点を考慮する必要がある。

わが国における最古の装身具とされるものは、縄文時代草創期（紀元前一万二〇〇〇～一〇〇〇〇年頃）の長崎県福井洞穴遺跡から出土した隆線文土器の有孔円盤《ゆうこうえんばん》や石製有孔円盤である。これは胸飾りとする説（春成一九八三a）と、シベリアのレンコフカ遺跡から頭部に装ったかたちで同種のものが出土していることから、ヘッドバンドのアクセサリーで、しかも死装束とする説（土肥一九九七）がある。地続きであった頃、シベリアの文化が伝わってきたとも考えられなくはないが、出土地が九州という点からして、むしろペンダントのようなものの可能性の方が高いのではなかろうか。

自然素材を利用した豊富な装身具類　縄文早期になると、首飾りやペンダント、また腕飾りなど装身具の種類は増加する。愛媛県上黒岩《かみくろいわ》岩陰遺跡の紀元前八〇〇〇～六〇〇〇年の地層から、石製・貝製の垂飾品《すいしょくひん》が出土した。これらは、首飾りと推測されるものであるが、同様の垂飾品は滋賀県や長野県・茨城県の同時代の遺跡からも出土しており、この種の装身具類は当時すでに中部地方から関東地方まで広まっていたことがうかがえる。一方、動物の牙を用いた首飾りも、岩手県ひょうたん穴洞穴遺跡にみられ、首飾り類は相当に古くから装われていたことがわかる。また、この時代にすでに熊本県曾畑《そばた》遺跡から勾玉《まがたま》（ロウ石製）が出土しており、これも胸飾りか首飾りの一部と考えられる。首飾りらしきものが出土した愛媛県上黒岩岩陰遺跡からは、鹿角製のヘアピンも出土しており、熊本県轟《とどろき》貝塚からは女性の左右上腕部につけた貝製腕輪が、滋賀県石山貝塚からはベンケイ貝製の腕輪が出土しており、装身具の種類の増加のようすがうかがえる。

縄文前期（紀元前四〇〇〇〜三〇〇〇年頃）になると、ムラが生まれ、クリなどの食料の栽培も始まったとされるが、この頃には漆塗りも始まり、器だけではなく、頭部に装う櫛などの装身具も漆塗りの美しいものが作られるようになった。福井県鳥浜貝塚からは、表面に赤い漆を塗った挽歯《ひきば》形縦櫛《たてぐし》が出土している。この時代に出土する櫛はすべて髪に挿すかたちの縦櫛であり、装飾と呪術を兼ね備えたものと考えられる。

大阪府国府《こう》遺跡からは、一端に切れ込みのある石製の玦状《けつじょう》耳飾りや、またその数は少ないが、土器製や骨製の玦状耳飾りも出土している。形状が中国の玦に似ているのでこの名がつけられたが、一対で出土することが多く、両耳に装着したと考えられる。九州から北海道まで広く分布しているが、石製のものは相当に重く、死装束との説もある。また、同じ遺跡でも出土する割合が低いため、シャーマンなどの特殊な人物が装ったものの可能性が高い。

苦痛を伴う身体変工がみられはじめるのもこの頃であり、下顎の切歯二本を抜くなどの抜歯《ばっし》の風習が始まっているが、まだ普及率は低い。

縄文時代中期（紀元前三〇〇〇年〜二〇〇〇年頃）になっても、イノシシなどの動物の犬歯に穴をあけて紐で連ねた首飾りや、イタチサメの牙を磨いたもの、研磨された硬玉製の大玉ペンダントなど、特殊な人物が装ったと考えられる装身具類があい変わらず出土するが、もう少し広い層に装われたと考えられるのが貝製腕輪である。その材料も入手の便のあるアカニシ貝やベンケイ貝・イタボカキなどが多い。また、耳飾りは玦状耳飾りが少なくなり、代わって土製の環形や円形耳飾りが主流となる。

装う縄文人　近年弥生時代の始まりを早める説が出ており、縄文時代の終わりはもう少し早まる可能性もあるが、現時点では従来の説に従っておく。後期～晩期（紀元前二〇〇〇年～紀元前三〇〇年頃）の装身具で特徴的なものは耳飾りである。北関東、とくに群馬県からは大量の土製耳飾りが出土している。群馬県茅野《かやの》遺跡からは五七七点の環形・円形耳飾りが大小出土しており、総計二〇〇〇点くらいはあるのではないかと推計されている。この数からして、おそらく全員が耳飾りをしていたと考えられ、大きさは一・三ミリ～八センチで、最初は耳たぶに小穴をあけて小さいのをはめ、しだいに大きいものに替えていったと考えられる。群馬県や埼玉県出土のみみづく土《ど》偶《ぐう》（図1）は、環形・円形の耳飾りの装着のようすを髣髴させてくれる。

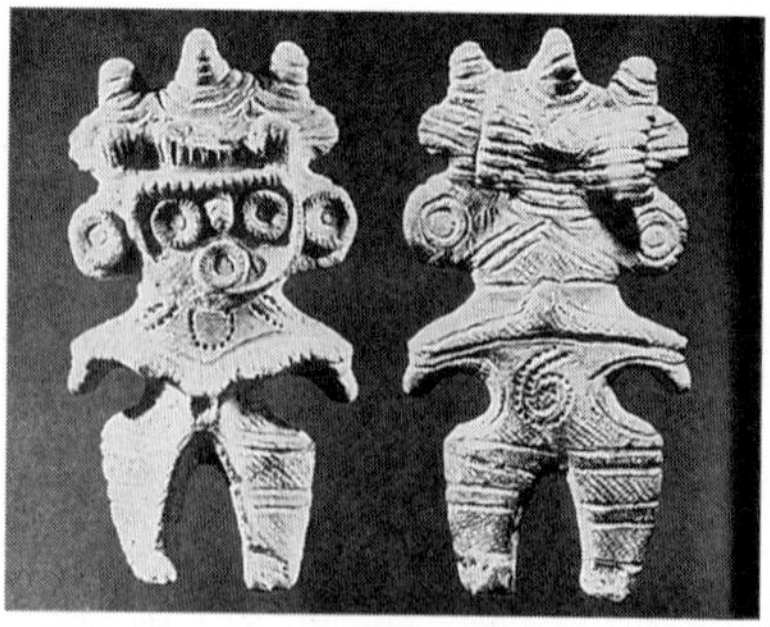

図1　みみづく土偶（埼玉県馬室遺跡）

前期にみられはじめた身体変工の一つである抜歯も、中期末から後期にかけて盛んとなり、関東・東北地方では、一集団の成人男性全員が上顎の切歯の左右いずれか一本を抜くことがみられるようになる。後期後半になると抜く歯の数も増え、上顎左右の犬歯を抜く、さらには後期末になると上下の犬歯四本を抜く、というようにエスカレートしてゆく。西日本でも、抜歯は盛んになり、晩期になると成人男女の百パーセントが行うようになる。男性は成人の儀礼として、女性は結婚の儀礼として抜歯したのではないかとの推察もなされてはいるが、その理由は明らかではない。また、愛知県と大阪府では叉状研歯《さじょうけんし》が集団の一割弱の男女にみられる。シャーマンにしてはその割合が高いことから、同一集団に二つのグループの存在を想定する説もある（春成一九八三b）。

貝製腕輪の需要も高くなり、後期にはとくに入手困難な貝製腕輪が好まれるようになる。西日本では着装した状態で出土するが、東日本では、壷などに収めたかたちで出土することが多い。千葉県の古作《こさく》貝塚からは、ベンケイ貝・サルボウ貝などの腕輪六十枚ほどが壷に入れられたかたちで出土する。また、晩期の秋田県柏子所《かしこどころ》貝塚からは、ベンケイ貝・サルボウ貝・イタボカキの腕輪が一二七五枚出土した。このうち、サルボウ貝・イタボカキは、交易で手に入れたものと考えられる。岩手県貝鳥貝塚や宮城県田柄貝塚などから出土するオオツタノハ貝製の腕輪は、薩南諸島以南や伊豆諸島からしか採れないものである。これら東日本の非着装状態で出土する貝製腕輪は、宝物的意味のものであったのか、儀礼時に装うために保管されていたものであったのかは知る由もないが、いずれにしても、貴重品であったことには違いない。

後期の北海道カリンバ3遺跡の三基の土壙墓《どこうぼ》からは、大量の赤漆塗り櫛や赤漆・黒っぽいクロメ漆塗りの腕輪を思わせるリング状のものが出土しており、また晩期初めの青森県是川《これかわ》中居遺跡からも赤漆塗りの櫛とともに、木胎漆器や漆塗りの土器・弓・大刀など優れた漆工芸品が出土する。この時代になると、漆技術は日本全土に及んでいたことがうかがえる。

図2　線刻小石（愛媛県上黒岩岩陰遺跡）

編物から織物へ　わが国における衣服の存在を考えることができる最古の資料は、現状では縄文草創期の愛媛県上黒岩岩陰遺跡から出土した高さ四・五センチの小石である。上半分に乳房らしきものが、下半分には縦線が刻まれている（図2）。この下半分の縦線は腰蓑《こしみの》との説もあるが、断定はできない。また他方、縄文人の装いをうかがうことのできそうな資料の一つに土偶がある。しかし、写実的な人物土偶がみられるようになるのは、中期～後期（紀元前三〇〇〇～一〇〇〇年頃）であり、早期までの土偶は女性を強調したトルソー的なもので、これらから装いをうかがうことは不可能である。

早期末～前期初頭には、編布がみられるようになる。早期の熊本県轟貝塚から、底面に蓆編《むしろあみ》の圧痕のある土器が出土しており、土器製作時に下に敷いたための圧痕と考えられる。前期になると、福井県鳥浜貝塚からは編目の粗い編布（経糸《たていと》間隔一五ミリ、緯糸《よこいと》密度一センチに五～六本）断片が、また山形県押出《おんだし》遺跡からは緻密な編布（経糸間隔一～一・三ミリ、緯糸密度八本）の断片が出土している。材料はいずれもアカソである。また、鳥浜貝塚からは織物と考えられなくもない編布断片も出土しているが、その素材は経緯とも大麻である。これらの編布は、縄文晩期まで北海道や青森県・秋田県・宮城県・福島県などの東北地方や石川県などの遺跡から出土しつづけており、また、編目圧痕のある土器は、青森県・新潟県・石川県・岐阜県・佐賀県・熊本県・鹿児島県などでもみられることから（尾関一九九六）、縄文時代を通じて編布製衣服は全国的規模で着用されつづけていたと考えてよいであろう。

中期になると、手足のついた土偶が作られるようになり、山梨県坂井遺跡出土の女性像（図3）のように、写実的な人像もみられるようになる。妊婦像と考えられるが、一見腰から下にスカート状のものを着けているようにみえる。しかし、後姿はヒップを露出したものとなっており、スカートではない。また、茨城県椎塚《しいづか》貝塚出土の土偶は、あたかも宇宙帽と宇宙服を装っているようにみえるが、バストとお腹の線からおそらく妊娠を表現していると考えられる像である。土偶は、石や土で囲われたなかから出土したり、祭壇状の場所や石の上に置かれたかたちで出土するものもあり、また、故意に破壊されて廃棄されたり、埋められたりしたと考えられるものが多いことからして、なんらかの呪術的意味を持って製作されたものであることは間違いない。しかも、その多くは乳房や臀部《でんぶ》など女性的特徴を持つものが多いうえに、妊娠状態を表したものも多々みられ、出産の無事や子孫繁栄を願ってのものではないかとされている。したがって、一見写実的にみえるものであっても、現実の人間の姿そのものではない可能性が高く、身体部の各種の線は呪術目的の可能性もあり、土偶から衣服の形態をうかがうのは危険が伴う。

図3　女子立像土偶（山梨県坂井遺跡）

後期から晩期にかけて土偶製作はますます盛んになるが、図4の青森県亀ヶ岡遺跡出土の土偶に代表されるような現実の人間とはかけ離れた姿のものが多くなる。複雑な結髪もしくは冠をかぶったと考えられる頭部、爬虫類《はちゅうるい》を思わせ

図4　女子土偶
（青森県亀ヶ岡遺跡）

るような巨大な目、そして胴体部分は渦巻きを中心とした各種の文様で埋めつくされている。同様の様式のものは亀ヶ岡だけではなく、秋田県や宮城県などの東北地方の遺跡および静岡県からも出土している。これらの人像は丸首の腰丈上衣を着装しているようにもみえるが、バストが露出していることからして、ボディペインティングまたは入墨《いれずみ》の線も考えられる。写実的な妊婦像などは、現実の人間に近い姿に作られているようにもみえるが、衣服らしいものは腰布のみである。

後期になると、織布がみられるようになる。縄文後期の愛媛県平城《ひらじょう》貝塚から出土した織布断片は、経糸密度二五本、緯糸密度二〇本の平織物である（尾関一九九六）。また晩期になると、佐賀県笹ノ尾遺跡・長崎県山ノ寺遺跡・熊本県麻生原《あそうばる》遺跡・宮崎県下弓田《しもゆみた》遺跡などの九州各地の遺跡からも平織布の断片が出土する。これらの糸密度は経が六〜一九本、緯が五〜一五本で、目の粗いものが多い。なかには相当に目の細かいものもあるが、製織時に筬《おさ》を使用していないことから国産品とされている。織布目の圧痕のある土器は、九州各地および青森県・群馬県・新潟県からも出土する（小笠原一九八三、岡村一九七七）。織布の存在は、わが国に綜絖《そうこう》を用いて経糸を上下させる機《はた》が存在したことを示しており、しかも布を土器製作時に敷物にしていたということは、相当に布が普及していたことをもうかがわせてくれる。

② 弥生人の衣と装身具

水田耕作の時代　米を作り、米を主食とする生活とともに、金属器（青銅器・鉄器）の製作が始まったのは、紀元前五〇〇年をそう遡《さかのぼ》らない時期であったというのが、今までの定説であった。しかし、近年になって稲作の始まりをさらに五〇〇年ほど遡らせる説が出てきている。

農耕社会の成立とともに、食糧供給は前代よりも安定し、人口も急増する。これに対応するために、人びとは水利や肥沃な土地を争って戦った。当然のことながら、勝者は敗者を労働力として使役し、支配者と被支配者の存在する階級社会へと入っていった。支配者を中心に大規模集落が形成されるようになり、集落には支配者用の掘立柱住居、一般居住者用の竪穴式住居、収穫物保存用の高床式倉庫などが計画的に配置された。敵の襲撃に備えては、集落の周辺に深い堀が掘られ、柵が立てられ、物見やぐらも造られた。

また、弥生中期後半の福岡県立岩堀田《たていわほった》三四号甕棺《かめかん》墓からは、多数の貝製腕輪とともに大型鉄戈《てつか》が出土しており、佐賀県桜馬場遺跡からは腕にはめた青銅製腕輪と一緒に巴《ともえ》型銅器が出土している（木下一九八二）。このように呪術的意味合いを持つと考えられる装身具と武器が同一墓から出土するということは、軍事的指導者とシャーマン的人物が同一人物である可能性を示唆しており、日本独特の王権誕生をうかがわせてくれる。このことは、『魏志』倭人伝に邪馬台国の女王卑弥呼が「鬼道《きどう》につかえ、よく衆を惑《まど》わす」と記されていることとも一致する。

『魏志』倭人伝にみる服飾　弥生時代後期の服飾をうかがうことのできる史料に『魏志』倭人伝がある。その服飾に関する部分を抜粋すると、次のようである。

(a)男子は大小となく、皆黥面文身《げいめんぶんしん》する。…今倭の水人は、好んで沈没して魚蛤《こう》を捕え、文身して大魚水禽《すいきん》を厭った。後には飾りとなった。諸国の文身はそれぞれ異なっており、左にしたり右にしたり、大きかったり小さかったり、尊卑で差があった。その道里を計ると、ちょうど会稽の東冶の東にあたる。其風俗は淫《みだら》ではない。男子は皆露紒《ろかい》して、木綿を頭に招《か》け、衣は横幅にしてただ結束して連ね、ほとんど縫っていない。婦人は被髪屈紒《ひはつくつかい》して、衣を作るには単被のようにし、中央に穴を開け、頭を貫いて着る。禾稲紵麻《かとうちょま》を植え、蚕桑緝績《さんそうしゅうせき》し、細紵縑綿《さいちょけんめん》を出している。…有無する所は、儋耳朱崖《たんじしゅがい》と同じである。…朱丹をその身体に塗る。中国の粉を用いるようにである。

(b)景初二年…十二月、詔書で倭の女王に通知して言った。「…帯方の太守劉夏《りゅうか》は、使を派遣して汝の大夫難升米・次使都市牛利を送り、汝の献じた男生口四人、女生口六人、斑布《はんぷ》二匹二丈を奉って到った。…」…其の四年、倭王はまた使の大夫伊声耆・掖邪狗など八人を派遣して、生口・倭《わ》錦《きん》・絳青縑《こうせいけん》・綿衣・帛布・丹・木弣《ふ》・短弓矢を献上した。…壱与は…男女生口三十人を献上し、白珠五千孔・青大句珠二枚・異文雑錦二十匹を貢いだ。

まず、『魏志』倭人伝の服飾に関する記述の信憑性であるが、倭人伝の染織品に関する(b)の記述部分はおそらく魏朝の正式記録に基づいてのものと考えられ、この部分の信憑性は高いと思われる。(a)

の風俗に関する部分であるが、『漢書』地理志粤地条に、「その君は禹の後帝少康の庶子で、会稽に封じられ、文身断髪をして蛟龍《こうりゆう》の害を避けたという。…民は皆布を着るには単被のようにし、中央に穴を開けて頭を貫いて着る。男子は耕農して、禾稲紵麻を植え、女子は桑蚕織績する」のように、『魏志』倭人伝の(a)との類似の記載がある。『魏志』の撰者である陳寿は、当然『漢書』を参照したであろう。邪馬台国の位置論争はさておくとして、陳寿は邪馬台国を「会稽の東冶（今の福建省）の東」にあると記しているように、相当に南方にあると考えていた可能性が高く、また、武器などを「有無する所は、儋耳朱崖《たんじしゆがい》と同じ」と記していることからして、彼が『魏志』倭人伝の撰集にあたって、その近くと考えた『漢書』地理志の粤地《びんち》の風俗を書き写したのではないかとの疑いが生じる。しかし、『魏志』倭人伝の記述と『漢書』地理志粤地条の記述を詳細に比べてみると、動物・植物の存在や所持する武器等も異なっており、陳寿は、あくまでも正確な知識を得ようと、近くにあると考えていた儋耳・朱崖と比較したのであって、『漢書』地理志粤地条の記述をそのまま書き写すなどのずさんな撰集の仕方をしたとは思われない。卑弥呼の使者は洛陽まで行っており、魏からの使者も倭に来ている。そして、壱与もまた二十人もの使者を送っている。風俗に関する服飾以外の記述の詳細さからして、陳寿が参考にしたと考えられる魏の正元年間（二五四〜五六）に王沈が撰した『魏書』などに、これら風俗の記述が記載されていた可能性があるのではなかろうか。

以上のことから、『魏志』倭人伝の服飾関係の記述をある程度信用できるものとして、弥生時代後期の装いをみてゆくこととする。

身体装飾　『魏志』倭人伝によれば、男子は老いも若きも皆顔や身体に入墨をしており、もともとは魚介類を獲るときの身体防御が目的であったが、しだいに飾りとなった。国々で入墨は異なっており、左にしたり右にしたり、大小様々で、しかも身分で差があったとある。同じく『魏志』東夷《とうい》伝馬《ば》韓《かん》条にも「其の男子は、時々文身がみられる」とみえ、また弁辰《べんしん》条にも「男女は倭に近い。また文身する」とあり、朝鮮半島南部にも入墨の風習があったことがみえる。また、『梁書』には倭国の東北の文身国の入墨や、『隋書』には琉球国（台湾）の女性の入墨の風習が記されている。これらのことからして、当時、倭国およびその周辺諸国では、広く入墨の風習があったことは確かであろう。

『魏志』の内容はそのまま『後漢書』に継承されるが、その後の六三六年成立の『梁書』では、「俗皆文身」と記され、六五六年成立の『隋書』倭国伝には、「男女は多く黥臂《げいひ》、黥面、文身をする。水に没して魚を捕える」とあり、男女とも入墨をし、その場所も「黥臂、黥面、文身」と特定されている。『魏志』では男性のみであった入墨が『隋書』では男女ともにすると記されており、しかも、近年まで沖縄の島部や北海道（アイヌ民族）の女性のあいだでは入墨の風習がみられた。『隋書』では、台湾の入墨は女性と明記しており、また、倭の入墨もその場所まで記しているということは、『隋書』に記された頃には男女とも入墨をしていた可能性はある。五世紀頃からみられるようになる人物埴輪《はにわ》には、黥面をほどこしたと思われるものが北九州から関東にかけて四〇例以上もあるが、明確に入墨とされるもののみをみてゆくと、ほとんどすべてが男性であり、女性と思われるものはみあたらないとのことである（伊藤一九八七、市毛一九九三）。埴輪の黥面の状況からして、『魏志』倭人伝の記述の信憑性は高いと考えられ、弥生後期の倭人は男子のみが入墨をし、しかも、その大小で身分差を表していたということになる。おそらく、『隋書』の記述および近年まで沖縄・北海道で女性にその風習が残っていたことからして、女性の入墨の風習は、少し時代が下がってからのものではなかろうか。また、『魏志』によると、赤土の化粧がなされていたようである。やはり古墳時代の人物埴輪の顔面の多くに男女とも赤い化粧がほどこされており、この風習も弥生時代からのものであろう。縄文後期に盛んであった抜歯の風習や一部の特定人物の叉状研歯などの身体変工は、弥生時代にはみられなくなる。

髪型と衣服　男性の髪型の「露紒《ろかい》」の「紒」は「結う」という意味であり、髪を結っているが被り物はなく、「木綿を頭に招《か》け」ている。「木綿」であるが、当時の日本にはまだモメンは入っておらず、中国でもモメンは「橦《とう》華《か》布」「白畳《はくじょう》布」と記されており、これがモメンでないことは確かである。おそらく、この「木綿」は「木のわた（繊維）」で、樹皮布のことと思われる。「招」は「まねく」という意であり、鉢巻のように巻いたのではなかろうか。

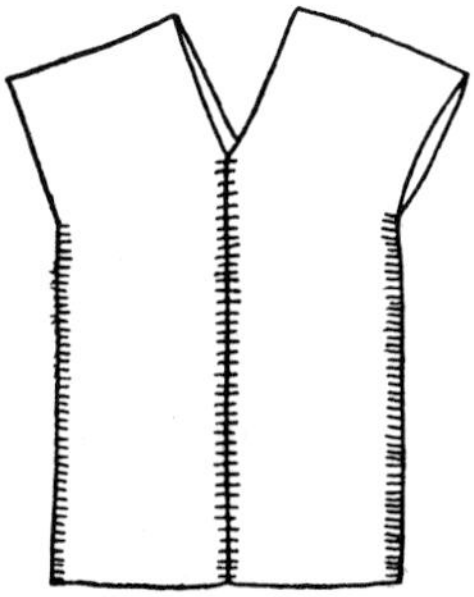

図５　猪熊兼繁主張の横幅衣

　男性の衣服は、「横幅の布をただ結束して連ね、ほとんど縫っていない」とあることから、まずは、現在もタイなどの僧服等にみられる巻衣《まきぎぬ》形式が考えられる。しかし、猪熊兼繁は、「連ね」は並べあわせることであり、「ほとんど縫っていない」ということは、むしろ少しは縫ってあるということであると解釈して、図5のような形を主張している（猪熊一九六二）。この形式の衣服は、現在でも台湾のヤミ族などの少数民族のあいだで着用されているものであり、文化の伝来ルートを考えたときに、当時の日本の横幅衣が

図6　倭国使像

これに似た形式であったと考えられなくもない。

少し時代が下がるが、梁の元帝による大同五年（五三九）頃の「職貢図」に、「倭国使」が描かれている（図6）。頭に布状のものを装い、丈の短い上衣の肩からショールのように布を掛けて前中央で結んでいる。下半身には横幅の布を巻いて前中央で縛り、両手には腕貫《うでぬき》のようなものを着け、足には脚絆《きやはん》を巻き、裸足《はだし》である。上田正昭は、五〇二年以降倭から梁への入貢の記録がないことと、その姿が埴輪人物像に比べてあまりにも粗末であることなどを理由に、この絵は『魏志』倭人伝の倭人の風俗記事を参考にして想像して描いたものではないかとしている（上田一九八六）。たしかにこの絵の服装は、六世紀頃の埴輪人物の姿とはかけ離れたものであり、絵の傍に記された説明文も『魏志』倭人伝の記述に拠ったと考えられるものである。しかし、倭国使の風貌は、七世紀以降のわが国の絵画に描かれた人物像に近いものがあり、他国の使者の風貌や服装も当時のものに近いように思われる。したがって、倭国使の姿は六世紀のものではないにしても、それ以前にこれに近い姿の倭の使者が中国に行っていたのではなかろうか。とすると、『魏志』倭人伝の横幅衣も、猪熊の主張のようなもの

払込取扱票

02 東京

通常払込料金加入者負担

口座記号番号	金額
00100-5-244	千 百 十 万 千 百 十 円 ※

加入者名：株式会社 吉川弘文館

料金　備考

払込人住所氏名
- フリガナ
- ※お名前
- 郵便番号　電話
- ※ご住所

◆「本郷」購読を希望します

購読開始　　号より

1年（6冊）1000円　3年（18冊）2800円
2年（12冊）2000円　4年（24冊）3600円
（ご希望の購読期間に○印をお付け下さい）

通信欄：ご注文の書籍名をお書き下さい。※

日附印

各票の※印欄は、払込人において記載してください。

切り取らないでお出しください。

裏面の注意事項をお読みください。（ゆうちょ銀行）（承認番号東第20048号）

これより下部には何も記入しないでください。

振替払込請求書兼受領証

口座記号番号：00100-5-244　通常払込料金加入者負担

加入者名：株式会社 吉川弘文館

金額：千 百 十 万 千 百 十 円 ※

払込人住所氏名 ※

料金　日附印

備考

記載事項を訂正した場合は、その箇所に訂正印を押してください。

この受領証は、大切に保管してください。

名著復刊決定！

日本における婦人洋装の歴史を
戦国時代から現代まで
初めて総合的に体系づけた
画期的業績！

10年6月刊行予定

日本婦人洋装史（新装版）

中山千代著

限定復刊＊予約受付中

解説：増田美子（学習院女子大学教授）

Ｂ５判・原色12頁・単色114頁
折込４丁・本文560頁予定

予価21000円（税込）

978-4-642-01455-7

吉川弘文館

江馬務賞受賞

本書より「移り行く姿・高畠華宵筆」

日本の女性たちは 洋服をどう着こなしてきたのか

本書の目次

〈著者紹介〉

略歴＝大正四年東京に生れる／昭和二九年＝立正大学文学部史学科卒業／昭和三三年＝立正大学大学院文学研究科修士課程国史学専攻修了／昭和四六年＝立正女子大学短期大学部専任講師同助教授を経て／昭和五七年＝文教大学女子短期大学部（校名変更）教授／昭和六一年＝定年退職／平成八年死去

主要著書＝論文『浮世絵名作選集　春信』『被服概論』『Japan Directory の研究—洋装業形成史料として—』(1)(2)

ではなく、純粋に巻衣形式のものということになる。「倭国使」の着ている丈の短い上衣と同形式のものが「早袖《はやそで》」の名称で正倉院に伝わっており、これは古代の衣服の名残とも考えられる。

女性の髪型は「被髪屈紒《ひはつくつかい》」と記されており、これは「被髪」と「屈紒」か「被髪屈紒」かであるが、「被髪」と「屈紒」であれば、髪を束ねないで垂らしている人と髪を髷のように結っている人がいることになり、「被髪屈紒」であれば、垂らした形のままで髪をまげて結っているということになる。高松塚古墳壁画にみられるような垂らした髪の下方を輪にして毛先を上に上げて縛った形であろうか。「被髪」を前髪を上げないで額に垂らした形との解釈もなされているが、中国での「被髪」にこのような用例はみられない。貫頭衣はごく一般的な形のものと思われる。

この時代の銅鐸や壷などに人物像が描かれたものがあるが（図7）、抽象化されたもので、服装をうかがう資料にはならない。いずれにしても、横幅衣や貫頭衣が南方系の衣服であることは確かである。

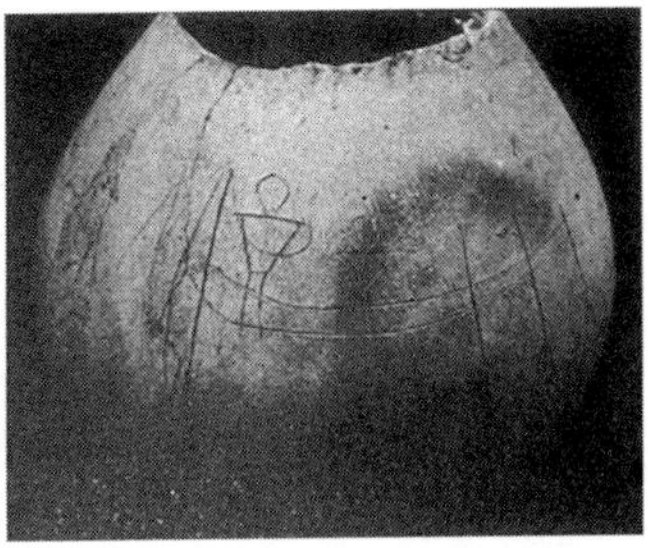

図7　壷に刻まれた人像
（奈良県唐古遺跡）

衣服材料　『魏志』倭人伝には、「細紵縑綿《さいちょけんめん》」を産出するとある。「細紵」は目の細かい上等な紵麻布で、「縑」は平織りの目の詰んだ高品質の絹布となる。「綿」は絹の綿であろう。また、倭人伝には卑弥呼が景初三年（二三九）に「斑布《はんぷ》二匹二丈」を献上したこともみえる。呉の丹陽太守萬震著の『南州異物誌』には、斑布はモメンに織で文様を施したものであると記されているとのことであるが

（布目一九七九）、当時の日本はモメン布を産出していないので、一般には紵麻《ちょま》布に文様を施したものではないかと解釈されている。魏の官吏が文様のある紵麻布を斑布と記した可能性もなくはないが、すでに「縑」などの上等な絹布を産出していた倭が、わざわざ麻布を献上するであろうか。しかもその分量は、二匹二丈と半端でもあり多くもない。このとき魏より卑弥呼に贈られた錦でさえ、絳地交龍《こうじこうりゅう》錦《きん》が五匹、紺地句文錦《こんじくもんきん》が三匹である。壱与が献上した異文雑錦《いもんざつきん》は二十匹にものぼる。これらのことからすると、卑弥呼の献上した「斑布」は、倭でも珍重視されていた交易品のモメンの斑布だった可能性があるのではなかろうか。

次に、正始四年（二四三）に卑弥呼の献上したもののなかに、「倭錦・絳青縑・綿衣・帛布」があり、数年後に壱与が献上したものに先ほど記した「異文雑錦」がある。「倭錦」「異文雑錦」であるが、一般的には縞織物との解釈がなされている（岡村一九七七）。しかし、具象的な文様の錦がすでに存在している中国の人びとが「錦」と記しており、まして「異文雑錦」の方は「異文」と文様の存在を記していることからして、たんなる縞織物ではないのではなかろうか。卑弥呼が魏からの贈り物である錦を受け取ったのは、正始元年（二四〇）であり、倭錦を献上するまでには三年の年月がある。この間に魏の錦を研究して、わが国でも文様を織り出すことができるようになっていたことが推察される。その作品が倭錦・異文雑錦なのではなかろうか。ただし、その文様は中国のように具象的なものではなく、中国ではみなれないものだったので、魏の官吏は「倭錦」と記したのであろう。弥生時代の遺跡からは、錦の出土はまだみられないようである。しかし、絹布は近畿より以西から相当数出土している。
また、『魏志』倭人伝には記されていないが、弥生前期の福岡県横隈北田《よこぐまきただ》遺跡からは科《しな》もしくは藤・穀《かじ》の繊維の平織《ひらおり》布の断片が出土している（柏原一九九三）。科や穀・楮また蔓性の藤・葛などの樹皮を衣料とする風習は、近世まで地方には残っていたものであり、おそらく弥生時代においても、庶民クラスは、利用できる樹皮はほとんどすべて衣料として用いていたと思われる。

装身具　櫛は弥生時代を通して髷《まげ》などに挿して装ったと考えられ、縄文時代と同様の漆塗りのものなどが出土しているが、簪《かんざし》は中・後期になるとその出土例が減少する。新たに、北九州地域ではダイアデム状の冠やヘアーバンドがみられるようになる。佐賀県吉野ヶ里遺跡の弥生中期甕棺《かめかん》からは、長短の青色ガラス製管玉《くだたま》七四個が出土しており、ダイアデム状のものが復元された。また、福岡県立岩遺跡の弥生中期後半の遺跡からは、緑色ガラス管玉五八四個・碧玉《へきぎょく》製管玉五個・ガラス丸玉一個・ガラス棗玉《なつめたま》一個が出土しており、被葬者の女性のヘアーバンドではないかと考えられている。

小玉《こだま》や管玉を連ねた首飾りは、縄文後期の風習を継承して変わらず用いられたが、管玉と勾玉《まがたま》のセットの首飾りが出現するようになる。縄文時代の勾玉は、ノの字型・牙型や獣型など種々の形態がみられたが、弥生中期になると定型勾玉が多くなる。この時代の玉造《たまつくり》遺跡は、山陰・北陸地方を中心に百ヵ所にも及ぶ。これらの場所で、安山岩などの砥石《といし》や流文岩等の石鋸《のこぎり》、鉄製・安山岩製錐《きり》などを用いて、硬玉《こうぎょく》（翡翠《ひすい》）・碧玉・瑪瑙《めのう》・水晶などを勾玉や管玉・棗玉・切子玉《きりこたま》などに加工した。一方、ガラス製の玉も中期には多くみられるようになる。中期までは、鉛バリユウムガラスであり、その色は緑系が中心であったが、中期末〜後期になるとカリガラスが多くなり、青色系が加わった。後期末に普及したのがソーダーガラスで、黄色系や赤色系がみられ、丸玉や管玉・勾玉などが大量に生産された。これらはいずれも素材を輸入して製作したと考えられている。

貝製腕輪も縄文時代に引き続き用いられ、近海産のベンケイ貝やサルボウ貝などもあるが、奄美諸島以南にしか産出しないゴホウウラ貝やイモ貝・オオツタノハ貝が好まれた。ゴホウウラ貝は縦に、イモ貝は縦と横に切り、縦切りは男性用で横切りは女性用である。沖縄諸島・久米《くめ》島・伊江《いえ》島・薩摩半島の遺跡からはゴホウウラ貝やイモ貝製腕輪の未完成品が大量に出土しており、このあたりで製作され、交易により各地にもたらされたと思われる。中期になると、青銅製のゴホウウラ貝やイモ貝製の腕輪の模倣品が盛んに作られるようになり、ゴホウウラの模造品は、九州北部から南関東まで広く分布する。また、円環形の金属製腕輪も北部九州から関東地方まで広くみられる。

イモ貝を輪切りにしたものや鹿角製の指輪も出土するが、その例は多くない。ただ、青銅製の指輪は長野・静岡・神奈川県などから三五点ほど出土している。佐賀県からは銀製の指輪が出土しているが、おそらく輸入品であろう。縄文晩期には、ほぼ全員が装っていたと考えられる耳たぶに孔を開ける着装形式の耳飾りは、弥生時代には姿を消す。

二　古墳から飛鳥の衣服——胡服の時代

[1]　古墳時代の服装

支配者層への胡服の普及　三世紀後半頃より大和を中心に畿内・北九州・瀬戸内などの地域において巨大な高塚墳墓が造られるようになり、形に特徴ある前方後円墳がみられるようになる。巨大な古墳の築造は、大きな権力を持った首長の出現を意味しており、弥生時代のように戦乱が続くことも少なくなった。これらの首長（王）は、大和の勢力を大王とあおぎ、しだいにその統率下に入ってゆく。この古墳が造られた時代を古墳時代と称しているが、古墳が造られた時代でも、六世紀末～七世紀前半の推古・舒明・皇極朝は飛鳥時代とし、本節で扱う服装は、推古朝の前までとする。

この時代の装いを知る資料としては、『古事記』『日本書紀』などの史料と人物埴輪《はにわ》があるが、人物埴輪は五世紀以降の古墳にしかみられず、記紀も五世紀以前の記述の信憑性には問題があるところから、残念ながら古墳時代前期の服装は現時点では不明である。したがって、以下に記す服装は、古墳時代中期以降のものである。

図1　男子椅坐像埴輪
（奈良県石見遺跡）

　古墳時代中期以降は、支配者層と被支配者層では服装・髪形などでその階層が明確に区別される。支配者層の基本的衣服構成であるが、男性は「衣《きぬ》と褌《はかま》」で、女性は「衣《きぬ》と裳《も》」であり、これらは中国北方から朝鮮半島にかけて活躍していた騎馬民族系の服飾である胡《こ》服《ふく》系統のものである。これに対して、被支配者層の服装は、貫頭衣《かんとうい》形式のものが主であり、弥生時代の衣服を継承している。

　『古事記』上巻の伊邪那岐命《いざなぎのみこと》の禊祓《みそぎはら》い条に、伊邪那岐命が黄泉国《よみのくに》から帰り、水中で禊祓いをするために衣服を脱ぐ場面が記されており、これによると、伊邪那岐命は冠をかぶり、衣と褌を着て帯を締め、左右の手にそれぞれ腕輪を三つずつ装い、杖を持つという姿である。岩波古典文学大系本『古事記』では、帯の次に「嚢」が記されているが、故訓古事記・前田家本・猪熊家本ではここは「裳」と記されている。「嚢」とすると、袋のことと考えられるが、帯の次に脱ぎ捨てているということは帯の下につけていたこととなり、順序がおかしい。「裳」とすると、帯の下で衣や褌の上に着けていたこととなり、その着装順からしても素直である。奈良県三宅町石見《いわみ》遺跡出土の男子椅《い》坐《ざ》像埴輪（図1）は、裳のようなものを着けており、大阪府柏原市高井横穴壁画人物像のなかにも、裳状のものを着けた人物が描かれていることからして、支配者層では男性でも裳を着けていた可能性はある。この石見遺跡出土の男子椅坐像の裳のようなものを、辰巳和弘は後の褶《ひらみ》ではないかとするが（辰巳一九九一）、書紀に褶の文字がみえるのは七世紀に入ってからであり、当時はまだ裳と称していた可能性が高い。

これらの衣・褌の形であるが、椅坐または胡坐《あぐら》の首長層と思われる埴輪人物像および立像の貴人と思われる男子像の衣は、いずれも手首までの長さの細い筒袖で、衣の丈は腰下丈である。襟は、盤領《あげくび》（スタンドカラー）形式と垂領《たりくび》（今のきものの襟形）形式、丸領《まるくび》形式（今のTシャツの襟形）の三種類があり、前を左衽《ひだりまえ》に斜めに合わせて紐で結び留める形が多いが、なかには、前中央に打ち合わせのあるものもある。腰には幅広の帯を締め、手甲《てっこう》をつける。褌《はかま》は足首まで達するズボン状のもので、全体が太くなっているものと、足首の方が細くなっているものがあり、いずれも膝下で足結《あゆい》（足を紐で縛ること）をしている（図1・2参照）。埴輪男子像で下半身まで製作されているものはほぼすべてが足結をしているが、足結は、日常的にするものではない。『日本書紀』雄略天皇即位前紀条に、安康天皇を殺害した王子をかくまった罪で邸を雄略天皇の兵に囲まれた大臣は、妻に脚帯（足結）を持ってこさせて褌を折りたたんで足結をし、戦の支度を整えるという記述がある。また、少し時代が下がるが、『万葉集』にも旅などの外出のときの装いとして足結をする歌があり、戦とか旅に出るときに足結をしたことがうかがえる。足結の大きさであるが、これ

図2　男子立像埴輪
（群馬県大泉町）

も時代が下がるが、十世紀前期成立の『延喜式』巻六神祇斎院司《じんぎさいいんのつかさ》人給条に、駕輿《がよ》を担ぐ人びとの足結の分量が記されている。これによると、一人分の足結の量は布一尺三寸となっており、唐尺で換算すると約三九㌢である。これから左右の足結二本をとると、一本の足結の分量は約一九㌢となる。当時の布幅は庸布《ようふ》の場合は二尺四寸（約七二㌢）である。一九㌢の幅を四つ折にして用いるとすると一本の足結の幅は約五㌢弱、長さは七〇㌢くらいとなるであろう。時代はかなり離れているが、この『延喜式』の足結は伝統を重んじる神事の装いであり、古墳時代の足結の大きさを考える資料になるかと思われる。

このように、人物埴輪男子像はいずれも足結をしており、しかも手甲も着けている。この姿は日常の姿ではなく、旅立ちの姿ではなかろうか。人物埴輪がなぜ古墳に立てられたかについては、種々の説があるが、少なくとも装いの視点からみると、旅立ちの姿であることは明らかであり、それはいうまでもなく、この世からあの世への旅立ちの姿と考えられるのである。

支配者層の女性の基本的な衣服構成は、『日本書紀』の神代上第六段本文の「髪を結《あ》げて髻《みずら》とし、裳を縛って袴として」の記述から、「衣《きぬ》」と「裳《も》」であったことがわかる。須佐之男命が上ってくるというので天照大神が男装する場面である。埴輪からみると、貴人女性の衣は男性と同様のもので、手首までの長さの細い筒袖に、腰下丈のものである。襟は丸領形式が大半であり、打ち合わせはほとんどが左衽で、斜めに重ね合わせたものと、左胸のところでまっすぐに縦に合わせたものとがある。裳は襞《ひだ》をたたんだロングスカートであり、細かい襞をたたんだものもある（図3）。女性は帯を締めていない姿が多いが、なかには帯を締めたものもみられ、男性と同様に身分の高そうな女性の帯は太い。そして、肩から斜めに袈裟《けさ》状に布を掛けた女性の大半は帯を締めている。

この女性埴輪の肩から斜めに掛けた布を考古学関係者は、「襲《おすい》」と解釈している人が多い。しかし、『古事記』によれば襲は男性も外出時に掛けているが、埴輪男子像には斜めに布を装った姿はみられない。時代が少し下がるが、『延喜式』巻四伊勢太神宮の太神宮装束条に、「小文紫衣《こもんのむらさきのきぬ》二領。小文《こもんの》紺衣《こきはなだのきぬ》二領。帛衣《はくのきぬ》四領。帛裳《はくのも》四腰。紫羅裳《むらさきのらのも》二腰。紫帯六條。絹比礼《きぬのひれ》八條。長さ五尺。広さ二幅。帛意須比《はくのおすひ》八條。長さ二丈五尺。広さ二幅。細布巾《さよみぬののきん》四條。長さ五尺。広さ一幅。帛巾《はくのきん》四條。長さ上と同じ。帯二十條。六は紫。十四は緑。長さ各七尺。広さ一寸八分。錦履《にしきのくつ》二両。錦襪《にしきのしとうず》八領」とある。ここでの意須比は神衣の一つであり、帛絹で作られ、その大きさは長さが二丈五尺（約七・五メートル）幅が二幅（一・三二メートル）という長大なものである。古墳時代と『延喜式』の成立した時代とは年月に相当の隔たりがあるので、この記述をそのまま古墳時代に当てはめることはできないが、ここに記されたのは天照大神の神衣であり、少なくとも天武朝にはこれらの神衣が作られはじめた可能性がある。したがって、『延喜式』記載の神衣が古代の伝統的な服飾を伝えていると考えても大過ないのではなかろうか。『万葉集』にも、襲をとり掛けて神に祈る歌があることからして、おそらく頭から掛けて装うかたちのものであるが、これと埴輪女子像

図3　女子立像埴輪
（群馬県伊勢崎市）

図4　胡坐の男子像埴輪（群馬県綿貫観音山古墳）

の斜めの布とは隔たりがありすぎる。丈を半分に折って装ったとしても、やはり大きすぎる。すなわち、埴輪女子像の肩から斜めに掛けた布が襲《おすひ》とは考えられないのである。むしろ太神宮装束のなかでは、襲の次、帯の前に記されている細布巾や帛巾の方が、幅（約六六㌢）も長さ（約一五〇㌢）も、衣裳の上に斜めに掛け、帯を締めるという埴輪の着装形態に合致する。この埴輪女子像の斜め布の名称は不明であるが、古代における貴人に奉仕する者や、神と関わる者の衣装であることは間違いないであろう。

帯の象徴性　支配者層と考えられる埴輪男子像のなかでも、首長と思われる人物の帯は非常に太い。古墳からも金銅製の帯や帯金具が出土しているが、奈良県斑鳩《いかるが》町藤ノ木古墳出土のものは、幅一一・五五㌢長さ一一〇㌢であり、群馬県高崎市綿貫観音山《わたぬきかんのんやま》古墳出土のものは、幅九・四㌢、長さ一〇五㌢の鈴付き大帯である。同古墳出土の埴輪男子像も同様の幅広の鈴付き大帯を締めている（図4）。これらのことから、当時の帯は権力の象徴的存在であったことがうかがえるが、じつは、実在したとすれば古墳時代と合致する時代の天皇である景行天皇・成務天皇・仲哀天皇と神功皇后の諡号《しごう》には帯（タラシ）の名が入っているのである。景行天皇は大帯日子淤斯呂和気（オオタラシヒコオシロワケ）、成務天皇は若帯日子（ワカタラシヒコ）、仲哀天皇は帯中日子（タラシナカツヒコ）であり、神功皇后は息長帯日売命（オキナガタラシヒメノミコト）である。これらのことは、この時代における帯の重要さをうかがわせてくれる。

手襁　埴輪女子像には、手襁《たすき》を掛けたり、肩から斜めに布を掛けたもの、腰から鈴鏡《れいきょう》を下げたものがある。男性も両腕に手襁を掛けた像があるが（図5）その例は少ない。手襁は、両腕に掛けて後ろで交差した形のものと、斜めに掛けたものの二通りがみられる。これらの手襁を掛けたり、斜めに布を掛けたり鈴鏡をつけた人物は、一般的には覡《かんなぎ》と巫女《みこ》と解釈されている。しかし、手襁は神事のときのみに掛けるものではない。『日本書紀』によると、天武天皇十一年（六八二）三月には、「膳《かし》夫《わで》・采女《うねめ》などの手襁や領巾《ひれ》は、みな服《き》てはいけない」と膳夫や采女の手襁や領巾の着用禁止令が出されている。つまりこのときまで、手襁は食事に奉仕する膳夫や身の回りの世話をする采女が着けていたものであったことがうかがえる。一方で、同じく書紀の允恭《いんぎょう》天皇四年九月条では盟神探湯《くがたち》をするときも、木綿《ゆう》手襁を掛けており、また祈年祭の祝詞《のりと》には、忌部《いんべ》が幣帛《へいはく》を清めるに当たって手襁を掛けていることがみえる。『万葉集』にも神事の際に手襁を掛ける歌があり、神事のときに手襁を掛けることも確かである。すなわち、手襁を掛けた埴輪の姿は、神に仕える人物（覡・巫女）の可能性もあり、

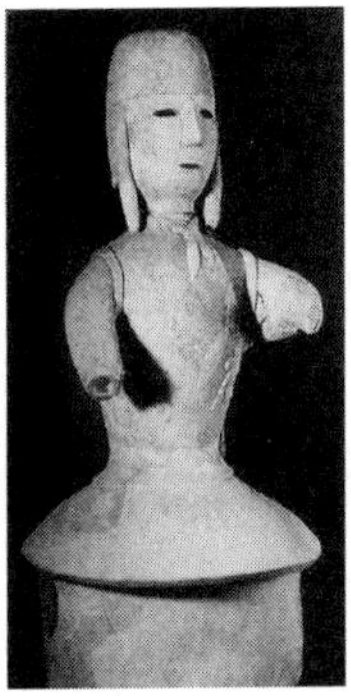
図5　手襁をかけた男子像埴輪（大阪府蕃上山古墳）

また、膳夫や采女のように貴人の傍近く仕える人びとの可能性もあるのである。当時の上衣は細い筒袖形であることからして、手襁が、今日の用途のように動きの便のための用具でないことは確かであろう。おそらく手襁を掛けることによって、清浄な身体になるというような意味のものと

思われる。

初期人物埴輪である大阪府蕃上山《ばんじょうやま》古墳出土の手襁を掛けた男女像は一般的には覡と巫女とされているが、男性はそのかぶりものからして食膳にかかわる男夫で、女性は身の回りの世話をする仕女なのではなかろうか。また考古学では、鈴鏡をつけている女性はすべて巫女とされているが、鏡は身の回りの奉仕者にとっては必需品である。また鈴は、足結《あゆい》や帯・衣服の裾などにもつけられており、けっして魂鎮《たましず》めのためだけのアイテムではない。したがって、鈴鏡をつけている女性がすべて巫女とは限らないのである。

領巾　先にも記したように、書紀には手襁とともに領巾《ひれ》も膳夫や采女が装っていたことが記されている。領巾の大きさや形態であるが、これも先に引いた『延喜式』伊勢太神宮装束条の「絹比礼八條。長さ五尺。広さ二幅。」からすると、幅一三〇センチ長さ一五〇センチくらいの長方形の布である。奈良時代の絵画にみられる領巾は、今のショールのように肩から掛けて装っているが、埴輪には領巾を思わせるものを掛けた姿はみあたらず、古墳時代の領巾がどのように掛けられたかは不明である。ただ、『古事記』上巻の大国主命《おおくにぬしのみこと》根国《ねのくに》訪問条に、大国主命が蛇や百足・蜂のいる部屋に入れられたときに、須勢理毘《すせりひ》売命《めのみこと》からもらった領巾を振ったところ、蛇や百足や蜂の難から逃れられたという話が記されている。同じく『古事記』中巻の応神天皇天之日矛《あめのひぼこ》条にも、天之日矛が新羅から持ってきた宝物のなかに、「浪振る領巾、浪切る領巾、風振る領巾、風切る領巾」という四種類の霊力を持った領巾があったことがみえる。また『万葉集』にも、大伴金村の子狭手彦《さでひこ》の妻の松浦佐用比売《まつらさよひめ》が宣化《せんか》天皇二年に任那を助けるために出征した夫の無事を祈って領巾を振ったという伝承歌がいくつか掲載されている。
　このように、領巾は振ることによって霊力を発揮すると信じられていたものであるが、その装い方は奈良時代と同様に肩から掛けてその端を手に持って振ったとするのが素直であろう。領巾は、インドで発達し、とくに領巾を掛けて空を飛ぶ天女の姿と深く結びついて、領巾が呪力を持つという概念が生まれたと考えられるものである。中国では五世紀頃の敦煌壁画をはじめとして、各地の菩薩像などに領巾を掛けた姿がみられる。また、朝鮮半島においても領巾は「褾（ヒョウ）」と称されて用いられており（柳・朴一九八三）、高句麗の江西大墓古墳（六世紀末～七世紀初頭）の壁画にも領巾を掛けた天女が描かれている。これらの領巾がわが国に伝わってきた経路は、天日矛の話からしておそらく朝鮮半島からであろう。しかも、この天女と結びついた領巾がわが国に伝わったのは古墳後期以降なのではなかろうか。埴輪にまったく領巾らしいものがみあたらないのは、埴輪人物像がおそらく領巾がまだ普及する前の姿ではないかと考えられるのである。

図6　馬子埴輪像
（千葉県姫塚古墳）

被支配者層の服装　埴輪男子像には、鍬を担いだ農夫と思われる像や馬子など被支配者層に属する人びともみられるが、これらの埴輪はいずれも粗雑な作りのものが大半であり、その服装をうかがえる資料は乏しい。ただ、千葉県姫塚古墳出土の馬子像（図6）は、正倉院に伝わる衫《さん》のような貫頭衣《かんとうい》形の衣服を着て細い紐のような帯を締めている。下半身は略されて作られていないため、褌《はかま》をはいていたかどうかは不明であるが、八世紀初頭になってもまだ袴が普及していないことからして、おそらくこの当時の被支配者層は、弥生時代以来の貫頭衣のような簡略な衣服のみで暮らしていたと考えられる。相撲取りの埴輪がフンドシを締めていることから、当時フンドシがあったことは明らかであり、おそらく庶民クラスは、下穿きとしてフンドシをつけ、貫頭衣形式の衣服を着て、足には脛裳《はばきも》（脚絆《きゃはん》のようなもの）を着けていたのではなかろうか。天武天皇が膳夫・采女の手襁・領巾を禁止したその同じ十一年（六八二）三月に、親王以下百寮諸人に「脛裳着用禁止令」を出しているが、これは袴普及のために出されたものである。実際には、以降も脛裳は着用されてゆき、袴はなかなか普及しないのであるが、この禁止令以前は、脛裳が一般的な装いであったことも示唆している。役人たちでさえ脛裳を着けていたのであるから、労働する庶民が足の保護として脚絆状の脛裳を着けていたと考えるのは自然であろう。

多くは裸足であったと思われるが、群馬県藤岡市白石稲荷山古墳からは現代の下駄とほぼ同形の石製二枚歯の下駄が出土しており、弥生時代後期には田下駄もあったことから、一部の人びとのなかには下駄を履いていた者もいた可能性はある。

頭に壷を載せていたり、子どもを背負ったりした被支配者層の女性と考えられる埴輪がいくつかあるが、やはり作りが粗雑なため、その衣服形態は不明である。ただ、丸領《まるくび》を思わせるものもあり、男性と同様に貫頭衣形式だったのではなかろうか。

胡服の渡来　最初に触れたように、支配者層の服装である衣《きぬ》・褌《はかま》、衣・裳《も》は、胡服系統の服装であ

図7　(左) 狩猟男子像（高句麗徳興里古墳壁画）
(右) 侍女像（高句麗水山里古墳壁画）

り、その姿は、朝鮮半島北部の騎馬民族である高句麗壁画人物像の服装と非常によく似ている（図7）。これらの胡服が、古墳時代後期にわが国の支配者層にどのような経緯で入ってき、そして拡大していったのであろうか。その理由については二つのことが考えられる。

一つは、倭王が衣服の文明開化をめざし、積極的に衣服の縫製技術者を大陸に求めた結果というもので、『日本書紀』応神天皇三十七年二月条の「阿知使主《あちのおみ》・都加使主《つかのおみ》を呉《くれ》に遣して、縫工女《きぬぬいめ》を求めさせた。…呉の王は、工女《ぬいめ》の兄媛《えひめ》・弟媛《おとひめ》と、呉織《くれはとり》・穴織《あなはとり》の四人の婦女を与えた」の記述や、同じく書紀の雄略天皇十四年正月条の「身狭村主青《むさのすぐりのあお》などは、呉国の使とともに、呉の献った手末《たすえ》の才伎《てひと》、漢織《あやはとり》・呉織及び衣縫《きぬぬい》の兄媛・弟媛などを将《い》て住吉津《すみのえのつ》に泊まった」の記述を根拠とする。呉から献上された縫製女工たちから衣や袴や裳の縫製技術が伝授され、それが拡大していったとするものである。しかし、この史料では、縫製女工は呉から来たことになっているが、この時代の呉の辺りは南朝であり、漢民族の王朝である。当時の漢民族の服装は胡服とは異なった寛裕な形式のものであって、呉の縫製女工のもたらした衣服形式は当然漢民族の衣服となるはずである。にもかかわらず、普及したのは北朝やその周辺の騎馬民族系の服装である胡服であり、矛盾してしまう。

他の一つは騎馬民族渡来説に依拠したものであり、その最たるものが江上波夫の主張した騎馬民族国家征服王朝説である。江上の説が正しいとすれば、支配者層に胡服が普及したのは至極当然のこととなるが、この説に対しては批判もある。しかし、大和朝廷の大王が騎馬民族であるか否かは別として、当時朝鮮半島にいた騎馬を常習とする人びとが、倭の地にいく波にか分かれて渡来し、それぞれの地で支配者層となった可能性は否定できない。各地の遺跡からの出土物や日本神話にもこれらをうかがわせてくれる資料は多々ある。とくに朝鮮半島南部の伽耶《かや》遺跡からの出土品とわが国の古墳時代の出土品は酷似しているものが多く、伽耶は騎馬民族系王朝と考えられているものである。伽耶は書紀の記す任那《みまな》の地であり、大和朝廷と深い関わりのある地でもある。

わが国の支配者層に胡服が普及した背景には、やはり胡服着用の人びとが渡来し、彼らが支配者層になっていったと考えるのが、もっとも素直なのではなかろうか。

髪　型　この時代は、支配者層と被支配者層では髪型に明確な区別がみられる。『古事記』上巻天照大神と須佐之男命の話条に、須佐之男命が天上界に上ってくるというので、天照大神が男装するために結髪を解いて美豆良《みずら》に結う場面があるが、当時の男性の髪型は美豆良と称されていた。その形を人物埴輪からうかがうと、支配者層と考えられる装いをした像の髪型は、いずれも「下《さ》げ美豆良」である。長く伸ばした髪を三つに分け、両脇に垂らした髪は耳の辺りで縛り、後ろ中心には縛らないま

（右から）図８　椅坐男子と跪く男子埴輪像（群馬県塚廻り４号墳）
図９　鍬をかつぐ男子埴輪像（群馬県オクマン山古墳）
図10　盾持ち埴輪像（群馬県塚廻り１号墳）

まの髪を長く垂らすという髪型で、髪がさらに長く伸びると、両脇の髪は下に輪を作って毛先を上に上げてやはり耳の辺で縛る。埴輪には、冠や帽子などをかぶった像と露頂の像があり、露頂の人物は未成年ではないかと思われる。未成年者の髪型は一様に、図8のような振り分け髪に下げ美豆良と、後の垂れ髪という形式である。

貴人の成人男子が冠や帽子をかぶっていたことは、冒頭に記した『古事記』の伊邪那岐命の禊祓いの記述にもみられるが、埴輪の表現上の問題を考慮しても、どうもそのかぶりものの下の髪型は振り分け髪ではなさそうである。すなわち、当時の支配者層にあっては、成人と未成年との間は、髪型・かぶりものの有無などで視覚的に明確に区別されていたようである。そして、被支配者層の上げ美豆良に対して、下げ美豆良は支配者層のステータスシンボルでもあった。

被支配者層の男性の髪型は、支配者層とは異なった「上《あ》げ美豆良」である。図9の鍬を担ぐ人物像のように、耳の

図11　赤ん坊を抱く女子埴輪像　前・後
（茨城県大平古墳）

ところに小さく髪をまとめた形であり、これは支配者層の下げ美豆良に対して、一般に上げ美豆良と称されている。また、盾持ち人と称している最下層の武人像の髪型は頭上結髪であるが、図10のように、頭の毛を剃りあげ、頭頂部に残った毛で種々の髷《まげ》を結っている可能性が大きい。もし、この髪型が頭髪を剃りあげているものとすると、それは後のモンゴルなどの辮髪《べんぱつ》に連なる騎馬民族独特の風習ということになろう。

女性の髪形であるが、先の『古事記』の記述でも、貴人女性は髷を結っていたことがうかがえるのであるが、支配者層の女性埴輪の髷は、表現によって多少の差異はみられるものの基本的にほぼ同一の形態である。頭上に髪を上げて縛り、それを二つに分けて前後に輪を作って髷とし、中央で括ってとめる形で、江戸時代の島田髷の結い方と似ているので、島田風と称されたりしている（図3）。

被支配者層の女性は、基本的に支配者層と同形態の島田風髷を後頭部に結っている（図11）。髷が後頭部にあるのは、頭上に壷や物を載せて運ぶためかと思われる。

かぶりもの　男性のかぶりもののなかで、冠風のものは胡坐《あぐら》をかいたり椅子に掛けて座っている男性のかぶりものの例が多いが、琴を弾く男性にも冠風かぶりものをかぶった姿がみられる。弾琴の男性はシャーマンの可能性もあるが、『古事記』下巻雄略天皇吉野条には、天皇が呉床《くれどこ》に座って琴を弾くシーンがあり、弾琴埴輪のなかには首長の姿もある可能性は高い。このように、冠風かぶりものをかぶっている人物像は、基本的に首長と考えられるものであり、神とかかわりのある人物と首長が同一人物であったとも考えられる。なかには男子立像にも冠をかぶっている姿がみられるが、太い帯を締めており、身分の高い人物であることには違いない（図2）。

これら貴人男性の冠と同種の冠が各地の古墳より出土している。藤ノ木古墳出土の樹木形冠は有名であるが、千葉県三昧塚古墳からは馬と樹木の飾りのついた冠が、熊本県江田船山古墳からは頭頂部を覆う内冠と冠帯の組み合わせの冠が、福井県十善の森古墳からも内冠と冠帯が出土しており、これらはいずれも金銅製であるが、鉄製のものもある。これら首長層もしくはそれに近い貴人のかぶっていた冠は、当時「縵《かずら》（鬘）」と称されていた。『日本書紀』安康天皇元年二月条に、「押木珠縵《おしきのたまかずら》」と称する鬘のことが記されている。大草香皇子《おおくさかのみこ》が天皇に真心を示そうと家宝の押木珠縵を献上するのであるが、それを使者の根使主《ねのおみ》が横取りをしてしまう。そしてこの押木珠縵は、雄略天皇紀十四年四月条に再登場し、呉からの使者の歓迎の宴の際に根使主はこの押木珠縵をつけて接待する。そしてこの鬘は、大層立派で素晴らしいと記されている。安康天皇元年から雄略天皇十四年までは、ほぼ十七、八年の年月を経たことになっているが、この鬘は美しさを損なわずにいる。また、書紀は押木珠縵を「立縵」とも「磐木縵《いわきのかずら》」とも称すると記しており、「立縵」は文字通り立った形の鬘であろうし、「磐木縵」は変わらない木の鬘ということで、おそらくこの押木珠縵は、樹木を象《かたど》った金属製の鬘に珠飾りのついたものであり、古墳出土の樹木を象った冠帯状のものと考えられる。『播磨国風土記』加古郡条にも、弟縵《おとかずら》と称する燦然と輝いて船賃の代償となる鬘がみえるが、これも金属製のものであろう。奈良時代以降、礼冠《らいかん》として重要な儀式の際にかぶられる冠もその縁（冠帯）の部分は「押鬘《おしかずら》」と称されており、冠帯を鬘と称することは、以降も継承されてゆく。鬘は本来は蘿《ひかげのかずら》や真拆《まさき》などの植物を頭部に巻いたもので、神降ろしや神がかりする時に装う依《よ》り代である。したがって、冠状のものをかぶった埴輪の首長層の姿は、琴弾きと同様に、王権がシャーマン的な性格を持っていたことを示している資料ともいえる。

帽子風かぶりものをかぶっている人物は、首長に仕える貴人層が多く、丸帽子風のもの・山高帽子風のものなどのように鍔《つば》のついたものと、頭巾風の鍔のないものとがあるが、なかには、胡坐姿や跪《ひざまず》いた姿の男子像もみられる。大型古墳である群馬県高崎市綿貫観音山古墳出土男子像（図4）は、胡坐をかき、明らかに首長と思われる姿であるが、そのかぶりものは帽子風であり、首長層がすべて冠をかぶっているとは限らないことも確かである。

被支配者層の男性の多くは、笠風のかぶりものをかぶっている。おそらく、笠風のかぶりものは労働の際の実用品であったのであろう。女性がかぶりものをかぶっている姿はみあたらない。

はきもの　支配者層の男性はクツをはいているが、つま先の反り返った浅クツとつま先が平らな浅クツおよび長クツの三種類がある。古墳からもクツが出土しているが、熊本県江田船山古墳・千葉県金鈴塚古墳・奈良県藤ノ木古墳などから出土している金銅製のクツはいずれも浅クツである。同種のものは朝鮮半島各地からも出土しているが、朝鮮半島のものは三〇チセン前後の大きさであるのに対して、日本のものは藤ノ木古墳のものが四〇チセン前後、福岡大将陣のものは五〇チセン前後と大型である。しかも、藤ノ木古墳のものはクツ裏にも歩揺《ほよう》がついており、実用のものではなく埋葬用に作られた可能性が大きい。朝鮮半島のものや江田船山古墳のものは裏に鋭いスパイクがついており、これは拍車の役目のものであろうか。福岡県鞍手郡若宮町竹原古墳壁画には、埴輪と同様の衣《きぬ》と太い褌《はかま》を着け、ブーツ風長クツをはいた人物が描かれている。

女性のはきものであるが、女子埴輪人物像は上半身のみのものが多く、下半身まで描かれていても足部は長い裳《も》に隠れており、また、足が描かれている場合も、椅子に座ったかたちであるため素足の可能性が高く、残念ながら明確ではない。しかし、飛鳥時代の天寿国繡帳《てんじゅこくしゅうちょう》に描かれた女性（口絵1）と思われる像は浅いクツをはいており、おそらく、古墳時代を通じて女性も男性と同様の浅クツをはいていたと考えて間違いないであろう。

金属製装身具類の発達　この時代になると、金銅製や金製・銀製の装身具類が盛んになる。その中心は耳飾りであるが、首飾りや指輪・腕輪もみられる。古墳からは、細金細工の垂れ飾りのついた耳飾りが出土するが、これらは朝鮮半島出土のものと酷似している。また、藤ノ木古墳をはじめとして複数の古墳からは銀製や金銅製の玦《けつ》状耳飾りも出土する。銀に金メッキした玉を連ねた首飾りが藤ノ木古墳からは出土しており、沖ノ島の祭祀遺跡からは金製の精巧な指輪も出土している。奈良県橿原市千塚一二六号墳からは金製の指輪五個と銀製のが一個出土しており、福岡県でも銀製や青銅製の指輪がみられるが、その数は多くない。おそらく、限られた人が装着したものであろう。腕輪も、弥生時代以来の青銅製の釧《くしろ》（腕輪の呼称）に加えて、金製や銀製の釧もみられるようになる。しかし、形はしだいに貝釧から離れてゆき、後期になると、輪のまわりに鈴をつけた鈴釧や輪に小さい金製の輪を通した釧など、手の動きにより音を発するものもみられるようになる。

この時代に多用されていたのはガラス製の首飾りやガラス製の足玉である。藤ノ木古墳からも足首に装った濃紺のガラス製足玉が出土しているが、埴輪にも椅子に座った男女貴人像の足首に足玉をつけた姿がみえる。首飾りは、ガラスのほか水晶・瑪瑙《めのう》・翡翠《ひすい》・琥珀《こはく》などの天然玉石製のものも用いられており、これらの玉を勾玉《まがたま》や棗玉《なつめだま》・切子玉《きりこだま》・丸玉・管玉《くだだま》などに加工し、紐に通して首につけ、後ろで結んでとめた。首飾りは、男女を問わず装われており、支配者層だけではなく、被支配者層の人びともつけている例が多い。ただ、勾玉は支配者層のしかもごく一部の人間しか装っていないので、特殊な意味を持っていた可能性が考えられる。

古墳からは、鍬形《くわがた》石とか車輪石とか一般に称されている貝釧を模した石製の大型釧が出土するが、これらは遺体に装着したかたちではなく、添えたかたちで出土し、しかも相当の重量があることから、実用の腕輪ではなく、埋葬用に作製されたものと考えられる。また、弥生時代と同様に、竹製・木製の縦櫛が用いられており、女性埴輪には髷の根元に櫛を挿した姿がみえるが、記紀からすると男女とも挿していたと考えられる。後期になると、梳《す》くことを目的とした実用の横櫛も出土する。

2 服制と衣服

冠位十二階と冠の色　隋・唐との国交が開かれ、中央集権化をめざしたわが国は、推古十一年（六〇三）に、その第一歩として冠位十二階を制定した。このわが国初めての位階制は、有能な人材の登用とともに、支配者層の官人化をはかることを目的としたものであり、しかもその位階の区別は冠の色によってなされた。古墳時代には支配者層と被支配者層は、髪型や服装で視覚的に明確に区別されていたが、さらに推古朝になると、支配者層のあいだも位階で序列化され、しかも色彩という視覚的にもっとも明らかなかたちで区別されるようになったのである。

『日本書紀』推古十一年十二月条に「始めて冠位を行う。大徳・小徳・大仁・小仁・大礼・小礼・大信・小信・大義・小義・大智・小智あわせて十二階。みなそれぞれに当る色の絁《あしぎぬ》で縫った。頂は撮り総《す》べて袋のようにし、縁が着く。唯、元日には髻花《うず》をさす」と記されているように、冠位十二階を制定し、翌年正月に諸臣に施行した。このわが国最初の可視的に明確なかたちで示された序列である冠位十二階の冠色が何色であるかについては、書紀は「当る色」としか記していないし、ほかの文献にも記されていない。にもかかわらず、この「徳・仁・礼・信・義・智」の当色については、近年まで「紫・青・赤・黄・白・黒」を該当させる説が広く流布していた。奈良時代から平安前期頃成立とされる『上宮聖徳法王帝説』に「五行に准じて爵位を定めるなり」とあることを根拠として、位階名の「仁・礼・信・義・智」は五行思想の五常であり、これにあたる色は五色の「青・赤・黄・白・黒」であるとした。そして五行を統べるのは徳であって、これの該当色は紫であるとしたのである。紫の根拠としては、江戸時代には陰陽を合わせる色が紫であるとか、隋の制度に倣って最高位に紫をおいたとか説明されていた。

仁以下の位分けは倫理主義的志向の強かった推古の時代としては、五行思想に基づいたものであることは充分考えられる。初めての位階制を定めるにあたって、位階に尊厳をもたせるためにも、また施行を円滑に行うためにもその位階表示名とその色には意味あるものを用いるのは当然のことであろう。したがって、仁位以下に五行思想の五色を該当させることの蓋然性は高いと考えられる。しかし、徳位を紫とすることに関しては問題を多々含んでいる。じつは、冠位十二階施行当時は、『日本書紀』皇極天皇二年（六四三）十月条の「蘇我大臣蝦夷《えみし》は、病によって仕えられない。私《ひそか》に紫冠を子の入鹿《いるか》に授けて、大臣位に擬《なぞら》えた」の記述にみられるように、紫冠は大臣位の冠であった。しかもその大臣の位を独占していたのは、天皇家と並ぶ勢力を誇っていた蘇我氏である。当時において最高位の徳位を授けられていたのは、遣隋使小野妹子《おののいもこ》（帰国後大徳）・遣新羅使高向玄理《たかむこのくろまろ》（小徳）などの外国への使者や、将軍の巨勢臣徳太《こせのおみとこだ》（小徳）などであり、彼らと大臣の位にあった蘇我氏の冠とが同色ということは考えがたい。

大化三年（六四七）に冠位十二階を改定して七色十三階の冠位制が成立する。冠位十二階から七色十三階へ、そしてその後の大宝令・養老令への位階の変遷に関しては現在のところ二説あるが、筆者の説（増田一九八九）である表1の変遷表が通説となりつつある。表1によると、位色の継承性からしても、大臣の紫冠は徳位の上に位置していたことは間違いない。また、仁位以下の位色の継承という点からみても、仁位の青冠はそのまま七色十三階では青冠に移行しており、冠位十二階の施行においてはあまりその位階の区別が重視されていなかった礼位から智位までをまとめて、大小黒冠としたと考えられる。

冠位十二階の改定にあたっては、冠位十二階では枠外であった大臣をその体系に加えるとともに、上位階の充実に重点が置かれていた可能性が大きい。大臣などの上位階の充実を可能にした背景には、蘇我大臣家の滅亡に伴って天皇中心の中央集権国家への道が加速度的に進みはじめたことがあるであろう。

冠位十二階の施行期間およびその改定時には、まだ重きがおかれていなかった下級官人であるが、大礼から小智までの八階を大小黒冠の二階に集約し、初位の建武を加えたのはやはり問題があったようで、二年後の大化五年には、大乙冠上下・小乙冠上下の四階に増階するとともに、初位を立身と名称変更している。この時には、大小錦冠・大小青冠の位もそれぞれ上下に細分化しているのであるが、わずか二年で位階制の改変を行った理由は、錦以下の中級官人の需要の増加に伴う序列の必要性とともに、下級官人登用の必要性とその序列化が現実に求められたからではなかろうか。以降官人制度の進展に伴って、天智三年（六六四）には、中級官人以下の序列はさらに細分化され、充実してゆく。

冠位十二階は、施行された推古十二年（六〇四）から改定される大化三年（六四七）までの四十余

表1　冠位十二階から養老衣服令までの位色の変遷

推古11年 (603)	冠位				大小 徳		大小 仁		大小 礼	大小 信	大小 義	大小 知	
	冠色				(緋)		(青)		(赤)	(黄)	(白)	(黒)	
大化3年 (647)	冠位	大小 織	大小 繍	大小 紫	大小 錦		大小 青		大小 黒				建 武
	服色	深紫	深紫	浅紫	真緋		紺		緑				不明
大化5年 (649)	冠位	大小 織	大小 繍	大小 紫	大 花 上下	小 花 上下	大 山 上下	小 山 上下	大 乙 上下		小 乙 上下		立 身
天智3年 (664)	冠位	大小 織	大小 縫	大小 紫	大 錦 上中下	小 錦 上中下	大 山 上中下	小 山 上中下	大 乙 上中下		小 乙 上中下		大小 建建
天武14年 (685)	爵位	明 壱弐	浄 壱弐参肆										
	服色	朱花	朱花										
	爵位			正 壱弐参肆	直 壱弐参肆		勤 壱弐参肆	務 壱弐参肆	追 壱弐参肆		進 壱弐参肆		
	服色			深紫	浅紫		深緑	浅緑	深葡萄		浅葡萄		
持統4年 (690)	爵位	明 壱弐	浄 壱弐	参肆									
	服色	不明	黒紫	赤紫									
	爵位			正 壱弐参肆	直 壱弐参肆		勤 壱弐参肆	務 壱弐参肆	追 壱弐参肆		進 壱弐参肆		
	服色			赤紫	緋		深緑	浅緑	深縹		浅縹		
大宝元年 (701)	位階	明 一二三四	浄 一	二三四五									
	服色	黒紫	黒紫	赤紫									
	位階		正 一	二三	直 四	五	勤 六	務 七	追 八		進 初		
	服色		黒紫	赤紫	深緋	浅緋	深緑	浅緑	深縹		浅縹		
養老2年 (718)	位階	親王 一二三四	諸王 一	二三四五									
	服色	深紫	深紫	浅紫									
	位階		一	二三	四	五	六	七	八		初		
	服色		深紫	浅紫	深緋	浅緋	深緑	浅緑	深縹		浅縹		

1）天武，持統期の大広および大宝令，養老令の正従，上下は省略。
2）（　）は推測を意味する。

年間もの長期にわたって施行されており、その位色は、当然各々の位階を象徴したものになっていたであろう。いうまでもなく、七色十三階は冠位十二階を改定したものであり、新位階制にスムーズに移行するためにも、人びとの意識のなかに象徴として定着している位色を、基本的には継承するかたちでの改変というのが当然と思われる。また、冠位十二階では冠色と服色は同一とされていたが、七色十三階も基本的にはこれを継承している。藤原鎌足の墓である阿武山《あぶやま》古墳からは大織冠とされる冠が出土しているが、その冠は紫地に金糸で文様を織り出したものである。このことから、おそらく織冠の色は紫色であり、繡冠も紫地に刺繡をしたものと考えられる。すなわち、織冠も繡冠も服色は紫であり、冠色と服色は一致している。また、紫冠もその服色は薄紫で、青冠の服色は紺《こきはなだ》である。ただ、黒冠は服色も黒にすると黒尽くめになってしまうので、冠位十二階にはなかった緑をあてたのであろう。すなわち、このように七色十三階も基本的には冠色と服色が同系統であったことから推定すると、錦冠の色は真緋ということになる。当時の錦の遺品に緋色系統が多いこともこれを裏づけてくれる。錦冠が真緋であるとすれば、錦冠に移行した元の徳冠の色も当然真緋ということになる。

以上のことより、冠位十二階の当色は、大徳・小徳＝真緋、大仁・小仁＝青、大礼・小礼＝赤、大信・小信＝黄、大義・小義＝白、大智・小智＝黒、となる。徳位の真緋と礼位の赤の区別であるが、緋《あけ》をわざわざ「真緋《あけ》」と書いているということは、この「真緋」は当時新たに入ってきた染料である茜《あかね》によって染められた緋色であろう。これに対して礼位の赤は、従来からの赤土染めと考えられ、同じアカ系統でも、両者の色相は相当に異なる。また、義位の白であるが、奈良時代になると白は天

表2　朝鮮三国の位色

新羅（法興王）																	
位	太大角干（伊伐飡）	伊飡	迊飡	波珍飡	大河飡	阿飡	一吉飡	沙飡	級伐飡	大奈麻	奈麻	大舎	小舎（舎知）	吉士	大烏	小烏	先沮知（造位）
服色	紫衣					緋衣				青衣		黄衣					

百済																
位	左平	達率	恩率	徳率	杆率	奈率	将徳	施徳	固徳	秀徳	対徳	文督	武督	佐軍	振武	剋虞
帯色	冠飾銀花						紫帯*	皀帯	赤帯	青帯	黄帯		白帯			

*左平以下将徳以上がすべて紫帯とも考えられる

高句麗												
位	大大兄	大兄	小兄	対盧	意侯奢	烏拙	太大使者	大使者	小使者	褥者	翳属	仙人
冠色	大臣級：青羅鳥羽冠　官人：緯羅鳥羽冠											

資料　新羅：『三国史記』による。百済：『周書』による。
高句麗：位階名は『隋書』，冠色は『新唐書』による。

皇の色となるため、このような下級官人の位色とするのはおかしいとの批判もある。しかし、奈良時代における天皇の白衣というのは帛衣《はくのきぬ》のことであり、これは練絹製の光沢のあるものである。それに対して、冠位十二階の義位の白の素材は絁《あしぎぬ》であり、光沢はあまりない。同じ色でも、素材によりその表現効果は大きく異なり、貴くも卑しくもなるのであって、単純に色だけでは決められないのである。

冠位十二階の上に大臣の紫冠があるわけであり、この紫・緋・青の順は、じつは新羅の位階制の色と一致しており（表2）、後に褶《ひらみ》のところで述べるが、当時の新羅と倭との関係をうかがうことのできる一つの資料でもある。

儀礼冠の誕生　冠位十二階の冠は、はじめて定められた位階を明示するために色分けされたものであり、朝廷への出仕時に日常的にかぶられていたものと考えられる。そして、正月などの儀礼時には位冠に金製などの髻花《うず》を挿し、薬狩《くすりがり》などの行事のときは、金製や豹尾《ひょうお》・鳥尾《とりお》などの髻花を挿した。隋から裴世清《はいせいせい》を迎えたときも金の髻花を挿したことが書紀には記されている。すなわち、冠位十二階の位冠は、日常冠であるとともに、髻花を挿した時は儀礼冠にもなるという性格のものであった。しかし、大化三年に七色十三階が制定されたときに、新たに儀礼冠である「鐙冠《つぼこうぶり》」が定められ、以降は、日常冠と儀礼冠が区別されるようになり、鐙冠は、大宝令・養老令の礼冠《らいかん》に継承されてゆく。

　この位冠と鐙冠の関係に関しては、位冠が儀礼冠で鐙冠が日常冠であるとの解釈がなされていたりするが、これは間違いである。『日本書紀』の七色十三階制定記事は鐙冠に対して、「別に鐙冠がある。黒絹を以てこれをつくる。その冠の背には、漆羅《うるしぬりのうすはた》を張る。縁《ふち》と鈿《うず》とで、その高下を区別する。形は蝉に似ている。小錦冠以上の鈿は金銀を雑《まじ》えてこれをつくる。大小青冠の鈿は銀を以てこれをつくる。大小黒冠の鈿は銅を以てこれをつくる。建武の冠は鈿はない。この冠は、大会、饗客、四月七月の斎の時に着るものである」と記している。この記事からすると、鐙冠は黒絹製で冠の背に漆塗りの羅《ら》を張った蝉に似た形の冠で、縁と鈿で位階を区別し、大会や饗客と斎時などの儀礼時にかぶったものであることがうかがえる。

　位冠を儀礼冠とする解釈は、書紀のこの記事の「別に鐙冠がある。黒絹を以てこれをつくる」を挿入とすることによるものである。しかし、次の文の始まりの「その」はすぐ前のものを指すのが一般的である。しかしもし、位冠を儀礼冠と解釈する人たちの主張のように、「その」が「別に鐙冠がある」より前の記述である位冠を指すとすると、位冠は複数であることから、漢文としては「漆羅を張る」の前に「並びに」または「皆」がつくはずである。また、儀礼冠は縁と鈿で区別されると記されているが、位冠は冠の材質と色で明確に区別されており、ここに重ねて縁と鈿で高下を区別する必要もない。縁と鈿で区別しなければならないのは、一様に黒絹で製する鐙冠のみであり、「その冠の背」以下の文はすべて鐙冠の説明であり、鐙冠が儀礼冠であることは明らかである。位冠が儀礼冠との錯誤が生じた原因の一つは、位冠が織《おりもの》や錦という豪奢な材質で作られているのに対して、鐙冠が建武と同じ黒絹製ということがあるであろう。しかし、当事の位冠は新しく官僚体制を築いていくための重要なアイテムであり、位階の象徴的存在であったのである。これを冠することによる朝廷での位階明示が肝要であったと思われる。織や刺繡は確かに高価な材質であるが、これを授けられた人物は数名しかいないのである。鐙冠は、黒絹で作られるが、その背には高価な材質である羅が張られている。しかも、黒地に刺繡や織・錦の縁飾りがついて蟬のような形をした冠に金銀の鈿を挿すのである。縁と鈿は黒地に映えてより華麗な姿を演出したのではなかろうか。

冠位制の意味　今までみてきたように、わが国における最初の位階制度である冠位十二階は、実際には冠色と服色が同じであったので、冠色のみによる序列ではなく服色の序列も伴っており、その意味では新羅や隋の制度と大きく異なるわけではない。しかし、書紀が「始めて冠位を行う」と記しているように、明確に冠にこだわった制度であった。なぜわが国は初めての位階制度を定めるにあたって、冠にこだわったのであろうか。朝鮮半島では表2のように、新羅は服色によるものであり、百済のは帯色によるものである。高句麗は冠色によるが、上臣と下臣の別であり、位階に応じたものとはいいがたい。中国の隋朝のものも服色によるものである。中国では、古くより冠は重視されていたが、位階の序列と冠の相関はない。

わが国の位冠において重視されているものに縁《ふち》がある。冠位十二階の制定記事も、「縁を着く」とことさら縁がつくことが記されており、また、七色十三階の制定記事もこと細かに縁を記している。さらに、七色十三階を改定して定めた十九階冠位の位階名は、表1をみれば明らかなように、七色十三階の縁の文様に依拠してのものである。錦冠の文様は伯仙で、山を織り出したものであろう。その文様から新位階名が生まれたとすると山冠となるはずであるが、位階名は花冠となっている。花冠の「花」は、錦冠の縁の織の文様に依拠した名称と考えられる。また同様に青冠が山冠に移行しているが、これも縁の伯仙錦の文様の山からきた名称であろう。黒冠が乙冠となっているのも、おそらく車形錦の車形との関わりからきた名称ではなかろうか。

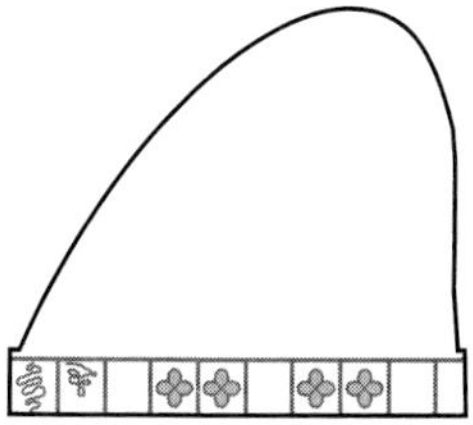
図12　大織冠の図（大阪府阿武山古墳出土，吉岡常雄氏製作復元品による）

図12は阿武山古墳出土の藤原鎌足の冠である大織冠を復元したものであり、天寿国繡帳にも人物がかぶった冠のわずかな痕跡が伝わっているが、その冠の形もこれを髣髴させてくれるものである。おそらく冠位十二階に始まる冠位制の位冠もそして儀礼冠として定められた鐙《つぼこうぶり》冠も、山形の袋のような頭部を包む内冠と縁（外冠）の二部構成のものであったと考えられる。このことは、出土品からもうかがうことができる。熊

本県江田船山古墳からは、山形の内冠と冠帯が出土している。この縁（外冠）の部分は、四五頁で述べた鬘《かずら》の一種と考えられるものである。鬘は本来は神がかりや神降ろしのときに頭部に装うものであり、依り代である。現在でも奄美大島などの巫女たちは、神祭りの時には、鬘状の植物を頭に装っている。

すなわち、わが国で官人制を始めるにあたって冠にこだわったのは、その冠が、鬘の延長線上にある縁がついたものであり、それは、かつて日本の王権が軍事的指導者とシャーマン的性格を兼ね備えたものであったことの継承と考えられる。位冠には、神の恩沢をうけるための依り代としての鬘がついており、それは、冠により明示される位階が神との関わりを持ったものであることを意味しているのではなかろうか。わが国における縁（鬘）のついた冠の伝統は、天智三年の二十六階冠位で終了する。すなわち冠位制の終了とともに姿を消し、以降の位階制における冠は縁のないものとなり、儀礼冠のみに鬘は残ってゆくのである。

唐と新羅と日本の服装　飛鳥時代には新たに位階制も誕生し、仏教も盛んとなり、遣隋使の派遣により中国文化も流入してきたが、この時代の服装はまだ古墳時代の胡服《こふく》形式のままであった。この頃のわが国について記した『隋書』倭国伝には、服飾について「その服飾は、男子は裙襦《くんじゅ》を衣《き》る。その袖は微小である。…婦人は…また裙襦裳をきる。皆襈襹《せんせん》がある」とみえる。男女とも縁飾りのついた裙襦を着、女性はそれに裳を着けるというものである。襦は筒袖腰下丈の上衣であり、裙は襞をたたんだスカートである。また、『日本書紀』によると、聖徳太子は推古十三年（六〇五）閏七月に、諸王・諸臣に褶《ひらみ》を着けさせている。褶は、『令集解《りょうのしゅうげ》』記載の大宝令の注釈書である「古記」に、「褶は思うに、婦人の裳に似たものである」とあり、奈良時代の褶は裳に似たスカート状のものであることがわかる。聖徳太子の死後その冥福を祈って采女たちに刺繍させた天寿国繍帳に描かれた人物像は、男性は筒袖腰下丈の上衣に袴をはき、上衣と袴の間に襞をたたんだスカート状のものを着けているが、これが褶であろう（図13）。天寿国繍帳に描かれた女性像は、口絵1のように男性と同様の筒袖腰下丈上衣に襞をたたんだロングスカートの裳を着けているが、やはり上衣と裳の間に短い褶状のものを着ている。『隋書』の「裙」は、この褶のことを記したものかと思われる。

なぜ聖徳太子は冠位十二階を施行し、十七条憲法を制定した翌年にわざわざ褶を着けさせたのであろうか。中国の服装の一つに「袴褶《こしゅう》」があるが、中国の「褶」は短身の上衣で、日本の褶とは異なったものであり、中国の影響を受けたものではない。八世紀初め頃に描かれたとされる唐の章懐太子《しょうかいたいし》李賢《りけん》墓壁画に朝鮮半島からの使者ではないかとされる像がみえる。朝鮮半島は六七六年に新羅が統一しており、この壁画の人物は新羅国使の可能性が高いのであるが、彼は図14のように腰下丈上衣と袴の間に褶状のものを着けている。しかも、『旧唐書』倭国伝によるとわが国の衣服制は新羅に非常に近いとのことである。聖徳太子がこのときに諸王・諸臣に褶を着けさせたのは、新羅の制の影響を受けての

図13　天寿国繍帳男子像

図 14　新羅国使像（中華人民共和国陝西省章懐太子墓壁画）

ものではなかろうか。

この新羅の使者と思われる人物は、冠に鳥羽状のものを挿しているが、わが国の髻花《うず》（鈿）も新羅の制に倣った可能性は大きく、先に記したように、冠位十二階の位色も新羅の制に近いものであったことからすると、当時の新羅とわが国との関わりの深さがうかがえる。

服制を新羅のものに近い形に定めたわが国であったが、新羅は、唐の冊封体制下に入り、六四八年には服装を唐風に変えることを願って許され、翌六四九年に唐風服飾に変えた。そして、白雉二年（六五一）にわが国に遣使してきたのであるが、その時にわが国は、「新羅の貢調使の知萬沙飡《ちまささん》らは、唐国の服を著て、筑紫に泊まった。朝廷は恣《ほしいまま》に俗を移したことを悪《にく》んで、呵嘖《せめ》て追い還した」（『日本書紀』白雉二年是歳条）のように、勝手に風俗を変えたことを怒って会わずに追い返している。この記事は、このときの日本の服装はまだ従来からの新羅に近い胡服系のものであったことを示しているとともに、わが国が、唐風服飾になる意志がまだないことをも示している。しかし、この記事の意味していることはそれだけではない。なぜわが国が怒ったかということであるが、従来の解釈のように新羅が日本の臣下的存在であったからというものではない。わが国が怒ったのは、中国大陸に誕生した隋そして唐を警戒して、服制を新羅にほぼ同化させることにより同盟関係を深め、その守りを固めようとしたにもかかわらず、新羅に裏切られたことによるものではなかろうか。この後日本は、天智二年（六六三）に百済の残党と組み、新羅・唐の連合軍と白村江で戦い、惨敗してしまうのである。

喪服の誕生　三世紀半ば頃の日本を記したとされる『魏志』倭人伝に、「死に際しては十余日喪に服し、その間は肉を食べない。喪主は哭泣《こくきゅう》し、他の人は屍の周りで歌舞飲酒する。埋葬すると家中の者が水に入り、澡浴《そうよく》する。中国の練浴のようである」とみえるのが、わが国における喪に際しての儀礼に関するもっとも古い記述である。ここでは、十数日間喪に服することがみえる。その間は肉を食べず、喪主は大声で泣き、他の人々は遺体の周りで飲酒したり歌舞したりするという後の殯《もがり》と同様の風習がうかがえるが、喪に服す期間着用するいわゆる喪服については何も記されていない。ただ、『魏志』倭人伝は、この後に航海の安全のために連れてゆく持衰《じさい》を、喪に服す者のようであるとし、その姿を「頭を梳《けず》らず、蟣虱《きしつ》もとらず、衣服は垢汚したまま」と記している。このことから、当時は人が死ぬと、近親者は衣服を着替えず髪も梳《と》かさないというように、死に直面したときのままの姿を変えないで喪の期間をすごしていたことがうかがえる。当時はまだ喪に服すための特定の衣服はなく、死に直面したそのときの日常の衣服がそのまま喪服になっていたということであろう。

日本において、喪服という特別の衣服の存在が明らかになるのは、古墳時代後期に入ってからである。『日本書紀』には、大鷦鷯尊《おおさざきのみこと》（仁徳天皇）が弟の皇太子の死に際して素服《そふく》を着て哭泣したことがみえる（仁徳天皇即位前紀条）。素服には白色の衣服の意味と生成《きな》りの衣服の意味の二通りがあるが、ここでの素服がいずれのものであるかは不明である。仁徳天皇を倭の五王の讃か珍と比定すると、五世紀前半の人となり、五世紀には後の喪服の代表格ともなる素服が着られるようになっていたことになる。しかしこの記述には信憑性の問題もある。書紀の編纂時に素服の文言が挿入された可能性もゼロではなく、五世紀の頃には喪服としての素服が存在していたと確定することは難しい。ただ、『隋書』倭国伝になると、「親賓は屍の周りで歌舞し、妻子兄弟は白布で服をつくる」と記されており、七世紀頃には白布（麻布）製の喪服が着用されていたことは確かであろう。この白色または生成りの麻製の喪服は、中国や朝鮮半島でも用いられていたものであり、当時の東アジア共通のものであった。

斉明七年（六六一）に斉明天皇が崩御した際、息子であり皇太子でもあった中大兄皇子《なかのおおえのおうじ》は、素服を着て称制（即位しないで政務をとる）したと『日本書紀』は記しており（天智天皇即位前紀条）、以降素服は喪服として定着してゆく。

三　奈良・平安初期の衣服——唐風化と衣服制度の確立

1　唐風化のはじまり

冠位制度の廃止　天智天皇二年（六六三）の白村江での大敗は、わが国にとっての重大事であった。唐の侵攻に備えて、大宰府には水城《みずき》を、対馬から大和までは朝鮮式の山城を築いて防御を固めるともに、同六年には水陸交通の要地である近江大津に都を移した。天智天皇はこの地で即位し、その後大友皇子が弘文天皇として天智のあとを継いだ。しかし、天武元年（六七二）、天智の弟であり皇太子でもあった大海人皇子《おおあまのみこ》が吉野で兵を挙げ、大津宮に侵攻して近江朝廷を倒し、弘文天皇はこの地で自害して果てた。世にいう壬申の乱である。翌年には、大海人皇子は天武天皇として飛鳥浄御原《あすかのきよみはら》で即位する。

こうして実力で政権を手中に収めた天武天皇は、壬申の乱での近江朝廷側の有力豪族の没落も味方し、天皇中心の強力な中央集権体制を確立してゆく。彼は、政権安定とともに、種々の改革に着手した。その一つが、唐風化推進策であった。斉明・天智朝では六五九年・六六五年・六六七年・六六九年と立て続けに遣唐使が送られており、帰国した彼らが発展する唐王朝を実見し、その姿を伝えた可能性は大きい。天武はこれらの情報をもとに、唐に倣うべく文明開化を推し進めてゆく。

まず、天武十一年（六八二）三月には、「親王以下、百寮諸人は、今より以後、位冠および襌《まえも》・褶《ひらみ》・脛裳《はばきも》を着てはいけない。また、膳夫《かしわで》・采女《うねめ》などの手襁《たすき》・領巾《ひれ》も、みな服《き》てはいけない」（『日本書紀』）の詔を出し、皇族および役人すべての位冠を禁止した。冠位十二階以来約八十年間、位階表示の象徴としてかぶられつづけてきた位冠は、ここに終止符を打ったのである。このとき同様に着用禁止令が出された褶も、推古十三年（六〇五）に聖徳太子が諸王・諸臣に着用を命じたものである。脛裳は文献にはその名は初登場であるが、前章で述べたように脚絆《きゃはん》状のものと思われ、おそらく古より広く装われていたものであろう。ここでの脛裳の禁止は袴の普及をねらってのものと考えられる。襌もその名は初現であり、『日本書紀』は「まえも」と読ませているが、この字は「ちはや」とも読む。『万葉集』では「ちはやふる」は神にかかる枕詞であり、『延喜式』では「ちはや」は神事の装いとなっていることからして、「ちはや」は神との関わりの深い装いと考えられる。したがって、ここでは書紀の読みである「まえも」に従って、「ちはや」とは別物としておく。襌が正倉院に伝わる「前裳」と同種のものであるとすると、前掛け状のものであり、やはり古くより広く用いられていたものであろうか。すでに前章で述べたように、このときに膳夫・采女の手襁・領巾も禁止しているのであるが、この天武十一年に禁止されたものは、すべて、わが国古来のものか、飛鳥時代以来のものである。

結髪令　書紀を追ってゆくと、同年四月には、「今より以後は、男女はことごとく髪を結《あ》げなさい。十二月三十日より以前に結げおわりなさい。ただし、髪を結げる日は、また勅旨を待ちなさい」と、男女に結髪令を出している。唐の男女はいずれも頭上結髪をしており、おそらくそれに倣おうとしたものであろう。そして六月には、「男夫は始めて髪を結げ、漆紗冠《しつしやかん》をつけた」のように、成人男子は、頭上に髻を結い、漆紗冠をかぶった。政治の中枢部にいる男性は、おそらくこの時点でその大半は頭上結髪したものと思われる。書紀はこのとき「始めて」髪をあげると記している。すなわち、頭上結髪となったのはこのとき以降であり、冠位制度下の男性の髪型は、従来からの美豆良《みずら》であった可能性が高い。わが国男性の典型的髪型となるいわゆる「ちょんまげ」頭の始まりはこの天武十一年からである。以降明治四年（一八七一）に斬髪令《ざんぱつれい》が出されるまでの一二〇〇年近くもの長きにわたって、頭上結髪が変化して誕生した「ちょんまげ」は、男性の頭に君臨しつづけるのである。

漆紗冠は紗に黒漆を塗った冠である。高松塚古墳壁画男子像のようなかぶりものであろうか。この年の九月には、旧来の跪礼《きれい》（両手を地につけてひざまづく礼）や匍匐礼《ほふくれい》（両手を地につけ、身を低くして進む礼）を廃止し、唐式の立礼を採用している。

襴衣の登用　天武十三年（六八四）閏四月には、「男女の衣服はみな、襴あり襴なし及び結紐と長紐は、意のままに用いなさい。会集の日には、襴衣《らんい》を着て長紐をつけなさい。ただし、男子だけは、圭冠《けいかん》があればかぶって、括緒袴《くくりおのはかま》をきなさい。女の四十歳より以上は、髪を結ぶ結ばない及び馬に乗ることの縦横は、みな意のままにしなさい。別に巫祝の人たちは、髪結ぶ例に入らなくてよい」の詔を出し、会集などの正式なときには襴衣を着て長紐をつけ、括緒袴をはかせている。そして、日常は襴衣でも無襴の衣服でも、結紐でも長紐でも自由に任せた。

襴は、衣服の裾につけた横布であるが、中国では唐の太宗年間（六二六〜四九）に、馬周により、衣服に襴や褾《ひょう》（袖口の縁布）を加えて、漢民族の士人としてふさわしいものにするようにとの建議がなされ、そしてさらに、長孫無忌も袍《ほう》に襴を加える建議をしている（『唐書』車服志）。長孫無忌の死亡は六五九年であり、これより前のことであることは確かである。おそらく、七世紀半ば頃には中国において襴がつけられたのであろう。七世紀半ばから七世紀後半にかけて四度も遣唐使が派遣されて帰国しており（派遣は五度であるが、うち一度は帰国が不明）、彼らが中国の襴衣の意義を伝えた可能性は大きい。

わが国は、中国の士人の象徴としての襴を採用したわけであるが、このときに、新しい衣服である盤領《あげくび》形式の袍が着用されたとの解釈もなされている。しかし、この時点での朝服はまだ袍形式の衣服ではない。書紀での「袍」の文字の初見は朱鳥元年（六八六）であり、「諸王卿に、各々袍袴一具を賜う」とあるように、正月の王卿たちへの賜物である。つぎの持統朝でも正月七日に公卿に下賜していたり、蝦夷に授けたりしているが、その例は多くない。おそらく、袍は天武朝の終わり頃に新たに唐から入ってきたニュールックであり、政府は、これの普及をねらって下賜したのであろう。

書紀の天武十三年の記述は、「襴あり襴なし」としており、このときの衣はニュールックの袍ではなく、中国と同様に、従来の形式の衣服の裾に襴をつけ加えたものと考えられる。この頃に描かれたとされる高松塚古墳壁画の男子像の衣服は、いずれも袍とは異なった垂領《たりくび》形式のものであり、古墳時代以来着用されつづけてきた衣の裾に、襴がついた形のものと推測される。

結紐と長紐であるが、高松塚古墳壁画の男子像の襟の留め方は、確認できるものはすべてとんぼ頭と受緒《うけのお》留めであり、女性はとんぼ頭留めと紐結び留めの両方がみられる。埴輪《はにわ》にみられた襟の留め方はすべて紐結び留めであったことからして、このとんぼ頭留めは唐から新たに入ってきた形式であろう。この天武十三年の詔の結紐は、とんぼ頭のことではなかろうか。括緒袴《くくりおのはかま》は後に述べる大宝元年の「縛口袴《しばりぐちのはかま》」に連なるものであり、足首を縛った袴と考えられ、これも唐初に中国で流行していた形式の袴である。すなわち、襴と結紐と括緒袴は唐風のニューファッションであったのである。外国からの客の目に触れる会集のときなどには、わが国の文明開化を顕示すべく、唐風の襴のついた衣服に括緒袴を着けさせたが、わが国の独自性の部分もみせるために、伝統的な紐結留めである長紐と、圭冠をかぶらせたのではなかろうか。圭冠に関しては、烏帽子《えぼし》の原型とか、漆紗冠《しっしゃかん》の別名とかの説もあるが、書紀は「会集の日」に圭冠を持っているものはかぶることを命じているのであり、明らかに烏帽子のような褻《け》の服でもないし漆紗冠のような常服でもなく、儀礼時の冠である。圭は瑞玉の意味のもので、玉冠（後の衣服令の礼服冠《らいふくのこうぶり》に連なるもの）と思われる。

朝服色制度　同じく天武十三年（六八四）には、皇親を最高とする八色《やくさ》の姓《かばね》を制定し、姓制度を改定するとともに、翌天武十四年正月には新しい爵位を定め、さらに七月には、それぞれの爵位の朝服色（位色）を定めた。その位色は前章表1の通りである。位冠を廃止してから朝服色を制定するまで三年間の空白があるが、おそらくこの間の位階は、天智朝の二十六階制が通行していたと思われる。位冠の廃止された天武十一年の七月に死去した膳臣摩漏《かしわでのおみまろ》と天武十二年六月に死亡した大伴連望多《おおとものむらじまくた》には大紫が追贈されたことが書紀にみえることからも、このことは明らかである。この三年間は、冠は一様に黒い漆紗冠に統一されたが、服色は二十六階のものを用いて位階を明示していたのであろう。三年間という移行期間をおいて、従来の冠位制度から朝服色による位階制度に移行したと考えられる。朝服色制度への移行もやはり唐風指向の現れであろう。

従来の冠位制度は、皇族と諸臣の別で位階が定められたものではなかった。また別に諸王五位制度もあり、皇族には別体系も存在しているというように複雑なものであった。この冠位制と諸王五位制を一つの体系に組み入れて、皇族の位と臣下の位を厳然と区別したのが、天武十四年の制である。皇族は「朱花」、そして諸臣は上から順に、紫・緑・蒲萄《えび》の三種の色相の深浅、すなわち六色の位色で区別された。冠位制から朝服色制に移行したのは唐制に倣ってのものであろうが、しかし、その位色は唐制とは異なったものとなっている。冠位制から朝服色制への移行に伴う位色の変化や色について、ここでは結論のみを述べることとする（詳細は、増田一九九五参照）。唐制では紫の次の位色に緋《あけ》が位置しているが、天武の制では緋がみられない。これは、その色相が朱花と紛らわしい色であったからと考えられる。朱花については諸説あるが、赤色系統であることには間違いない。唐の武徳七年（六二四）の制における皇太子の公服の色は「絳」であり、位階表示の綬の色は朱で、親王は纁朱綬である（『唐書』車服志）。唐朝の場合も王族の色は赤系統の色であり、わが国の「朱花」も唐制に倣った可能性が高い。「朱花」という位階の名称は、これを染める染料である紅花の花色に拠ったものではなかろうか。

蒲萄もわが国独自のものであるが、この色は平安以降になると紫の最も薄い色とされる。しかし、『令集解《りょうのしゅうげ》』は奈良時代の蒲萄色について「青色、鳩染」と記しており、これからすると、おそらく青葡萄の色、すなわち黄味がちの緑色となる。もし、蒲萄が紫の最も薄い色であるとすると、深蒲萄は紫の薄い色となり、直位の浅紫との区別が難しくなる。後の四・五位に繋がり、しかも当時は大夫の位であった直位と、後の八位相当の位色が近いということは考えられない。勤位・務位の緑の濃淡のつぎに黄緑系の濃淡がくるのは、位色の順序からしても妥当ではなかろうか。

唐風化の休止と再興　すでにみたように、天武十一年四月に出された結髪令に対して、政治の中枢部にいる男性はすぐに応じ、六月には男性は頭上結髪をした。しかし、女性の抵抗は大きく、先に記したように、天武天皇は二年後の十三年には、四十歳以上の女性の結髪令を緩めている。さらに、朱鳥元年（六八六）七月には「男夫が脛裳《はばきも》を着ること、婦女が垂髪を背にすることは、やはり故《もと》のようにしなさい」の勅を出して、男性の脛裳着用と女性の垂髪を認めざるをえなくなっている。袴はその製作技術が難しいため、普及が遅れて脛裳着用を認めざるをえず、また、結髪は当時の女性の美意識に合わなかったのであろう。体調がすぐれなかった天皇は、この勅を出して間もない九月九日に崩御する。

天武ののち即位した持統天皇（天武皇后）は、天武の唐風化政策を推進した。持統四年（六九〇）

には、朝服色の改定を行っており（前章表1）、天武朝では朱花であった浄位の上二階は黒紫に、下二階は諸臣の最高位と同じ色の赤紫となった。しかし明位の位色は記されていない。持統朝になると、皇族の位色であった「朱花」の名称は姿を消すが、これはおそらく明位の位色に限定されたと考えられる。明位に叙任された例はみられず、皇族の象徴色として五年間着用されつづけた朱花は誰も叙任されない明位の色として継承され、大宝令の皇太子の位色である黄丹《おうに》に引き継がれてゆくと考えられる。

そして、このときには色だけでなく、文様の大きさも位階によって制限しており、皇族の位階である明位と浄位の上の二階には、一幅に一つという大きな文様の綾《あや》や羅《ら》を、また直冠以上（後の五位以上）の者には、一幅に二つの文様のある綾・羅の着用を許すとの令を出している（『日本書紀』）。大きな文様を織り出した綾や羅は、後の五位に相当する位以上の者にしか着用が許されず、しかも文様が大きいほど位の高い象徴であったことがわかる。

この持統朝の位色制度は天武朝とは異なり、わが国の独自性はほとんどみられず、ほぼ唐の制度に同化したものとなった。そして、つぎの文武朝には完全に唐の服色制度と一致するのである。また、持統天皇は、その七年（六九三）正月に、一般人民は黄色の服を、奴婢は皂衣《くろ》を着けるよう詔を出したが（『日本書紀』）、これも唐制に倣ってのものである。これは、後の衣服令の制からして、日常的に着る衣服の制ではなく公務につくときの制服的な意味での服色であろう。

２　服制の確立

大宝の服制　天武・持統の孫であり、草壁皇子の子である文武天皇が持統天皇から譲位されて即位したのは、文武元年（六九七）であった。文武は大宝元年（七〇一）に大宝令を制定するとともに、天武・持統朝の方針を継承して、唐風化をさらに推し進める。そもそも大宝令自体が、唐の永徽二年（六五一）成立の永徽令を原典として構成され、天武十年（六八一）に着手し持統三年（六八九）に施行された飛鳥浄御原令を基本にしたものであった。

『続日本紀』を追っていくと、大宝元年（七〇一）正月には、天皇は大極殿《だいごくでん》で朝賀を受けたのであるが、このときに親王と大納言以上は大宝衣服令で定められたであろう礼服《らいふく》を、諸王以下は朝服を着用して参列した。そして二月には、大宝令が頒布され、三月には、大宝令に基づいて官名位号を改制するとともに、新たな位色を定めた（前章表1参照）。この位色は、持統朝のものをほぼ継承し、直冠の緋を深緋と浅緋に分けたのみの変化であったが、この新制により、日本の位色は完全に唐制に同化したものとなる。

このときに同時に、「皆漆冠《うるしのこうぶり》、綺帯《かんはたのおび》、白襪《しとうず》、黒革舃《くつ》。その袴は、直冠以上は皆白縛口《しばりぐちの》袴《はかま》、勤冠以下は白脛裳《はばきも》…」（『続日本紀』）と朝服を定めている。官吏は頭に漆冠をかぶり、綺帯を締め、白襪に黒革舃をはき、直冠以上（五位以上）は白縛口袴を、勤冠以下（六位以下）は白脛裳を着けるという姿である。ここでの漆冠は、天武朝の漆紗冠《しっしゃかん》と同一のものであろう。綺帯は持統四年（六九〇）に位階の上下に関わりなく用いるよう令が出されたもので、『令集解』衣服令朝服条の「古記」に、「綺帯は思うに、絛帯《くみのおび》の一種で、少々科《しな》が下がる」と記されており、絛帯（組帯）の一種で、組帯よりも少し品質が劣るものであったようである。白襪は白い靴下で、黒革舄は、黒色の漆を塗った革製のつま先が反り上がった浅グツである。直冠以上のはく縛口袴は、天武朝の括緒袴《くくりおのはかま》の別称と考えられる。勤冠以下の脛裳は、天武十一年（六八二）に着用禁止令を出したが、なかなか守られず、朱鳥元年（六八六）には着用を許したという経緯のものである。このときにまだ勤冠以下に脛裳の着用を命じているということは、この時期になってもまだ、下級官吏までは袴がゆき渡らなかったということであろう。

慶雲二年（七〇五）には、神に奉仕する者と老婆以外のすべての女性は髻髪《けいはつ》にするよう命令を出した。天武天皇が十一年に結髪令を出し、唐風の髪型推進をもくろんだが、失敗に帰したものの再燃である。この間二十年以上の年月を経ており、以降結髪令がみられないことからして、おそらくこれ以降は、女性の結髪は普及していったと思われる。そして翌慶雲三年には、すべての男性の脛裳を禁止して、白袴を着用するようにとの詔が出されている。これも天武天皇の遺志を完成させたものである。

唐風化のさらなる進行　文武の死後、文武の母であり草壁皇子の妃であった元明天皇が即位し、和銅三年（七一〇）には、奈良に唐の長安に倣った壮麗な平城京を造営し、遷都した。元明ののち文武の姉の元正天皇が即位し、養老二年（七一八）には大宝律令を修正した養老律令が完成した。この養老律令は、その後平安時代を通じて生きてゆく法令となる。残念ながら、大宝令は散逸してしまい今に伝わらないが、養老令は、平安時代の天長十年（八三三）に成立し翌年に施行された官撰注釈書である『令義解《りょうのぎげ》』と貞観年間（八五九〜七七）の惟宗直本《これむねなおもと》撰による『令集解《りょうのしゅうげ》』によりその全貌をうかがうことができる。『令集解』所収の「古記」は、天平十年（七三八）頃成立した大宝令の注釈書であり、「古記」と『続日本紀』により大宝令の復元も、ある程度は可能である。瀧川政次郎《たきがわまさじろう》の復元（瀧川一九三一）に著者の加筆したものから考察すると（増田一九九五参照）、衣服令に関しては、大宝令と養老令は大きな違いはないが、養老令の方がより唐風化が進んでいることがうかがえる。

大宝令は制定の年に施行されたが、養老令の施行は大幅に遅れて天平勝宝九年（七五七）であった。したがって、大宝元年（七〇一）から天平勝宝九年までは大宝令の実効期間となる。しかしこの間、政府はたびたび服飾に関する詔勅を出しており、その内容は養老令の実施を早めたものであった。

養老律令制定の翌養老三年（七一九）正月に帰朝した多治比県守《たじひのあがたもり》たち（七一七年渡唐）は、唐朝より授けられた唐式朝服を着て謁見の場に現れた。天皇みずからが唐朝の朝服を目の当たりにしたのであり、その刺激は大きかったであろう。翌二月には、全国民の襟の合わせ方を右襟にするように、また、職事の主典《さかん》以上は笏《しゃく》を握るように（五位以上は牙笏、六位以下は木笏）との令を出している（『続日本紀』）。胡服系の服飾を採用していたわが国の襟の合わせ方は基本的に左衽《ひだりまえ》（襟）であったが、中国では左衽は蛮人の風俗として軽蔑していた。ここに、日本も中国に倣って右衽《みぎまえ》（襟）にするようにとの令が出され、以降今日までわが国のきものの襟の合わせ方は右衽となるのである。しかし、正倉

図2　孝明天皇の冕冠

図1　中国皇帝の袞冕十二章
（敦煌220窟壁画線画による模写）

院には左衽の衣服も伝来しており、令が出されたからといってすぐに全国民の襟の合わせ方が右衽になったわけではない。おそらく全国民の襟の合わせ方が右衽になるまでには相当の年月を要したであろう。笏もやはり中国で儀礼時に握られていたものを採用した。

さらにこの年の十二月には、「始めて婦女の衣服様を制定する」と『続日本紀』は記しており、おそらく唐風の新様式衣服の普及をはかってモデルを制定したのであろう。そして猶予期間をおいた後、天平二年（七三〇）四月には、「今より以後は、天下の婦女は旧い衣服を改めて新様を用いなさい」（『続日本紀』）と、全女性に対して、新しい時流にあった衣服を着るようにとの詔を出している。唐風ニューモデル発表から十年余の年月を要しているが、この間に徐々にニュールックの浸透をはかったのであろう。唐で流行していた背子《はいし》（ベスト状のもの）もおそらくこの頃に着用されるようになったと思われる。

天皇の礼服　天平四年（七三二）春正月に大極殿に出御

図3　孝明天皇の冕服

し、群臣の朝賀を受けた聖武天皇は、このとき初めて冕服《べんぷく》を着た（『続日本紀』）。冕服は中国の皇帝以下諸臣の祭服であり、その種類も多かったが、唐代初期に皇帝の冕服は袞冕《こんべん》に統一されている（図1）。平安初期における元正朝賀儀の天皇の装束は袞冕十二章と記されており（『日本紀略』）、おそらくこのときの冕服も唐朝の皇帝に倣っての袞冕十二章であったと思われる。わが国の袞冕十二章は江戸時代最後の孝明天皇即位の際のものが現存している。これと中国唐代の袞冕十二章とを比べると、冠に旒《りゅう》（小玉を連ねたもの）が下がること、帯から双玉珮《ぎょくはい》（小玉を連ねた装身具）・綬《じゅ》（組帯の一種で平安朝のものは白色）を下げること、舄《くつ》をはくことおよび衣裳に十二の文様がつくことは同じであるが、ほかはかなり異なった姿となっている。

孝明天皇の冕冠・冕服は、図2・図3である。正倉院に壊れて断片となった冕冠が伝わっているが、これは仁治三年（一二四二）の後嵯峨天皇即位の際に借り出し、その返却時に壊してしまったという経緯のものである。以降は、この後嵯峨天皇の冕冠を手本として製作されており、正倉院現存の冕冠断片からしても孝明天皇の冕冠は、奈良時代のものと大きな違いはなさそうである。中国の冕服は紺衣纁裳《こんいくんしょう》であるが、孝明天皇のものは赤衣赤裳《あかいあかも》である。平安前期に記された『西宮記』にも「御服は赤で、日月七星猿虎形等を大袖に繍う。小袖は繍《ぬい》がない。赤の御褶《ひらみ》は鉞《まさかり》形。白綬。玉珮二旒。烏皮舃《くり》」（巻十九天皇即位条）とあり、赤色の衣と褶（裳）と記されていることから、聖武天皇のときから上下とも赤を採用したと思われる。このように、唐制に倣って採用した冕服ではあるが、一部の装身具や文様など表層的な部分はそのまま採り入れたが、それ以外の基本的な部分はわが国独自にアレンジしたものであると推測される。

養老の衣服令　養老二年（七一八）の養老衣服令では、皇太子以下男女官人の礼服《らいふく》・朝服・制服の制が定められた。礼服は天皇の即位など重要な祭祀および元旦に、皇太子以下皇族と五位以上の諸臣・女官が着用するいわゆる大礼服である。朝服は親王・諸王と諸臣の初位以上が朝廷における朔日《ついたち》の会集や行事に、また、内親王以下初位以上の女官が四孟（春夏秋冬の最初の月）の朔日に行われる会集のときに着用するものであり、いわゆる中礼服であった。制服は位のない男女官や庶民が公務につくときに着るものである。

皇太子・親王・諸王・文官の礼服　衣服令によると礼服の基本的構成は、礼服冠《らいふくのこうぶり》・衣《きぬ》・笏《しゃく》・袴・帯・褶《ひらみ》・襪《しとうず》・舃《くつ》である。

頭には礼服冠をかぶるが、親王以下の冠については、貞観年間（八五九〜七七）に成立したとされる『儀式』巻六礼服条にその詳細が記されており、位による違いがあったことがうかがえる。これをまとめたものが、表1である。東京国立博物館に江戸時代の礼冠が伝わっており（図4）、また、文

表1　礼冠

	位階	本　体	冠頂の飾り玉	櫛形の飾り玉	押鬘の飾り玉		徽
					前	後	
親王	一品	漆地金装	水精　3 琥碧　3 青玉　5	白玉　8	紺玉　20		青龍
	二品	〃	〃	〃	〃		朱雀
	三品	〃	〃	〃	〃		白虎
	四品	〃	〃	〃	〃		玄武
諸王	一位	漆地金装	琥碧[※1] 5 緑玉　6	黒玉　8	緑玉　20		鳳
	二位 三位	〃	琥碧[※2] 5 緑玉　5 白玉　1	朱玉　8[※3]	〃		〃
	四位	漆地　縚形・櫛形・押鬘・玉座　金装 他は銀装	琥碧[※1] 5 緑玉　6	ナシ	白玉 10	青玉 10	〃
	[※4] 五位	漆地銀装	〃	ナシ	黒玉 10	青玉 10	〃
諸臣	一位	漆地金装	琥碧[※1] 5 緑玉　6	紺玉　8	緑玉　20		麟
	二位 三位	〃	緑玉　5 白玉　3 赤黒玉　3	朱玉　8[※3]	〃		〃
	四位	諸王四位 に同じ	琥碧[※5] 5 緑玉　6	ナシ	白玉 10	青玉 10	〃
	[※4] 五位	漆地銀装	二位に同じ	ナシ	黒玉 10	青玉 10	〃

※1：『延喜式』は赤玉5としている。
※2：『延喜式』には琥碧玉は見られない。
※3：『延喜式』では三位は黄玉8になっている。
※4：『儀式』には記されていないので『延喜式』による。
※5：『延喜式』では、赤玉6、緑玉5となっている。

図４　江戸時代の礼冠

図５　江戸時代の礼服着用図　親王代

化三年（一八〇六）に有馬藩士松岡《まつおか》辰方《ときかた》によって編集された『冠帽図会《かんぼうずえ》』にも同様の形の礼冠図がみられる。天皇の冕冠が正倉院所蔵のものをモデルに作成されつづけたということからして、礼冠も古代のものを手本に、同様のものを作りつづけた可能性は大きいと考えられ、平安初期の『儀式』に記された礼冠の姿と近世の礼冠とのあいだの近似性は高いと思われる。皇太子のものも、記載はみあたらないが、ほかの服飾が諸臣と近いことからして、同種のものであったと考えられる。

　この礼冠は、内冠と外冠の二重構造となっており、その外冠の部分は押鬘《おしかずら》と称されている。前章でみたように、鬘は元来天然の植物で作られ、神の依り代であった。それが金属や布帛で作られるようになり、いわゆる冠と称されることになるのであるが、もっとも重要な儀礼時の冠に鬘の伝統を伝えているということは、わが国の衣服令が唐令に倣いながらも、わが国の伝統的なものを伝えているというその例証の一つとなるであろう。

　衣服令制定後しばらくは、礼冠は支給されていたが、天平十三年（七四一）十月に「五位以上の礼服の冠は、元来官が作ってこれを賜ったが、今より以後は、私で作り備えさせなさい」（『続日本紀』）の勅が出されており、以降は各自で製作して用意したと考えられる。

衣の形であるが、これも近世に描かれた『礼服着用図』（図5）の形から推測して、男女とも、天皇のものと同様の大袖衣と思われる。衣の色は位で定まっており、前章表1の通りである。皇太子の黄丹《おうに》は『延喜式』縫殿寮では紅花と梔子《くちなし》で染めており、その色はオレンジ色である。おそらくこれは天武朝で親王の位色として定められた「朱花」が名称変更したものであろう。「深紫・浅紫」は、持統四年の制および大宝元年の制では「黒紫・赤紫」と記されていた。この両者には色相の違いがあるとの説もあるが、ほぼ同色と考えて間違いないと思われる。

「古記」によれば、男性の褶《ひらみ》は「婦人の裳《も》に似ている。褶は枚帯《ひらおび》とよむ」（『令集解』）とあり、延暦～天長期（七八二～八三三）成立の養老令注釈書の一つである「穴記」には「褶は袴の上に著けるものなり」とみえていることからして、袴の上に着ける襞をたたんだスカート状のものであろう。図5の『礼服着用図』の衣と袴のあいだにみえる襞が褶とされているものである。おそらく、この褶は、推古朝に諸王・諸臣に着用を命じ、天武朝で着用が禁止された褶の系統をひいているものと思われる。唐風化をめざした天武天皇が、旧制のものとして禁止したわけであるが、これを礼服に復活させているということは、この褶が特殊な存在であったことを意味していると考えられる。

唐の礼服にも裳はみられるが、唐制に倣ったとすればそれはやはり裳と記されるであろうし、唐制の礼服の裳は足首まで達するロングスカートである。しかし、わが国の褶は膝下丈である。このことは冠のところで述べたように、わが国の衣服令の礼服は、中国の服制を基本にしたものではなく、逆にわが国の伝統的な礼服の形式をベースにして、これに中国の礼服の制の一部を採用するというかたちで成立したものと考えられるのである。

帯は、皇太子は白帯、親王以下諸臣は條帯《くみのおび》を締める。親王以下諸臣の條帯は、『令義解』に「條帯は、糸を辮《あ》むものである」とみえるように、組み物の帯である。その色に関しては記されておらず、「令釈」は自由であるとしている。おそらく皇太子の白帯も白の組帯であろう。礼服の袴は、皇太子・親王以下文官武官ともすべて白袴である。大宝令では白縛口袴となっていたが、ここでは白袴とのみみえるので、足首を縛っていない今のズボンのような切口袴《きりくちのはかま》であろう。

襪《しとうず》は靴下であり、錦製である。舄《くつ》はクツ先が反り返った浅クツで、いわゆる鼻高クツと称されているものである。烏（黒）色の皮製であり、白袴の裾からクツ先がのぞいた（図5参照）。

親王以下諸王・諸臣の三位以上は綬・玉珮を腰から下げ、四位・五位は綬のみを下げた。綬は「令釈」に「綬は白帯である」とみえることから、天皇と同様に白の組帯と思われる。玉珮もやはり天皇と同種のものであろう。皇太子の条には綬・玉珮に関する記述がないが、天皇と親王・諸臣が佩用するのに、皇太子がつけないということは考えられないので、これは文章の省略であろう。この綬・玉珮は中国のものの模倣である。

笏は、威儀を整えるためのものであるが、裏に書きつけた紙を貼る等の備忘の具でもあった。牙製の笏である。先に記したように、養老令の施行は天平勝宝九年（七五七）まで遅れたので、養老令制定の翌年養老三年（七一九）には把笏令を出してこれを施行している。

内親王・女王・内命婦の礼服　内親王以下五位以上の内命婦《ないみょうぶ》の礼服の基本的構成は、宝髻《ほうけい》・衣《きぬ》・

紕帯《そえのおび》・褶《ひらみ》・裙《も》・襪《しとうず》・舄《くつ》である。

内親王以下五位以上の女官の宝髻については、『令義解』に、「金玉を以て髻の緒を飾る。故に宝髻という」との注釈がみえる。後で記すように、六位以下の女官が朝服の際に義髻《ぎけい》（付け髻）をつけることからして、おそらく宝髻は義髻に金銀珠玉を飾ったものであろう。位階により別制があったようであるが、その詳細は不明である。一般的には、当時の盛装を描いたとされる薬師寺の吉祥天画像の頭部にみられるような装飾のついた付け髻と考えられている（図6）。この宝髻も内命婦は男性の礼服冠と同様に、天平十三年十月に自分で製作して準備するようにとの詔が出されている（『続日本紀』）。衣の色は男性と同じであり、その形も男性と同様の大袖垂領《たりくび》衣であろう。

図6　薬師寺吉祥天画像模写図

女性の褶であるが、『令集解』所収の注釈書間で、裙の上に着用するか、下に着用するか意見が分かれている。「古記」は「婦人の裳の一種で下服である」とし、「令釈」も「俗に引き下裙という。裙の中に着る。總《ふさ》をつけた裙である」と記しており、いずれも裙の下に着用するものとしている。「跡記」も「古記」などと同様であるが、「穴記」だけは「裙の上に服する」と記している。これらの諸注釈書のうち、「古記」は天平十年（七三八）頃、「令釈」が延暦六（七八七）～十年の頃、「跡記」は遅くとも延暦十二年より前の成立であるが、「穴記」は延暦期（七八二～八〇六）から弘仁・天長期（八一〇～三四）にかけての成立とされているものである。このなかでは「穴記」の成立がもっとも遅く、「穴記」が書かれた頃は女性の礼服は着用されなくなっていた可能性が高い。養老令によると、五位以上のものは、男女ともに天皇の即位や元日には礼服を着用して大極殿の前に参列したのであるが、八世紀末から九世紀初頭にかけて、男女を区別するようになり、さらには、女性は表に出ず、奥にいるのをよしとする風潮が生まれてくる。このような情勢の変化に伴って、おそらく女性が礼服を着る機会も激減していったと思われる。以上のことから勘案して「穴記」の記述の信憑性は薄く、褶《ひらみ》は裙《も》の下に着用したと考えて間違いないであろう。

正倉院に伝わる「礼服礼冠目録断簡」の光明皇太后着用の大仏開眼会《かいげんえ》の際の装束の褶は、綿入れであり、襴《らん》の部分が羅《ら》で作られたものであった。これは褶が下裙であって、綿入れの部分は裙の下に隠れ、襴の羅の部分が裙の裾からのぞくという着装形式をうかがわせてくれる。「令釈」が「總《ふさ》を著けた裙」と記している「總」は、この羅製の襴のことを称していると思われる。高松塚古墳壁画女子像や図6の吉祥天画像の裙の裾からのぞく襞飾りのようなものが褶ではなかろうか。

紕帯《そえのおび》については、「令釈」は「紫紕帯は、他色で紫に紕《そ》えて縫うものである」と説明しており、内親王と女王・内命婦三位以上の紕帯は、深紫地《こき》に蘇芳《すおう》の縁飾り（あるいは蘇芳地に深紫の縁飾り）のあるものであろう。女王・内命婦四位のは深緑地に浅紫《うすき》の縁飾り（あるいは逆）で、五位のは浅緑地に浅紫の縁飾り（あるいは逆）のある帯である。

裙《も》は大宝令では「裳」と記されていたものである。「裳」と「裙」の違いであるが、中国では元来裙は下裳であって、布をつなぎ合わせて仕立てたものとされていた。しかし、この時代になると、両者にはほとんど区別がないように思われる。『万葉集』や正倉院文書では「裳」の方が一般的である。中国においても下半身衣は一般的に「裳」の字が用いられているが、唐代になると女性の下半身衣は「裙」の文字が多くみられるようになる。おそらくわが国においても、女性の下半身衣は中国の古来の称が伝わって、大宝令までは伝統的に「裳」の文字を用いていたと思われるが、全般的に唐風への改変がみられる養老令では、「裙」の文字に変更したのであろう。

内親王と女王・内命婦一位の裙の「蘇芳深浅紫緑の纈《けち》」が幾色の纈（絞り染め）であるのかであるが、深浅を紫と緑の両方にかけてその色は「蘇芳、深紫、浅紫、深緑、浅緑」の五色であるとする説と、深浅は紫のみにかかるとし、「蘇芳、深紫、浅紫、緑」の四色とする説がみられた。同じ衣服令礼服条における女王・内命婦二位以下の裙の記述は「蘇芳浅紫深浅緑」と四色であり、かつ、明確にそれぞれに深浅を記している。内親王等の場合も五色であれば、「蘇芳深浅紫深浅緑纈」と記すと思われること、また、衣服令は基本的に位階の区別は色でしており、色数ではしていないことから、四色説が正しいと思われる。

これらは一枚の布を四色に絞り染めで染め分けたものか、それぞれの色に絞り染めで文様を染め出してそれを繋ぎ合わせたものかの問題であるが、おそらく「裙」という文字からしても、また、正倉院南倉に伝わる「紫綾臈纈《ろうけち》　絁《あしぎぬ》継分裳《つぎわけのも》」が紫綾と赤地に臈纈（ローケツ染め）で文様を施した絁《あしぎぬ》と緑系統の織色綾《おりいろのあや》のそれぞれ細長い裂《きれ》をつなぎ合わせたものであることからしても、四色それぞれに染めた布をつなぎ合わせたものと思われる。これら縦縞文様の裳は、高松塚古墳壁画女子像や薬師寺吉祥天画像（図6）にもみられるが、中国では北魏から初唐にかけて流行したものであり、また、朝鮮半島高句麗の修山里古墳壁画女子像にもみられるものである。この当時東アジア全般に流行したのであろう。

裙・褶の裾から装飾的にデザインされた舃《くつ》先がのぞいた。内親王・女王・内命婦三位以上のは緑色の皮製で金銀の飾りのついた華麗なものであり、女王・内命婦四位・五位のは烏（黒）色の皮製で銀の飾りがついた。

武官の礼服　武官で礼服が着用できるのは、衛門府《えもんふ》・左右衛士府《えじふ》の督《かみ》（長官）と佐《すけ》（次官）および左右兵衛府《ひょうえふ》の督であり、兵衛府の佐は着用できなかった。養老の官位令では、衛門府・左右衛士府の督は正五位上で、佐は従五位下である。しかし、左右兵衛府の場合は、督は従五位上であって該当するが、佐は正六位下であるので五位以上の範疇に入らないからである。

武官の礼服の基本的構成は、皀羅冠《くろのらのこうぶり》・緌《おいかけ》・襖《おう》・裲襠《りょうとう》・腰帯《ようたい》・横刀《たち》・袴・靴・行縢《むかばき》・笏《しゃく》であった。

衣服令での武官の礼服時の冠は「皀羅冠」と記されているが、平安前期成立の『延喜式』では、大儀の冠は「武礼冠《ぶらいかん》」と記されている（巻四十五左右近衛府条）。後述するように、平安前期は唐風文化最盛期であり、おそらくこの頃に皀羅冠を唐風に武礼冠と称するようになったのであろう。

この「皀羅冠」の形態をうかがう史料はまったくないが、江戸時代の『冠帽図会』（図7）や寛政

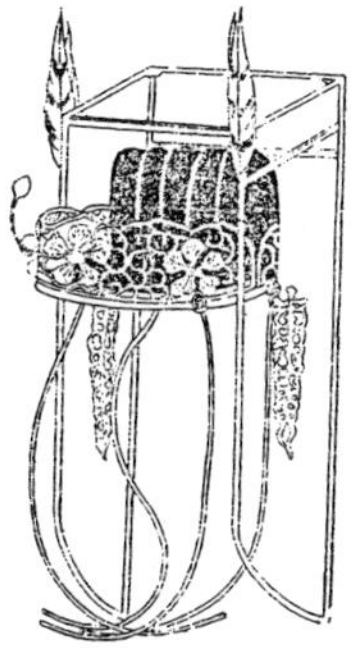

図7　武礼冠
（『冠帽図会』所載）

図8　江戸時代の武官礼服着用図　大将代

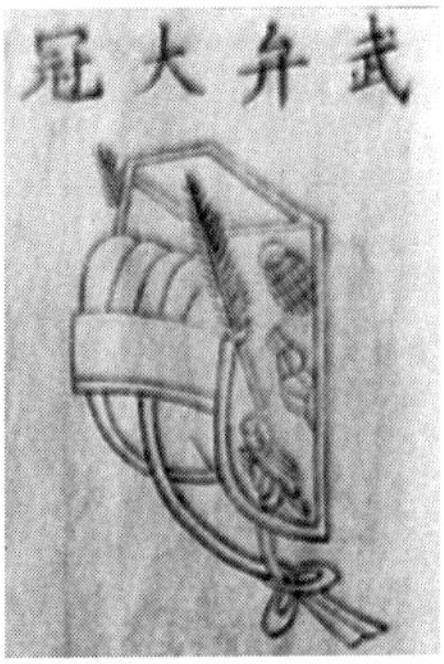

図9　中国の武弁冠
（『重校三禮図』）

元年（一七八九）に描かれた『礼服着用図』（図8）の大将代の冠、近世の遺品などの冠は、中国の三礼図（図9）記載の武弁《ぶべん》大冠によく似た形態のものである。この近世の武官の冠が、奈良朝の皀羅冠を継承しているかどうかであるが、『礼服着用図』は次将代以下は平安以降の冠を描いているにもかかわらず、大将代だけは武礼冠を描いており、しかも近衛府の大将は従三位の高位である。平安前期弘仁十四年（八二三）に四位以下の礼服着用停止令が出されるが、参議と三位以上は着用されつづけることからして、大将が古代からの伝統を継承した礼冠をかぶりつづけた可能性は大きいと思われる。この近世の武礼冠に近い形のものが養老の衣服令で定められたとすると、わが国の武官の礼冠は、天皇や文官の礼冠とは異なり、中国のものに非常に近い形のものを制定したことになる。これは、わが国には武官の冠の伝統がなかったことによるのではなかろうか。天皇や文官の礼冠はそのベースに古墳時代以来の冠の伝統があり、その伝統のうえに唐制の要素を加味して作製されたと思われるが、武人には武装の冑《かぶと》はあっても、特別の冠はなかった。したがって新たに、中国の武弁冠を模倣して作製したものと考えられる。

緌《おいかけ》は、「古記」に「一般の意以可気である」とあることから、「オイカケ」と称されていたことがうかがえる。『令義解』が「冠の紘《ひも》である」と説明しているように、冠の紐であり、黒色の紐を顎の下で縛って冠をとめたと思われる。

武官の襖《おう》であるが、「古記」によれば「襴をつけないで缺腋《けってき》にこれを縫う」ということであり、襴のつかない闕腋《けってき》（脇が開いた）の衣である。正倉院には、袍《ほう》と同様の盤領《あげくび》・筒袖の衣で、脇が大きく開き、絁《あしぎぬ》（普通の絹）製で端袖《はたそで》（裄《ゆき》を長くするために袖口の方につけた別裂《べつぎれ》）がついた膝下や足首まで達する長い身丈のものが伝わっている。おそらく武官の襖はこのようなものであったのであろう。

衛門府・左右衛士府の長官と次官、および左右兵衛府の長官はその職掌による位色は五位の位の浅緋であるが、これら衛府の長官や次官は五位以上の貴族から任ぜられるのが通例であり、四位で衛府の長官につくこともある。この場合の位襖の色は本位の色すなわち四位の深緋となる。しかし、『令義解』によれば、五位の者が兵衛佐に任じられた場合は、本位とは関わりなく職掌の位階に応じて、礼服は着用できず、朝服での出席となるとのことである。

武官の裲襠《りょうとう》は、『令義解』に「一片は背に當り、一片は胸に當る。故に裲襠という」とあるように、胸の前後に当てて着用するいわゆる貫頭衣《かんとうい》形式のものである。これは、武官らしく胸部を保護するもので挂甲《けいこう》の代わりとされるものであるが、刺繍を施した華麗なもので、おそらく中国の裲襠に倣ったものであろう。兵衛の長官だけは雲文様の錦の裲襠である（図8参照）。

腰帯は金銀装腰帯《きんぎんのかざれるようたい》である。皮製の今日のベルトのような帯とされており、これに金銀などの飾りがついた。

武官の靴は、深靴（ブーツ）である。兵衛の長官が赤皮でほかは烏（黒）皮であり、いずれも牛皮製である。行縢《むかばき》は、『令義解』が「股脛《またすね》を覆って衣服を飛揚させないもの」と説明しており、股から膝下まで両足を覆うもので、おそらく後の乗馬の際の行縢と同種のものであろう。文官と同様に牙製の笏を持った。

朝　服　養老衣服令では朝服は「朝廷公事」に着用するとされているが、養老儀制令では、文武官の初位以上は毎月一日に庭で朝会することが命じられており、「朝廷」はこの毎月一日に行われる朝会のことである。「公事」はこれ以外の公の行事であろう。朝服の「朝」は、朝会に参列する者の衣服という意味でのものであり、尋常の出仕服ではない。日常の出仕服は後で記すように、色彩の規制のみがあり、そのほかは自由であった。

先にも記したように女性が朝服を着るのは四孟、すなわち春夏秋冬の最初の月（一月・四月・七月・十月）の一日に行われる朝会のときである。

親王・諸王・文官の朝服　養老衣服令に定められた親王以下文武官の朝服の構成は、頭巾《ときん》・衣《きぬ》・袴・腰帯《ようたい》・襪《しとうず》・履《くつ》・袋・笏《しゃく》である。朝服のかぶりものは頭巾であり、五位以上は皀羅《くろのら》（黒色の文様のある薄絹）製で、六位以下は皀縵《くろのかとり》（黒色の文様のない硬く織った絹）製である。大宝令における朝服のかぶりものは漆冠であった可能性が大きく、これは天武朝の漆紗冠《しっしゃかん》の系統を引いたもので、頭巾

図10　聖徳太子と二王子像

は漆冠の名称変更をしたものと考えられる。頭巾は宮内庁所蔵の「聖徳太子と二王子像」（図10）の聖徳太子のかぶりもののような形態のものであろう。頭部を袋のような形の頭巾で包み、縁の両脇についた紐を頭上に上げて髻の前で結び、後ろ部分についた二本の紐を後ろで縛って余りを垂らす（脚《きゃく》・纓《えい》）という形である。これは唐の幞頭《ぼくとう》に近い形態のものであり、『続日本紀』や『延喜式』には頭巾を幞頭と称している記述もみられる。

朝服の衣の色は前章表1の通りである。衣の形態であるが、制服条の「袍《ほう》」に『令義解《りょうのぎげ》』が「裁縫体制は、一に朝服の如きである」と注釈をつけており、袍と同様の形態であった可能性が高い。「聖徳太子と二王子像」は三人とも丈長のゆったりした袍を着ている。太子が笏を持っていることからして朝服の可能性も考えられるが、この袍は無襴の闕腋《けってき》である。当時の朝服は中礼服的存在であり、天武朝に会集などのときの衣服とされた襴衣《らんい》の系統と考えるのが順当であろう。和銅五年（七一二）に、「無位の朝服は、今より以後は、皆襴黄衣をつけなさい。襴の広さは一尺二寸以下にしなさい」（『続日本紀』）という詔が出されている。無位の制服を襴衣としているということは、当然朝服も襴衣であったと考えて間違いないであろう。

男性は全員白袴着用である。先にも記したように、大宝令では勤冠（後の六位）以下の朝服にはまだ脛裳《はばきも》が用いられていたが、慶雲三年（七〇六）に全国民に対して脛裳禁止令が出され、白袴着用が奨励されている。これらを受けて、養老の衣服令では礼服・朝服ともに白袴となっており、白襪《しとうず》（靴下）と履《くつ》をはく。この履は、革製の浅クツであり、「聖徳太子と二王子像」がはいているようなものであろう。

五位以上は金銀装腰帯《きんぎんのかざれるようたい》で六位以下が烏油腰帯《くろぬりのようたい》である。武官礼服の腰帯と同様の革製ベルトで、金銀の飾りがついたり、黒漆を塗ったものである。正倉院には牛皮・馬皮製の革帯が伝わる。

朝服条には袋を下げることが記されている。袋の緒の色と結びの数で、正従および上下の別を表示することが目的であったが、その制が煩雑であるうえに、袋を製作する女工の労力がかかりすぎるということで、養老六年（七二二）に着用中止令が出された。袋の制は大宝令にもあり、これが養老令に継承されたのであるが、養老令施行以前に廃止されている。

内親王・女王・女官の朝服　衣服令では、内親王以下女官五位以上の朝服の構成は、礼服から宝《ほう》髻《けい》・褶《ひらみ》・舄《くつ》を取り去り、六位以下初位以上は、義髻《ぎけい》・衣《きぬ》・紕帯《そえのおび》・紕裙《そえのも》・襪《しとうず》・履《くつ》となっている。義髻は『令義解』が「他の髻で自髪を飾る。これが義髻である」と注釈しているように、他人の毛で作った髻《まげ》を頭上に飾る、いわゆる付け髷であろう。唐の絵画には頭上に付け髷で種々の形態の髷を装っている姿が描かれている（図11）。五位以上の朝服は宝髻を去るとしか記していないが、五位以上も義髻は残して、金銀珠玉のみを取り去るということであろう。

五位以上の衣は礼服と同じであり、大袖衣の可能性が高い。六位以下の衣については色彩規制しか記されていないので不明であるが、五位以上と同じと考えるとやはり大袖衣であろう。位色は男性と

図11　搗練図（唐張萱画）

同様であるが、父親が五位以上の場合は、父親の当色を除いた以下の色の着用は許されていたことが制服条にみえる。

裙《も》も五位以上は礼服と同じである。六位以下は紕裙《そえのも》であるが、「令釈」は「紕裙は、衆色を集めて裁制し、裙を縫う」（『令集解』）と記しており、緑と縹《はなだ》のそれぞれに纈《けち》で文様を表した裂《きれ》をつなぎ合わせた裙と思われる。初位は文様のない緑と縹の裂をつなぎ合わせた裙であろう。五位以上は錦襪を、六位以下は白襪をはき、一様に烏（黒）皮の履をはいた。

武官の朝服　武官の朝服の基本的構成は、頭巾《ときん》・緌《おいかけ》・襖《おう》・腰《よう》帯《たい》・横刀《たち》・襪・履である。督《かみ》・佐《すけ》はいずれも文官と同じく黒羅製の頭巾を、尉《じょう》以下は黒縵《くろのかとりの》頭巾をかぶり、みな緌をつけた（督・佐の項には記されていないが文の省略と考えられる）。襖も礼服と同形のものであり、その位色も文官と同様である。白袴は衣服令の本文には記されていないが、これも『令集解』所収の「跡記」朱書きにあるように、おそらく文の省略であろう。白襪・烏皮履をはき、横刀を佩びる。ただし、兵衛府は、白脛巾《はばき》をつけ、弓箭《きゅうせん》を帯びた。会集などの日には、衛門府・衛士府の尉（三等官）・志《さかん》（四等官）は、錦裲襠《りょうとう》と赤脛巾をつけ、兵衛府は全員一様に紺襖《こきはなだのおう》に挂甲《けいこう》を着けて、鞋《あい》をはき、槍を持った。脛巾は、脚絆のようなもので、鞋は麻クツであろうか。

兵衛は六位～八位の官人の嫡子および郡司の子弟が役につくのであるが、天皇周辺の警護や宮門の守備をその役とし、四〇〇名が半月交替で勤務する。兵衛および主帥《しゅすい》は官位令では無位の武官となるが、衣服令がその装いを制服条ではなく朝服条に入れているのは、朝会の威儀を調える役目を担っているからと思われる。その装束の構成は、志以上と同じであるが、白脛巾をつけ、弓箭を帯びた。位襖の色は無位の場合は黄色となるが、元位がある場合は、その位階の色の襖を着用する。会集などの日には、兵衛府と同様に、挂甲を加え、槍を持ち、全員紺襖を着、鞋をはいた。

主帥は、衛門府に属し、主として宮城十二門の警備に当る役の者と、五衛府等で雑務を行う役の者とがいる。その装いは兵衛とほとんど同じであるが、弓箭は帯びない。会集などの日の装束も兵衛と同じであるが、襖の色は縹《はなだ》（空色）である。

諸国の公民から徴発された兵士の一部が衛門府（約四〇〇人）・衛士府（約六〇〇人）に配属され、衛士として勤務するのであるが、彼らが四孟月の一日と会集などの日にする装いが、朝服のところに記されている。皀縵《くろのかとりの》頭巾《ときん》をかぶり、桃染衫《ももそめのさん》を着用し、白脛巾に草鞋《そうあい》をはき、白布の帯をしめ、横刀を佩び、弓箭または槍を持つ。会集などの日は、朱色の末額《まっこう》（はちまき）を巻き、挂甲を着け、皀《くろの》衫《さん》を着た。『延喜式』では、大儀の日に桃染衫を着用しているが（巻四十六左右衛門府条）、衣服令では皀衫着用となっている。衫は麻布の単《ひとえ》であろう。桃染めは退紅（少量の紅花染め）ではなく、これより少し濃い色と思われる。草鞋は藁《わら》などの草製のクツであろう。日常の勤務は、会集などの日の装いから桃染衫と槍を取り去ったものとなっており、上衣はなにを着たか記されていない。おそらく日常の勤務時の衣は、皀と桃染以外の無位の着用が許された色（黄色・茶系統・摺染め）のなかで自由に装ったということであろう。素材や形も許された範囲内では自由であったと思われる。

制服　制服は無位の男女官が朝服と同様に、朝廷公事に着用するものであるが、尋常の装いも記されている。衣服令によると男性は、頭巾《ときん》・袍・腰帯・襪・履または草鞋と記されているが、宮人《みやひと》の場合は色の規制しかみあたらない。

無位の官人は、公事には六位以下の官人と同様の頭巾をかぶり、黄色の袍を着て、黒漆塗りの腰帯を締め、白い靴下に皮の履をはいた。無位の袍は大宝令制定当初は無襴であったが、朝服の項で述べたように、和銅五年（七一二）に襴をつけるようにとの令が出されており、以降は有襴となったと思われる。したがって、養老の衣服令のこの袍は有襴であろう。ここには脚衣の記述がみられないが、慶雲三年（七〇六）の白袴着用令からして白袴と思われる。皮履《かわぐつ》は烏皮以外では何色でもよかったようである。日常の勤務の際も装いはそのままで、ただ、はきものだけは草鞋に変えてもよいということであり、皮製の履の貴重さがうかがえる。

この条には記されていないが、『令義解』の解釈のように、庶民男性が公務につくときも、やはりこの制服を着用したと思われる。

家人《けにん》奴婢の公事の際の制服は色のみが規定されており、その色は橡《つるばみ》墨色《すみいろ》である。服装についてはなにも記されていないが、養老の雑令に、

凡《およ》そ、官戸奴婢の三歳以上には、年毎に衣服を与えなさい。春は布の衫《さん》と袴、衫と裙《も》を各一具。

冬は布襖《おう》と袴、襦《じゅ》と裙を各一具。皆長短にしたがって量を給いなさい。と、官戸奴婢に支給される衣服が記されている。上衣は春から夏にかけて男女とも麻布の衫で、秋から冬にかけてが、男が麻布製の襖で女が襦であり、下衣はいずれも男は袴、女は裙である。おそらく、公事の際の制服も、このような衣服を 橡《つるばみ》（櫟《くぬぎ》の実）を鉄媒染《てつばいせん》で染めて墨色にしたものであろう。

宮人は、一般的には後宮十二司および東宮に仕える女官の総称であるが、この制服条に該当する宮人は「令釈」がいっているように無位の女官である。無位の女官は四孟はもちろんのこと、日常もこの制服条に従って装うが、この条には色の規制しか記されていない。おそらく、形態などは自由であったということであろう。上衣は深緑（六位の位色）以下の色であればどの色でもよく、紫や紅も帯や紐などに用いることができた。また、無位の女官であっても、父親が五位以上の場合は、父親の朝服を除いた以下の色の着用は許されていた。たとえば、父親が四位とすると、その娘である女官は浅緋《うすきあけ》以下の色は着用できたのである。裙は紅色と「緑縹《はなだこきはなだ》紺 の纈《けち》」が許されている。この「緑縹紺の纈」の解釈であるが、六位以下の裙が緑纈と縹纈の二色の裂《きれ》を縫い合わせたものであるところからして、無位が三色の裂の縫い合わせということは考えられない。これは、『令義解』の解釈のように、緑色纈の裙、縹色纈の裙、紺色纈の裙、または紅の裙のいずれかを着用ということであろう。庶民女性が公務につくときの制服は無位の女官と同じである。

服色の規制　日常公務につく際の服飾であるが、養老衣服令は無位官人以外の者については触れておらず、ただ、服色についてのみの規制がみえる。

凡そ服色は、白。黄丹《おうに》。紫。蘇芳《すおう》。緋《あけ》。紅。黄橡《きつるばみ》。纁《そい》。蒲萄《えび》。緑。紺《こきはなだ》。縹《はなだ》。桑《くわぞめ》。黄。楷《すり》衣《ごろも》。蓁《はり》。柴《しばそめ》。橡墨《つるばみすみ》。これらは、当色より以下はそれぞれ兼て着ることができる。

これらの服色は、自分の位色以下の色は自由に着用が許されるが、位色を超えての着用は禁じられた。この規制は、上衣のみであったことが「穴記」にみえる。日常の出仕服は形などは自由であったが、色だけは厳しく規制されていたのである。最上位の白（帛衣）は天皇の位色である。黄丹は皇太子の位色であり、先に述べたように黄赤色である。深紫は、親王・内親王と一位の王・女王・諸臣・女官の、浅紫は二・三位の王・女王および諸臣・女官の位色であり、紫草の根で染める。蘇芳は、蘇芳木の芯材で染めるもので、紫味を帯びた赤色である。蘇芳が着られるのは、三位以上の者である。

緋のなかの深緋は、茜と紫で染めた深みのある赤で四位の位色であり、浅緋は茜のみで染めた明るい赤で五位の位色である。紅・黄橡・纁・蒲萄は、位色ではない。紅は紅花で染めた桃色がかった赤である。黄橡の橡が櫟《くぬぎ》の実で染めた茶色であることからして、黄橡は黄味をおびた茶色であろう。纁は緋の薄い色である。蒲萄は、天武朝の朝服色制度のところで述べたが、この時期のものも「古記」に「蒲萄は、青色、鳩染めのことである」とあるように、青色（山鳩色）と同系の青葡萄色に近い黄緑系統の色と思われる。ここまでの色は五位以上しか着用を許されていない。

緑は苅安《かりやす》と藍で染めており、深緑は六位の、浅緑は七位の位色である。紺と縹は藍染めのもので、それぞれ八位、初位の位色である。桑はその根で染めた茶色味を帯びた黄色であろう。桑は有位者しか着用ができない色である。

黄色は、無位と庶民が公務につくときの色であり、苅安で染めた少し浅い黄色である。楷衣は、摺《すり》衣《ごろも》と同じと考えられる。染料や顔料、花汁等を布に摺りつけて色や文様をつけるもので、その色はどの色でも許された。無位や庶民の場合、女性は制服のところで記したように、上衣にも緑・紺・縹が許されており、また、裙は紅も着用できた。しかし男性には厳しく、着用が許された色は黄色・茶色と墨色のみである。そのなかで、摺染めならば紫でも赤でも咎められることはなく、この摺染めは無位官人や庶民の楽しみの一つであった。『万葉集』にも「月草に衣ぞ染むる君がため綵《しみいろ》色衣を摺らむと思ひて」（一二五五）の歌のように、恋人のために摺衣をつくる女性の歌が多く詠まれている。ちなみに、「月草」は露草のことであり、その色は縹である。

蓁《はり》はハンノキ説とハシバミ説があり、ハンノキはその実で染めて黒色になり、ハシバミも実（シバ栗）で染めると茶色になる。つぎの柴《しばそめ》は柴木で染めた褐色と考えられ、色の順からしてここに黒がくることは考えがたい。したがって、蓁はハシバミ染めの茶色であろう（詳細は増田一九九五参照）。橡墨は、制服条のところで述べたように奴婢の公服色であり、橡（櫟の実）を鉄媒染で染めた墨色と考えられる。

この凡服色条における色彩規制は、あくまでも出仕等の公務につくときの色彩規制であり、私的な日常着の規制ではない。

庶民の服飾　この時代の庶民の服装をうかがう資料は乏しいのであるが、先に記した養老雑令に記されている官戸奴婢に支給された衣服や、少し時代が下がるが『続日本後紀』天長十年（八三三）五月条の「終日天は寒く、衆人は多く襖子《おうし》を着た」という記述から庶民の衣服をうかがうことはできる。彼らの衣服は、男性は寒い季節は襖に袴、暑い季節は衫《さん》に袴などであり、女性は寒いときは襦《じゅ》と裙《も》、暑い時は衫と裙という姿であったと推測される。襖は襖子とも称されているが、武官が儀礼のときに着用する襖と庶民の襖とは基本的形態は似通ったものであろうが、おそらく庶民の襖の丈は腰下丈程度と考えられる。盤領《あげくび》の脇が開いた上衣である。綿入れが基本であるが、綿の入らない同形態の衣服も襖と称したと思われる。襦は前代のものからして、おそらく垂領《たりくび》・筒袖の腰下丈上衣であろう。こちらも寒いときには綿を入れて着たと思われる。衫は裏のない単《ひとえ》であり、正倉院には盤領・垂領の衫とともに貫頭《かんとうい》衣形式の衫も伝わっている。正倉院遺品の衫の多くは、下着であるが、おそらく庶民の夏の衣服である衫もこれらと同様の形態のものが存在したであろう。袴や裙は貴族たちのものと基本的形態は同様であろうが、正倉院遺品の布の袴から考えると、幅も狭く、丈も男女とも膝下丈くらいの短いものであったと思われる。これら庶民の衣服の素材は基本的には麻布であるが、山上憶良《やまのうえのおくら》が『万葉集』で「荒妙の布衣《ぬのきぬ》さえも着せてやれない」とその貧しさを嘆いているように、庶民のなかには、荒妙（藤などの樹皮繊維で織った粗末な布）のような固い布を着ていた者もいたと考えられる。また、憶良の詠んだ貧窮問答歌では、寒い季節でも袖なしの布肩衣のボロボロになったものを着ている窮民の姿が歌われており、庶民のなかには、真綿の入った襖を着ている富裕な者もあれば、この歌のようにボロしか着られない貧民もいたであろう。

黒系統の喪服のはじまり　奈良時代には唐令に倣って養老二年（七一八）に制定された養老喪葬令

で、親王以下諸臣の葬送に関する諸儀礼が規定された。この喪葬令においては天皇の喪服制も定められたが、それは次のようなものであった。

凡《およ》そ天皇は、本服二親等以上の喪のためには、錫紵《しゃくじょ》を着る。三親等および諸臣の喪のためには、帛衣《はくのきぬ》を除いた雑色を通用する。（『令義解』）

つまり、天皇は二親等以内の喪に服すときは錫紵を着用し、三親等以上と諸臣の喪には白い練絹製の帛衣以外の色を用いるというものである。この錫紵については、養老令の注釈書である『令釈』は「錫紵は錫色の紵服である。鑞《ろう》（すず）黒《こく》を錫という。即ち、墨染めの浅い色である」とし、大宝令の注釈書である『古記』も「錫紵はいわゆる黒染めの色である」と記している。これらの注釈書はいずれも奈良時代成立のものであり、当時錫紵は黒系統の紵麻布で製作すると解釈されていたことがうかがえる。このように、八世紀初頭に天皇には黒系統の喪服が定められたのである。

一方で、奈良時代の一般的な喪服はまだ白系統が継承されていた。同じ喪葬令服忌条の註に「問う。服の色は制限があるのか。答え。布の麁《あら》い細かいを問わず白色の布を着る」（『令集解』古記）とみえるように、喪服は麻布の上等下等にかかわらずいずれもその色は白であったことがうかがえる。このことは『万葉集』によっても裏づけられる。高市皇子《たけちのみこ》の薨去《こうきょ》に際して柿本人麻呂《かきのもとのひとまろ》が詠んだ挽歌に、「皇子の御門《みかど》を　神宮《かみみや》に装いまつりて　使わしし　御門の人も　白妙の麻衣を着て…」（一九九）と白妙の麻の喪服がみえ、また大伴坂上郎女《おおとものさかのうえのいらつめ》の挽歌（四六〇）にも白妙の喪服が歌われている。

このように一般には白系統の喪服が通用していたときに、天皇の喪服に黒系統を採用したのは、唐風志向の風潮のなかで、唐の皇帝の錫衰《しゃくさい》に倣ってのものと考えられる。しかし実際には、中国における錫衰の「錫」は目の細かい上等な白色の麻布で、「衰」は喪服の意味でのものであり、中国では古来喪の色は白でありつづけたのである。ところがわが国では前述のように、この「錫」を金属の「スズ」と誤解してしまい、「錫」はスズの墨色っぽい色としてその下に麻布を意味する「紵」をつけ、天皇の喪服として定めてしまった。文字のみで導入したことによる誤解から、わが国のトップに黒系統の喪服が誕生してしまったのである。天皇の喪服が黒系統となったことにより、平安時代以降はしだいに宮中では黒系統が喪の色として定着してゆくことになる。

ところで、もっとも保守的なものの一つが人の死に関わる儀礼であるにもかかわらず、この時代に、天皇の喪服に黒系統を受け容れたのはなぜであろうか。その背景にあるものとしては、仏教の普及による人びとの意識の変化があげられるであろう。

わが国では古くより、人は死ぬと神になると信じられていた。先に引いた柿本人麻呂の挽歌にも、高市皇子の葬礼に際して「御門を神宮に装いまつりて」と詠まれている。古代における白は神と関わる神霊な色とされており、したがって死に関わる装いの色がすべて白というのは当然のことであった。しかし仏教での葬制は、遺体を穢《けがれ》のものとして焼却し、その魂のみを祀るものである。先に引いた喪葬令天皇喪服条の「三親等および諸臣の喪のためには、帛衣を除いた雑色を通用する」の条項について、令釈は「帛衣は白練衣である。帛衣を除く理由は、日本では白色を貴色としており、これは天皇の服であるからである」（『令集解』）との註をつけている。白色は貴色で天皇の服の色なので喪服には帛衣を避けると説明しているのである。

この時期、持統天皇を皮切りに文武・元明・元正と四人の天皇が火葬に付されている。このようにこの時代は、火葬の普及とともに死穢感も広まりつつあるときであり、穢と関わる喪の色に、神聖な色である白色を避けようとする意識が生じはじめていることがうかがえる。

3 染織技術の発達

織　物　飛鳥時代から始まった遣隋使・遣唐使の往来は、中国から新しい染織技術をもたらした。なかでも、錦・綾などの高級織物技術や臈纈《ろうけち》・夾纈《きょうけち》・纐纈《こうけち》などの染色文様技術の伝来は、わが国の衣生活を豊かに彩った。

飛鳥時代に織られていた錦には「綴錦《つづれにしき》」もあるがその大半は「経錦《たてにしき》」であり、経糸に赤・黄・緑等の三色くらいを用いて幾何学的な文様を織り出したものである。また綾も亀甲や山形などの単純な文様を織り出したものであったが、律令体制の整備に伴って、織物生産体制も整えられていった。

養老の職員令によると、大蔵省織部司《おりべのつかさ》のもとに、挑文師《ちょうもん》四人と挑文生八人が置かれた（『令義解』）。挑文師は錦・綾・羅などの文様を製織できるように機の装置を考案する者であり、挑文生は実際に試織する人びとである。ここで考案された高級織物は、錦・綾の織部《おりべ》と呉服部《くれはとりべ》で製織され、貢納された。これらの部民は徭役《ようえき》を免除され、もっぱら製織にあたっていた。しかし、これら部民による製織だけでは需要の増大に追いつかなくなり、和銅四年（七一一）には、挑文師を諸国に派遣して、錦・綾の製織技術を伝習させ、翌年には、伊勢・尾張・三河・駿河・伊豆・近江・越前・丹後・但馬・因幡・伯耆・出雲・播磨・備前・備中・備後・安芸・紀伊・阿波・伊予・讃岐の二一ヵ国で初めて錦・綾が織り出されている（『続日本紀』）。

奈良時代になると、従来からの経錦もみられるが、錦の主流は緯糸に色糸を用いて文様を織り出す「緯錦《よこにしき》」になる。緯錦は、経錦よりも写実的な文様を織り出すことができ、正倉院には十二色以上もの色糸を用いて具象文様を織り出したものなど多数の錦が伝わっている。

綾は後染めの単色織物で、薄地のため衣服地に適していることから、その需要も増した。錦と同様に龍や唐草などの具象文様が織り出されるようになり、経糸と緯糸の色を変えて織る二色の綾や緯糸を長く浮かせた浮織物もみられるようになる。

絹・絁《あしぎぬ》はいずれも絹の平織物《ひらおりもの》であるが、絹の方が絁より少し上等であった。これらは、養老の賦役令によると、正丁（二〇～六〇歳男子）一人当たり二尺二寸（約六六センチ）幅のものを八尺五寸（約二メートル五五センチ）織って調として貢納することが定められていた（『令義解』）。当時の絁の価値であるが、『続日本紀』天平元年（七二九）四月十日条に、諸国の兵衛に対する費用が記されている。そのなかで、「上絁は銀二両に充て、上糸は小二斤で、庸綿は小八斤で、庸布は四段で、米は一石で皆銀一両に充てる」とみえる。すなわち、上等な絁一疋は庸布の八段に相当し、それは米二石に該当するということである。当時の米一升は今の〇・四五升である（虎尾二〇〇〇、附表）ことから、二石は今の九〇升くらいとなり、今の二石に比べると量は少なくはなるが、それにしても絁が相当の高級品であったことは確かである。

布は、大麻および紵麻製の織物の称であるが、当時の下級官人以下庶民の衣料の中心はこの布であった。庶民は、歳役に代えて庸を布で納めることができ、正丁は二丈六尺（約七・八メートル）を、次丁（六一〜六五歳男子）は一丈三尺（約三・九メートル）を貢納した。当時の布は上等な順に、貲布《さよみぬの》・細布《さいふ》・凡布《ぼんぷ》・太布《たふ》・粗布《そふ》と称され、また、流通経路から調布《ちょうふ》・庸布《ようふ》・商布《しょうふ》とも称された。調布は調で納められる布で、その種類も貲布・細布・凡布・望陁布《もうだふ》（今の千葉県君津郡辺りで産出した布で品質の高いものとされた）があり、庸布・商布はこれらより品質の劣るものであった。調・庸で貢納される布は紵麻布である。当時の布の広さは二尺四寸（約七二センチ）くらいであった。

染色　律令体制下においては、織部司が織物とともに染色も掌っていたが、皇族や官人たちの染色は中務省の縫殿寮《ぬいどのりょう》および宮内省の内染司《ないせんし》が司っていた。これらの機関を中心に染色技術の発達が推進され、同一色の濃淡を微妙に染め分けることもできるようになった。和銅六年（七一三）には、濃淡のぼかしの繧繝《うんげん》染《ぞ》めを染め出した人物に、従八位下の位階と褒美を与えたことが『続日本紀』にみえる。

文様染めの技術も従来からの木版に文様を彫りだして摺って染める摺染めに加えて、新たに中国から臈纈《ろうけち》・夾纈《きょうけち》・纐纈《こうけち》の文様染めが伝わった。

臈纈は、蠟を用いて防染し、文様を表す技法で、今日のローケツ染めと同種のものである。当時の臈纈の主流は型押しによるもので、正倉院にもその遺品がみられるが、なかには、屛風のように大きなものもあり、これは手描きによるものと思われる。

夾纈は、いわゆる板締め絞りであり、その技法には二通りあったとされる。一つは、同一文様をくり抜いた二枚の板の間に布帛を折り畳んで挟み、上から染料を注入して染め、これをくり返して多色にするという方法である。もう一つは、同一文様の輪郭を彫りだした二枚の板の間に同様に布帛を挟んで文様輪郭部分の凸面を防染し、文様部分それぞれにあらかじめ開けておいた孔から各々色の異なる染料を注入して染めるというものである。正倉院の染色遺品でもっとも多いのは、この夾纈によるものであり、女性ファッションを美しく彩った。

纐纈は、当時の文書ではたんに「纈」とのみ記され、「目交《もっこう》」「ゆはた」と称されていた。今日の絞り染めである。糸を用いて防染して文様部分を表す技法であり、平安以降臈纈・夾纈は廃れたのに対して、纐纈は「くくり」「目結《めゆい》」などの名称で継承されてゆき、江戸時代には、「鹿の子」「匹田《ひった》」をはじめとして有松・鳴海ではさまざまな木綿絞りが考案され、発達する。正倉院の遺品には、単純な目結と巻上げが見られる程度で、その数も少ない。

4 唐風服飾の完成

天応元年（七八一）に、天智天皇の孫を父とし、百済系の渡来人を母とした桓武天皇が即位した。

父光仁天皇に続く天武天皇系とは縁の切れた天皇の誕生であった。彼は、天武系に対する対抗意識と政争による腐敗を理由に、延暦三年（七八四）五月に長岡に新都の造営を始めた。十一月には、待ちきれずに平城の都を捨て、未完成の長岡京へ遷都したが、長岡京建設責任者であった藤原種継暗殺の事件が起こった。その首謀者として大伴継人が逮捕され、これに連座の罪で大伴氏一族は処刑され、皇太子早良《さわら》親王も幽閉され死去した。これ以降、早良親王の祟りとする怪事件が都であいつぎ、天皇は再び山背国葛野《かどの》の地において新京造営に着手し、延暦十三年（七九四）には平安京に遷都した。

平安京は唐の都長安に倣って造営されたものであり、その大内裏の建物は、大極殿を中心に、唐風建築が立ち並ぶというものであった。新しい唐風の建物での生活は、唐風化をさらに推し進め、嵯峨天皇の弘仁時代（八〇九〜八二三）は唐風化がピークに達した時代である。『日本紀略』によれば、弘仁九年（八一八）三月には、「朝会の礼及び常に着るもの、又、卑しい者が貴い者に逢って跪《ひざまづ》くなどは、男女の区別なく、唐法に改めなさい」の詔が出されている。朝会での儀礼の方法から日常の衣服にいたるまですべて唐風に変えるようにというものであった。すでに奈良時代に、礼服・朝服・制服は唐制に倣って制定されていたが、この時期にいたって、日常服まで完全に唐風とするようにとの令が出されたのである。また、同年には、宮城の殿閣や諸門の名称もすべて唐風に改めている（『続日本後紀』承和九年の条）。さらに、弘仁十一年（八二〇）二月には、

朕は大小の諸神事や季冬に諸陵に奉幣する時には帛衣《はくのきぬ》を用い、元正に朝を受ける時には袞冕《こんべん》十二章を用い、朔日の受朝や聴政の時、蕃国の使いに会う時、奉幣や大小の諸会の時には黄櫨染《こうろぜん》衣

を用いることとする。

皇后は、帛衣を助祭の服とし、□衣を元正の受朝の服とし、鈿《でん》釵《さ》礼《らい》衣《い》を大小諸会の服としなさい。

図12　中国の褘衣（『重校三禮図』）

皇太子は、祀および元正の朝賀に従う時は、袞冕九章を着なさい。朔望に入朝する時、元正に群臣・若宮・臣の賀を受ける時、および大小の諸会には、黄丹《おうに》衣を着なさい。みな日常に着るものは、この例に拘らなくてよい。


のように、天皇・皇后・皇太子の諸礼服を定める詔勅を出した。このうち、天皇・皇后の祭服である帛衣は日本の伝統的なものと思われるが、大礼服・中礼服は、唐制に倣ってのものである。天皇の大礼服の袞冕十二章は、聖武天皇のときから着用されているのを明文化したものであろう。皇太子の袞冕九章はこのときが初出であり、袞冕十二章から太陽・月・星辰を削除した九つの文章《もんしょう》がついたものである。その色も『西宮記』巻十七臨時四の天皇礼服条に「太子は赤、龍形を縫う」とあることから、やはり中国の黒衣纁裳《くんしょう》とは異なって、天皇と同様の赤であったようである。皇后の大礼服である「□衣」であるが、『西宮記』には「雉《きじ》形紅色、青御服」（巻十九天皇即位条）とある。この青服に紅の雉文様のある衣服は、中国の皇后の礼服である「褘衣《きい》」と同種のものと考えられる（図12）。

天皇の中礼服である黄櫨染衣は、『延喜式』の縫殿寮雑染用度条によれば、櫨《はぜ》と蘇芳《すおう》で染めており、赤みを帯びた茶色である。この色は、わが国独自のものの可能性がある。皇后の鈿釵礼衣は中国でもみられる名称であるが、わが国のものが中国のものの完全なる模倣かどうかは不明である。皇太子の黄丹は奈良朝からの継承であり、紅花と梔子《くちなし》で染めた黄赤色である。

このように、嵯峨天皇の弘仁時代は中国風の儀礼や学問が重んじられた時代であり、神泉苑では漢詩の宴がたびたび開かれた。天皇自身が中心となって『凌雲集』『文華秀麗集』等の漢詩集が編纂され、大学においても中国の歴史や文章を学ぶことが盛んになった。このような唐風嗜好の風潮のなかで、わが国の服飾が歴史上でもっとも唐風のものに近づいたのがこの時期である。

四　平安時代の衣服――国風化への道

1　国風化のはじまり

緊縮財政と礼服の着用規制　延暦三年（七八四）から延暦十三年のわずか十年のあいだに、長岡京・平安京と二つの都を造営したことは、当然のことながら国家財政を圧迫した。一方では、律令体制の根幹である公田制も崩壊の危機に直面しており、国家財政は逼迫し、また、自然災害があいつぎ疱瘡などの疫病が流行して国民生活も疲弊していた。このような情勢を背景として、淳和《じゅんな》天皇そして仁明《にんみょう》天皇は、国家財政の立て直しをめざし、次々と倹約政策を実施したが、それは衣生活にも波及した。

淳和天皇は弘仁十四年（八二三）に、「礼服《らいふく》は詔により停止しなさい。皇太子および参議、非参議の三位以上、あわせて職掌に預かる人たちは、今までにならってつけなさい」（『日本紀略』）の令を出し、皇太子と参議および非参議で三位以上の者、そして職務に携わる者以外の礼服の着用を停止している。停止ということは、財政事情が好転すれば復活するつもりであったのであろうが、以降、参議と職務につく者以外の四位・五位の礼服が復活することはなかった。九世紀に入ると、大極殿《だいごくでん》や朝堂院で行われていた行事や政務も、内裏で行われるようになり、元旦の朝賀も清涼殿《せいりょうでん》東庭で行われる小朝拝へと簡略化されていった。したがって、元旦には礼服は着用されなくなり、礼服はもっぱら天皇即位のときに三位以上の者と職務に携わる者のみ着用するものとなったのである。

また、仁明天皇は倹約を勧めるなかで、承和七年（八四〇）に、「今より以後は、女の着る裳について は、夏の表の紗《しゃ》や冬の中裳《なかも》は貴賤を問わず、一切用いてはいけない。一枚の裳以外、重ねて着てはいけない」（『続日本後紀』）の令を出しており、女性の下半身を覆うスカートまで重ね着の規制をした。この年に崩御した淳和上皇は、遺言で火葬後の遺骨を散骨させており、この頃は薄葬を指示している天皇も多い。

遣唐使の廃止と外来服飾　このような経済情勢のもと、寛平六年（八九四）には遣唐使が廃止された。唐は滅亡寸前の混乱のなかにあり、巨費を投じてまで送る必要性がなくなっていたこともその要因の一つではある。ここに、舒明二年（六三〇）から送られつづけ、多くの文化をわが国にもたらした唐に対しての使者を送ることはなくなり、以降、公のルートでの中国文化は伝来しなくなった。しかし、日本と中国との私貿易はその後も行われつづけており、九六〇年に中国を統一した宋からも「唐物《からもの》」が伝わってきた。清少納言が「めでたきもの、唐錦」と、立派なものの筆頭に「唐錦」をあげているように、「唐物」は貴族のあいだでもてはやされつづけたのである。また、渤海からの朝貢は依然として続いており、『源氏物語』で末摘花《すえつむはな》が着ていたことが描かれている貂《てん》などの高級毛皮がもたらされ、貴族のあいだで珍重された。
一方では、十世紀にはいると国風化の動きが芽生えはじめ、仮名文字や寝殿造り建築が誕生するとともに、貴族たちの服飾もしだいに唐風服飾を消化して、国風の束帯《そくたい》や唐衣裳《からぎぬも》装束が生まれていくこととなる。

② 束帯と唐衣裳装束の誕生

束帯の成立 平安中期以降、貴族男性の中心となる装束は束帯であり、貴族女性服飾の中心となるのが唐衣裳装束である。両者とも今日まで、宮中において重要な祭礼や婚礼等の伝統的儀礼の際に着用されつづけている装束であるが、その成立への道は、両者間ではかなり異なったものであった。

束帯は、奈良時代の朝服が大きく寛裕《かんゆう》になって形を整えたものであるが、束帯の用語の初出は、管見では承平六年（九三六）の「九条大臣は病が重く、束帯ができない」（『九条殿記』）の記述である。「束帯」の文言は、『論語』公冶長《こうやちょう》編の「束帯して朝に立ち、賓客と言わせるべきである」から採ったとされるもので、平安前期の漢文学隆盛期を背景に、朝服を束帯と称するようになったのであろう。

延長五年（九二七）成立の『延喜式』縫殿寮《ぬいどのりょう》年中御服条に、天皇が一年間に着用する服飾がその用布量とともに記されているが、ここでみられる服飾名は袍《ほう》・襖子《おうし》・半臂《はんぴ》・汗衫《かんさん》・衵《あこめ》・表袴《うえのはかま》・中袴・褌《したばかま》・衫《さん》などであり、束帯の文言はもちろんのこと、束帯装束のなかで長いトレーンを引いて荘厳の象徴ともなる下襲《したがさね》の名称もまだみられない。一方、十世紀後半成立とされる源高明の『西宮記』には、束帯の文言が多々みられ、また巻十七の袍の項には、下襲・半臂・表袴・衵・大口袴《おおぐちばかま》など中期以降の束帯の構成要素となる服飾名称が記されている。名称が同じであっても形態そのほかが同一かどうかは明らかではないが、おそらく『西宮記』成立の頃には、束帯の構成はほぼ固まっていたものとしてよいであろう。

『延喜式』の汗衫が名称変更して成立したのが下襲と考えられるのであるが、この下襲の後身頃《うしろみごろ》の裾が長く伸び、袍の裾からのぞきはじめるのは、十世紀半ばより少し前のことであった。天暦元年（九四七）に出された倹約令のなかで、「諸卿に色々定め申すことがある。なかでも下襲の長さは、親王は袍の襴《らん》を出ること一尺五寸、大臣は一尺、納言は八寸、参議は六寸にしなさい」（『政治要略』所収『吏部記』）のように、袍の襴の下からのぞく下襲の裾《きょ》の長さを制限している。これによると、十世紀半ば頃には、下襲の裾が最大で四五センチほど襴の下から下がっていたことになる。『西宮記』には下襲に「蘇芳《すおう》・桜・藤・柳・蒲萄《えび》」などの色目名が記されており、裾の配色が男性ファッションの花形的存在になっていることがうかがえる。

袍は、『延喜式』弾正台では「衣の袖口の闊《ひろ》さは、高下を問わず、同じく一尺二寸以下に作りなさい」と袖口の広さを一尺二寸（三六センチ）以下にするように規制しており、十世紀前半はまだ袖口はさほど広くなってはいない。しかし長保元年（九九九）に「袖の闊さは一尺八寸以下に、袴の広さは三幅に及ばないように、必ず制止しなさい」（『政事要略』巻六十七糾弾雑事条）のように袖口の広さは一尺八寸（約五四センチ）以下にするようにとの禁令が出されており、十世紀末には相当に長大化していることがうかがえる。このときに袴の広さも三幅以下に制限しているが、同書によると翌年には「二尺をその限りとしなさい」との令も出している。衣服の寛裕化がうかがえる。

奈良時代の朝服のかぶりものであった頭巾《ときん》は、中期以降は冠《こうぶり》と称されるようになるが、大同元年（八〇六）の平城天皇のかぶりものはまだ頭巾と記されている（『日本後紀』）。『延喜式』では幞頭《ぼくとう》であり、天暦八年（九五四）の村上天皇のかぶりものも頭巾である（『西宮記』）。しかし、承和七年（八四〇）の仁明天皇のかぶりものは冠と記されている（『続日本後紀』）。『西宮記』も冠であり、おそらく、十世紀半ば頃までは頭巾と冠の名称が併用されており、十世紀後半になると冠の名称が一般的となったのであろう。

しかし、頭巾から冠へはたんなる名称変更ではなく、その形の変化も伴ったものであった。まず、冠下の髻《まげ》の結い方に変化がみられ、後頭部で結い上げた髪を一定の長さで切り揃え、根元から元結《もとゆい》紐でぐるぐると巻き上げて、硬く立てた形、すなわち、近世まで将軍の髪型でありつづけたいわゆる「ちょんまげ」の形となった。したがって、髻の部分を覆う巾子《こじ》も薄く硬くなり、額《ひたい》部分も硬化し、後ろに下がっていた纓《えい》は長く装飾的になった。髻の前で結んでいた紐は簪《かんざし》にとって代られ、簪で髻を貫いて冠を固定するようになる。

このように形を整えた冠が成立し、奈良朝の朝服の袍の形を基本的には残しながらも寛裕化して、下襲の裾を後ろに引く形態へと変化した束帯装束が成立するのは十世紀後半のことと考えられる。

唐衣裳装束のめばえ　男性の束帯が、奈良朝の朝服をベースに国風化の過程でその形態を変化させて成立していったのに対して、女性の唐衣裳装束は、奈良時代の朝服や制服をベースにそれを和様化したものではない。

『延喜式』縫殿寮雑染用度条には、天皇の服飾と同様に中宮の年間に製作される服飾品も記されている。これによると、中宮の一ヵ月の服飾品は、袍《ほう》十領・背子《はいし》十領・単衣《ひとえ》十領・領巾《ひれ》四条・表袷裙《おもてのあわせのも》二腰・下裙《したのも》二腰・袴十五腰・単《ひとえ》袴二十腰・袿衣《うちきい》三領・単袿衣三領である。これらの服飾品のうち、袍・背子・領巾・裙・袴は奈良時代以来の服飾品である。袍をその用布量二丈五尺（約七・五メートル。袷なので一枚の袍の大きさは三・七五メートルとなる）から製作したとすると、腰下丈くらいの上半身衣となる。裙は一疋五尺（一九・五メートル）の用布量で、袷であるから半分とすると九・七五メートルとなり、相当に長大なものである。これらのことから、ここに記載された表裙・下裙は、いずれも袍の上に胸高に下半身全体を覆ったかたちで着装する奈良時代の唐風の裙であると考えて間違いないであろう。当時の裙が奈良朝と同じ下半身を覆うロングスカート形式であったことを推測させてくれる記述は、『延喜式』の諸所にみられる。

しかしここに、平安中期以降の貴族服飾の中心的アイテムとなる袿衣という名称が出てくる。袿を当時「うちき」と称していたことは、『延喜式』と同じ頃に成立した『和名類聚抄』に、「袿、…うちきという。婦人の上衣である」とあることより明らかであり、古語辞典等では一般的に、内着・内衣のことで「内（中）に着る衣服」と解釈されている。しかし、『延喜式』記載の中宮の袿の用布量は

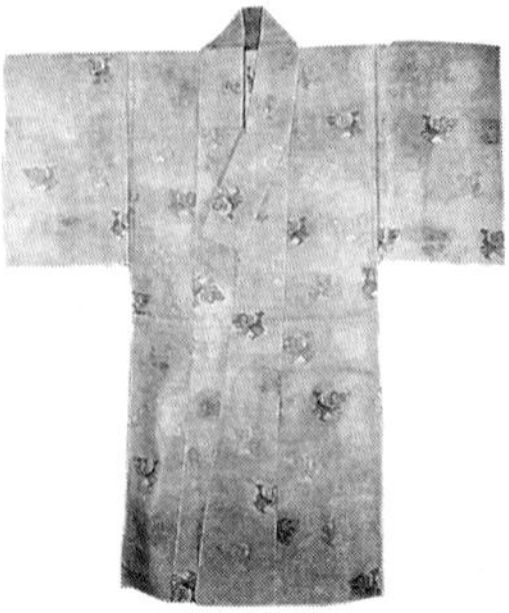
図1　袿（13世紀の遺品）

一疋一丈五尺（約二二・五メートル）であるのに対して、上に着る袍は先に記したように二丈五尺である。両者とも袷なので、実際の大きさはその半分の量で製作したものとなるが、いずれにしても袿は袍の三倍以上の大きさとなり、袍の内に袿衣を重ねて着たとは到底考えられない。「うちき」の「うち」は、「内（中）に着る衣服」の意味での「うち」ではなく、内外の内（うち）なのではなかろうか。古くより「うち」には「家の中」の意味があり、また現在でも家庭内のことを「うち」という。すなわち、ここでの袿衣はいわゆる家の中で着る衣服すなわちホームウエアーであったと考えられるのである。『延喜式』の記載順からしても、また袿には真綿が入っていることからしても、袿衣が家庭着であることがうかがえる。袴の上に単袿衣を着て、その上に綿入りの袿衣を重ねた姿が、当時の上流貴族女性の家庭内でのくつろいだ姿だったのではなかろうか。袿衣は袷なのでその用布量を半分にすると単袿衣と同じ大きさの衣服となり、一一・二五メートルという用布量は現在の女性のきものとほぼ同量である。しかし、当時の絹布の幅は五七〜六六センチと広いので、今の和服と同じくらいの丈で、幅がもう少しゆったりした衣服であろう（図1参照）。

袿中心の衣生活の確立　このように十世紀前半頃には家庭内着として着用されていた袿であるが、これが禄《ろく》として授けられるようになる。禄としての袿は、管見では承和三年（八三六）の記録が初出である（『続日本後紀』）。当時の禄の主流は衾《ふすま》（掛け布団）であったが、この頃より袿が散見されるようになり、九世紀末になると禄の主流は袿に移行してゆく。袿形式の衣服は、正倉院に二点ほど伝わっており、この形式の衣はすでに奈良時代からみられていたものであるが、その需要が増加したのは九世紀末ということであろう。十世紀半ば頃成立とされる『大和物語』には、御息所《みやすどころ》の曹司から「濃き袿一襲《ひとかさね》きた清げな女」が出てきたと記されており、十世紀半ば頃には、上流女性の家居の日常着が袿重ねの姿になっていることがうかがえる。

奈良時代までは女性も帝位につき、儀礼時には、男性と同様に大極殿の前に礼服・朝服を着て参列するなど政治の表舞台で活躍したが、八世紀末〜九世紀初めにかけて、男女を区別しようとする動きがみえはじめる。八世紀半ば頃までは男女の叙位は同日に行われていたが、光仁朝（七七〇〜八一）の半ば頃より定例の叙位は男女別々に行われるようになり、桓武朝（七八一〜八〇六）になると一月七日男叙位、一月九日女叙位が定着するようになる（西野一九九七）。また、延暦十六年（七九七）には「会集の時に男女の混雑を禁断のこと」の令を出し、会集の際の男女の混在を禁止し、違反者には刑罰を科している（『類聚三代格』）。このように八世紀末から九世紀初めにかけて男女を区別する動きが顕著になってくるが、その背景には当時の儒学の隆盛があるであろう。平安初期は唐風文化の全盛期であり、儒学と漢詩文の教養が貴族社会に定着する時期である。儒学の教典の一つである『礼記』には、女性は家の奥にいてみだりに外に出ることなく、しとやかで目上や年上の人によく従い、外出するときは必ず顔を隠すべきであると説かれている（内則編）。一方で、平城上皇と嵯峨天皇の対立から蔵人所が置かれ、従来女官が担っていた奏請伝宣等の役が男性の蔵人へと移行していった。この傾向は薬子《くすこ》の変により拍車がかかり、宮中における女性の地位は低下してゆく。

袿が貴族女性服飾の重要アイテムとなってゆく九世紀末から十世紀初頭は、思想的背景と女性の地位低下により、女性は奥にいることを善しとする価値観の形成時期と重なるのである。表に出ることが極端に少なくなった女性たちは、当然のことながら家居の服飾で過ごすことが多くなり、その中心的衣服である袿が注目されることになる。本来は、袴・単袿の上に綿入り袿を重ねた姿であった家居の袿姿は、しだいに女性たちの奥での社交の中心的服飾となり、袿を重ねてその配色を楽しむ風潮が生まれていったと推測されるのである。

九六〇〜九七三年頃の成立とされる『落窪物語』には、姫を訪れている男性の装いが「白き袿の大層きれいなのに、紅の絹の大層つややかな衣《きぬ》を一かさねし、それに山吹がさねである。そのほかに衣のあるものを、女が裳をつけているように、腰から下に引きかけている」と記されている。袿の重ねの上から衣をかける姿を「女が裳をつけているように、腰から下に引きかけて」と表現しており、十世紀後半には、すでに女性の裳は前まで廻らない引裳《ひきも》となっていたことがわかる。

唐衣裳装束の成立　唐衣《からぎぬ》と裳《も》は、中期以降の女房の奉仕装束の必須アイテムであった。『西宮記』巻十七女装束条にも、唐衣・裳・領巾《ひれ》は朝服のみならず尋常においても女房や采女《うねめ》の必需品であることが記されている。上流貴族女性の家居の際の装いは、袴・単袿に袿を何枚か重ねた姿であったが、彼女たちに仕える女房たちは、袿姿に唐衣と裳を装い領巾を掛けて出仕したと考えられる。この際、裳は袿重ねが大きな面と量を持つために、前まで覆うことができなくなり、後ろのみに引く引裳となったのであろう。

唐衣は、前節でも記したように、奈良時代の衣服令にはみられない服飾品であるが、天平二年（七三〇）の頃に着用が始まったと考えられる背子《はいし》が和様化してその名称も変化したものであろう。『和名類聚抄』に「背子、…和名からきぬ」とあり、背子のことを「からきぬ」と称していたが、延喜二十一年（九二一）開催の「京極御息所褒子歌合《きょうごくみやすどころほうしうたあわせ》」の際の記述には「唐衣」と記されている（『歌合集』）。おそらくこの頃には文字も「唐衣」となったのであろう。

以上のように、唐衣裳装束は家居の服飾であった袿が発達して重袿となり、これに奈良時代以来の出仕時の服飾品である唐衣と裳および領巾を装って成立したものと思われる。その後のさらなる和様化の過程で、領巾は儀礼時以外には省略されるようになり、今日の唐衣裳装束の原型が成立したと推測される。その時期は、男性の束帯の成立と同様に、十世紀後半であろう。

③ 王朝貴族の服飾

男性の公服と私服　貞観八年（八六六）の応天門の変で、古代からの有力豪族であった伴氏と光仁天皇の外戚として勢力を得た紀氏を失脚させ、安和二年（九六九）には左大臣として勢力を振るっていた醍醐天皇の皇子源高明を大宰府に左遷してその地位を揺るぎないものにした藤原北家は、冷泉《れいぜい》・円融天皇の摂政・関白の要職についた。兼家のときには、自らは一条天皇の外祖父として摂政となり、子供たちは大納言・中納言に列せられた。兼家の子道長は、一条天皇の中宮であった娘彰子の産んだ後一条天皇をはじめとして三代の天皇の外祖父として権力を振るうとともに、栄華を誇り、藤原貴族政権の絶頂期を創出した。この藤原貴族政権の下で、年中行事、即位・大嘗祭をはじめとした臨時の祭礼などにおける宮中儀礼は確立し、それに伴っての装束も定型化していった。

男性の公服には、束帯《そくたい》・布袴《ほうこ》・衣冠《いかん》があり、私服には直衣《のうし》・狩衣《かりぎぬ》などがあるが、しかし、雑袍許し《ざつほうゆる》(後に述べる)の者は直衣で参内もできた。狩衣も、私服ではあるが、鷹狩りなどの公式な行事のときにも着用された。

束　帯　束帯は先にみたように、奈良時代の朝服が束帯と名称を変えて成立したものであり、四位以下は即位などの重要儀礼にもこれを着用した。一方で、束帯は直衣許し《のうしゆる》の者以外の昼の参内服でもあった。すなわち、平安朝における束帯は、大礼服・中礼服・尋常服とすべての場面で着用される衣服となるのである。

束帯には、文官と武官の別があったが、中期になると上級武官は文官が兼務するようになり、武官束帯はもっぱら下級武官の着用するものとなる。しかし、晴儀時には儀式場を荘厳にするために、兼務している四位・五位の文官は武官束帯を着た。

物の具の束帯　一定のものをすべて備えた盛装であり、晴《はれ》の行事用装束である。文官束帯の物の具装束の構成は、垂纓冠《すいえいのこうぶり》・縫腋袍《ほうえきのほう》・半臂《はんぴ》・下襲《したがさね》・重衵《かさねあこめ》・単《ひとえ》・表袴《うえのはかま》・大口袴《おおぐちばかま》・襪《しとうず》・靴(履)・石帯《せきたい》・笏《しゃく》であり、帯剣を許された者は、平緒《ひらのお》を下げ、剣を佩《お》びた。

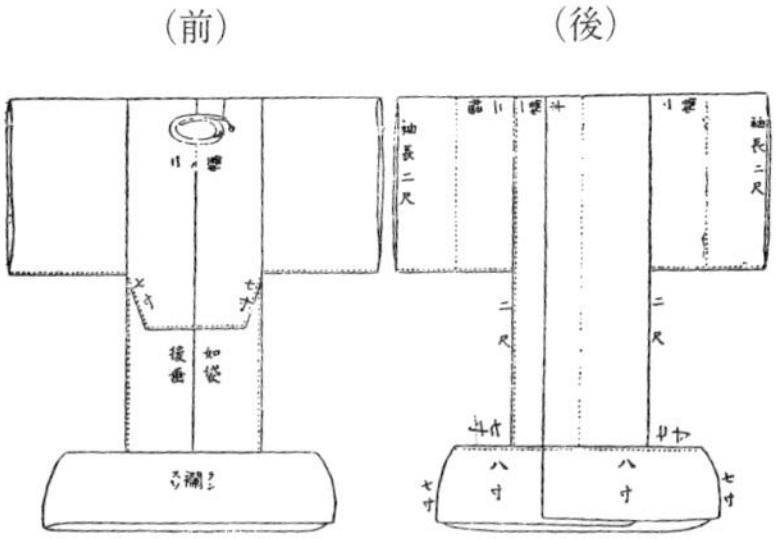

図2　縫腋袍の図（『装束図式』〔元禄版〕所載）
＊江戸時代のものであるが，形は継承していると考えられる（以下同じ）

図3　中世の強装束
（源頼朝とされていた像）

垂纓冠は、前節でみたように頭巾《ときん》の形を整えて成立した冠で、後ろに纓が二枚垂れる。縫腋袍も奈良朝の朝服の袍が寛裕長大になったものであり、腋が縫ってある有襴《うらん》の袍である。襴の両脇にたたんであった襞を左右に出し、これを「あり先」と称した。

袍（図2）の色は、平安前期に天皇が黄櫨染《こうろぜん》となり、皇太子以下は養老衣服令で定められた位色《いしき》が用いられていたが、中期になると四位以上は黒、五位は蘇芳《すおう》、六位は緑、七位～初位は縹《はなだ》となる。しかし、七位以下が叙位されることはほとんどなかった。平安末期には、袍に強く糊を張って角ばった面を強調する強装《こわしょう》束《ぞく》が生まれる（図3）。

四位以上が黒袍となった背景には、奈良から平安前期にかけての公卿たちの深紫《こき》への志向がある。『続日本紀』によれば、宝亀五年（七七四）正月に二位の大臣は中紫の着用を恒例とする勅が出され、さらに弘仁元年（八一〇）九月には二位の大臣は深紫を、そして諸王の二位以下五位以上と諸臣の二位・三位には中紫を着用するように定められた（『日本後紀』）。しかし、『延喜式』によれば深紫の綾一疋を染めるためには、紫草の根が三十斤（七・七五kg）必要である（縫殿寮雑染用度条）。深紫や中紫の需要の増加により、しだいに紫根が不足してゆき、紫草を少量にする代わりに黒（五倍子《ごばいし》）を混ぜて黒紫を染める工夫がなされ、結果としてその色は黒に近づいたと考えられる。四位は衣服令では深緋《こきあけ》であったが、この綾一疋を染めるには茜《あかね》大四十斤、紫草三十斤が必要であり、当然のことながら、こちらも紫草に代えて五倍子を混ぜていったことが推測される。これらのことから、結果的に三位までの袍と四位の袍はその位色が区別できなくなったのであるが、その背景には、三位と四位の位階の区別はあまり重要でなくなっていたこともある。五位は浅緋《うすき》であったが、蘇芳の方が染料も少なくかつ簡単に赤色が染められることから、蘇芳となっていった。六位の緑、七位以下の縹であるが、大同元年（八〇六）に「七位は同じく深緑《こき》をつけ、初位は共に深縹《こき》をつけなさい」（『政事要略』巻六十七糾弾雑事条）の令が唐制に倣って出されている。六・七位がともに深緑で、八・初位がともに深縹となり、下級官位の区別の必要性が薄れていることがうかがえる。これらのことから、六位は殿上前の位階として叙位される必要性があったが、七・八・初位の区別は不要となり、その表示も深浅の必要がなくなって、緑・縹となったのであろう。

半臂《はんぴ》は、奈良時代から着用されていた垂領《たりくび》形式の袖なしまたは短い袖のついた短衣で、裾に襴がつく。現在のチョッキのような存在で、袍の下に着用された（図4参照）。

下襲《したがさね》は垂領の闕腋《けってき》形の短衣である。半臂の下に重ねたのであるが、後身頃の裾が長く伸び、先にみたように十世紀半ばには親王は袍の襴の下から四五チセンものぞくようになっていた。後期になると、大臣は一丈四・五尺（約四・五メートル）、大納言は一丈二・三尺（約三・九メートル）、中納言は一丈一・二尺（約

図4　半臂の図（『装束図式』〔元禄版〕所載）

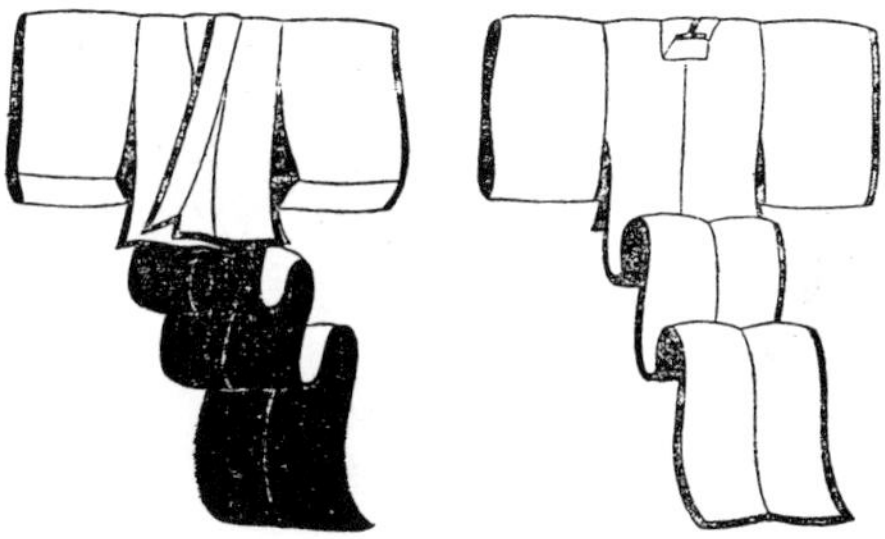

図5　下襲の図　前・後（『服色図解』〔文化13年版〕所載）

三・六メートル）、参議は八尺（約二・四メートル）、四位は七尺（約二・一メートル）（『飾抄』）にも伸びて後ろに長く引き、荘厳の象徴でもあり、男性のオシャレの表現の場でもあった。位袍とは異なって色・文様が自由であったので、種々の色に染め（染下襲《そめしたがさね》）、季節感を楽しんだ。『枕草子』も、「下襲は、冬は躑躅《つつじ》、桜、掻練《かいねり》襲、蘇芳襲がよい。夏は、二藍《ふたあい》、白襲がよい」と季節季節の好ましい色目《いろめ》を記している。しかし、後期になると、冬は躑躅襲（表蘇芳・裏青）が、夏は公卿は赤色（赤色に関しては後述）、殿上人は二藍（赤紫がかった藍色）が一般的となる（『雅亮装束抄』）が、晴《はれ》の日は変わらず染下襲を用いた（図5参照）。

衵《あこめ》は下襲の下に重ねる衣で、たんに「衣《きぬ》」とも称する。晴の時は数枚重ねて装束にボリュームをもたせた。袷《あわせ》仕立ての袿《うちき》と同形の垂領衣であるが、袿より丈が短い。闕腋が一般的であるが、縫腋《ほうえき》のものもある。紅色が普通であるが、染め衵を着てオシャレを楽しむこともあった。夏は省いた（図6参照）。

単は単衵の略称であり、裏のない単《ひとえ》仕立ての肌着である。束帯のときは紅が一般的であるが、束帯以外のときは、清少納言が

図6　衵の図（『装束図式』〔元禄版〕所載）

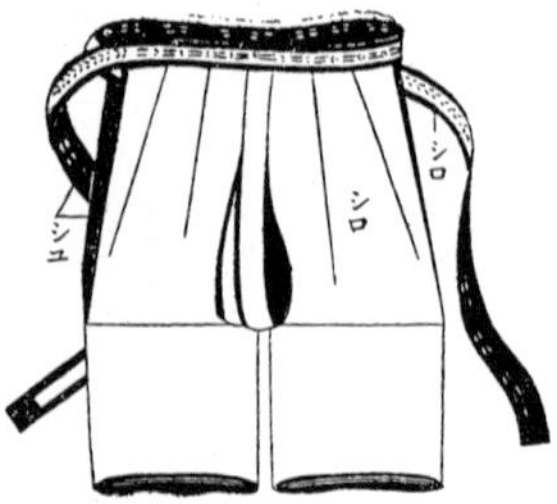

図7　表袴の図（『服色図解』〔文化13年版〕所載）

「単衣は白がよい。昼《ひ》の装束の紅の単の衵などを一時的に着るのはよい。しかしやはり白がよい」（『枕草子』二六五段）といっているように、肌着としての単は白が好まれたようである。

表袴《うえのはかま》は表白・裏赤で仕立てられた切袴で、大口袴の上に着用する。男性が用を足しやすいように、股下が縫われておらず、これを下り襠《まち》（返り襠ともいう）で隠した（図7参照）。

大口袴は下袴であり、口の部分が大きく開いた袴なのでこの称がある。やはり、男性の小用のためであるが、『枕草子』に「大口は、また長さよりは口がひろいのでもっともの名である」（一二八段）とみえるように、当時の大口袴の口は相当に広かったようである。色は紅であった。

襪《しとうず》は奈良時代以来の靴下であり、靴は奈良時代以来武官が礼服着用時にはいている長靴であるが、平安中期以降は文官も重要な儀式のときにはこれをはいた。上部に錦の裂《きれ》がつけられたものである。中礼服のときは、奈良朝の烏皮履《くりかわのくつ》の変化した浅クツである履をはいた。

石帯は奈良朝の腰帯《ようたい》が変化したものであり、黒漆塗りの革製で、

図8　武官の物の具装束（『年中行事絵巻』平安末期）

背にあたる部分に白玉の飾りがつくことが多いが、なかには斑犀《はんさい》や瑪瑙《めのう》・象牙などの飾りもみられる。平安末期の強装束《こわしょうぞく》の登場とともに、締めやすいように、二本に分かれた。

武官の物の具装束（図8）の構成の大半は文官と同じであるが、冠が巻纓冠《けんえいのこうぶり》となり、袍は闕腋《けってき》となる。剣を佩び、胡簶《やなぐい》を負い、弓を持った。巻纓冠は纓を巻いた冠であり、馬尾の毛製の半円形に近い形の緌《おいかけ》が両耳の上についた。闕腋袍は、袖付けから下が開いた袍で、奈良時代の襖《おう》が変化したものである（図9参照）。

尋常服の束帯　基本的に物の具装束とその構成は同じであるが、文官の場合は、半臂《はんぴ》が略されることが多く、また、衵《あこめ》の重ねの枚数も減じる。クツは履をはいたが、後には桐の木製に黒漆を塗ったものへと変化した。

布　袴　布袴《ほうこ（ほうご）》は、私的な行事に用いた束帯の

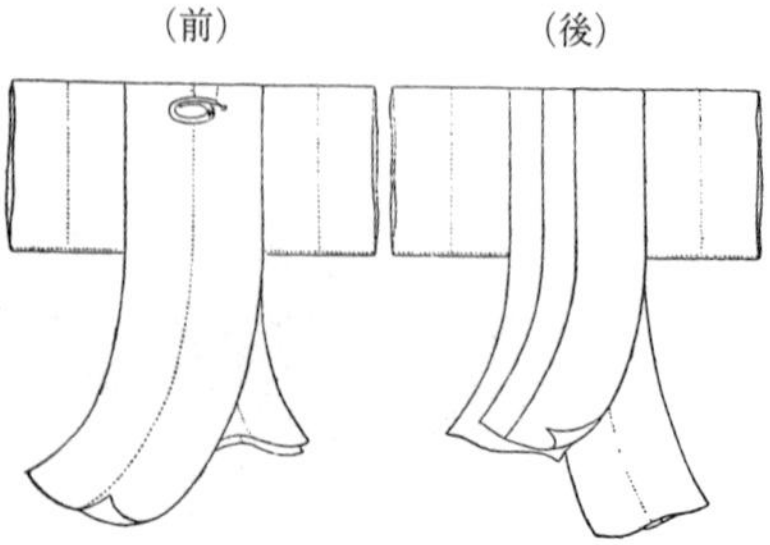

図9　闕腋袍の図（『装束図式』〔元禄版〕所載）

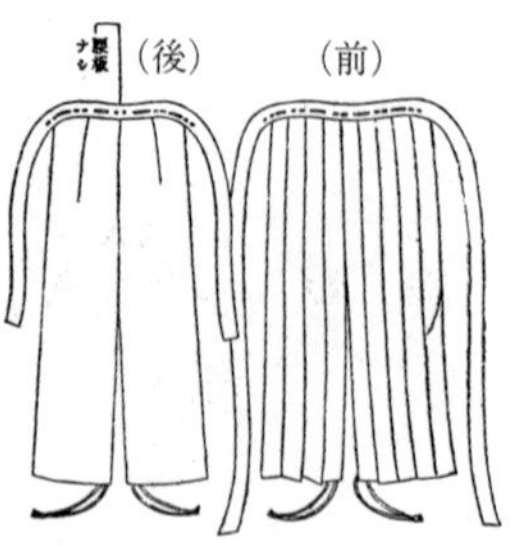

図10　指貫の図（『服色図解』〔文化13年版〕所載）

略式なもので、表袴を指貫《さしぬき》に代えた装束であるが、高位の人の参内にも着用された。指貫は括緒袴《くくりおのはかま》の系統のもので、足首を紐で縛った袴である（図10参照）。指貫は元来布製の袴であったので、「布袴」と称したところから装束名となったが、平安朝になると絹製が一般的となる。

衣冠　衣冠《いかん》は、本来宿直《とのい》の際の装束であり、束帯の昼装束《ひのしょうぞく》に対して宿直装束《とのいしょうぞく》と称されるが、行幸の供奉《ぐぶ》や葬列の際の装いなど広く用いられた。平安後期には束帯の代用として官人の昼の参内服としても着られるようになる。その構成は、束帯を活動的にしたもので、垂纓冠《すいえいのこうぶり》・縫腋袍《ほうえきのほう》・衵《あこめ》・単《ひとえ》・指貫・下袴・履《くつ》・檜扇《ひおうぎ》であり、石帯に代えて紐で結び、襪《しとうず》ははかない。

直衣　直衣《のうし》（図11）は基本的には上流貴族の私服であり、その構成は、烏帽子《えぼし》・直衣・衵（袿）・単・指貫・下袴である。烏帽子は黒紗や黒絹製の高く立った日常的なかぶりものである。髷《まげ》を露出することは恥ずべきこととされ、床に伏すときもこの烏帽子をかぶっていた。直衣の形は束帯の縫腋袍と同形であるが、私服のため、色や文様が自由であり、雑袍《ざつほう》とも称された。一部の特権貴族は天皇の聴許《ちょうきょ》（雑袍聴許《ざつほうちょうきょ》という）により参内服としても着用できた。雑袍許しは基本的には天皇と姻戚関係のある者および関白・大臣クラスの公卿に出されたものであり、特権階級の象徴でもあったが、参内の際には必ず冠をかぶった。また、少し改まった形にするために、下に下襲《したがさね》を重ねることもみられた。

また、「出衣《いだしきぬ》」「出袿」と称して、直衣の前襴の下から下に重ねる衵や袿の裾をのぞかせることが流行り、直衣と三角にのぞく衣との配色を楽しんだ。

平安後期の頃より、直衣の裾を長く引く引直衣《ひきのうし》がみられるようになり、中世以降は天皇の着用に限られた。この場合は、下には紅の長袴をはいた。

図11　冠直衣姿（『紫式部日記絵詞』鎌倉時代）

狩衣　狩衣《かりぎぬ》（口絵3）は、元来野行幸（鷹狩り）のときに着用した衣なのでこの名があり、本来は布製だったので、布衣《ほい》（ほうい）とも称するが、平安前期にはすでに絹製のものもみられた。前期には、野行幸に供奉する人たちは、摺《すり》染めで文様を染め出した狩衣を着用した例が多々みられる。中期以降は、公家などのスポーツ服であるとともに、下級官人や武士の尋常着・日常着にもなった。形態は盤領《あげくび》で、前身頃《まえみごろ》と前袖はまったく離れており、後身頃《うしろみごろ》のみ五寸（一五㌢）くらい袖が縫いつけてある形である。闕腋袍《けってきのほう》に比べて身幅は狭く、袖には動きの便のために袖括《そでくく》り紐がつく。着装は、烏帽子・狩衣・

図12　狩衣の図（『服色図解』〔文化13年版〕所載）

衣・指貫などであり、前身頃を引き上げて懐《ふところ》を作って紐で縛り、後身頃（尻という）は垂らした。開いた袖付けから下の衣の色が大きくのぞくため、若い貴族たちは蹴鞠《けまり》などの際には、狩衣と下の衣の配色の美を楽しんだ（図12参照）。

基本的には、上級貴族の私服は直衣であり、貴族に仕える人びとは狩衣という社会通念が成立しており、身分を隠して上流貴族がおしのびで外出するときなどは、やつし姿として狩衣を着た。

女性の公服と私服　先に記したように、平安前期になると一般の貴族女性は政治の表舞台に出ることはほとんどなくなるが、後宮には天皇の妃たちや皇女たち、そして彼女たちに仕える女房たちとともに、後宮十二司（内侍司《ないしのつかさ》・蔵司《くらのつかさ》・書司《ふみのつかさ》・薬司《くすりのつかさ》・兵《つわもの》司《のつかさ》・闈司《みかどのつかさ》・殿司《とのもりのつかさ》・掃司《かんもりのつかさ》・水司《もいとりのつかさ》・膳司《かしわでのつかさ》・酒司《みきのつかさ》・縫司《ぬいのつかさ》）で奉仕する女官たちがいた。内侍司は従来奏請や伝宣などを司っていたが、蔵人所がおかれて以降はこれらの役目は蔵人所の負うところとなった。そして内侍司の長官である尚侍《ないしのかみ》は関白や大臣の娘が就任して、東宮妃となる道筋がつけられ、次官の典侍《ないしのすけ》は公卿や殿上人の娘が補されて職責を担った。三等官の掌侍《ないしのじょう》は天皇が移動する際に神璽・御剣を捧持する役に関与した。これら十二司の女官とは別に、女蔵人《にょくろうど》・女孺《にょうじゅ》などの下級女官もいた。女官たちは、天皇以下仕えている主人の日常生活に奉仕するとともに、大嘗祭をはじめとして誕生の儀、裳着の儀、元服の儀などの臨時の祭りにも奉仕したが、年中行事に奉仕することはほとんどなかった。

以上の女官たちは、一人一部屋とは限らないが部屋（房）をもらって暮らしていたので女房と総称している。女性の正装である唐衣裳装束を女房装束と称するのは、女房たちは唐衣と裳を着けることを常としていたからである。

以上のような奉仕の際に着用する公服の基本的なものが唐衣裳装束であり、これに対して、后や皇女たち、そして女房たちや上流貴族の女たちの私邸での装いが袿《うちき》姿や小袿《こうちき》姿・細長姿である。

女性の物の具装束　奈良時代の礼服《らいふく》は、即位のときの高御座《たかみくら》の御帳をかかげる役の者しか着用しなくなり、正月の節会《せちえ》の供奉女房や五節《ごせち》の舞姫などもっとも重い儀式のときの装いが物の具の唐衣裳装束で、最盛装である。

その構成は、髪上げ・花釵《かさ》・唐衣《からぎぬ》・裳《も》・表着《うわぎ》・打衣《うちぎぬ》・重袿《かさねうちき》・単《ひとえ》・張袴《はりはかま》・領巾《ひれ》・裙帯《くたい》・檜扇《ひおうぎ》であり、髪上げをして花釵を挿し、唐衣裳装束に領巾と裙帯を加えた姿となる（口絵2）。髪上げ・花釵は奈良朝の女官の礼服の髪型を継承したものである。領巾は古墳時代からみられたが、奈良時代になって新たに唐から領巾の流行が伝わった。盛装に加わった領巾はこの唐の影響からのものであり、肩から掛けて装う細長い薄布である。裙帯は奈良時代に女性の下半身を覆っていた裙の腰についた帯状の紐で、これを胸元で結んで垂らして装飾としていたものが形式化した。いずれも和様化したなかに一部ではあるが唐風を残した形である。紫式部は、中宮彰子に皇子が誕生した際に天皇行幸に扈従《こじゅう》してきた内侍の装いを「その日の髪あげのうるわしいすがたは、唐絵を趣き深く描いたようである。左衛門の内侍が御佩刀をもつ。青色の無紋の唐衣、裾濃《すそご》の裳を着て、領巾、裙帯は浮線綾《ふせんりょう》を櫨緂《はじだん》に染めている。表着は菊の五重《いつつえ》（菊の五色による二重織物であろう）で、掻練《かいねり》（打衣）はくれないである」（『紫式部日記』）と記しており、祝いの行幸供奉の内侍の物の具装束がうかがえる。その髪上げした姿は唐絵の趣きある姿であるとしており、唐風の髪型と考えていたようである。また同じく『紫式部日記』に「御膳をお持ちするといって、女房八人が白一色に装って、髪上げし、白い元結をして白い御盤を持ってつづいてくる」と、皇子誕生の五日目の夜の御産養奉仕の女房たちの髪上げの姿が書かれており、重要な儀礼時には髪上げが正装であったことがわかる。

唐衣は前節でも記したように、奈良時代の背子《はいし》が袿の上に装いやすいように形態を整えられたものであり、上衣丈の短い袖幅の狭い衣服で、一番上に羽織って着る。裳は奈良朝のロングスカートが袿の上に装うために前まで覆えなくなって、後ろにのみ引く引裳となったものである。唐衣と裳は女房たちが一番表に着ける衣であるため、種々趣向をこらした。やはり『紫式部日記』には、皇子誕生五日の祝いの際の女房の装いについて「大式部のおもとが裳と唐衣に小塩山の小松原を縫っている様子は大層趣がある。…弁の内侍の裳の、白銀の州浜に鶴をたてた様子も素晴らしい。刺繍で松の枝と年を競わせている趣向は賢明である」と記されている。大式部が裳と唐衣に描いた「小塩山の小松原」は紀貫之の「大原や　小塩山の小松原　はや木高かれ　千代の影みむ」という歌の風情をおそらく葦手絵風に表現したものであろう。弁の内侍は裳に鶴と松を描いて長寿を競わせており、女房たちの趣向がうかがえる。

表着《うわぎ》以下打衣《うちぎぬ》・重袿《かさねうちき》は同じ形態の垂領《たりくび》広袖衣で（図1参照）、一番表の高価な材質で仕立てたのが表着であり、打衣は砧で打って光沢を出した紅色の衣でアクセントとなるものである。重袿は基本的に五枚重ねが一組になっているが、六枚重ねや七枚重ねもみられた。道長の次女で三条天皇の中宮でもあった皇太后《こうたいごう》妍子《けんし》の正月の大饗《おおあえ》の際の装いについて、『栄花物語』では「この女房の服装は、柳・桜・山吹・紅梅・萌黄《もえぎ》の五色をとりかわしながら、一人に三色ずつを着させていらっしゃる。一人は一色を五つ重ね、三色着た者は十五枚ずつ、ある者は六つ重ね七つ重ねで、多く着た者は十八枚、二十枚であった」（巻二十四わかばえ）と記している。万寿二年（一〇二五）の正月の話であるが、柳や桜（重ね色目については後述）の一組を五枚ずつ着せて柳・桜・山吹と三色着せると一五枚となる。柳や桜の一組を六枚ずつ着るとすると三色で一八枚である。このように晴《はれ》のときには、重袿の枚数を増やして華やかさを演出したのであるが、道長の絶頂期であるとはいえ、さすがにこの妍子の場合は度が過ぎたようで、道長の耳に入り、衣は七枚・八枚でも安くはないので、以前から晴のときでも六枚を限度にするようにと言い渡しているのにこれはどういうことかと大層立腹し、それを見過ごした関白頼通を叱責している。とはいえ、華やかさの最大の表現ポイントは袿の重ねにあったので、この規制はなかなか守られなかったようである。末期の『今鏡』には「ある女房は五つ匂いで、紫、紅、萌黄、山吹、蘇芳と二十五枚重ねている」（白河の花宴）と二五枚重ねた例もみえる。

単《ひとえ》は袿《うちき》と同形であるが、袿より大きく仕立てられた。肌着的存在であるため、洗濯しやすいように単仕立てになっており、しかも、裾を引いたり急ぐときはいざって移動することが大半の生活であったため、汚れを吸収する意味もあって単はもっとも大きく仕立てられたのである。

張袴は奈良時代では裙《も》の下にはかれていた袴が変化したものであり、前節で記した『延喜式』中宮御服条によると当時の上流貴族女性は、紅《くれない》の単袴（下袴）の上に紅の袴をはいていたことがうかがえる。このように十世紀前半頃は袴はまだ裙の下に隠れていたが、十世紀後半になると袿中心の衣生活となり、袴が袿からのぞくようになる。おそらく、この頃より袴の丈も伸びて足先よりもさらに長くなり、晴《ほれ》のときには糊を引いて砧で打った張袴を着用するようになったのであろう。下袴の記述はみられないが、張袴の下には下着としての単袴を着けた

図13　唐衣裳装束（『春日権現験記絵』鎌倉時代）

ことも推測にかたくない。張袴の色は、未婚女性は濃色《こきいろ》（紫の濃い色）、既婚女性は紅であった。

当時女房が奉仕するような上流層の女性は、日常的には唐衣・裳をつけることはなかったが、彼女たちも裳着《もぎ》などの儀礼のときには物の具装束となる。ただ、髪上げをして花釵《かさ》は挿すが、領巾《ひれ》・裙帯《くたい》は省略するのが一般的であり、今日まで宮中に伝わる祭事の際の十二単《じゅうにひとえ》は、この形を継承し、江戸時代にその形を整えて成立したものである。

尋常の唐衣裳装束　女房たちは、出仕するときには唐衣と裳を着けるのが礼儀とされた（図13参照）。この場合の構成は、唐衣・裳・重袿・単・紅袴である。尋常の袴は張袴ではなく、紅の平絹製の長袴

であった。髪型は垂髪であり、唐衣以下単までの装いは物の具と同様である。

唐衣・裳は出仕女房の必須アイテムではあるが、唐衣は略すこともあった。しかし、裳は必ず装わなければならないものであった。清少納言が「(中宮が) いらっしゃらないので裳も着ず、袿姿でいるのは興ざめで残念である」(『枕草子』七九段) と、中宮が不在ということで裳を着けないで袿姿でいる女房を非難している。『源氏物語絵巻　竹河二』(表紙参照) でも、玉鬘《たまかずら》の姫君に仕える女房はみな袿に裳をつけた姿で描かれており、裳は正装の象徴的存在だったことがうかがえる。よって、成人儀礼を裳着と称したのであろう。

このほか女房が褶《しびら》をつけている例もみられる。『栄花物語』は藤原伊周《これちか》が臨終近くになり伏せているとき、彼に仕えている女房の装いを「若々しい女房が四五人ほど、薄紅色のしびらなどを、ほんの申し訳程度に引き結いつけている。万事しんみりとした様子で、しみじみとして趣きがみられた」(巻八はつはな) のように記している。関白の子であり、左遷されたこともあるが、亡くなる前には准大臣に復位している伊周家に仕える女房が着けているのが褶である。この褶に関しては『広辞苑』は「地位の低い女房のつける簡略な裳」と説明しており、『有識故実大辞典』は「婢女の着流しの小袖に巻いた一幅・無襞の短裳のたぐい」と腰布の一種としている。しかし、『源氏物語』のなかでも末摘花に仕える年老いた女房も「きたなそうな褶を、ひきゆいつけた腰つき」と、きたない褶を腰につけているとみえる。この場合も、落ちぶれてはいるが宮家の形式は保っていることが記されており、褶を身分の低い者のつける腰布のようなものとすることは到底考えられない。『源氏物語』浮舟でも、侍従が「みすぼらしい褶」を着けていたのを匂宮《におうみや》が裳に付け替えさせているが、これも簡略な裳だから付け替えさせたのではなく、着古した褶であったので、新しい裳に替えているのである。これらの着用例から推測すると、褶は古式の裳だったのではなかろうか。すなわち、大腰・引腰などのない襞をたたんだ裳と考えられるのである。古式ではあるが、けっして下級の女房がつけるという類のものではない。

女房が湯殿で奉仕するときに装うのが湯巻《ゆまき》（今木《いまき》ともいう）である。白生絹《すずしぎぬ》製で、足の分かれない行灯袴《あんどんばかま》のような形のものと考えられている。また、下仕えの女たちは、小袖の上に裳袴《もばかま》をつけた。裳袴も行灯袴である。

図14　小袿姿（『春日権現験記絵』鎌倉時代）

女性の私服　上流貴族女性たちの私邸での日常の姿は、袿姿である。後宮に居住している天皇の妃たちの日常の装いは、重袿《かさねうちき》・単《ひとえ》・紅袴という袿姿であり、私邸での改まったときの装いとして、小袿姿（図14）や細長姿がある。小袿は表着《うわぎ》の袖幅や身丈を短く仕立てたもので、人に会うときなど少し改まったときに装った。また、集まりなどがあるときの正装として、小袿姿の上に細長を重ねて装っている。細長の実態は不明であるが、重袿・小袿の上に装うことおよび細長という名称からして、衽《おくみ》のない闕腋《けってき》の丈長の衣と考えられる。『源氏物語』には「紫の上は、蒲萄染《えびそめ》であろうか、色の濃い小袿、蘇芳《すおう》の細長…。明石は、…柳の織物の細長、萌黄《もえぎ》であろうか、小袿着て、うすものの裳のとりたてていうほどもないものをひきかけて…」（若菜下）のように、六条院で催される女楽の宴の際の紫上《むらさきのうえ》や明石上《あかしのうえ》の装いが記されており、紫上や明石上は小袿に細長を重ねて装っている。明石上は、娘ではあるが女御《にょうご》になっている明石女御の前に出るので、小袿・細長にさらに裳を加えている。ここでも、裳が仕える身分のものの必須アイテムであったことがうかがえる。

女房たちは先に記したように、出仕している場合は房に下がっているときであっても裳は着けていなければならなかったが、彼女たちも私邸に下がったときは、袿姿であり、当時の上流女性の日常の装いはこの袿姿であった。

上流童女の出仕服としては、汗衫《かざみ》がある。これは宮中に奉仕する童女の公服であり、汗衫・重《かさね》衵《あこめ》・単・長袴・表袴《うえのはかま》という姿である。衵や表袴は男性装束のものであり、また時には汗衫の下に半臂《はんぴ》や下襲《したかさね》を重ねることもあるように、汗衫姿は基本的に男装束である。

上流家庭の童女の日常の姿は衵姿であり、袴の上に短い衵を重ねた。少し改まったときは、大人と同様に上に細長を重ねた。

下着としての小袖の登場　平安後期になると、男女とも装束の一番下に小袖を着ることが多くなった。小袖は、装束の広袖の袖口が六〇チセンくらい開いているのに対して、袖口が手首が通るくらいしか開いていないものであり、防寒に適った衣である。しかも、中に綿（絹綿）が入っている。礼服着用の際には大袖の下に筒袖状の小袖が着られていたし、中流以下のあいだでは広く着られていたのが小袖であるが、貴族の一般的な服飾に登場するのは後期になってからである。これは、おそらく強装《こわしょう》束《ぞく》の出現や女性の重ねの枚数の制限などがその背景にあると考えられる。

この貴族層のあいだで防寒用下着として着用されるようになった小袖が、時代を経るとともに表に出てきて、今日のきものになってゆくのである。

壷装束　この時代の上流女性の外出は、女房クラスでも牛車でというのが一般的であったが、神社・仏閣へは功徳のために徒歩で参詣することもあった。その際には、袿の裾を歩行に便利なように引き上げ、腰を紐で結び、頭には市女笠《いちめがさ》か衣を頭からかぶる被衣《かずき》をした。このような旅装束を壷装束《つぼしょうぞく》という（図15）。当時の上流女性は他人に顔をみられることを恥ずべきこととしていたので、市女笠や被衣で顔隠しをしたのであるが、さらに上流女性になると市女笠の縁からむしのたれぎぬ（紵麻の薄布）を垂らして、全身を覆い隠した。

図15　壷装束（『扇面古写経下絵』平安末期）

結婚の衣裳　平安時代は、天皇と皇太子を除いて、基本的に婿取り婚（妻問い婚）であり、婿が嫁の家に通って婚姻が成立する。まず第一日目に婿より嫁に文が送られる。この夜に婿は嫁の家に出向き、嫁と夜をともにする。こうして三夜をともにすると、侍女が枕元に三日夜《みかよ》の餅《もち》を運び、新郎新婦がこれを食べる式が行われる。これを露見《ろけん》（ところあらわし）ともいい、婿が公に認められ、これをもって婚姻が成立するというのが当時の貴族たちのごく一般的なかたちであった。

後世の感覚での結婚式というのは、この露見のときとなるが、このときの花婿・花嫁の衣裳は特別のものではない。婿は上流貴族層では直衣《のうし》が多く、少し身分が下がると狩衣《かりぎぬ》となる。つまりは、当時の貴族の一般的な私服である。嫁は袿重ねに小袿を重ねるといった多少改まった姿の小袿姿が多かったようである。特別の定めはないが、小袿は蘇芳や蒲萄《えび》染めといった赤色系統が多く、下には白の袿を八領重ねるという姿が広くみられたようである。

一方で、天皇と皇太子の場合は入内《じゅだい》と称するように、嫁入り婚であった。しかし、残念ながら、当時の入内の際の嫁の装束は明らかではない。

喪服制度の確立　平安前期になると、奈良時代に天皇の二親等以内の喪服にのみに採用された黒系統の喪服が、貴族層全般に広まってゆく。寛平三年（八九一）に太政大臣藤原基経を深草山に葬ったときに、上野峯雄の詠んだ歌が『古今和歌集』に収められている。

　深草の　野辺のさくらし　心あらば　ことしばかりは　すみぞめにさけ（八三二）

「深草山の桜よ、今年だけは太政大臣の死を悲しんで墨色に咲いてくれ」というものであり、喪の悲しみの色を墨色で表象している。この他にも『古今和歌集』には喪服の色の墨染めを詠んだ歌がみられ、九世紀末には喪の色はほぼ黒系統となっていたことがうかがえる。

ところで、平安時代になると墨染めの色を鈍色《にびいろ》とも称するようになる。管見では天暦八年（九五四）正月四日に藤原穏子（醍醐天皇后）が薨去したときの、子である村上天皇の着服の際の「十日の亥刻に、倚廬《いろ》に座して、素服を着けた。鈍色貲布の衣袴、同じ布の頭巾、素帯等である。」（『西宮記』巻十七）の記述が鈍色の文言の初見である。

この時代になると、喪服の制度も整った。もっとも重いものが親や夫や主人の喪であり、九一年（一三ヵ月）の服喪期間となり、重服《じゅうぶく》と称される。これに次ぐのが祖父母・養父母であり五ヵ月、妻・兄弟などの場合は三ヵ月の喪に服す。これらはいずれも養老喪葬令服忌条の継承である。喪の期間は、素服を着る期間と服喪服を着る期間とに分かれており、素服の期間は倚廬（粗末な莚《むしろ》や薦《こも》などで造った場所）にこもるなどもっとも重い喪中である。素服を着ける日および脱ぐ日であるが、前期には死後二、三日目の入棺のときに着服して倚廬に籠もり、葬送が終わると脱ぐというパターンであり、しかもこの素服は除く日までは七日ごとの法要の際に着用した。しかし中期になると、葬列の出発の時刻に着けるのが通例となる。素服を脱ぎ、服喪服に着替える時期であるが、これも中期以降は、基本的には「日を以て月に易える」制に倣い、一年の喪の場合は一三日、五ヵ月の喪の場合は五日、三ヵ月の場合は三日というのが一般的になるが、卜日の関係でずれることもある。すなわち、前期の頃の素服は屍がある期間着用するものであり、葬送が終わって遺体が無くなると脱ぐというかたちで、これは中国の古代喪服制の影響を残したものであった。しかし、中期になると完全に仏教の葬送儀礼の影響の方が大きくなり、これに伴って素服の意義も変化した。

このように葬礼の形式に変化がみられるなかにあっても、古来から継承されつづけている風習もある。「冬喪に遭う者は、一周間冬装束を服し、夏喪に遭う者は、また一周間夏衣を用いる」（『西宮記』巻十七）とあるように、周忌が明けるまで、喪に遭ったときの季節の衣服を着つづけることが基本であった。『源氏物語』においても、光源氏が妻の葵の喪に服している際には、十月の衣替えが過ぎたにもかかわらず、妻の亡くなったとき（八月）のままの夏の直衣《のうし》でいたことがみえる。これは『魏志』倭人伝に記されていた喪に遭ったときの姿かたちを変えないという風習と同根のものであり、わが国古来からの喪に関する習俗の継承であろう。

前期から中期にかけての、天皇以下上流貴族の素服（天皇の二親等以内の喪の場合は錫紵）の形・色・材質などであるが、『西宮記』『左経記』を総合すると、次のようになる。

○重服：無文の縄纓冠《なわえいのこうぶり》・鈍色《にびいろ》の麻布製の直衣形の衣・鈍色の麻布製の袴・鈍色の麻布製の下《した》襲《がさね》・藁帯《わらのおび》（縄に紙を巻いたもの）

○重服以外の近親者の喪：無文の巻纓冠《けんえいのこうぶり》・鈍色の麻布製の直衣形の衣・鈍色の麻布製の袴・鈍色の絹製の下襲・皮帯

宮中や院において、主人の喪に服して素服を着用できる者は近習者のうちで許されたもののみであった。下級貴族などは、直衣形の衣が狩衣形の衣となり、下襲は着用しないのは日常服と同様である。服喪服は素服を脱いだ後、残りの服忌期間中着用する衣服であるが、諒闇《りょうあん》（天皇が父母の喪に服す期間、宮中すべてが喪に服す）服の場合は、黒橡《くろつるばみ》色（茶色味を帯びた黒）の無文の絹製の縫腋袍《ほうえきのほう》に巻纓冠であり、天皇以下許された者のみが着用した。天皇はもちろんのこと諸臣も喪の期間は、宮中に参内する際はこの諒闇服であったが、職務につくときは、日常服である位袍を着た。

諒闇服以外の服喪服は鈍色であり、形に決まりはないが、やはり無文の絹製である。この鈍色の濃淡は先記の養老喪葬令に基づいたものであり、父母や夫、主人の喪のときはその色が濃く、妻や兄弟の場合は薄鈍色となる。『源氏物語』で光源氏は、妻の葵を亡くしたときに、自分が先に死んだ場合は妻は濃鈍色の喪服を着るであろうに、色には制限があるため、自分は薄鈍色しか着ることができないと嘆いている。このように、鈍色の濃い薄いは養老喪葬令服忌条に左右されていたのである。

また、重服の場合は、一周期が終わってもすぐに平常の装いにもどることは憚《はばか》られ、喪明けの一ヵ月以上心喪装束を着た。この心喪装束は軽い喪服であり、天皇が父母以外の兄弟などの喪に服しているときに、諸臣などが宮中に参内する際にも着用した。冠と袍は日常のもので、袴の色を青鈍色（緑味を帯びたねずみ色）とし、下襲《したがさね》の色を青鈍色や青朽葉色（緑味を帯びた茶色）、黄朽葉色（黄色味を帯びた茶色）とした。下襲のこの三色は上から重い色の順であり、喪に対する心象によってその時々で選んで着用した。

後期になると、天皇の錫紵《しゃくじょ》の衣は闕腋袍《けってきのほう》へ変化し、色も黒になる。『長秋記』は大治四年（一一二九）に崩御した白河法皇の喪に服す鳥羽上皇（孫）の錫紵について、

> 錫紵の折櫃一合。…其の上に御冠を置く。縄纓、無文羅、サビ漆である。高坏に据えて置く。また、一合、御装束を置く。布黒染闕腋御袍、同半臂《はんぴ》、下襲、表御袴、裏は甘子色《こうじいろ》、大口、甘子色。黒御襪《しとうず》三足。…。別に朱塗りの御沓一足、裏は黒絹。御扇。御帯、前々は御縄である。今度は布の上に紙を巻く。理由はわからない。

と記している。同じときのことを記した『中右記』の記述と総合すると、この頃の重服の錫紵は、縄纓の無文羅製の冠をかぶり、黒色の麻布製の闕腋（脇が開いたもの）袍・黒色の麻布製の半臂・黒色

の麻布製の下襲を着て、麻布製の表袴（表は黒色、裏は柑子色〈だいだい色〉）に柑子色の大口袴（下袴）を着け、黒色の襪・朱色の沓（裏は黒色）をはき、縄帯（縄に紙を巻いたもの）を締め、扇を持つというものであった。白河法皇は祖父であるにもかかわらず鳥羽上皇が重服の錫紵をつけたのは、父帝が幼少のときに崩御し五歳で即位したため、白河法皇が政務を助けたことによると思われる。このように、後期になると、重服の錫紵は、色も鈍色ではなく黒色へと変化し、表衣の形態も縫腋の直衣形から闕腋袍に変化している。『中右記』によれば、治暦年間（一〇六五〜六九）以後は闕腋となっているとのことであり、その理由も「尋常の御服と違えるためである」（永長元年八月二十日条裏書）とみえる。このように後期になると、喪服の形を日常のものとは異なるものにするという意識が生まれていることがうかがえる。色が黒となったのは、重い喪ほど鈍色の色を濃くしていき、結果として黒となってしまったということであろう。

重服以外の錫紵の場合も『長秋記』に、「軽服の錫紵は、其の色は鈍色である。袍以外は絹を用いるか」（大治四年七月十五日条）とみえるように、袍の形が闕腋へと変化していることは重服と同じであるが、その色は鈍色のままである。無文巻纓冠をかぶり、下襲以下もすべて鈍色で、素材は平絹であって、帯は布帯（麻布に紙を巻く）である。これは天皇の錫紵についてのものであるが、一般の貴族層の素服も同様であったと考えられる。

一方で服喪服は、諒闇装束も一般的な服喪服も心喪装束もすべて中期のものを継承しており、変化はみられない。

女性の素服であるが、『左経記』の長元九年（一〇三六）五月十九日条に、後一条天皇の中宮や皇女の重服の際の素服が記されており、それは麻製の唐衣と裳である。色については記されていないが、おそらく男性と同様に鈍色であろう。下に着る重袿《かさねうちき》は色も材質も不明であるが、後で記すように諒闇の際の下に重ねる衣が黒色であることからして、おそらく黒系統と思われる。後期の素服も麻布製の唐衣・裳には変わりがないが、重服の場合は、その色は男性と同様に黒となっている（『長秋記』大治四年八月九日条）。重服以外の素服の色は、これも男性と同様に鈍色であろう。

女性の服喪服については、やはり後一条天皇崩御に伴う皇女たちの諒闇服を、「黒い御単がさねに、黒い御小袿をお召しになって」（巻二十三）と『栄花物語』は記しており、黒の小袿姿であることがわかる。このときは八月なので小袿の下は単《ひとえ》重ねとなっているが、普通の季節では黒の重袿であろう。諒闇であることからして、黒というのは黒橡《つるばみ》かと思われる。袴の色であるが、『長秋記』は鳥羽上皇の后の諒闇装束を「柑子色御袴」（大治四年八月九日条）と記しており、柑子色である。おそらくその色は、中期からのを継承したものと推測される。諒闇以外の一般の服喪服は、先に記した『源氏物語』で源氏が葵の死に際して述べた言葉のように、重服の場合は濃鈍色であり、その他の場合は死者との関係により鈍色に濃淡をつけたと考えられる。衣服は日常の袿姿で、素材は無文の絹であろう。後期の服喪服も中期と変わりないと思われる。

後期に確立したこれらの喪服の制は、以降、宮中では江戸時代まで基本的に継承されつづけるのである。

4 貴族のおしゃれと規制

身だしなみ 貴族女性は、成人になる頃から眉を抜き、自然の眉の位置の少し上に、黛《まゆずみ》で眉を引き、同じ頃にお歯黒《はぐろ》（鉄漿《かね》）もつけはじめる。眉引き、鉄漿付け、裳着をして成人女性となるのである。また白粉《おしろい》も塗ったが、日常的につけていたかどうかは疑問視する声もある。当時の白粉には水銀白粉と鉛白粉があったが、水銀白粉は非常に高価であるし、鉛白粉は鉛毒が肌を冒していく危険性の高いものである。晴《はれ》の日にのみ塗ったとも考えられる。

当時の女性美の象徴的存在であったのが髪である。長いつややかな黒髪は美人の第一の条件であった。『栄花物語』でも、藤原伊周《これちか》の姫君の美しさの描写に「御髪は毛筋が上品で大層美しいようすで、丈に四五寸ばかり余っていらっしゃる」（巻八はつはな）と、長く細やかな美しい髪を記している。この美しいつややかな髪を保つための洗髪であるが、これはなかなかの大仕事で、月に一回程度であったとされる。しかし、髪洗いの忌み月もあり、二ヵ月に一度ということもあった。

日常の手入れとしては、目の細かい梳櫛《すきぐし》で、米のとぎ汁をつけながら日に何度か梳いた。五味《さね》蔓《かずら》の汁をつけることもあった。成人になると、頬の両脇の髪を肩の少し下くらいの長さで切りそろえる鬢《びん》批《そ》ぎが、婚約者や父親の手で行われた。

重ねの美 寝殿造りの庭には四季折々の植物を植えて季節の移り変わりに心を留め、歌詠みを教養の第一として重んじていた貴族たちが、この自然との関わりの生活のなかで誕生させたのが重ねの配色の遊びである。そして、この重ねの配色も彼らの大切な教養の一つであった。

平安王朝の重ねは、その基本に一枚の衣の表と裏の配色がある。当時の衣は真夏のもの以外は基本的に袷《あわせ》であり、しかも、袖口・襟元・裾などで裏の方が表におめり出た仕立て方になっている。これは、表の材質は二重織物《ふたえおりもの》や綾など高価なものが使われるのに対して、裏は平絹が用いられるのが通例で、汚れたり擦り切れたりしやすい袖口や襟元・裾は安価な裏をおめり出しておくことにより、高価な表の材料を保護する意味でのものと考えられる。生活の知恵から生まれたものであるが、この大部分の広い面積をもつ表裂《きれ》の色と袖口・襟元・裾などからおめり出る裏裂の配色が重ね色目の基本となる。もっとも、表が白や薄い色で裏が濃い色の場合は、広い面積を占める表裂の部分の色は、表と裏との重なった色となる。表1は重ね色目の表裏の配色の一覧表である。重ね色目の桜や梅などの名称は、平安前期に男性の下襲《したがさね》などにみられたのが早い頃のものであるが、中期になると男女の衣裳に一般的にみられるようになる。しかし、残念ながらその表と裏の配色が明らかになるのは、平安末〜鎌倉時代にかけてである。文献により配色も異なるので、表1では出典も併記した。平安時代の配色がこの表と同じであるかどうかは明らかではないが、現時点ではこれに依拠するしかない。この表で「青」としているのは基本的には現在の緑色のことである。

表白、裏蘇芳の重ねが桜である。白と蘇芳が重なって醸し出す微妙な色は、桜の風情をうまく表現しているが、これを桜と名づけることにより、まず我々の脳裏には桜の花が浮かび、花の風情そして

表1　重ね色目一覧表　表裏の場合

季節	色　目	表	裏	出　典
春	梅	白	蘇芳	飾抄
		白	紅	式目抄
	紅梅	紅梅	蘇芳	飾抄・式目抄
	桜	白	蘇芳	式目抄
	柳	白	青	式目抄他
	牡丹	薄蘇芳	濃赤色	式目抄
		薄蘇芳	白	雅亮
	躑躅	蘇芳	紅	台記
		紅	青	式目抄
夏	卯花	白	青	式目抄他
	杜若	二藍	青	式目抄
		二藍	萌黄	物具抄
	瞿麦	濃薄色	青	式目抄
		薄蘇芳	青	物具抄
	菖蒲	薄紅	青	式目抄
		青	紅梅	雅亮
	藤	薄色	青	式目抄他
	花橘	黄	青	式目抄
秋	菊	白	青	式目抄他
	移菊	中紫	青	式目抄他
	黄紅葉	黄	濃黄	式目抄
		萌黄	黄	狩衣抄
	青紅葉	薄朽葉	黄	式目抄
		青	朽葉	物具抄
	萩	薄色	青	式目抄他
	紫苑	薄色	青	飾抄・式目抄
冬	枯野	香	青	式目抄他
	松雪	白	青	式目抄
	雪の下	白	紅	式目抄
		白	紅梅	雅亮
四季	松重	萌黄	紫	宸翰・式目抄
		蘇芳	萌黄	雅亮
	蘇芳	薄蘇芳	濃蘇芳	式目抄
	二藍	二藍	二藍	式目抄
	縹	縹	縹	式目抄
	浅黄	浅黄	浅黄	式目抄

雅亮：雅亮装束抄（平安末）　台記（1155年頃）　飾抄（1230年頃）　式目抄（鎌倉末）
宸翰：宸翰装束抄（1310年頃）　狩衣抄（1339年）　物具抄：物具装束抄（1412年頃）

陽春の風情が配色に重なる。これが平安貴族のめざしたものであり、桜重ねを着て桜の花の下に集う。たんに四季折々の植物を愛で、季節の移り変わりを歌に詠むだけではなく、花や木の風情や季節感を衣服に取り入れることにより、花木の風情と季節と人間との一体感を楽しんだ。

また、「興ざめなもの…二、四月の紅梅の衣」(『枕草子』二十三段)と清少納言がいっているように、季節遅れは興ざめとされ、むしろ季節の先取りが好まれた。冬の終わりには春の紅梅や梅を装い、春の終わりには卯の花など初夏のものを着、夏の終わりには菊などの初秋の色目を着たが、秋の終わりには冬の重ねは着られなかった。それは、冬は待たれる季節ではなかったからである。秋の終わりには一年の草花の最後の花である「移菊《うつろいぎく》」を好んだ。白菊が霜がかかって薄紫色に変わったのが移菊である。この移菊は衣服の配色だけではなく、当時非常に好まれた一年の最後の花でもあった(小池一九七五)。

王朝の重ねの美は、この表裏の配色を基本として、男性は直衣《のうし》と出衣《いだしきぬ》の配色にもみられたが、とくに女性の袿《うちき》の重ねの配色においていかんなく発揮された。先にみたように、貴族女性たちの一色の重ねは基本的には五枚で構成されており、その配色は平安末期の『雅亮装束抄《まさすけしょうぞくしょう》』によれば表2のようである。五枚重ねの基本は同色の濃淡やグラデーションである。これを季節に応じて、桜と柳の重ねで十枚というかたちで重ねた。重ねる袿の大きさは同じであるが、重ねて着ていくことにより、上に着る衣は引っ張られ、袖口や褄《つま》・裾から少しずつ下に重ねた衣の配色がのぞく。このことがその美的効果を増したのである。

表2　重ね色目一覧表　5枚重ねの場合

季節	色目	重ね袿	単
春	紅梅の匂い	薄紅梅から濃紅梅の順に5枚	青
	柳	表すべて白，裏薄青から濃青の順に5枚	紅
夏	菖蒲	青・濃青・薄青・濃紅梅・薄紅梅	白
	卯花	表すべて白，裏白・白・黄・濃青・薄青	白
秋	菊	表濃蘇芳から薄蘇芳の順に5枚，裏すべて白	青
	紅葉	紅・山吹・黄・濃青・薄青	紅
冬	雪の下	白・白・濃紅梅から薄紅梅の順に3枚	青
	紫の薄様	濃紫から薄紫の順に3枚・白2枚	白

『雅亮装束抄』より。

晴《はれ》の日のしつらいとして「打出《うちいで》」がある。これは晴の日に寝殿造りの御簾《みす》の下より、女房があたかもそこにいるように、女房装束の袖口・褄をのぞかせることであるが、これの装飾効果は大きかった。先にひいた『栄花物語』の皇太后妍子の大饗の際の打出は、あまりにも多く重ねさせたので、まるで袖口が丸火鉢を据えたようにまん丸になっていた（巻二十四わかばえ）とのことである。

この配色は女性の教養の表現の場でもあり、これらを染めさせたり縫わせたりするのは、家政を司る妻の大切な仕事でもあった。『源氏物語』では、常陸から上ってくる空蟬《うつせみ》の一行とでくわす源氏が、そのときの空蟬の様子を「袖口、物の色あいなどがこぼれ出てみえている。いなかびていない風情であって」（関屋）と記している。六年ほど夫の任地である常陸で暮らしていた空蟬ではあったが、車からこぼれ出た女性たちの重ねの配色などがまったく田舎びていないと感心している場面である。このことから、女性のセンスの最大の表現の場が重ねの配色であることがうかがえる。

規　制　このように、華やかな貴族のファッションではあるが、階層による厳しい規制があった。それは禁色《きんじき》である。禁色には二通りがあり、自らより高位の人の位色を超えて装ってはならないというものと、天皇の許しがなければ着用できないものとである。前者はすでに奈良時代の衣服令で定められたのであるが、平安時代になると位色は黄櫨染《こうろぜん》・黄丹《おうに》・黒（黒紫）・蘇芳・緑と少なくなった。平安貴族の特権意識を助長したのが後者の天皇聴許によるものであり、雑袍許《ざつほうゆる》しもその一つであったが、これは色に関してもみられた。それは赤色と青色の織物の着用許しである。ここでの赤色は赤白橡《あかしろつるばみ》色で、少し茶色味を帯びた赤色である。また、青色は青白橡《あおしろつるばみ》とも麹塵《きくじん》とも称されたものであり、青色は青黄緑色である。天皇は内宴のときに赤色の袍を着用し、列席の王卿は青色を着るのであるが、公卿のうちの第一の者一人だけが天皇と同じ赤色の着用を許された。一方で、青色は天皇が賭弓《のりゆみ》や野行幸のときに装うものである。このときは、親王以下公卿と殿上の侍臣の六位以上は天皇と同じ青色袍を着ける慣わしとなっている（『西宮記』）。また、蔵人は青色袍の着用が許されていた。

女性で赤色・青色の織物が許されるのは、妃・皇女以外では尚侍・典侍に大臣の娘・孫が補された場合（上臈女房）のみである。

染織品の生産　このような貴族の重要な教養とされる衣服の配色の元となる染織品であるが、平安時代に入ると、国家の錦・綾などの高級織物生産の中枢部である大蔵省織部司は、大同三年（八〇八）に挑文師《ちょうもんし》が四名から二名に減らされた。しかし、従来のような織部や呉服部《くれはとりべ》での生産体制は変化し、京に常勤の技術者による織部司工房が設けられ、彼らは織手町を形成するようになっていた。十世紀頃の織部司は、挑文師二人に、織手・共造《ともつくり》（織手の手伝い）、機工《はたくみ》（機の製作・修理の職人）があわせて三五人、羅《うすもの》機の織手五人、絡糸女《いとくりめ》三人の計四五人の常勤技術職員で構成されていたとのことである（遠藤一九七五）。また一方で、宮中の染織品は中務省内蔵寮の管轄下で供給されるとともに、皇室の染織品は依然として宮内省内染司で専任の染師により染められていた。

これら京で生産される染織品に加えて、諸国から調・庸として貢納される膨大な量の染織品もあった。延長五年（九二七）成立の『延喜式』巻二十四主計上によると、それらには、両面という錦の一種や綾・羅などの高級織物から帛・絹・絁《あしぎぬ》・綿紬《わたつむぎ》などの絹織物、そして麻布、真綿などがあり、これら納税された製品の一部は、京の市で売買もされた。市は毎月十五日まで東市が、十六日からは西市が開かれ、この市で売られていた染織品には、錦・羅・綾・絹・絁・布・綿・糸・染草などがある（『延喜式』巻四十二東西市司）。市で売買される品にはこれらの衣服材料のほかに、幞頭《ぼくとう》・巾子《こじ》・縫衣（既製服）・裙《も》・帯・沓《くつ》・蓑笠《みのかさ》・針などの服飾関係品の名称もみられ、興味深い。このように高級織物でも市で販売されていたということは、一般の民であっても財力さえあれば、これらの品々を購入し、私的な場においては装うこともできたということである。

こうした中央集権的染織品の生産体制も、律令体制の崩壊と荘園制の発展に伴って崩壊してゆく。地方の織手たちのなかには荘園領主の支配下に組みこまれるものもおり、地方豪族のなかには、私的な染織工房を持つものも現れた。十世紀後半成立とされる『うつほ物語』に紀伊国の長者の私的な染織工房の様子が記されている。「ここは、織物の所。機物《はたもの》などを多く立てて、織手二十人ばかりがいて、色々の織物などを織っている。これは染殿。男子十人ほど女子二十人ほどが大きな鼎《かなえ》で染草を色々煮ている」（吹上上）とあり、物語上の誇張もあるとは思われるが、この頃の豪族の私的な染織工房の一端をうかがうことができる。

一方で、律令体制の崩壊は織部司をも弱体化していった。貴族たちの重ね色目をはじめとしたファッションへの並々ならぬ関心の高揚に伴って、高級織物の需要は増加の一途をたどり、十一世紀になると、内蔵寮は高級織物の需要に対応しえなくなっていた。これに代わって、宮中や貴族たちは私的な工房を設けて自らの需要を満たすとともに、織部司の織手たちのなかには、貴族たちの注文生産を始めるものも現れるようになった。永承三年（一〇四八）八月にはこれを禁止する法令も出されたが、守られなかったようである。

また、織手町近くに居住していた大舎人《おおとねり》たちも副業として織手から綾織物の製織技術を習得するようになる。彼らの技術はしだいに向上し、注文生産を行うようになっていった。この大舎人たちが中心となって、鎌倉時代以降になると大舎人座を結成し、後の西陣織物業の元となってゆくのである。

5　庶民と子どもの服飾

庶　民　貴族たちの栄華の陰で多くの庶民たちは厳しい生活を余儀なくされていたが、彼らの服装をうかがう資料は後期の絵巻物までみあたらない。このように平安前期・中期の庶民の服飾は残念ながら明らかではないが、庶民の衣文化の変遷は緩慢であることからして、後期にみられる服装と大きなへだたりはないと考えて間違いないのではなかろうか。

後白河天皇（在位一一五五～五八）の時代に描かれたとされる『年中行事絵巻』や長寛から安元（一一六三～七七）にかけて成立したとされる『伴大納言絵詞』には、生き生きと生活する庶民の姿が描かれている。これらによると、男性の多くは、頭巾《ずきん》に水干《すいかん》姿であるが、その水干は上下共布の場合と上下が異なった色や文様のものとがある（図16）。袴はいずれも膝下で縛った丈の短い小袴である。裸足が多いが、草鞋《わらじ》や草履《ぞうり》や下駄をはいているものもいる。なかには、後の直垂《ひたたれ》の原型を思わせる垂領《たりくび》の広袖上衣に小袴という姿もみられる（図17）。必ず頭には烏帽子か頭巾状のものをかぶって髷《まげ》を覆っているが、これは貴族と同様に奈良時代以来の唐風文化の名残である。

図17　庶民男性の直垂姿（左端の荷物を担ぐ男性）（『年中行事絵巻』平安末期）

図16　庶民男性の水干姿（『伴大納言絵詞』より模写。平安末期）

一方庶民女性の働く姿が、十一世紀後半頃の成立とされる『扇面古写経下絵』にみられる。腰下丈くらいの垂髪を首の後ろ辺りで縛ってひとまとめにした姿が多いが、なかには肩くらいの丈で切り揃えたものや短く切り揃えた髪をさらに首の後ろで縛った者もいる。髪形は貴族のように画一的ではなく、かなり個人の好みによっているようである。広袖や小袖

図 18　庶民女性の姿
（『扇面古写経下絵』平安末期）

図 19　庶民の男の子と母親
（『伴大納言絵詞』より模写。平安末期）

の着流しの上に腰布を巻いた姿が多い（図18）が、栗拾いの女性は手無しと称される袖なしの着流しに腰布は巻いておらず、井戸端で洗濯をしている女性も、袖なしに襷掛けという姿で、腰布は巻いていない。腰布を巻くのもこれも個人の好みによるものであろうか。髪形といい腰布といい、バリエーションは少ないが、庶民女性のファッション感覚を垣間みるようである。裸足と下駄履きの両方がみられる。

子ども　子どもの姿も、これら後期の絵巻物には多々描かれているが、男女を問わず紐付きの衣服の着流しが一般的である。庶民の男の子の大半は、髪は放り髪（肩くらいに短く切った髪）で、頭にはなにもかぶらないが、なかには三角の額《ひたい》烏帽子《えぼし》（図20の左上の女の子のものと同種のもの）をつけた者も見受けられる。衣は、臂くらいまでの長さの筒袖または広袖の膝上くらいの丈で着流しであり、全員裸足である（図19右の人物）。

女の子どもも、基本的には放り髪であるが、後ろで二つに縛った姿もみられる。図20は、かなり富裕な家の子どものようであり、いずれも袖口が広く端袖のついた薄物の広袖衣の着流しである。この

図20　女の子の姿（『扇面古写経下絵』平安末期）

図21　庶民の乳児の姿（『伴大納言絵詞』より模写。平安末期）

衣は袿《うちき》と同系統のものであろう。これは貴族の子どもの可能性もあるが、おそらく庶民の女の子たちも、材質や袖口の大きさは異なるであろうが、これと大差ない紐付きの着物の着流し姿であったと思われる。この富裕そうな子どもたちが裸足であることからして、おそらく庶民の女の子たちも裸足で遊んでいたのであろう。

『扇面古写経』に井戸端での乳幼児の裸姿が描かれているが、これは水浴びをするとかの特別のときのものではなく、日常的な姿だったと考えられる。『伴大納言絵詞』に見物人として描かれている母親の抱いている乳幼児は、隣の老婆が自分の着るもので覆ってはいるが上半身は裸である（図21）。

五　鎌倉・室町時代の衣服——武家の服装の成立と庶民の衣服

1　武家服飾の成立と展開

武者の世　天台座主慈円《てんだいざすじえん》は『愚管抄《ぐかんしょう》』のなかで次のように述べている。

保元元年七月二日、鳥羽院ウセサセ給テ後、日本国ノ乱逆ト云コトハヲコリテ後ムサノ世ニナリニケリ。

これは保元・平治の乱後、日本が「ムサ（武者）ノ世」つまり、武士の世になったと指摘しているものである。

武士とは、武芸を業とする職能集団であり、「もののふ」「兵《つわもの》」「侍《さむらい》」などともいわれ、それぞれは武力をもって公に仕える者、武器を持って戦う者、貴人のそば近くで警固する者としての来歴を持つ呼称である。身分的にはけっして高くなかった彼らは政権を握るようになると、「公に仕える」「戦う」「警固する」役割を果たす際に用いてきた衣服を服装史のうえに晴れがましく登場させてゆく。

この節ではどのような武家服飾がどんな意識を持ちながら装われ発展していったのかをみてゆくこ

とにしたい。

武士の発生についてたどると、およそ以下のような流れとなる。

かつて律令制のなかでは、衛府《えふ》などの役職についた武官が禁裏や都の警固にあたるなどして武事に携っていた。さらに平安時代のはじめには令外《りょうげ》の官である検非違使《けびいし》が設置され、やがて都の軍事・警察の役目を引き受けるようになる。これらの武技を職能とする者たちが成長していったのが武士であり、そのなかで源氏や平氏も軍事貴族として実力をつけていった。彼らは地方の治安維持や自衛のためには欠かせない存在となり、「承平・天慶の乱」の平定により社会的に認められるようになる。そしてその後、都に戻った者は摂関家に仕えたり検非違使になるなどして、都の軍事貴族となった。また地方にとどまった者は土着して国衙《こくが》の役人になったり開発領主（豪族）になるなどして力をつけていった。

ところで、冒頭にあげた『愚管抄』にある「保元の乱」「平治の乱」は天皇家内部と摂関家内部の対立に起因し、それぞれの陣営に源氏と平氏の武士が結びついて起こった戦いである。つまり、王権をめぐっての対立が職能的戦闘集団である武士の力によって解決したのであり、そのため慈円はこのときを境として「武者の世」になったと記しているのである。この争いにおいて彼らは世に実力を大きく評価されて、後の武家政権確立の基礎を作ることとなった。つまり、その後の平氏の繁栄、「治承・寿永の内乱」（源平の戦い）を経ての源氏（源《みなもとの》頼朝《よりとも》）による鎌倉幕府の開設へと続くことになる。

とりわけ鎌倉幕府は関東に生まれた初の武家政権である。この政権は将軍と御家人の間の主従関係によって成り立ち、さらに守護・地頭の補任《ぶにん》権も持っていたため、全国の軍事を請け負うかたちとなった。そしてしばらくのあいだ、京都に朝廷、鎌倉には幕府という二重支配が続いていたが、しかし鎌倉初期の源氏将軍時代はまだ幕府の草創期でしかない。後の時代にまでも通じる本当の意味での武士の世の基礎が築かれたのは、承久三年（一二二一）に起こった「承久の乱」以後であるといってよかろう。「承久の乱」はいわば朝廷と幕府のあいだに起こった争乱である。当時の公家勢力は後鳥羽上皇を中心として、三代将軍源実朝《さねとも》の死後頻出した有力御家人の反乱などの幕府の弱体化に乗じて一気に討幕の兵をあげたが、結局失敗に終わった。その結果、後鳥羽・土御門・順徳の三上皇は武家の手によって配流され、これを機に公家に対する武家の勢力は絶大なものとなるにいたった。

　幕府権力の絶頂となった時期にあたるのが北条氏による執権政治の時代であった。「承久の乱」後、執権北条泰時《しっけんほうじょうやすとき》はまず、幕府内部の組織化をはかるとともに初の武家法ともいうべき『御成敗式目《ごせいばいしきもく》（貞永《じょうえい》式目）』五十一箇条を作り、また京都に六波羅探題をおいて朝廷の監視や西国御家人の統轄、洛中の警固などの任にあたらせた。そのため幕府の支配は全国に及び、東西の交流も行われるようになっていったが、ちょうどこれを機として京の公家文化を取り入れつつも、武家社会に独自の慣習がみえはじめる。また、北条氏は三代将軍実朝の死後は、京都の摂家から頼朝の遠縁にあたる幼少の藤原頼経《よりつね》を迎えて将軍にしたことに始まり、通算して摂家将軍二代、親王将軍四代を立て、後見として実権を握っていった。ここに、武門の棟梁の地位にある征夷大将軍、つまり将軍を中心とした武家独自のならいが始まったとみられるのである。

服装の様式についてもこの頃から武家のしきたりが定まってくるのであるが、とくに公武関係のなかで独自の着用のしかたを確立していったといえる。そしてこの頃定律化した装い方が、規範として後世の武家社会にまで引き継がれてゆく。

当時、武家が用いていた衣服の代表的なものは、狩衣《かりぎぬ》・布衣《ほい》・水干《すいかん》・直垂《ひたたれ》であった。服装の格づけもおよそこの順でなされていたが、それぞれについて詳しく検討してみると、そこにはさまざまな意図や武家意識が反映されていることがわかる。その独自の用い方についてまず、盤領《あげくび》形式の狩衣と布衣からみてゆきたい。

武家の礼服　狩衣は前代、麻布製であったことから布衣とも称されたが、武家社会においては独自の用い方が行われていた。

鎌倉時代の武家社会を知るための重要資料である『吾妻鏡《あずまかがみ》』には、寛喜二年（一二三〇）十二月九日に将軍の嫁娶《かしゅ》の儀が行われ、竹御所《たけのごしょ》（源頼家《よりいえ》の娘で二八歳）が四代将軍藤原頼経（一三歳）の営中に入ったことが記されている。そこでは、北条氏である政村《まさむら》や有時《ありとき》などの騎馬の供奉人《ぐぶにん》たちが布衣を着用しているのに対し、時の執権北条泰時《やすとき》と連署の時房《ときふさ》は狩衣姿で竹御所の乗った輿《こし》を出迎えている。

また当時、摂家・皇族将軍の東下《とうか》とあいまって、公家文化が東国に盛んに流入したが、そのようななかで鞠（蹴鞠《けまり》）が鎌倉幕府内で流行し、五代執権時頼《ときより》は鎌倉の地に出入りしていた難波《なんば》流の家元である難波宗教《むねのり》の門弟になったほどである。文永二年（一二六五）の年初に行われた鞠始《まりはじめ》についての記事には、将軍が「薄香《うすこう》の狩衣」を着て自ら鞠の遊戯を行い、それに対し、関東祗候の公家や北条教時《のりとき》をはじめとする武家たちはみな、布衣を着ていたと記されている（『吾妻鏡』文永二年正月十五日）。以上の二つの記述によれば狩衣と布衣とは別のものであり、狩衣の着用者は布衣の着用者よりも地位が高いことがわかる。

しかし一方、『平家物語』巻第一「殿上闇打」には次のような描写がある。鳥羽院のときに平忠盛《ただもり》がはじめて昇殿を許されたが、これを憎んだ殿上人《てんじょうびと》たちが彼を殿上で闇討ちにしようとした。しかし忠盛は、束帯《そくたい》の下に差した短刀をみせつけ、さらに武装した郎等《ろうとう》を同伴させて難を切り抜けたという場面である。その郎等は「薄青のかり衣のしたに萠黄威《もえぎおどし》の腹巻をき、弦《つる》袋《ぶくろ》つけたる太刀脇ばさむ」といういで立ちで、殿上の間の前の小庭に畏っていた。しかしこれを怪しんだ蔵人《くろうど》は「布衣の者の候はなに者ぞ」と咎めるのである。ここでは狩衣を着た郎等のことを「布衣の者」といっており、狩衣と布衣とは同じものとしていることがうかがえる。また「布衣の者」との呼称は、布衣を着る身分の者への蔑みであることもわかる。

狩衣と布衣　狩衣と布衣の関係については多くの故実書に説かれており、両者は同一のものであるとする説、狩衣が絹製であるのに対し布衣は布製であるとする説、さらには有文・無文によって両者を区別する説などがある。

まず、江戸時代の随筆『筆の御霊《みたま》』後編には、和名抄《わみょうしょう》には、布衣についてそれを加利岐沼《かりぎぬ》という理由を注している。これによって、後世に布衣と狩衣とが別のものであるとするのは誤りで、狩衣は布衣の事、布衣は狩衣の漢名であることがわかる。院がはじめて狩衣をおめしになることを布衣始《ほいはじめ》と申すのも、それらが同じ物だからである。

とあり、承平年間（九三一〜三八）成立の『和名類聚抄《わみょうるいじゅしょう》』の記述および院の「布衣始」を根拠として、両者を同じものであるとしている。また、弘化四年（一八四七）刊、山東京伝《さんとうきょうでん》『歴世服飾考』衣之部布衣の項では次のように説明される。

布衣と狩衣とは元は同じ衣服であるが、東鑑《あずまかがみ》に両者を分けて書いている。それは、当時布で仕立てたものを布衣といい、織物で仕立てたものを狩衣といったからなのではなかろうか。

ここでは、麻の布製のものを字のごとく布衣、絹の織物で仕立てられたものを狩衣であるとしている。いずれにせよ両者の形態は闕腋《けってき》で盤領《あげくび》形式であり、袖は後身頃《うしろみごろ》に約一五〜二〇チセンほど縫ってあるだけである。そのため、袖ぐりの開いた部分から下に着ている衣がみえ、袴との組合せやさらに裏地との組合せなどを含めて配色の工夫が自由にできる衣服である。

では狩衣とは、布衣とは一体どのようなけじめのもとに用いられていたのであろうか。

『御成敗式目』は北条泰時により作られた最初の武家法であるが、その後も追加法として多くの幕府法が出されている。この追加法のなかに次のような法令を見出すことができる。

諸大夫《しょだいぶ》以上のほか、有文の狩衣を着るべからず、五位以下、狩衣の裏に美絹を用いるべからず

これは、延応年間（一二三九〜一二四〇）に出された規定であり、大夫とは五位以上の称である。五位以上である諸大夫のほかは、文様のある狩衣を着てはならず、また五位以下の者は、上質の絹裏の

狩衣を用いてはならないとされている。つまり当時、五位以上の位を持たない者が文様のある豪華な狩衣を着ていたり、絹の裏をつけたりしていたために、それらを禁止したという背景も確認できる。

そこで実際に『吾妻鏡』により、布衣姿の者たちがいるかたわら、同一の場において布衣とはことさら区別されながら狩衣を着用していたことが表記されている武家一人一人について検討したところ、それらは執権・連署である北条氏や有力御家人たちであり、たしかにすべて五位以上に相当する官職を持っていることがわかる。このことから、厳密には諸大夫が着ることを許された、文様を有し絹の裏をつけたものを狩衣、無文のものを布衣と称し、区別していたとも考えられ、なかでもとくに有文の狩衣は特定の高位の者しか着用することができない、武家社会内部での権威を象徴する衣服であったといえる。

そして次代の室町時代になるとこの傾向はいっそう強くなり、織文様のある狩衣は特別な儀式のとき、将軍をはじめ限られた人物のみが用いる大礼服となるのである。

上級武士の供奉装束の布衣　将軍は恒例となっていた鶴岡八幡宮をはじめとする近傍の寺社への参詣や、御家人邸の訪問など、たびたびの出行を行った。その際には、場合に応じた規模と形式の行列が編成され、供奉人《ぐぶにん》として武士たちが随行した。おもだった供奉人の編成は、随兵《ずいひょう》（先陣・後陣）、直垂《ひたたれ》の者（直垂については後述）、そして「布衣」の者の三種であった。将軍出行に際しては、あらかじめ小侍所《こざむらいどころ》において供奉人の氏名と役割を列記した交名《きょうみょう》を作成し、将軍に進覧された後その散状《さんじょう》をまわしたが、この三種の役割のなかで人数からいうとかなりの数を占めているのが「布衣」の役であった。この役はどのようなものでありまた、どんな人物たちがこれに宛てられていたのだろうか。

『吾妻鏡』では行列において、布衣の者たちは「御後五位六位布衣下括」または「御後五位布衣下括六位同前」のように「御後」という呼称で記されている。「御後」とは将軍の乗った輿や車などの後ろに従って扈従《こしょう》するというほどの意味であろう。このような五位・六位の供奉人については『建治三年日記』(『建治三年丁丑日記』)のなかにも見出すことができ、「供奉之五位六位騎馬」、「五位六位供奉騎馬常の如し」とあることから、彼らは馬に乗って参候したことがわかるのである。つまり、「布衣」の者とは、騎馬で将軍の御供をすることができるほどの身分の上級武士たちであった。

ところが、弘長元年(一二六一)八月五日、布衣の供奉の辞退者について、「五日乙未。……出羽藤次郎左衛門尉、布衣を着すべきの旨仰せらるるのところ、日数すでに迫るの間、狩衣用意し難きの由、辞し申すと云々」とみえ、きたるべき鶴岡八幡宮の放生会《ほうじょうえ》の際に「布衣」の役を命ぜられたが、急なことだったので「狩衣を用意することができない」としている。このことからすると、「布衣」の供奉人が着用していたのは狩衣であったことにもなり、当時は布衣とは有文の狩衣とそれよりも格の低い無文の布衣との総称だったと考えられるのである。このように布衣の名称は、狩衣形式の衣服を示す汎用的なものであった可能性があるといえよう(図1)。

図1　狩衣姿(北条時頼像)

万能の礼服としての布衣　鎌倉幕府の一年はまず、年始の垸飯《おうばん》の儀に始まる。垸飯の儀とは有力御家人が御所において将軍を饗応する行事である。正月三箇日に行うものが歳首垸飯であったが、「垸飯相州の御沙汰。の儀あり。相州奥州已下の人々、布衣を着て出仕す。おのおの庭上に候ずること例のごとし」(『吾妻鏡』建長八年正月一日)とあるように、ここには数多くの御家人たちが布衣を着用して臨んでいる。また新年には政所始《まんどころはじめ》・評定始《ひょうじょうはじめ》などの儀も行われる。評定始は正月または将軍襲職時に初めて政務を評定する儀式であり、これについては次のような記述がある。文永二年(一二六五)、延暦寺と園城寺が騒動を起こしたため京の六波羅から注進状が届き、火急の評定を行わなければならなくなった。そのため、評定始の儀以前に評定衆の面々が集められることとなった。そこでは、「ただし人々は布衣を着ず、また酒をくみかわすこともなかった。これは評定始のしきたりではないのではないか。近年このようなためしはない」(『吾妻鏡』文永二年正月六日)とあることから、常の儀では布衣を着用するのが恒例であったことがわかるのである。その他、政所始や北条家家督となるべき者の元服の儀、新造御所弓始の儀、政所竣工の吉書始《きっしょはじめ》の儀、将軍家婚礼の露顕《ところあらわし》の儀、さらには将軍息男の誕生をはじめとする祝賀の儀など、儀礼には執権・連署・評定衆をはじめとした武士たちは布衣を着て出席している。

また、宗尊《むねたか》親王将軍時代においては和歌が盛んとなり、彼を中心とした創作活動が活発化して、ここから武家歌人も多く輩出した。そのため幕府では和歌会や鞠会が盛んに行われ、管絃の遊宴なども催されている。このような場に臨む際、武家が着たのはやはり布衣であった。彼らは、公家将軍や東下の公家たちとともに詠歌や遊戯を行うときの、いわば社交服として布衣を用いたのである。
ところで、将軍出行の供奉人たち全般について調べてみると、そのほとんどが年始の垸飯出仕衆のなかから選ばれており、将軍御所内の諸番役を勤める武士たちも必ずこのなかに含まれている。また、垸飯などの儀式や行事への列席者となっている武家は、特定の有力御家人および譜代・由緒の御家人たちで、彼らは守《かみ》・介《すけ》などの国司としての呼称もしくは左《さ》・右衛門尉《うえもんのじょう》、兵衛尉《ひょうえのじょう》など京官の呼称を用いて記されている。それらの官位相当の内訳は守・介が従五位上から従六位下まで、さらに左・右衛門尉、兵衛尉は従六位上から正七位上である。これらのことからすると、布衣は将軍に直接奉仕することが許されていた官位を持つ幕府有力御家人によって用いられる衣服であり、儀式や御供のときの礼装、また文化的な会合の場など、どのようなときにでも着られる衣服だったといえよう。

水干姿　治承四年（一一八〇）四月二十七日、以仁王《もちひとおう》の発した平家追討の令旨《りょうじ》が源行家《ゆきいえ》により源頼朝のもとにもたらされた。そのときの頼朝の所作は、「水干《すいかん》を装束し、まず男山《おとこやま》の方を遥拝したてまつるの後、謹んでこれを披閲せしめたまふ」（水干を装い、まず源氏の氏神である石清水《いわしみず》八幡宮の方を拝み、その後謹んでこの令旨を開いてごらんになった）というものであった。水干を装う頼朝の姿は、まもなく訪れる武家時代の到来を予告するものとしてとりわけ印象的である。
水干の名称は、水に浸した布を板張りしそれを仕立てたところから起こったとされる。形態は狩衣と同系統の盤領《あげくび》形式、闕腋《けってき》で、袖付はやはり狩衣と同じく、後身頃《うしろみごろ》にわずかに縫いつけられているのみである。身丈は狩衣よりも短く仕立てられ、袖口には括《く》り緒《お》が通してある。着方は二通りあり、一つは狩衣と同じように上衣の裾を袴の上に出して着る方法であり、もう一つは裾を袴の中に着込めて着用する方法である。上衣の裾を袴の中に入れた場合は、上下衣二部形式となり、より活動に便利な服装となる。また衿元《えりもと》は、頸上《くびかみ》の先端についた前緒と後ろ衿中心部分についている後緒の二本の紐で結びとめて盤領形式に着用することもできたが、垂領《たりくび》形式に着ることもできた。その方法は、前身頃《まえみごろ》を内側に折り込み結紐を左脇から出して右肩側からの結紐と結ぶもので、こうすることで鎧《よろい》下に用いることをはじめとして、諸々の動作のためにはより機能的な装いとなった。垂領形式に装うことと上衣を袴の中に着込める上下衣形式の着装は、以後の武家服装の基本形式となるものである。その意味で水干は、武家の装いを確立させる過渡的な衣服であるといえよう（図2）。

さらにこの衣服の特徴としては、菊綴《きくとじ》という飾りがつけられていたことである。この飾りはもともと縫い目を補強するためのものであったが、やがて装飾性に重点が移っていった。上衣には背面の袖付部分、端袖《はたそで》と奥袖との縫い合わせ目、前身頃と衽《おくみ》の縫い目につけられ、袴には股立《ももだち》、膝上の縫い目部分につけられた。

水干は文学作品や絵巻などをみると、貴族、武士そして庶民にいたるまで広く用いられていたことがわかる。

源顕兼《あきかね》の編になる『古事談』に次のような話がある。二条帥長実《そつながざね》（鳥羽天皇の皇后で近衛天皇の生母、美福門院得子の父親にあたる）が水干装束で神崎《かんざき》の遊女のもとへ行き、その姿を自信満々にどうだとたずねたところ、「お見事です」と答えた。そこで、「では、自分のほかに水干装束が似合う人物を知っ

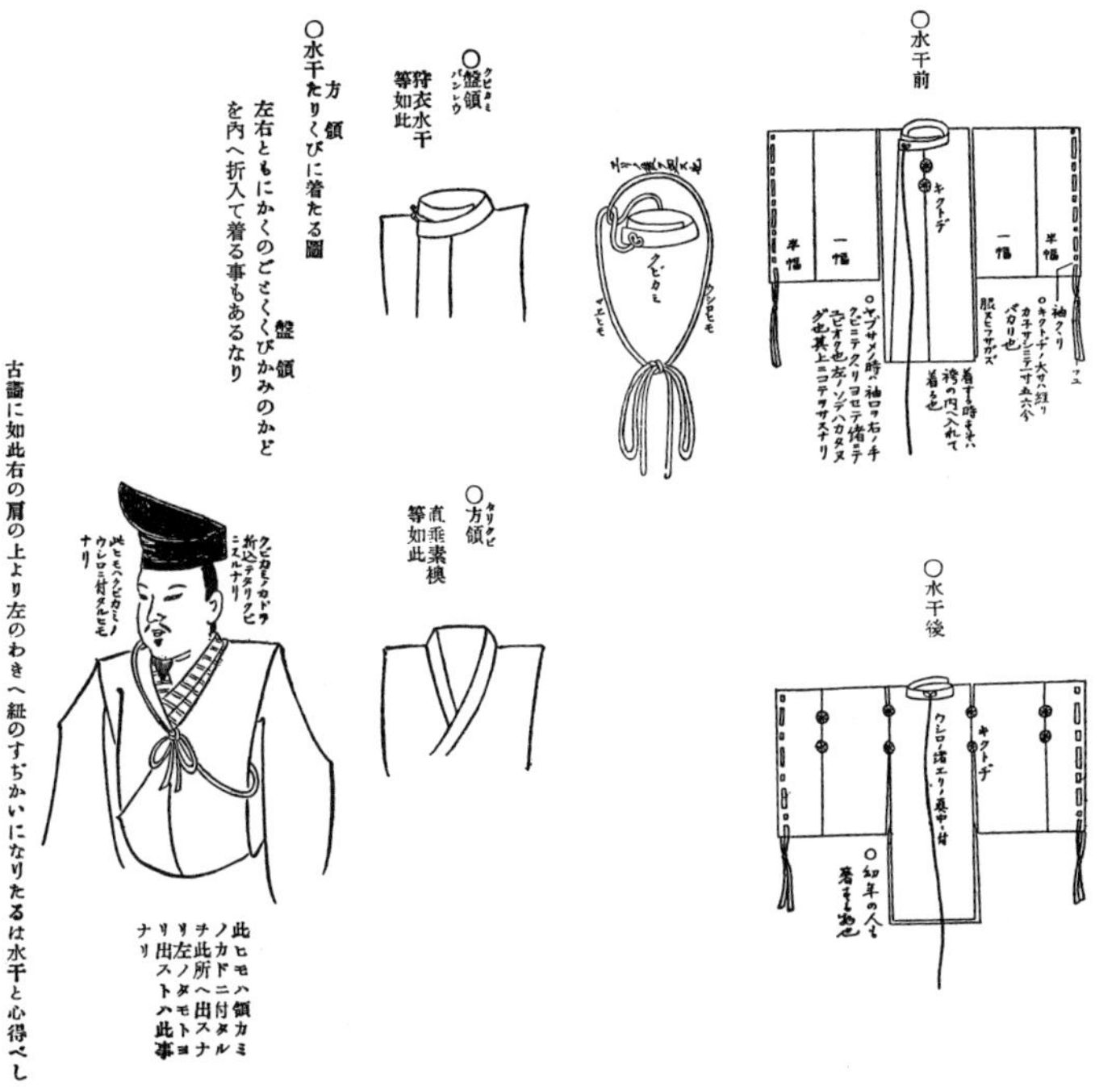

図２　水干の図（『貞丈雑記』所載）

ているか」と聞いた。すると、景家という男の名をあげたので、長実はたちまち気分を害し、即座にその水干を脱いでしまった。この景家という者は、関白藤原忠実《ただざね》の下司《げし》で、いつも小鳥括《ことりくくり》の水干、無文の袴、紅の衣を着ており、「水干装束の時は無双《むそう》、布衣の時は田舎五位に似、束帯の時は諸人これを咲《わら》う」という人物であったと記されている。

　ここでは貴族は水干を褻《け》の服として用いており、おそらく彼らなりに思い入れのある気のきいたものに仕立てたと思われる。これに対し景家という者の水干は、それよりも身分の低い下司の料として記されている。水干という服は、身分の上下を問わず着られていたのであるが、しかし用い方や着装の意味はそれぞれ異なっており、とくに武家が政権を振るうようになると、その衣服は特別な意味合いを持って装われるようになる。このことは、公家社会での水干の用い方と武家社会における水干着用のようすとの違いをみることによって明らかとなるであろう。その様相についてみてゆきたい。

公家世界のならわし　まず、公家が水干を用いるのは、おおむねその簡便さによるところが大きかった。たとえば藤原忠実が鷹狩の有職《ゆうそく》について語ったなかで、小鷹狩には狩衣を用い、大鷹狩にこそ水干を用いるものであるとしている（『古事談』）。小鷹狩が小形の鷹を用いて小鳥を捕える狩であるのに対し、大鷹狩は大鷹を使って大きな鳥や兎などを捕獲する大がかりな猟である。そのため、より動きやすく活動的な服装が求められたのである。また、『明月記』によれば、藤原定家は後鳥羽上皇の御供で色々な場所に随行させられており、そのつど服装の指定もなされたが、水無瀬《みなせ》御幸の折には水干を着て御供をするよう前もって申し渡され、彼は御教書《みぎょうしょ》の下達通りに水干装束で出向いた。「褐《かち》の水干、赤紐のク、リ、白き葛袴《くずばかま》、黄の綾衣《あやぎぬ》」を着たと記されており、このときの自分の水干装束の色の組合せを少々誇らしげに思っていたようすでもある。その水無瀬は都から離れているため船や馬に乗りながらの旅であり、目的地に着いてからは遊宴がくり広げられている（『明月記』正治二年十二月二十日）。このように公家にとっての水干装束とは、朝廷公事からはまったく離れた軽快な服装であった。そのため、通常とは異なる配色を用いたり、文様の工夫も凝らされたのである。

一方、公家社会には身分のある貴族の「侍」となって仕える者たちがいた。彼らは武力奉仕者にふさわしい位階および兵衛府の尉や衛門府の尉などの官職を与えられていたのであるが、その者たちも水干を着用していた。平安時代末期成立の『今鏡』には、白河院の殿上人に武者《むさ》の装束をさせて院がそれをみたが、のぶみちの宰相中将という人は滋目結《しげめゆい》の水干に胡籙《やなぐい》を負ったところ、とりわけ他の者とは違い、際立ってみえたという記述がある。この「武者」とは、おそらく北面の武士のことであろう。北面の武士は、白河院によって設けられたもので、彼らには院の身辺の警固や御幸の御供などが命ぜられた。

また、『台記』は藤原頼長《よりなが》の日記であり、朝儀に関しても詳細に記されているが、久安二年（一一四六）の記事によると、春日大社において行われた競馬《くらべうま》の騎手たちは水干を着て競技を行っていた。競馬とは、乗尻《のりじり》と呼ばれる騎手を左右に分け、二騎ずつで走らせて勝敗を競うものである。このときは「六番競馬水干冠」「七番競馬水干冠」とあり、六組もしくは七組の勝負が行われ、乗尻たちは水干を着て冠《こうぶり》をかぶっていた。競馬の乗尻（騎手）たちについては、この頃には随身家という家柄ができあがっており（秦《はた》氏・中臣《なかとみ》氏など）、彼らは弓・馬芸・舞・楽などに堪能であることが求められたが、なかでも馬芸はとくに重要視され、競技の際に優れた働きをみせて貴族から喝采を博している。そのような彼らは随身として護衛することはもとより、摂関家などに仕える身分であった。

以上のように公家の侍となっていた者たちの用いていた水干は、貴族の近くに侍《さぶら》う武士としての服装である。競馬などの競技においては、列席者全員から注目をあびる存在であったため、誰の侍であるかもまた関心を引いた。そのため、技に長じていることはもちろんであるが、彼らの水干装束は主家《しゅか》の名に恥じない立派なものであったと考えられるのである。

また水干は、武士が本分とする戦《いくさ》の場において着用されている。『兵範記』には保元元年（一一五六）七月、いわゆる保元の乱のとき、後白河天皇に味方した平清盛と源義朝の装束が記録されている。「清盛朝臣着紺水干小袴…義朝着赤地錦水干小袴、頼政以下各々思々、多用紺水干小袴…」とあり、清盛は紺の水干、義朝は赤地の錦の水干、そしてそれ以外の源平の武士たちもみな、水干姿であった。ここで水干とともに用いられる小袴とは、並幅の布四枚からなる四幅《よの》仕立ての袴で、動きやすいように裾を括って着用したものである。袴はその後、水干が武士の公服となるにつれ（後述）、六幅《むの》仕立てのたっぷりしたものとなる。

武家世界のならわし　ここまで京都における公家社会を中心とした水干着用のようすについて述べてきたが、次に武家が公家の力を凌《しの》いで実権を握った頃の鎌倉を中心とする武家社会の水干について『吾妻鏡』によって追ってみよう。

源氏将軍三代（頼朝・頼家・実朝）が絶えた後、執権である北条氏は京都から摂家将軍・親王将軍を迎え、武家の棟梁としたことは前にも述べたが、彼らに従って公家たちも東の地に下り、側近として伺候していた。そこで、京下りの将軍家を中心とする公家たちが鎌倉の地でどのようなときに水干を用いていたかをみてみると、花見や雪見に出かけたり（そこでは歌合《うたあわせ》が催されている）、由比浜に犬《いぬ》追物《おうもの》の競技を見物にゆくときなどに用いている。また将軍は、二所権現（箱根・伊豆山の両所権現）に参詣することを慣例としたが、これに臨むために精進始として由比浜に出て沐浴を行った。その際にも「月卿雲客また水干を着る」（『吾妻鏡』文慶元年十一月廿三日）とあり、将軍とともに東下《とうか》の官人たちもみな水干を用いていた。これら水干着用時に共通している状況は、いずれもみな騎馬で出行していることである。つまり、彼らは便利な軽装としてこの衣服を使っているのであり、京の公家社会における着用の次第とまったく同様である。

ところがこれに対し、武士たちにとっては、水干はまったく別の意義を持つものであった。

まず武家時代の草創期でもある『吾妻鏡』でいえば源氏将軍三代記にあたる頃に、武士にとっての水干は、容儀を正したり幕府に出仕する際の装束であった。これは先にあげた、以仁王の令旨を拝する源頼朝の服装に代表される。また出仕の装束であったことは、いわゆる「和田合戦」と呼ばれる乱のときの記事からもわかる。この乱は、初代侍所《さむらいどころ》別当をも勤めた和田義盛ら和田一族と、北条一族が合戦し和田一族が滅びた戦である。和田氏の同族である三浦義村はいったんは和田方に与《くみ》することを約しながらどたん場で寝返り、北条義時のもとに謀《はかりごと》を密告してきた。和田氏の出軍を知った義時はそのとき、囲碁会のまっ最中であったが、格別驚きもせず、対局の地《じ》に静かに目算を加えた後、「折烏帽子《おりえぼし》を立烏帽子《たて》に改めて水干を装束して」将軍御所に参上した（『吾妻鏡』建暦三年五月二日）。このような義時の冷静な行動からみても、この乱は彼の謀略によるものではないかとされているが、いずれにしても、御所に参上するに際し水干に着がえていることは、当時の武士の出仕の服装が水干であったことを物語っている。

そして出仕の装束としての水干も、やがてもっと別の重要な意味のある衣服として位置づけられる。

それは射芸における装束であり、武術をもっぱらとする武家の存在を主張するがごとく着用されるようになってゆく。

武家意識の反映　まず水干は将軍の上洛など、大がかりな武家行列に際しての幕府高官の御供の装束となっていた。しかもそれは、弓箭《きゅうせん》を帯した姿での供奉《ぐぶ》であった（『吾妻鏡』嘉禎四年二月十七日、弘長三年八月九日）。つまり、武をもって主君を警固する者としての容儀を整えた姿なのである。このことは先にあげた『兵範記』に、保元の乱のとき清盛と義朝が軍陣において水干を用いていたことが想起され、武家服飾として意識的に用いられていたと考えられる。

さらに、大切な武家の儀式となったものの一つに弓始《ゆみはじめ》（的始《まとはじめ》）がある。これは、歳首に初めて射を試みる弓矢の行事であったが、この儀に臨む射手たちは必ず水干葛袴を着用することが恒例となったのである。

源氏将軍時代にも笠懸《かさがけ》が盛んに催されており、源頼朝は小笠懸について「これ士風なり。この儀にあらずば、他の見物あるべからず」といったとあり（『吾妻鏡』元暦元年五月十九日）、武家の誇るべき道であるとされた。武道を「弓矢の道」、武門の家柄を「弓矢の家」などと称するように、弓芸（射芸）は武家の象徴であった。室町時代の『射礼私記』によれば、「右大将家（頼朝）の御時。文治五年正月二日。御弓始の射手。五番の五度弓也。其時の射手。出仕の装束をあらためずして参勤の間。嘉例として。今にいたりて。水干立烏帽子を用也」とあり、頼朝の時代に始まった装束がしきたりとなって後代にまで受け継がれていることがわかる。

ところで、水干という衣服は武家社会のなかでどのように扱われていたのであろうか。その位置づけを物語るものを『御成敗式目』の追加法のなかに見出すことができる（「関東新制條々」衣裳事）。そこには、「紅紫の衣裳小袖は一切禁止すべきである。ただし、女房の裳《も》、袴、単衣《ひとえ》、束帯の具、馬長《うまおさ》、巫女の装束などについてはその限りではない」とされているが、これらに混じって水干についても禁令の対象外であり、着用しても構わない旨が記されている。女房の装束や神に仕える巫女、神事において注目の的となる馬長とともに列記されているのは、武家が水干を特別な衣服として扱っていたことを示している。

水干は絵巻などをみると、もともと庶民的な衣服であり、武士は侍としての役割を果たす際にこれを用いてきた。しかし実権を握るようになると、武家独自の射芸の儀式の装束としたり、弓箭を携えながら容儀を整える際に用い、以後の世にも続いてゆく武家社会のならいを作り出したのである。したがって、このような場で装われる水干は、立派な素材・色・文様・仕立てであり、とくに意を尽くした衣服だったと思われる。

先にあげたように『吾妻鏡』の冒頭を飾るのは、頼朝が平家追討の令旨を受ける際の水干姿であった。これは水干が仕立ては盤領《あげくび》、着装は垂領《たりくび》として用いられ、公家風から武家風への過渡期の装束であること、そして『吾妻鏡』が北条氏執権時代の武家の手による編纂物であることをも鑑みると、武家時代の幕開けを誇るまさに効果的な衣装描写だったといえよう。

武家服装の成立　治承四年（一一八〇）、平氏は突然、都を京都から福原に遷した。そのときの新都のようすを『方丈記』の作者、鴨長明は次のように記している。

道のほとりを見れば、車に乗るべきは馬に乗り、衣冠《いかん》、布衣《ほい》なるべきは多く直垂《ひたたれ》を着たり。都の手ぶりたちまちに改まりて、ただ鄙《ひな》びたる武士《もののふ》にことならず。

新しい都の造営はうまくゆかず、折からの天変地異による飢饉とあいまって、権勢をほしいままにしていたはずの平氏政権の形勢は怪しくなっていった。華美に飾った牛車ではなく馬に乗り、公家系服飾である盤領の衣冠や狩衣《かりぎぬ》に代わるものとして直垂を着ることになった姿を「ひなびたる武士（田舎じみた武士）」と変わらないと表現している。

直垂はもともと袖の細い上衣と裾の短い袴からなる庶民の実用着から発した衣服である。武士は日常的にこれを用いていたが、中央に進出し実力を発揮するようになると、袖口も広く、袴も六幅と広くなった。上衣の形は、水干が盤領に作られ着方しだいで垂領にもなるのとは異なり、もともと垂領仕立てである。闕腋《けつてき》で、前身頃《まえみごろ》に衽《おくみ》がなく、胸元の襟の左右につけた胸紐を結んで着用したが、前身頃は引き合わせるために後身頃《うしろみごろ》より長く仕立ててある。水干と同様、菊綴《きくとじ》をつけたが、これは房状にはせず、もの字に結んだ。また袖は前後とも身頃にきっちりと縫い合わされ、袖口には袖括りの緒をつけた。やがて直垂が武家の公服となると袖幅は広くなり、袖括りの緒は露《つゆ》と称して、袖口の先につけられる装飾となった。このように垂領仕立てであることと上衣を袴に着込める上下衣形式であることは、武家服装の基本形であり、そのことから直垂をもって武家服飾が成立したといえる。また武士は、行動しやすいように立烏帽子《たてえぼし》に対して折《おり》烏帽子をかぶったことから、「直垂折烏帽子」の姿はまさに武家の装束そのものということができるのである。

平重衡の物語　説話などに登場する直垂を着た人物をみると、出自を下層に持つ者や地方の下級武士などが多い。しかし軍記物語をはじめとする武士の活躍を表した物語の世界をみると、直垂ほど着用者の立場を饒舌に語る衣服はないのである。なかでも、直垂をしてその場の情況や心意をもっとも効果的に表現している例として、平家の公達《きんだち》、平重衡《しげひら》をめぐる一連の物語をあげることができよう。その談話の流れを『平家物語』と『源平盛衰記』の描写により追ってみたい。

重衡は入道相国《しょうこく》平清盛の四男であり、「本三位中将」と呼ばれた人物である。ただしこれらの物語において彼は、一の谷の戦《いくさ》で生捕《いけどり》になる以前の部分では、東大・興福二寺焼打の張本人としてのほかは、とりたてて個性的な役割を持って登場するとはいえない。ただ、公家的世界のなかで、衣冠・直衣《のうし》・狩衣などを雅《みやび》やかに装う平家一門のひとりとして、また、戦が始まれば、鎧《よろい》直垂を着、武具《ぶぐ》甲冑《かっちゅう》に身を固めて凛々しい姿で戦う平家の武将としてその名が折々あげられるのみである。

しかし、不運なことに源氏により捕えられ捕虜になってからは、まさに平家の滅びを象徴するかのごとき存在としてしばしば語られる。まず、都大路を引き廻されるとき「紺村濃《こんむらご》の直垂に、立烏帽子ひきたて丶おはします」(『平家物語』)という装束で描かれるのをはじめとして、もっぱら直垂の着用者として登場することになる。

またその後、後白河法皇は屋島にいる平家に院宣をつかわし、三種の神器を返却するなら重衡を許すことを伝えたが、平家方がこれを拒否したため鎌倉の地に引き具せられることとなる。鎌倉という新興武士の都では、源頼朝をはじめ登場してくる武士たちは身分の上下にかかわらずみな、直垂姿で描かれており、それは京の都の装いのあり方とは異なる独特な東国武家の世界を表現している。鎌倉に到着した重衡は神事などに用いられる狩衣形式の白い衣服の浄衣《じょうえ》を着せられ無抵抗であることを示しながら頼朝に対面することになるが、その際の頼朝は、「渋塗《しぶぬり》の立烏帽子に白直垂を着して、寝殿に出でて著座、空色の扇抜《ひら》き給ひて」(『源平盛衰記』)といういでたちであらわされている。その後重衡はしばらく鎌倉に留められることとなり、捕われの身ではありながらも厚遇され、頼朝から衣服を贈られなどした。それもやはり直垂であった。

このように、捕虜となりいつ斬首されるとも知れぬ立場の重衡は、かつて平家という名門の子息として直衣や狩衣を着て公家風に時めいていただけに、その直垂姿は敗者としての凋落をより濃く示している。

一方、同じ直垂姿ではありながら、今や勝者となった東国武士たちのようすは、新興階級の意気揚々としたエネルギーを感じさせるものである。であるが故になおさら、重衡の直垂を着たようすはもはや一介の武士にすぎないことを物語り、ますます色褪せてみえる。

その後結局、重衡は鎌倉の地では処刑されず、昔、東大・興福の二寺を焼き払った罪により、南都の衆徒に引き渡されることになり上洛する。そして身柄を渡される前に、警衛の武士の配慮によって北の方に面会することが許される。その折の重衡は、「藍摺《あいずり》の直垂、小袴著《き》たる男の、やせ黒みたる」(『平家物語』)という窶《やつ》れた姿であり、北の方から差し出された小袖を身につけ、涙ながら今生の

別れとなる。そして、ついに奈良の古堂で首を斬られることに裁断が下る。その場面では、

御堂の傍らにて行水し髪洗ひたぶさを取る。最後の御装束と覚えて、武士共かねて用意し持せたりければ、小袖・帷《かたびら》・直衣《のうし》・褌《したおび》（たんな）・扇・笏《しやく》・沓《くつ》に至るまで取り出でて奉る。日頃著給ひたりける物をば武士賜はりてのきにけり。武士の申す儘《まま》に御装束をめし（中略）この間東の旅に下り上り、風にやつれ日に黒みて、あらぬ貌《かたち》にして衰へたまひたれども、遉《さすが》に余の人には替りてぞ見たまひける。（『源平盛衰記』）

とあり、重衡最後の装束として直衣が用いられており、これは、いよいよ命尽きるにあたり、栄耀栄華を極めた過去の残照を直衣にたとえて映し出しているのである。

装束を整えた重衡はひとりの僧によって戒を授けられ、ついに露と消える。刑が終わってこの僧が処刑場に戻ってみると、首のない遺体があり、二・三匹の犬が群がっていた。僧は犬を追い払い念仏を唱える。すると、

大道の方には馬の足音稠《きび》しかりければ、上人《しようにん》急ぎ立ち出でて見れば、年五十許《ばかり》なる男の貲布《さよみ》の直垂に長刀杖に突きたる男北へ向けて行きけるを、袖をひかへ、「これにおはしましつる上臈《じようろう》は、何となり給ひぬるやらん」と問ひ申しければ、「御頸《くび》をば南都へ渡し奉りぬ」とて、高念仏して、北をさして過ぎ行きけり。（『源平盛衰記』）

このように語られながら、重衡の物語は幕が閉じられる。終末のくだりにおいて下臈《げろう》である通りがかりの直垂姿の男を登場させ、この男に本三位中将重衡卿の首の行方を語らせることは、上臈である重

衡の悲運を、ひいては平家一門のはかなさをより印象づける手法であるとも思われる。

武家の衣服・直垂　以上みてきたように、直垂は庶民の衣料であると同時に、もともとの出自を低い身分に持つほとんどの武士にとっては、衣生活の中心となるものであったといえる。そして源平軍物語《いくさものがたり》においては、かつては公家風の服装を誇らしく着ていた平氏も、敗戦を境に直垂を着るべき元の一介の武士にすぎないものであることを私たちに確認させる。

しかしそれに対し、同じ武士でありながらも、勝者としての東国武士の直垂姿には、かねてからの生活のなかで独自のものとしてこれを育みつづけてきた逞しさが認められ、武家政権確立への自信と力強さを表現するものとなっている。

源氏も平氏も武門の出ではあったが、平氏は保元・平治の乱を経て源氏の勢力を凌いで台頭し、公家が前代から作りあげてきた土壌に根を張り宮廷社会に適応しながら政権を握っていった。ところが、源頼朝により創始された幕府が、承久の乱を経て北条氏執権体制のもと、武家政権の確立へとつづくなか、鎌倉武士たちは平氏とはまったく別のかたちで自己の存在を示すこととなってゆく。つまり彼ら東国に本拠をおく武士たちは、武士階級を基礎とした武家のための政権を確立しながら、いわゆる武家のならいともいうべきものを作りあげてゆき、これは直垂を中心とする服飾の用い方についても同様であった。

ところで直垂は、上下衣二部形式で動作に便利であるところから、前述のように庶民の実用着から発したと考えられている。しかし絵画作品をみると、都のありさまを描いた『伴大納言絵詞』（平安時代末期成立）には、下級官人や庶民層はみな、水干姿で描かれている（一四七頁図16）のをはじめ、地方のようすを表す『粉河寺縁起《こかわでら》』（鎌倉時代初期成立）においてもまだ家人の姿として水干が中心となっている。ところが十三世紀以降の作品になると、たちまち直垂の着用者ばかりとなり、『蒙古襲来絵詞』にいたっては、武士たちはみな、直垂を着て登場し、袴や袖の幅は寛闊化し形式を整えてゆくのである（図3）。

図3　直垂姿の武士たち（『蒙古襲来絵詞』鎌倉末期）

では次に、武家社会において直垂がどのようなものであったのかみてゆきたい。

家居の服と出仕の服　『徒然草《つれづれぐさ》』には北条宣時《のぶとき》（執権北条貞時《さだとき》の連署）が昔話として老後に語ったとして、次のような話がある。

ある夜、最明寺入道（北条時頼）からお召しがあったが、着てゆく直垂がないので手間どっていると再び使いが来て、夜のことだからどんな服装でも構わないので早く来るようにと言ってよこした。そこで、「なえたる直垂、うちうちのまゝにて」（糊が落ちてよれよれになった直垂の、ふだん着のままで）参上した。入道は宣時といっしょに酒を飲もうと思い呼び出したのだが、肴がなかったため、台所の棚から探し出した土器《かわらけ》についていたみそで酒をくみ交わした。当時はこんなにも質素であった、という内容である。このことより、武士たちは家居の服として直垂を用いるとともに、出仕の際にもやはり直垂を着用することになっていたことがわかる。そして、褻《け》（普段）の服としての直垂は着古されたものを用い、出仕のときのものは糊づけされ、それなりに立派なものが用意されていたのである。

またさらに出仕のための直垂については、『御成敗式目』の追加法の一つ「新御式目條々」（弘安七年〈一二八四〉）に

一　御評定初五日、直垂折烏帽子

一　御的七日、直垂立烏帽子

という記述も見出され、この頃には直垂は武家の公服として、地位が向上してきたことがわかる。しかし一方、法により規定しなければならなかった背景には、以前からの慣習として水干姿で出仕する者もいたという事情も読みとることができよう。

誇りを示す供奉装束　ところで、布衣の項ですでに述べたように、将軍出行の御供には「随兵」、「布衣の者」、そして「直垂の者」の三種を用意することが定石となっていた。行列編成の典型を示すと次のようになる。

十五日辛酉。晴。鶴岳《つるがおか》の放生会《ほうじようえ》なり。御参宮あるの間、供奉人等参進す。・・・（略）・・・

出御行列

先陣随兵　・・・(10人)・・・
次前駈
次殿上人　・・・(2人)・・・
公卿　・・・(1人)・・・
次御車
　式部兵衛太郎光政　大須賀左衛門四郎
　海上弥次郎胤景　梶原左衛門太郎景綱
　三村新左衛門尉時親　善右衛門次郎康有
　武藤七郎兼頼　武藤次郎兵衛尉頼泰
　加藤三郎景経　小野寺新左衛門尉行通
　肥後弥藤次
　　已上直垂を着し、帯剣し、御車の左右に候ず。
御剣役人布衣　・・(1人)・・・
御調度懸　・・(1人)・・・
次御後布衣　・・(29人)・・・
後陣随兵　・・(10人)・・・
（『吾妻鏡』建長五年八月十五日）

ここに示したのは、建長五年（一二五三）に宗尊将軍が鶴岡八幡宮の放生会に出御した際の行列である。このように、供奉行列には直垂を着て剣を帯びた者たちが必ず現れている。直垂の武士たちの姿は徳治元年（一三〇六）頃成立の『とはずがたり』にも記されており、後深草院（一二四三〜一三〇四）の後宮に暮らした公家女性である作者は、鎌倉滞在中にみた鶴岡放生会のようすを以下のように記している。

将軍御出仕の有様、所につけてはこれもゆゆしげなり。大名ども皆狩衣にて出仕したる、直垂着たる帯刀とやらんなど、思ひ思ひの姿ども珍しきに（将軍の出御のようすは、場所がらとしてはたいそうなものだ。大名たちはみな狩衣で出仕しており、直垂を着た帯刀などであろうか、思い思いの姿が清新である）

では、「直垂帯剣」の者、「直垂着たる帯刀」とは一体どのような存在だったのであろうか。『吾妻鏡』の記事によると、彼らは行列のなかにあって「直垂を着し帯剣せしめ、御車の左右に列歩す」（寛元三年八月十五日）、「直垂を着し帯剣する輩おのおの御輿の左右に候ず」（建長四年四月十四日）などと説明されており、将軍の車や輿に近侍し、主君を護る任務を負っていたのである。そのことは安貞二年（一二二八）二月二日の記事に、建保七年（一二一九）正月に三代将軍実朝が右大将拝賀のための鶴岡詣の日に殺害された事件をきっかけとして、以後、将軍出行の際には警衛の武士をおくことになったと説明されている。

また、この役を勤める者は当然、武技に長《た》けていなければならなかった。それを物語るものとして、嘉禎三年（一二三七）の駿河守三浦義村の言動をあげることができる。鶴岡の放生会の際、彼は、「帯剣の輩はかつての事件をきっかけとして始まったものであり、将軍家の近くで守護する役である。しかし今日、その役人の内に勇敢の類《たぐい》が少ない。そこで自分の息子たちを御供として進上しよう」と、布衣姿で御供していた息子たちを直垂の行粧に改めさせて、加わらせている（『吾妻鏡』嘉禎三年八月十五日）。たしかに直垂の役が勇者であったことは、供奉人の交名《きょうみょう》を作成する際にも考慮されていたようで、彼らは「壮士」であらねばならず（『吾妻鏡』建長五年七月八日）、「然るべき輩」が「清撰」されている（『吾妻鏡』文応元年七月八日）。そして実際、直垂帯剣の役を果たした者たちについて検討してみると、みな勇猛であったり武技に長けていたりする意気盛んな者たちである。

しかし、武勇の持ち主であれば誰でもこの役を勤めることができたわけではない。選ばれるためには位も必要だったのである。彼らは一様に、新年の垸飯《おうばん》の儀に参候することができた六位の位を持つ上級武士たちでありまた、将軍御所内の諸番役を勤め、将軍に近侍することのできた特定御家人たちであった。番役については、将軍に昵近《じっきん》して用に応える近習番や、昼のあいだ仕えて相手をする昼番、将軍居所の格子の開闔《かいこう》を掌る格子番などがあり、これらの役は小侍所《こさむらいどころ》の管轄下におかれていた。そして仁治二年（一二四一）の記事には次のような興味深い記述がある。

> 番役に諸事の芸能に堪《た》ふるの者一人必ずこれを加へる。手跡・弓馬・蹴鞠・管絃・郢曲《えいきょく》以下の事云々。諸人その志にしたがひて、かくのごとき一芸を始むべきの由仰せ下さる。これ時において御要あるべきによってなり。

つまり、都から迎えた公家将軍のあらゆる望みに応じることができるよう、さまざまな芸能に通じている者が望まれたのである。そこで触書をして「一芸」を始めることを奨励している。

以上のことから、直垂を着、帯剣した供奉人たちとは、武に長けた勇士であることはもとより、学問・芸能の素養をも兼ね備えた上級武士だったことがわかる。そして選り抜かれた存在である彼らが行列において、主君を警固するという歴史的に武士が果たしてきた役割を勤める際、「直垂帯剣」という装いを用いていたのである。つまり、直垂を着、剣を帯びる装束とは、いわば武家の象徴ともいうべきものだったといえる。そのためこの役割を果たす武士たちは、前述の『とはずがたり』の作者をして「思ひ思ひの姿ども珍し」と言わせるような、それぞれが立派にみえる工夫を凝らしていたことは容易に想像できよう。

直垂形式の多様化　このように武家独自のならいを作りあげた鎌倉幕府は、やがて滅びることとなる。元寇《げんこう》以後の鎌倉幕府は権勢の争奪や御家人の離反、財政の困窮などの内憂を抱えていたが、それに乗じて倒幕の兵を挙げたのが後醍醐天皇であった。天皇は正中の変（一三二四）、元弘の乱（一三三一）両度にわたって企てが失敗し隠岐に流されたが、護良《もりよし》親王や楠木正成・赤松円心などの武士が集結して幕府軍と粘り強く戦った。やがて天皇も隠岐を脱出したことから、各地で反北条の御家人が挙兵した。なかでも幕府軍の大将として派遣されていた足利高氏（のち尊氏）が一転して後醍醐天皇へつき六波羅探題を落とすと、関東では新田義貞が鎌倉に攻めこみ、北条一族を滅ぼした。こうして元弘三年（一三三三）、鎌倉幕府は滅亡した。

後醍醐天皇は京都にもどり天皇親政の政治を始めた（建武の新政）が、政策はことごとく空回りした。これに対する武士の不満をみた足利尊氏は武家政権の再興をはかり、建武政権に反旗を翻した。そして京都を制圧した尊氏は後醍醐天皇を廃して光明天皇を擁立し、暦応元年（一三三八）に征夷大将軍に任ぜられ京都に幕府を開いた。一方、後醍醐天皇は京都を脱出して吉野に逃れ、皇位の正統が自分にあることを主張した。その結果、吉野に開かれた朝廷（南朝）と京都の朝廷（北朝）に分かれて対立することとなった。

尊氏の後、二代将軍はその子の義詮《よしあきら》、三代将軍は孫の義満と続いてゆく。特に義満は、南北朝の合体を実現させるとともに、室町に幕府を置き、有力守護をおさえて全国支配を完成させた。

このようにして武家の府である幕府は鎌倉から京都に移ったが、前代にかたちづくられた武家の服装のならいは引き継がれていった。「直垂帯剣」の供奉装束についても同様であり、貞治六年（一三六七）室町幕府二代将軍足利義詮が参内する行列のありさまを記した二条良基の記録『貞治六年中殿御会記』には「其行粧万人目を驚かさずといふ事なし」と述べられ、将軍の左右を歩む十人の帯刀《たちはき》のみごとな直垂姿が列挙されている。

一番
左佐々木佐渡二郎左衛門尉明秀 地白直垂。金銀のはくにて四目結を、す。紅の腰。かいらぎの金作の太刀。
右小串二郎右衛門尉詮行 地むらさきの直垂。白はくにて二かりを、す。白太刀。
二番
左伊勢七郎左衛門尉貞信 地白直垂。黄薄にてむらこ（蝶イ）を、す。白太刀。

右斎藤三郎清長 地香の直垂。二すぢかへの中に。白薄にて菱を丶す。黄腰かいらぎ作の太刀。

（三番以下略）

このようにして一番から五番まで、計十人の対になった帯刀たちの装いについては、「地むらさきの直垂。白はくにて二かりを丶す。白太刀」「地香の直垂。二すぢかへの中に。白薄《はく》にて菱をおす。黄腰かいらぎ作の太刀」などとみえ、直垂の華やかな文様と帯びている太刀を重点的に描いており、供奉装束としての直垂が武家の象徴としてゆるぎないものになっていったことを物語っている。

このように室町時代には、武家を象徴する直垂は地質が豪華なものとなり、格を高めていった。それに伴い、布製で直垂形式の大紋《だいもん》と素襖《すおう》が登場する。大紋は大形の紋を菊綴《きくとじ》の位置に染め出したもので、打紐の緒を胸前で結び着用した。袴は室町御所のなかにおいては長袴を通例とし、袴の腰は白の練絹《ねりきぬ》で上刺《うわざし》を白糸で施した。そして素襖は素袍とも巡方とも書き、麻の単《ひとえ》仕立てで大紋より紋が小さい。革の胸紐と菊綴をつけたことと、袴の腰が袴と同じ地質であることが大紋との大きな違いである。また室町時代には、直垂が武家の礼装と化したため、大紋の格が高まることとなり、順に素襖も大紋に次ぐ装束として広く用いられるようになっていった。

さらに室町時代後期には、直垂の袖をつけない形の肩衣《かたぎぬ》があらわれた。直垂の袖を取り除いた形態のため、上下共裂《ともぎれ》で仕立てられ定紋《じょうもん》もつけられているが、この衣服を用いると寛闊な袖を省いているため、下に着用した小袖が表面にあらわれ存在感を持つこととなった。

この期の武家故実書である『宗五大草紙《そうごおおぞうし》』（伊勢貞頼著・大永八年〈一五二八〉成立）には、次のような衣服を通しての社会意識を物語るくだりがある。

すはう《（素襖）》袴かたぎぬ《（肩衣）》小袴などの紋の事。只目にたゝぬが可レ然候《しかるべくそうろう》。さのみちいさきも又大なるも人によるべし。房小者《ぼうこもの》ハ人の目に立候やうなるが能候《よくそうろう》。さもと有人ハめにたゝぬがよく候。

これによれば当時の武家の意識は、召し使っている者を目立たせることにより権勢を誇示し、主人である自らはけっして目立たないことをよしとするものであったことがわかるのである。

威儀を正すかぶりもの・立烏帽子　ここからは武家の用いたかぶりものの様相についてとりあげ、武家のならいとそこにある彼らの意識について考えてゆきたい。

鎌倉武家が将軍出向に際し供奉するための装束には、前述のようにいくつかの種類があった。そのなかでも直垂着用時のかぶりものには立《たて》烏帽子と折《おり》烏帽子とがあり、いずれも場に応じてどちらをかぶるかが義務づけられていた。供奉人のかぶりものについてもことさら下達が行われたが、そうした背景には、当時、立烏帽子と折烏帽子とが渾然として用いられていたという実態のあったことがうかがえる。

では、烏帽子はどのような意味を担って用いられていたのであろうか。

まず立烏帽子については、十八世紀後半の伊勢貞丈《さだたけ》筆の『貞丈《ていじょう》雑記』に立烏帽子こそが烏帽子本来の形であると次のように説かれている。

立えぼしは、えぼしの本体也、立えぼしをえぼしとばかりいいたるを、いろいろの折えぼし出来《いでき》て後《のち》に、折らぬをば折えぼしにまぎれぬために、立えぼしといいて、わかちをたてたる詞也。

いわゆる筒の部分が立っているものが立烏帽子であるとしているのである。後鳥羽上皇の手によるとされる有職《ゆうそく》故実の書『世俗浅深秘抄』によれば、寺社詣でにおいて路次では折烏帽子をかぶっていても、奉幣のときには必ず立烏帽子に改めなければならないとされており、立烏帽子は畏敬の気持ちを示すためのかぶりものであった。このような習慣は公家に限らず、武家においても同様であった。威儀を正すために烏帽子を立てたことは、軍記物語である鎌倉時代初期成立の『保元物語』と平信範《のぶのり》(一一一二〜八七)の日記『兵範記《へいはんき》』とにおける源義朝のかぶりものに着目することにより明らかとなる。『保元物語』には乱勃発時のようすが次のようにあらわされている。

内裏高松殿には、主上南殿に出御なりて、公卿僉議《せんぎ》あり。……(略)……

義朝は、赤地の錦の直垂に、脇楯《わいだて》・小具足計《こぐそくばかり》にて、太刀はきたり。烏帽子引立、庭上にひざまづき、畏《かしこまつ》てぞ候《さぶらい》ける。

そして『兵範記』により同場面のようすについて照らしてみると、その場に臨んだ武士たちは「みな折烏帽子を蒙《こうむ》り」とあり、義朝はもちろん、全員が折烏帽子をかぶっていたことが記されてる。文学作品の表現効果をも考え合わせると、『保元物語』で義朝がかぶっていた烏帽子をその場で引立てたのは、後白河天皇に対する敬意と忠誠心を表すものだったといえる。このように、にわかに威儀を正さねばならぬ事態が生じたときに、かぶっている烏帽子を筒状に立ててこれに備えたことがわかる。

武士のかぶりもの・折烏帽子　一方、鎌倉武家の棟梁たるべき存在の公家将軍についてみると、直垂姿の際にはつねに立烏帽子をかぶっていることが注目される。公家はつねに直衣《のうし》や狩衣《かりぎぬ》とともに立烏帽子を用い、彼らにとっては立烏帽子が公家衆の象徴ともいえるものであった。そのため公家将軍や東下《とうか》の官人たちは、鎌倉においてもこれをかぶったのである。しかし立烏帽子を用いた理由はそれだけではなく、かぶりものを「立てる」という視覚的効果もあったと考えられる。つまり、烏帽子を立てることが周囲に対し自らの優位性を示すひとつの表現でもあったのである。

次に折烏帽子についてみてみたい。折烏帽子は文学作品において、多くは武士のかぶりものとして描かれている。『太平記』巻二十一の「天下時勢粧事」には、折烏帽子を武家独自のものとした描写がみられる。後醍醐天皇の建武の新政は成立したが、この王政復古を標榜した新政権もやがてはゆき詰まり、南朝と北朝に分裂した。そして公家方と武家方の戦いがくり返された末、武家方の優位は明らかとなり、朝廷の政《まつりごと》は武家の判断にゆだねられた。その結果、名門の公家たちは有力武家に追従したり接近をはかったりする始末であった。そして以下のように続けられている。

納言や参議などに行き合うと武士たちは声をまねて馬鹿にしたので、公家の人びとは使ったことのない坂東なまりを使い、かぶり慣れない折烏帽子をかぶって武士の真似をしようとした。しかし動作が優雅である上、額《ひたい》の部分が下がってしまい、公家とも武家ともつかぬ様態であった。ここでは、公家たちは武士に紛れるために「著モナレヌ折烏帽子」をかぶったとあり、このことから当時は、公家は立烏帽子をかぶり武家は折烏帽子をかぶっていたことがわかる。

また武士は、武具を帯びたときや戦場においては折烏帽子を用いていた。『源平盛衰記』第二十二には源頼朝が真鶴《まなつる》へ落ちてゆく途中、一行が遭遇した珍事について述べられている。石橋山の戦に敗れた頼朝の一行は兜を捨てて逃れてきたため、かぶりものもなく髪も乱れに乱れ、ひと目で落人《おちうど》とわかる姿で難儀していた。そこへ大太郎という烏帽子商人がちょうど通りかかったので、一行の折烏帽子を作らせた。するとみなの烏帽子が右折りであるのに、何故か頼朝のものだけが左折りであった。この不思議はつまり、源家の大将は代々左折りを着けることになっていることから、八幡大菩薩の霊現によるものであるとつづられている。ここでは落武者と悟られないために、商人に作らせたのが折烏帽子であった。したがって武士は、戦で兜のほかに折烏帽子をかぶっていたと考えられる。そして源氏の大将は代々左折りをかぶるのが慣例であるという事柄ともあいまって、折烏帽子はまさに武士のかぶりものだったのである。

なお、将軍出行時に将軍を側近くで警固する「直垂帯剣」の役が文武両道に秀でた選り抜きの武士たちであったことはすでに述べたが、この役の武士たちのかぶりものも折烏帽子であった。『吾妻鏡』建長四年七月八日の将軍の方違《かたたが》えの記事には、「直垂折烏帽子を着し、帯剣せしめ、御輿の左右に列歩す」とあり、彼らが折烏帽子をかぶっていたことが別して記されている。これらのことから、直垂折烏帽子の装いは、武家を象徴するかぶりものであったことがうかがえる。

折烏帽子は軍記物語の「折烏帽子引立てて」という描写から、もともと柔らかな材質であったが、しだいに硬化していった。そして形状も分化し、本体を折り畳んで三角の「招《まね》き」をつけた侍《さむらい》烏帽《えぼ》子《し》や、前後に平たくした俎《まないた》烏帽子などがあらわれた。またさらに、これらを硬化して漆で塗り固め、表面に皺《さび》というしわが寄せられた。しかし、戦国時代からは露頂《ろちょう》が一般的となり、烏帽子そのものは格別な儀式の折にのみ用いられる晴《はれ》の装束の具となってゆく。

② 上流武家女性の装い

公家風の装いからの変化　三代将軍源実朝は京都の公家、坊門信清《ぼうもんのぶきよ》の娘を正室として迎えた。坊門信清は後鳥羽院の生母を姉に持つだけでなく、後鳥羽院とその皇子である順徳天皇の後宮にも娘を送っている人物である。このような皇室と姻戚関係にある公家女性を迎えることにより、将軍を中心とする文化は都風になっていった。そして将軍御所に幕府女房として奉公している御家人の娘たちも、紅の袴をはき五衣《いつつぎぬ》や三衣《みつつぎぬ》などの袿《うちき》姿で公家風の服飾を装って仕えていたのである。上流武家女性の衣服は、武蔵国の武士兄弟の暮らしのようすをあらわす『男衾三郎絵巻《おぶすまさぶろう》』からうかがい知ることができる。『男衾三郎絵巻』は優美な都風の兄吉見二郎と粗豪な弟男衾三郎の両者の家庭を対比させて描いており、兄の吉見二郎の都風の暮らしぶりを描写するなかで、都で宮仕えしたことのある妻や侍女たちはみな、紅の袴に色とりどりの袿を重ねた衣装で描かれている。東国でも将軍御所内の女房だけでなく、富裕な武士や有徳人《うとくにん》も公家風の衣生活を営んでいたのである。

しかし、そのような衣生活にも徐々に変化があらわれる。『吾妻鏡』には陰陽師や雅楽の奏者などに対し将軍から五衣が禄物として下賜されたという内容の記事がしばしばみられるが、時代が進むと実際には五衣を着る機会はなくなっていった。前述の『とはずがたり』の後半部分には、作者二条が宮仕えに訣別して出家し、女西行《おんなさいぎょう》として諸国を旅した際に遭遇したさまざまな事柄についての記事がつづられている。彼女は鎌倉にも滞在したが、そこでは将軍の交替に出くわし、公家のしきたりを知る者として助言を求められている。新将軍久明親王（父は後深草院）の東下《あずまくだ》りに際し、その母である東二条院から鎌倉の権力者、平頼綱の北の方に向けた贈り物として五衣が送られてきたが、どのように縫えばよいのかわからないので相談にのってほしいとの依頼があった。その邸を訪れてみると、出てきた北の方は背丈が高く体格の立派な女性で、「（地は薄青に紫の濃き薄き糸にて、紅葉を大きなる木に織り浮かしたる）唐織物の二つ衣に白き裳《も》」という服装であった。そして問題の五衣については公家の装束を専門に調進する御服所《ごふくどころ》に任せず自己判断で行ったため、本来ならば色目を内側へゆくにしたがって濃くなる蘇芳の襲《かさね》に青い単《ひとえ》を着る組合せの五衣であるにもかかわらず、まったくとり違えて縫ってしまっていたため、一番上が白く二番目が濃い紫というちぐはぐなものとなっていたのである。このような記述からすると、鎌倉時代も後半になると五衣は着る機会もめったになくなり、特別な服装となっていたことがうかがわれる。

軽便化する平常着　実朝から三代後の将軍である宗尊親王も京から御息所《みやすどころ》（『岡屋関白記』の筆者であり後嵯峨天皇・後深草天皇の摂政であった近衛兼経の娘）を迎えた（『吾妻鏡』正元二年三月一日）。御所入りの六日後に公家の婚姻方式に則って露顕《ところあらわし》の儀も行われ、翌日には早速、御息所の着用する衣服あつらえの注文書が作成され将軍によって確認された。それによるとたとえば、一月の衣服の一覧表は次のようなものであった。

正月分

御小掛二陪織物三陪　御表著二陪織物三陪　重御衣下綾上二陪織物
御単　紅御袴　三御小袖
三御衣　二御衣　二御小袖二具
薄御衣　白御衣　御裳
色々御小袖五具　御夜衣　御明衣二
今木二具　（以下略）　（『吾妻鏡』正元二年三月廿八日）

このように一月から十二月までの各月ごとに季節に合った必要な衣服があげられているが、およそ次のようなものが多く記されている。

御衣《おんぞ》（「二御衣」「三御衣」「八御衣」「合御衣」「生御衣」「生七御衣」など）
小袖《こそで》（「二御小袖」「三御小袖」「合二御小袖」「生二御小袖」など）
単《ひとえ》
帷《かたびら》
袴《はかま》（「紅御袴」「白袴」）
裳《も》

小袖を着て袴をはき、袿《うちき》を二枚もしくは三枚重ねる「二御衣」「三御衣」のような寛闊《かんかつ》な装いとともに「二御小袖」「三御小袖」という記載がみられ、小袖を何枚も重ねて用いていたようすも物語っている。小袖により形を整える姿は、鎌倉時代末期・南北朝時代の女流日記である『竹むきが記』に以

図4　小袖姿の女性たち（『頬焼阿弥陀縁起絵巻』鎌倉末期）

下のようにある。宮中での女房の装束は正月の三が日のあいだは正装の物の具姿であるが、四日目からは裸衣《はだかぎぬ》という、小袖袴に衣一領をひきかけた装束であった。そして武家においてもこれと同様の装いがなされていたと考えられる。

さらに今木《いまき》という衣服も前掲の目録にあげられているが、これは湯《ゆ》巻《まき》のことで、湯巻とはもともと御湯殿に奉仕する女房が衣服が濡れるのを防ぐために腰全体に巡らした腰裳《こしも》の一種である。建長八年（一二五六）に宗尊《むねたか》親王が北条政村の邸に臨んだ際には、同行した御所女房たちに対しても進物がなされ、それらの品は「衣、今木、小袖、帷」であった（『吾妻鏡』建長八年八月二十三日）。このことから、当時、小袖を着て腰に湯巻（今木）を巻く装いも盛んに行われていたようすをうかがい知ることができる。

小袖の表着化　以上のような何通りかの女性の装い方に関しては、詞書《ことばがき》が藤原為相《ためすけ》により書かれたとされ、鎌倉市の岩蔵山光触寺に伝わる鎌倉時代末期の絵巻『頬焼阿弥陀縁起絵巻《ほおやけあみだえんぎえまき》』から類型化することができる。この絵巻は、鎌倉の住人町《まち》の局《つぼね》という女主人の周辺に起こった阿弥陀如来の利益譚を描いたものである（図4）。

ここに登場する女性たちの衣服をみてみると、およそ次のような装いがある。

小袖に袴を着けた姿

小袖の上に袴をはき袂《たもと》のある小袖を打ちかけた姿
小袖を着て湯巻をまとう姿
小袖を着、丈の短い腰裳を着けた姿（これは身分の高くない女性であり、袴をはいた様態と比較すると明らかに異なる下衣の表現のため、腰布状の衣服を巻いていると思われる）

これらのことから、この当時にはかつては下に着られていた小袖が表面化して重要な役割を担うようになっており、それとともに腰のまわりに湯巻などを巻いていたことを確認することができる。表面にあらわれてきた小袖は、一枚でも服飾表現が可能な色柄物や立派な素材のものが着用されるようになってゆく。そして次の室町時代後半になると、上級武士の女性は小袖を何枚か重ねて着、さらにその上に小袖と同じ仕立てで豪華な打掛《うちかけ》を羽織るようになってゆくのである。

3 軍　装

佐野源左衛門常世の武士としての心意気　「いざ鎌倉」という言葉がある。これは今でも大事の起こった場合に用いられるが、室町時代に作られた謡曲「鉢の木」によるものとされている。鎌倉幕府は事件が起きると、諸国の武士を鎌倉に参集させた。「いざ鎌倉」とは、「幕府に一大事が起こった。すぐに馳せ参ずる時だ」という意味であり、幕府と御家人との関係の強さを物語っている。上野《こうづけ》国の武士、佐野源左衛門常世は、大雪の日に訪れた旅の僧に宿を貸し、アワ飯をすすめ、また、暖をとるために秘蔵の盆栽（鉢の木）の梅・桜・松を薪として焚いてもてなした。そして問われるままに自らの身の上を語ったが、自分の名は佐野源左衛門常世であり、一族に領地を押領されたために今はこのように貧しい暮らしになってしまった。しかし、もしも鎌倉に大事が起これば、たとえ落ちぶれていても「千切《ちぎ》れたりともこの具足取って投げ掛け、錆びたりとも薙刀を持ち、痩せたりともあの馬に乗り一番に馳せ参じ」、合戦が始まれば、たとえ敵が大勢いようとも、一番にそのなかに割って入り、めぼしい立派な敵と組打ちして討死《うちじに》しようと思っている、と語った。

やがてその後、幕府から緊急の動員令が下され、関東八ヵ国の御家人たちが駆けつけた。そのなかには常世の姿もあった。御前に召し出された常世は、「横縫《よこぬ》ひの千切《ちぎ》れたる、古腹巻に錆び薙刀、やうやうに横たへ」という姿であったが、そこにいるのがあの雪の日の僧であり、それは前執権北条時頼であることを知る。時頼は常世の言葉に偽りのなかったことを誉め、もとの領地を取りもどすだけでなく、薪にされた梅・桜・松の三鉢の盆栽に因んで梅田・桜井・松井田の三つの荘園を恩賞として与えた。

この節では佐野源左衛門常世の語った言葉のように、武士が合戦に臨むにあたり「討死をも覚悟」しながら身にまとった甲冑をはじめとする軍装について、軍記物語の描写等も取り上げながら解説してゆきたい。

騎馬戦のための軍装・大鎧　戦いの歴史は古くさまざまな戦闘法があったが、平安時代から鎌倉時代にかけて、武士は馬に乗り弓矢を使って戦う騎射戦を重んじた。そのためにこの戦いの方法に適する鎧《よろい》が作られた。これが大鎧と呼ばれるものである。まず、大鎧の特徴をあげてみよう。

大鎧は胴体部分が正面・左脇・背とひと続きの小札《こざね》を威《おど》した板で作られている。右脇は弓を射る都合上大きく開いているが、そこには脇楯《わいだて》という防具が別につけられた。小札とは牛革または薄い鉄製の細長い漆を塗った板で、いくつもの小孔が開けられている。まずこれらをつなぐには、小札と小札が半分ずつ重なるよう横に並べて穴に紐を通し、綴《と》じて板状にする。これを横縫いといい、佐野源左衛門常世の着ていた腹巻はこの糸がちぎれていたのである。次にその板状になった札板を上下に綴《つづ》るのであるが、このことを「威《おど》す」という。緒《お》に糸を通す「緒通《おとお》す」が転じこう呼ばれるようになったもので、上下に綴る糸を「威毛《おどしげ》」と呼ぶ。こうして札を横に重ねてつなげることによって厚さが増し頑強になるとともに、上下に威すことにより伸縮性をおびることになるのである。堅固な札でできたものを「札よき鎧」といい、木曾義仲は愛妾巴《ともえ》に「いくさといへば札よき鎧きせ」ていたと記されている（『平家物語』巻第九「木曾最期」）。また、より堅牢な札仕立てとするために、革札と鉄札を交互に配した「一枚交《いちまいまぜ》」や全体を革札として要所に鉄札を配した「鉄交《かなまぜ》」なども行われた（口絵4）。

威は威毛の材質により糸威《いとおどし》・韋《かわ》（皮）威・綾《あや》威などと称され、軍記物語においては登場人物の鎧の色彩を表すのはこの威毛の色である（威の色彩については後述する）。

この大鎧には弓矢で戦うためのあらゆる工夫がなされている。まず、胴の正面には、弓を射るときに弓の弦が小札にひっかからないようにするために弦走《つるばしり》という韋《かわ》が張られている。また、胴の開口部分である脇の下や胸の部分を射られないために、胸の右端には栴檀《せんだん》の板、そして左端には鳩尾《きゅうび》の板をつけた。これにも工夫がなされており、右側につけられた栴檀の板は小札を威したものでできているため伸び縮みし、左側につけられた鳩尾の板は弓を射たとき、弦が引っかからないようにするために、鉄板に鹿韋を貼ったなめらかな素材でできている。さらに、馬に乗って戦う際、小札を威したスカート状の四間の草摺《くさずり》が大腿部を箱のように覆い守る。これも小札を威して作られているため、動きに応じ屈伸するのである。そして、肩の部分（肩上《わだかみ》）にはやはり小札を威した袖《そで》（大袖《おおそで》とも）がとりつけられるが、これは戦いの際、相手の方に向ければ楯の代わりともなるもので、左方は敵に向かう位置にあるので射向《いむけ》の袖《そで》といい、右方は馬の手綱を持つ側であることから馬手《めて》の袖《そで》という。また、大鎧には背中の部分の屈伸をよくするために立挙《たてあげ》のまん中の板を逆さに威すかたちとなる逆板《さかいた》がある。ここには総角《あげまき》の緒《お》（袖の懸緒《かけお》を結びつける）がつけられる。さらに肩上に障子《しょうじ》の板《いた》という半円形の鉄板をつけ、頸部の防備を固めるとともに袖の冠板《かむりのいた》（袖の最上部分で、鉄製で韋《かわ》で覆われている）が首に当たるのを防いだ。

兜　次に大鎧とともに用いられた兜について記したい。兜も騎射戦に適した機能を備えている。『平家物語』巻第四の「橋合戦」には三百騎余りが宇治川を渡る場面があるが、そこで関東武士の足利忠綱が「河なかで弓ひくな。かたき射るともあひびきすな。常に錣《しころ》をかたぶけよ。いたうかたけむけて、天辺《てへん》射さすな」と指図している。

兜は頭部を覆う鉄製の鉢《はち》の部分と、札《さね》を威《おど》して仕立てられた錣からなる。鉢は何枚かの細長い鉄板を、鋲を打って矧《は》いで作った。この鋲のことを星《ほし》といい、このような兜を星兜《ほしかぶと》と呼んだ。頂辺（天《て》辺《へん》）には穴が開いており、烏帽子《えぼし》の上から兜をかぶって髻《もとどり》の先を烏帽子ごとこの穴から引き出し、ぐらつかないように固定していた。しかしこの穴は、「いたうかたむけて天辺射さすな」と表現されるように危険であったため、やがて小さくなり、鉢の内側に革や布で内張りがなされるようになると、髻を解き放つ乱髪となってこれをかぶるようになる。そして後の室町時代頃には乱髪が定着することとなるのである。またその頃には、兜の矧板《はぎいた》の枚数が増え、さらにそれらをとめる鋲である星を叩きつぶして平らにした筋兜《すじかぶと》が主流となっていった。

錣《しころ》は、鉢の左右から後方にかけて垂れ、首筋や顔を守る部分である。札を威して作られ、肩まで届く長さで（三段・五段などがある）、吹返《ふきかえ》しという錣の両端を左右にひねり返した部分を設けた。これで、狙われやすい顔面を厳重に守ったのである。また、「鍬形《くわがた》打ったる兜の緒をしめ」と表現される鍬形《くわがた》という前立物《まえだてもの》も好みによりとりつけられ装飾性を増すこととなった。

以上のような大鎧、袖、兜は装着すると相当な重量となった。しかしそれらは馬が担ってくれるものであり、まさに馬上での戦いのための軍装だったのである。

徒歩戦の軍装の登場　ところで先の「鉢の木」の佐野源左衛門常世は、鎌倉での北条時頼の前に参進した際に古い腹巻姿《はらまき》であった。この腹巻とはどのようなものだったのであろうか。

腹巻も大鎧と同様、やはり小札を威して作られているが、これは下級武士や徒歩で戦う武士の簡便な軍装であった。大鎧との違いは胴を右側で引合せ、緒で結んで着用したことである（脇楯《わいだて》をつける必要はない）。また草摺は徒歩戦に便利な八間と細く分かれ、足さばきをよくしてあるのも特徴である。

さらに弦走《つるばしり》・栴檀《せんだん》の板《いた》・鳩尾《きゅうび》の板《いた》・逆板《さかいた》・障子《しょうじ》の板《いた》などもつかず、そのかわり左右の肩先には杏葉《ぎょうよう》という杏の形の鉄板に韋《かわ》を張った小さな防具がついている。前述の狩衣の項でみたように、平清盛の郎等が「薄青のかり衣のしたに萌黄威《もえぎおどし》の腹巻」を着ていた（『平家物語』巻第一「殿上闇打」）。さらに『吾妻鏡』建保七年（一二一九）正月二十七日の記事には、三代将軍源実朝が右大臣拝賀のために鶴岡八幡宮に詣でた際、甥で鶴岡八幡宮別当の公暁《くぎょう》に殺害された事件が記されているが、そこには次のようにある。実朝が出立する時刻になって大江広元が、「東大寺供養の日の右大将軍（源頼朝）御出の列にならって（実朝の）御束帯の下に腹巻を著せしめたまうべし」といったのであるが、大臣大将の位に昇る者がそのようなことをした例はないとされ退けられてしまった。そして皮肉なことに、実朝を殺害した犯人の公暁は武士により誅されたとき、法衣《ほうえ》の下に腹巻を着ていたというのである。このように腹巻は防護のために衣服の下に着ることができたものである。

形式を重んじた一騎打の騎射戦による合戦が前提であった戦の方式は、やがて時代が下ると変化することとなる。敵の乗っている馬を射たり、馬ごと体当たりするなどして敵を落馬させた後、組打ちにまでもつれこませる戦い方や、打物《うちもの》（刀や槍など）による戦闘が主流となり、さらには平地での戦いよりも山岳戦などが多くなったため、馬を使わない徒歩による戦いへと変化していった。そのため動きやすい腹巻が主流となるとともに、胴丸《どうまる》という背中で引合せる簡便な鎧も広く用いられるようになった。そこでこれらを用いて重武装するために、すき間を防護する小具足である籠手《こて》・脛当《すねあて》が改良され、大腿部を守る佩楯《はいだて》も作られた。これらに袖をつけ兜をかぶって、上級武士も用いたのである。

さらに、胸腹部だけを被う腹当《はらあて》も使われ、これは多く雑兵が用いたが、上級武士は軽武装として、または衣服の下に着るなど、万一に備えるために着用された。

威毛の役割と種類　武士は戦場で手柄を立てることを本義とした。敵の首級をあげたり先陣争いに勝つことなどにより、それが後日の恩賞の対象となったためである。

『吾妻鏡』文治五年（一一八九）九月七日の条には、鎧《よろい》の威毛《おどしげ》の色によって武勲を判定したことを記した記事がある。奥州藤原氏が滅ぼされ、泰衡《やすひら》の郎従である由利八郎が生け捕られて頼朝の陣に引き出された。連行してきたのは宇佐美実政であった。しかし天野則景という者が、自分が搦め捕ったのだと言いだし、たがいに自分の手柄であることを主張した。そこで、両者の鎧の威毛と馬の色とを書き記しておき、そのうえで由利八郎本人に何色の鎧を着た者に生け捕られたのかを聞いた。すると、「黒糸威《くろいとおどし》の甲《かぶと》を著し、鹿毛《かげ》の馬に駕する者、まづ予を取りて引落とす。その後追ひ来る者、嗷々《ごうごう》としてその色目を分たず」と語り、結局、黒糸威の鎧は実政のものであったため、この勲功は彼のものと判明したのである。

このように戦場で個人を識別するのに役立ったのが威毛であった。そのため武士は、手柄を立てたときに敵・味方の双方にそれが誰なのかが見分けがつくよう、自らの姿を目立たせるべく、さまざまに意匠を凝らした。前述のように、威は威毛の材質により革威（細く裁った革で威した）・糸威（組糸で威した）・綾威（芯に麻を入れた綾の緒で威した）に分類することができるが、次に、具体的にはどのようなものがあったのかみてみたい。

革威には赤革・黒革・紫革のほか、なめした革のままで威した洗革《あらいがわ》威、煙でふすべた革を使った薫革《ふすべがわ》威、藍で小桜模様を染めた革（白地藍と藍地白がある）で威した小桜《こざくら》威がある。また、白・浅《あさ》葱《ぎ》・藍を段として山形に染めた革を用いた伏縄目《ふしなわめ》威や、歯朶革《しだがわ》（品川）威という藍地に白くシダの葉を染め抜いた革を用いたものもあった。次に組糸による糸威には赤糸・緋糸・黒糸・紫糸・白糸・萌《もえ》黄《ぎ》（葱）・縹《はなだ》などのほかに、白・浅葱《あさぎ》・紺を交互に組んだ紐で威した樫鳥《かしどり》威などもみられる。綾威は綾を用いているため地文は多様であるが、白・紫・朽葉などの色があり、唐綾を用いた唐綾威もある。以上のほかに、配色に変化をもたせた威し方の名称もあるのでそれらを次にあげてみよう。

匂《におい》　威……上方を濃くして、下方（裾側）にゆくほど薄くなるように威す
裾濃《すそご》威……下方（裾側）にゆくほど濃い色になるように威す
妻取《つまどり》威……地の色とは別の色の糸で、袖や草摺《くさずり》の端を三角形に威し交ぜる
村濃《むらご》威……薄い色の糸で威したなかに、ところどころ同色の濃い色を用いて威す
沢瀉《おもだか》威……地色とは別の糸で沢瀉の葉に似せて、下が広く上が狭い山形（三角形）に威す
逆沢瀉《さかおもだか》威…沢瀉とは葉形が逆さまになる形の威し方
肩取《かたどり》威……袖の肩の一の板・二の板と、胴の前後の立挙《たてあげ》部分を別の色で威す
色々《いろいろ》威……さまざまの色で威す

軍記物語では武士の戦場での描写はまず装束から書き起こされ、威の色は家柄や身分などだけでなく気質をも表現するものとなっている。

『平家物語』巻第九「敦盛最期」では、一ノ谷の合戦で熊谷次郎直実《なおざね》に討たれた平家の貴公子敦盛《あつもり》の姿を次のように描いている。

ねりぬき《（練貫）》に鶴縫うたる直垂《ひたたれ》に、萌黄《もえぎ》の匂《におい》の鎧きて、くわがた《（鍬形）》うったる甲《かぶと》の緒しめ、こがねづくりの太刀をはき、きりうの矢おひ、しげ藤《どう》の弓もって、連銭葦毛なる馬に黄覆輪の鞍をいてのったる武者

ここで敦盛の着用している萌黄匂の鎧とは、威毛の萌黄色が裾の段にゆくにしたがって薄い色となるよう綴《つづ》ったものである。『平家物語』のなかでもこの逸話はとくに広く知られているが、弱冠一七歳で討たれてしまうこの平家の貴公子に、若葉が萌え出でるようなみずみずしさを表わす色彩かつ、公家風の趣をも感じさせる匂《におい》の配色の鎧を着せることにより、はかなさと悲哀とをより濃く表現しているといえよう。

軍装の物理的機能と精神的機能　木曾義仲軍との戦いで平家方の斎藤実盛《さねもり》は、自らが生まれた地での戦に際し赤地の錦の直垂を着て討ち死にした（「赤地錦直垂に、もよぎおどしの鎧きて」『平家物語』巻第七「実盛」）。これは謡曲「実盛」でも有名である。彼は故郷へは錦を着て帰れという意をあらわす『史記』の本文《ほんもん》をふまえ、郷里での最期の戦に際して錦の直垂を着ることを平家の総帥宗盛《むねもり》に願い出た。またかなりの高齢であったため老武者と侮られないためにも、白髪を黒く染めて戦った。彼が錦の直垂を着ることの許しを得ねばならなかったのは、それが大将格の着る最高級の織物だったからである。このように鎧の下に着る直垂も、とくに上流の武士にとっては戦において自己の家柄や身分な

どを示す重要な衣服であった。

もともと武士は鎧の下に日常用いる直垂を着用していたが、直垂そのものが公服となり寛闊化してきたため、常の直垂よりも細めに仕立てられた鎧直垂《よろいひたたれ》が軍陣用の料となった。なおこれは、文学作品においては直垂とのみ記述されることが多い。鎧の下に着る直垂は常の直垂の袖口のように露《つゆ》のみを垂れるのではなく、実際に袖括《そでぐくり》がつき、袖口を窄《すぼ》めて着用した。袴も裾についた括り紐で膝下で絞って結び、脛巾《はばき》や臑当《すねあて》を着けた。また、ほころびやすい部分を補強するために装飾も兼ねて菊綴《きくとじ》もつけられていた。色も赤・紅・白・紺・萌黄（葱）・浅葱・褐《かち》・香・柿・藍摺《あいずり》など多々あるほか、村《むら》濃《ご》や匂《におい》に染めたり、糸で総絞りにした滋目結《しげめゆい》などもあった。文様には意匠が凝らされ、染物・摺物・縫物（刺繍）のほか、箔を押したものなどもあり、いずれも常の直垂よりも華麗な意匠であった。地質も錦・綾・唐綾・織物・紗・長絹《ちょうけん》・練貫《ねりぬき》・生絹《すずし》などさまざまであり、前述の実盛は赤地の錦を着ることを所望し、敦盛は練貫の地に刺繍を施した（「ねりぬきに鶴ぬうたる」）直垂を身につけていたのである。

鎧直垂の色や文様についてみてみると、豪奢な織などがある一方で染物の褐《かち》色も好まれていたことがわかる。これは濃い藍染で、音のひびきが「勝《かち》」に通じることから、縁起のよい色として用いられたのである。また文様では、敦盛の直垂には瑞祥文様である鶴が刺繍されていた。軍記物語にあっては、軍装は鎧直垂、鎧の威毛、兜、太刀や弓矢、そして乗っている馬の色の順で総合的な印象として色彩豊かに表現されている。しかし現実の戦場における武士は、恩賞をかけて家や一族のために命がけで戦わねばならなかった。そこには死への恐怖との戦いもあったはずである。「討死するかもしれない」という究極の場における鎧と鎧直垂とを考えてみると、鎧は戦場ではまっ先に目立つ目印となるとともに命を守る器物としての物理的機能が強い。それに対し、鎧の下に着用された鎧直垂は肌により近く装うため、吉兆を求めるなど精神的機能が大きかったのではないかと思われる。武をもっぱらにする屈強の武士もやはり人間なのである。

いずれにしても、命を賭して戦うためには相当の覚悟が必要であり、戦場に向かう武士の心を勇気づけ奮い立たせるためにも華々しい衣装が絶対不可欠であった。

4　庶民の服飾

地方武士と庶民の服飾　『粉河寺縁起《こかわでらえんぎ》』は、粉河寺の本尊である千手《せんじゅ》観音の由来と霊験を描いた、平安時代末に成立した絵巻である。後篇の霊験譚《れいげんたん》は、千手観音の化身である童《わらわ》の行者《ぎょうじゃ》が長者の娘の奇病を治す話であり、およそ以下のような内容である。

河内国讃良郡《ささらのこおり》の長者の娘が重い腫物の病を長くわずらっていた。折から童の行者が訪ねてきて七日間の祈祷を行ったところ、全快した。長者は七珍万宝を捧げたが、行者はわずかに娘が差し出した提鞘《さげざや》と紅の袴だけを受け取り、自分の居所を粉河と言いおいて立ち去った。翌春、長者一家は粉河を訪ねてついに方丈の庵《いおり》を発見したが、扉を開けると千手観音が立っており、その手には娘が献じた提鞘と紅の袴が下げられていた。そこではじめてあの童は千手観音の化身だったと知り、一家従者ともに出家したのであった。

この霊験譚の描画は、童の行者が長者の屋敷を訪れる場面から始まっている。板塀で囲まれた屋敷の構造をみると、まず正面に櫓《やぐら》門があり、その下には弓矢を携えた警固の武士がいる。また、門を入ると厩《うまや》があって馬がつながれているのがみえる。このような造りは中世の武士の住居のたたずまいそのものであり、絵から判断すると長者は地方の富福な武士であったことがわかる。

そこで、絵巻を順に繰りながら登場する人びとのようすを追い、その衣服について述べてゆきたい。まず、童の行者が長者の屋敷を訪れる場面では、櫓門のあたりはこの館へ貢物《みつぎもの》を届ける里人たちで賑わい、長者の富を印象づけている。彼らは魚や酒、米俵などを運んでいるが、男たちはみな、筒袖で垂領《たりくび》の上衣に小袴の姿である。そして、遠方から荷を運んできたと思われる者は脛巾《はばき》をつけている。櫓門の前では水干《すいかん》・小袴のこの家の郎等が童の行者に対応している(童の行者は、小袖・小袴の上に袈裟をかけ、数珠を手にする)。また、門の下で警固する郎等たちは水干姿で弓箭を帯びたり、袖の細い袖細《そでぼそ》という直垂《ひたたれ》を着、その下に武具の腹巻をつけたりと、まさに武装で警衛に当たってはいるものの、平穏とみえて地べたにすわっている。門前の木には立派な鞍をおいた馬がつながれており、横には馬の口取の直垂の男が腰をおろしている。門を入ってゆくと、あぐらをかいて縁にすわる水干を着たこの家の家司《けいし》が、届けられた貢納品を確認している姿がある。

ここで、長者に仕える者たちの服装をみると、水干・直垂の両者が混在していることがわかる。しかし、もう少し時代が下ってから製作された作品の『蒙古襲来絵詞』や『一遍上人絵伝』などをみると、武士はみな垂領の直垂姿で描かれるようになってくる。このことからすると、『粉河寺縁起』が作られたのは、直垂が広く武士の服飾としての確立をみるまでの過渡期にあたると考えられる。

小袖と小袴　そしてここに登場する下司《げし》身分の者や里人たちはみな、筒袖状の上衣の小袖に小袴をはいている。この小袖という名称は広袖に対する呼称であることを述べておきたい。広袖とは平安時代の男性の袍《ほう》や女性の袿《うちき》のような袖口が大きく開いている衣服のことであり、それに対し小袖は袖口の開きが小さいものを指し、袂《たもと》の大きさをいうのではない。また小袖という衣服については、麻の袷《あわせ》や綿入れである布子《ぬのこ》に対する、絹の綿入れのこともこう称したが、ここでは後の「きもの」の源流となる垂領の長着《ながぎ》のことをさすこととする。

さて、屋敷に迎え入れられた童の行者は長者と面会し、七日間の祈祷を申し出るが、長者の風貌は、ひげを蓄え狩衣《かりぎぬ》に立烏帽子《たてえぼし》姿である。主《あるじ》である長者だけが広袖の狩衣姿で描かれており、これは彼の富と権威とを服装によって示しているといえよう。いく度も鉤《かぎ》の手に曲がる棟を進むと、娘の病室があらわれ、童の行者はすでに娘の枕元にいて祈祷を始めている。娘は体中に赤い発疹ができて腫れあがり、苦しんでいるが、側で看病する二人の侍女は小袖を着、その上に袿を引きかけている。そして病状をみるにみかねてか、引きかけた袿で顔を覆うのであった。このように主人の娘の近くで世話をする女性たちは、小袖の上に袿を着て礼を正していたのである。

場面が一転して、童の行者の祈りが効を奏し、娘がすっかり元気になった光景となる。この場面で

図５　市女笠の女性（『粉河寺縁起』より模写。平安末期）

は長者一家が童に全身で謝意をあらわしているが、娘と妻は襲色目《かさねのいろめ》のあでやかな袿姿で描かれ、娘は童の前にひれ伏している。母と娘の袿姿は、将軍御所の女房が袿姿だったのと共通の意識で装われているのであろう。その一方で、娘が全快した話を聞きつけて縁の回りや庭先に集まった里人の女たちは、小袖を着流しにしただけの格好であらわされている。また、長者に命ぜられて蔵から財宝を運び出している家僕たちは、小袖に小袴の服装であり、なかには袖なしの着物を着ている者もいて、長者一家との身分の違いは対照的である。

旅装束　翌年の春、長者一家は童の行者を訪ねる旅に出る。旅立ちにあたり長者は狩衣に毛沓《けぐつ》をはいたまま縁に立ち、人びとに指図をしているが、この毛沓は馬に乗るための履物で、立挙《たてあげ》のついた深い馬上沓である。近くには彼が乗るための豪華な鞍をおいた馬が用意されている。長者の妻は袿姿で袴をはいて馬にまたがるが、侍女が、薄い苧《からむし》の布製のむしのたれぎぬをめぐらした市女笠《いちめがさ》をさしかけている（図５）。娘は輿《こし》に乗り（姿はみえない）、その前を侍女の一人が、やはり市女笠にむしのたれぎぬをかけた旅姿で馬にまたがって進む。長者の妻たちのような薄布を垂れた笠は虫害を避けるためのものでもあったが、当時、一定以上の身分の女性は外出の際には顔を隠すのが常であり、このほかに袿を頭からかぶる被衣《かずき》も行われた。被衣は当初、普通の袿をかぶるだけのものであったが、やがて襟を前側に延長して被《かず》きやすく仕立てられるようになっていった。

さて一方、御供として馬の口取をする男や輿を舁《か》く男たち・旅の荷物を運ぶ者たちは、一様に袖細《そでぼそ》という袖の細い直垂や小袖に小袴をはき、脛巾《はばき》をつけた簡素な旅装で描かれている。さらに、当時の旅は山賊なども横行していたため、弓矢や太刀を帯びたり鎧をまとう従者も随伴するが、なかでも騎馬で弓矢を帯して同行する比較的上位の身分の郎等は水干を着、行縢《むかばき》をかけている。また、長者の馬の口取と思われる側近くに侍《はべ》る郎等も水干に小袴の姿であることから、地方武士の集団のなかにも服装の階層があったことがうかがえる。

紅の袴　やがて道を尋ねながら、一行はやっとの思いで庵を発見する。そして扉を開くと千手観音がきらきらと立ち、その手には娘が童の行者に渡したあの紅の袴と提鞘《さげざや》が下げられていた。娘の病を治してくれたのはこの観音の霊験であったことを悟って人びとは感涙にむせび、その場で剃髪し、出家するのであった。

娘が童の行者に形見として渡した提鞘は、鞘袋に入れた小刀であり、武士の娘のたしなみとして幼い頃より身につけていたものであろう。そして紅の袴については、千手観音の霊験を示す決め手となっているといえよう。『今昔物語』にこれと同類の話がある（巻十六第七「越前国敦賀女蒙観音利益《かんのんのりやくをこうむる》話」）。財産らしきものはないものの、工面しながら大切に育ててくれた両親を亡くし、心もとない身となりながらも信仰厚い女がいた。貧しくて困り果てているところへある日、親が使っていた奉公人の娘と名乗る女が現れて窮境を救ってくれる。礼に、身分ある人のもとに嫁いだり仕えたりするときなどのためにしまっておいた紅の袴を形見として与えるが、その後、日頃から帰依している観音を拝もうとすると、肩に例の紅の袴がかかっており、それをみて深く感じ涙を流すのであった。紅の袴はもともと公家女性の衣料であったが、公家でなくても、しかるべき身分以上の子女の象徴となる衣服であったと思われる。さらに、よい家柄の娘に対する親の愛情の証ともなる衣服のため、晴着として大切にしまっておかれたと考えられる。

小袖中心の衣生活　『粉河寺縁起』の霊験譚後半には長者一行の旅のようすが描かれていたが、中世の旅のようすと訪れた先々での庶民のありさまをうかがうことができる貴重な史料が『一遍上人《いっぺんしょうにん》絵伝』である。『一遍上人絵伝』は鎌倉時代の時宗《じしゅう》の開祖、一遍の伝記を描いた絵巻で、鎌倉時代後期に、一遍の弟であり弟子でもある聖戒《しょうかい》がその足跡をたどって作成したものである。一遍は諸国を遊行《ゆぎょう》しながら、賦算《ふさん》（ふだくばり）と踊念仏《おどりねんぶつ》によって教えを民衆に広めていった。そのためこの絵巻には、民衆で賑わう市場や寺社などにおける布教のようすが描かれており、庶民や地方武士たちの暮らしのありさまが写実的にあらわされている。たとえば、人の集まる所には裸同然の乞食たちの群れが掘立て小屋に住んでいたり、寺院の本尊の縁の下に莚《むしろ》を掛けて寝ていたりするなど、社会の枠組の外にいる者を通しての世相を如実に描いている。さらに、顔を覆いつつんだ癩者や、背が湾曲したりいざって歩く者など、彼らを差別することもまた美化することもなく、たんたんと細やかな観察に基づいて描写し、ある意味ノーマライゼーションの姿勢をうかがい知ることができる。

また『一遍上人絵伝』には、人びとの服装もしぐさとともに現実的に描写され、『粉河寺縁起』の里人の女たちと同様、多くの小袖姿が描かれている。そのなかで当麻寺《たいまでら》の場面で、参詣人に念仏を授ける一遍上人一行のために喜捨《きしゃ》の食物を運ぶ、小袖を着流しにした女性が目にとまる。彼女は曲物《まげもの》の桶を頭にのせて運んでいるが、一枚着た着物の前がはだけてしまっている。この描画から、小袖の着流しの姿は意外に心もとないものであったことを知ることができるのである。当時、中流と思われる女性たちは、小袖の着流しの上に小袖形の衣服を打ち掛けて外出したが、打ち掛けた衣服は被衣《かずき》として頭からかぶっただけでなく、小袖一枚の姿に添えて形を整えるためにも必要なものであったと考えられる。さらに三島社の鳥居前ではきものを商っている女性に着目してみると、姉さんかぶりのようなかぶりものをし、腰のまわりをおおう腰布を着けて道行く人に歩み寄り、かいがいしく商売をしている。この腰布もまた、小袖の合せ目が開くのを防いで活動しやすくするものであったと思われる。さらに着物の汚れを防ぐ前掛けの役割も果たし、庶民にとってはまさに機能的な衣服であった。

職業による服装分化　鎌倉時代の後期から「職人歌合《しょくにんうたあわせ》」という、職人づくしがあらわれた。これは各種の職人が左右に分かれて生業のありさまを織り交ぜながら歌を詠《よ》み、勝ち負けの判を下すという歌合形式の絵巻である。

ここで室町時代末期に製作された『七十一番職人歌合』に描かれた者たちをみてみると、官人的な職業である陰陽師《おんみょうじ》や医師《くすし》などは狩衣《かりぎぬ》姿であらわされ、番匠《ばんしょう》・檜皮葺《ひわだぶき》・壁塗《かべぬり》などの寺社の建築に携わる者は直垂《ひたたれ》を着ている。さらに仏師《ぶっし》・経師《きょうじ》のような仏教にかかわる工人は僧形《そうぎょう》で描かれ、油売《あぶらうり》・薬売《くすりうり》などの物売りは小袖に袴の姿である。またそれに対し、炭焼《すみやき》・木伐《きこり》などは袖丈や身丈の短い小袖を着て頭には笠や頭巾をかぶっており、屋内の作業場で作業をする者たちのような烏帽子をかぶった職人とは異なる存在としてあらわされている。

また女性の職人も多岐にわたって描かれているが、魚売《いおうり》・米売《こめうり》・豆腐売《とうふうり》などの物売りは小袖姿に桂巻《かつらまき》のかぶりものをしている。そして同じ小袖姿でも、帯売《おびうり》・扇売《おうぎうり》・白物売《しろいものうり》（おしろい売り）などの女性の身だしなみに関する物を商う女性は垂髪にし、小袖の上にもう一枚小袖を打ち掛けるなど、より女性らしさを強調した着方をしている。

その他、弦売《つるめそ》（弓の弦売り）・草履作《ぞうりつくり》・饅頭売《まんじゅううり》などのような覆面姿の職人もおり、彼らは非人の流れをくむ者たちであったと考えられる。

以上のように中世社会にはさまざまな生業が存在するとともに、職能により服装も分化し、それらは職業を表徴するものとなっていったのである。

鼻緒はきものの普及　さて、前の『一遍上人絵伝』の三島社の場面にもどろう。はきものを商う女性の店先には草履《ぞうり》のようなものが並べられ、草鞋《わらじ》が吊るされている。描かれている人びとの足元をみると、この頃には乞食ではなくても裸足で歩いている者がどこにでもいることがわかる。しかし、徒歩で旅をしたり遠路を歩いてゆかねばならない者たちは草鞋をはいていた。草鞋は藁を編んだ台座の爪先から出ている二本の緒を足指にはさみ、その緒は両側に分けてそれぞれの乳《ち》（緒を通すための環）やカエシ（踵《かかと》を固定するための緒）に通してはくものである。かつて奈良時代には下級の役人である衛士《えじ》のはきものが草鞋《そうかい（そうあい）》（粗末な草〈藁〉の短ぐつ）と定められていたが、この頃になると鼻緒式に改良され、庶民のあいだに普及していった。

また、当時一般化したほかの鼻緒のついたはきものが草履であり、男女貴賤を問わず広く用いられている。藁《わら》・藺《い》・菅・竹皮などで編んだ台に鼻緒をつけたもので、同種に足半《あしなか》・金剛《こんごう》・げげ・緒太《おぶと》・尻切《しりきれ》（しきれ）などがある。足半《あしなか》は足裏の半分ほどの長さで踵《かかと》の台座の部分がない、小さなはきものである。これを履くと踵《かかと》が地面について、足の裏に石などが入って歩きにくくなることがなく、身体の安定がよい。『一遍上人絵伝』では、備前国の吉備津《きびつ》宮の神主の息子が福岡の市で念仏を行う一遍を切り殺そうと馬を馳せるが、その主人について走る従者がこれをはいている。『蒙古襲来絵詞』にも合戦の場でこれを用いる者が描かれており、武士にとっては戦場で機敏に動くための便利なはきものであった。金剛《こんごう》は大形で丈夫なものであるためこう呼ばれたとされているが、『七十一番職人歌合』中の「草履作《ぞうりつくり》」の詞書に、「じやうり〳〵いたこんごうめせ」とあるのがこれである。

そして、板製で歯のついた下駄の類も広く用いられ、足駄《あしだ》と呼ばれた。庶民のあいだでは洗濯や水汲みなどのためにはき、排泄の際にも用いられていた。六道《ろくどう》の一つである餓鬼道の業苦を描いた『餓鬼草子』（十二世紀後半）のなかの伺便《しべん》餓鬼を描く段では、町の一角で人びとが排泄をしているところに伺便餓鬼が群がっている。そこで用を足す庶民は、地面に広がる排泄物で足を汚さないために、歯のついた足駄をはいているのである。また『一遍上人絵伝』には、一遍が京都に道場を作り、そこで踊念仏を興行した際、ほど近い堀川の川岸に掘立て小屋を立てて暮らす乞食の群れが描かれている。そしてそのなかに、足駄を両手にはく二人のいざり（躄）（歩行障害者）の乞食のようすが画かれてい

図６　足駄ばきの一遍（『一遍上人絵伝』鎌倉末期）

る。四つ這いで歩かなければならないため、地面に落ちている汚泥・汚物等で手を汚さないために使っていたのであろう。さらに足駄は僧形の者がしばしば用い、琵琶法師がとくに歯の高い高足駄《たかあしだ》をはく姿がみかけられる。彼らは視覚に障害を持っており、足元に厭わしい物があっても除けることが困難なため、やはり高い足駄をはいていたとも考えられる。

一遍上人の足駄　ところで『一遍上人絵伝』においては、主人公である一遍は他の人物よりもひときわ大きく描かれ、眉太く眼光炯炯《けいけい》の精悍な風貌で表現されている。着衣は時衆（時宗門下の僧尼）たちと同様の僧衣であるが、とくに足駄をはいた姿で描かれているのが印象的である。遊行《ゆぎょう》の際、時衆たちは草履や足半をはいたり、または裸足で歩いていたが、下野国小野寺で激しい雨にみまわれた場面ではほとんど全員が足駄をはいている。このことからすると、足駄は旅の道具として持ち歩かれていたと推測することができる。

しかし一遍の足駄ばきについては、他者のはきものとは別の意味を持っていたと考えられる。作品全体を通してみると、各場面の筋書の冒頭ともいえる部分には一遍を先頭に、時衆の一行が列をなして出立する描写が必ず配されていることがわかる。この構図は、先ほどの出来事から心機一転し、次に起こる出来事を予感させるための絵巻ならではの工夫であろうが、ここで先頭をゆく一遍は必ず足駄をはいている（図6）。

一遍と足駄の関係については、彼は遊行にあたり所持するための最低限の持ち物をあげ、一つ一つの仏性を説いている（『道具秘釈』）。それらは一二種類の衣類などの日用品や仏具であり、そのなかにはきものとして足駄が掲げられているのである。このことからすると、『一遍上人絵伝』において一遍が足駄をはいて歩む姿で描かれたのはまさに遊行上人の象徴なのであり、宗祖の教えをその姿とともに後世まで強く印象づけるための図像（イコノグラフィー）であったと考えることができる。

[5] 婚礼衣裳と喪服

婚礼衣裳の誕生　中世の婚姻の形態は、前代に主流であった婿取りから嫁入りへと変化した。正元二年（一二六〇）、鎌倉幕府六代将軍宗尊《むねたか》親王は、北条時頼の猶子《ゆうし》となっていた近衛兼経の娘宰子を娶った。その際も御息所《みやすどころ》となる宰子が輿に乗り将軍御所へ入るかたちをとっている。しかし結婚を披露する儀式である露見《ところあらわし》の儀においては、執権以下の上級武士が布衣《ほい》を着、袴を下括《げぐくり》にした武家の礼装で参候するなか、花婿である将軍は公家装束の直衣《のうし》を着て臨んでいた（『吾妻鏡』正元二年三月二十七日）。この装いをみると、武家の棟梁である将軍の婚儀とはいえ親王のための儀であることから、衣服について公家の婚礼に準ずるものとしたことがうかがえる。

その後室町時代になると、足利将軍家を中心に武家はさまざまな礼式の規範を整え、婚礼の故実も定められた。十代将軍足利義稙《よしたね》に政所《まんどころ》執事として仕えた伊勢貞陸《さだみち》の記した『嫁入記《よめいりき》』および『よめむかへの事』には、祝言の式法・調度品・膳部・衣装などが詳しく記されている。それらによると花嫁の衣装は次のようなものであった。まず練絹《ねりぎぬ》の下着をつけ（夏は生絹《すずし》）、次に紅梅の小袖を着る。その上に白綾で幸菱《さいわいびし》を織り出した縫《ぬい》（刺繡）または箔《はく》（摺箔《すりはく》）の小袖を打ち掛ける。そしてやはり幸菱の浮織物の白小袖の被衣《かずき》を頭からかぶり胸守《むねまもり》を首から懸けた。この胸守は式三献と呼ばれる夫婦の祝儀の酒式の際、花婿の手により床《とこ》の柱にかけられるものであった。一方、花婿の装束は素襖袴《すおうばかま》で、それには舞鶴の紋（鶴が翼を円く張った形）をつけることになっていた。いずれも衣装は瑞祥文様に白を基調としたもので、婚礼の後二日間は白の衣服姿ですごし、その後「色直《いろなお》し」として色物の衣服に着替えたのである。

室町時代の御伽草子『鼠《ねずみ》の草子《そうし》』は、鼠の権守《ごんのかみ》が人間の娘を妻に迎える異類婚姻譚である。そこには長者の娘（姫君）を嫁に迎えての祝言の盃事《さかずきごと》の場面が描かれ、花嫁と花婿の姿をみることができる。金屏風の前に座る花嫁の姫君は重ね小袖に紅の湯巻をつけ、花婿の権守は垂領《たりくび》で広袖の上衣を白袴に着込め、折烏帽子をかぶっている。また、小袖に湯巻をつけた介添の侍女たちや小袖姿の上に華やかな小袖を打ち掛けた膳部を運ぶ女房などがおり、当時の庶民の婚礼のようすをうかがい知ることができる。

白系統の喪服への回帰　平安時代後期に成立した宮中における喪服の制度は、鎌倉・室町時代になっても忠実に継承されており、大永六年（一五二六）に後柏原天皇が崩御した際の後奈良天皇の重《じゅう》服《ぶく》の錫紵《しゃくじょ》も、麻布黒染闕腋袍《けってきのほう》、同半臂《はんぴ》、同下襲《したがさね》、同表袴《うえのはかま》、平絹鈍色袙《にびいろあこめ》、柑子《こうじ》色大口袴、縄帯（『和長卿記』）であった。重服以外の錫紵も鈍色の闕腋袍であり、天皇の錫紵は平安後期のものを継承している。

素服《そふく》も同様に平安後期のものを受け継いでゆくが、十四世紀末成立の『装束雑事抄《しょうぞくぞうじしょう》』によると、四位・五位の殿上人《てんじょうびと》と北面の武士の素服は、黒色の麻布直垂《ひたたれ》となっている。宮中の公の喪であっても、公卿以外は、殿上人でも直垂を日常的に着用しており、それが喪服の中心的形態となっていることがうかがえる。

私的な場合の素服であるが、貞和元年（一三四五）に亡くなった父親の喪に服した中原師茂《もろしげ》・師守《もろもり》の兄弟の素服は、『師守記』によるとふしがね染め麻布の狩衣《かりぎぬ》、姉の姫君はふしがね染め麻布の唐衣《からぎぬ》とふしがね染め平絹の掛帯《かけおび》であった。中原師茂は文和四年（一三五五）従四位下に任じられていること

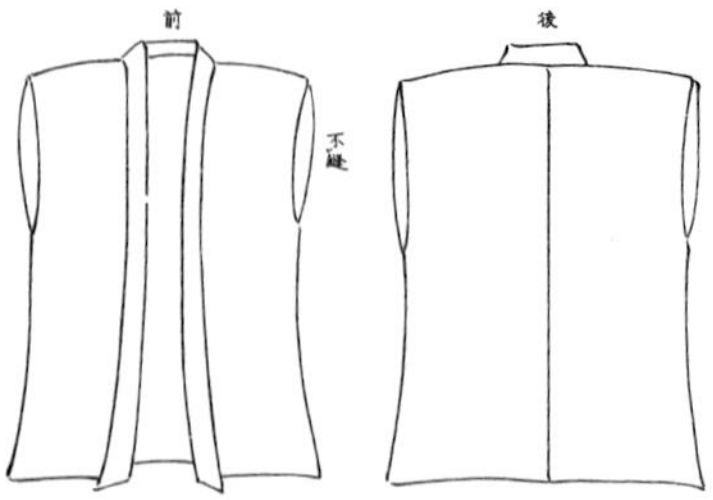

図7　江戸前期の素服（『基量卿記』所載）

とからするとこのときは五位であり、師守も五位の官人であった。したがって殿上人である。このふしがね染めによる黒系統の狩衣形式の素服は、平安朝の殿上人の素服をそのまま継承したものである。女性の素服であるが、平安時代は黒系統麻布の唐衣と裳《も》であったのが、ここでは唐衣と掛帯しか記されていない。おそらく、私的な喪服では裳は省略され、代わりに掛帯を掛けるというかたちに変化したのであろう。ただ、その着装については、「先ず掛帯など。次いで素服をお召しになった。唐衣」（『師守記』）と記しており、掛帯は唐衣の下にかけたようである。

その後の応仁の乱とそれに続く戦乱の時代は、素服のかたちにも変化をもたらした。明応九年（一五〇〇）に崩御した後土御門天皇の葬儀の際の公卿の素服について『明応凶事記』は、白布製で衿のついた袖なしの半服と記している。色を黒系統ではなく白色としたのは、墨が手に入らないので便宜上白としたとの記述があり、墨色が本来の色であったようである。この時期に、従来の闕腋袍や狩衣および直垂形式の素服に対して、用布量が少なくてすむ袖なし短衣形の素服が誕生した背景には、戦乱の世による公家層の困窮度の高まりがあったことは確かであろう。この簡略化したかたちの素服は、近代まで継承されてゆく（図7）。

素服を脱いだ後一定の服喪期間着用する喪服であるが、宮中における諒闇《りょうあん》装束など公の服喪服は、天皇以下諸臣ともに素服と同様に平安後期のものをそのまま継承している。しかし公家にあっても、私的な服喪服は室町時代になると変化をみせる。やはり『師守記』に、師茂・師守の服喪服は白布直垂との記述がみえる。素服を着けた日も素服を脱ぐと白布直垂に着替えており、また法事の際も黒染め狩衣を着けて墓参し、帰宅すると白直垂に着替えている。このように、十四世紀半ば頃になると、公家の服喪服の色は白へと変化していることがうかがえる。

一方で武家の喪服であるが、鎌倉から室町にかけての故実書である『海人藻芥《あまのもくず》』に、「俗人の服衣は白直垂である。…鎌倉には白布に墨を少し入れて薄墨に染めるのである」と記されているように、室町時代のものは公家と同様に白布直垂であった。これによると、鎌倉時代には薄墨色であったものが室町時代になると白へと変化したとのことであり、服喪服全般が白系統へと変化するのは、室町時代になってからと考えられる。

宮中での葬礼を除いて、この白系統の喪服は近世をへて近代まで継承されてゆき、そして現代になっても、依然としてその名残をとどめている地域も存在している。

6 木綿の栽培と染織技術の発達

木綿の国産化　『七十一番職人歌合』の五十九番には、苧売《おうり》の男の商人と綿売《わたうり》の女の商人が描かれている。苧売の売歩く苧《お》とは苧麻《ちょま》のことで、これを買った者は自分で繊維を取り出して苧績《おう》み（糸作り）をしてから布として織ったのである。また、この歌合には白布売《しろぬのうり》も描かれている。白布売の女商人は晒布《さらし》の反物を広げてみせており、ここで詠まれている歌が「一筋の　霜かとぞみる　賤《しず》のめ（女）が織る麻ぬのの　月の夜ざらし」というものであることから、白布とは麻布であることがわかる。このように当時は麻（苧麻）が原材料、製品双方のかたちで売られ流通するようになっていた。このことは庶民の衣料が古代よりこのかた麻布製であるだけでなく、武家が大紋・素襖《すおう》という布（麻布）製の直垂《ひたたれ》を盛んに用いるようになったことと無関係ではなかったと考えられる。

さて、先の苧売と対《つい》で描かれているのは綿売であったが、売っている物は綿《わた》といっても木綿ではなく真綿《まわた》である。真綿は繭を煮て引きのばし、中の蛹《さなぎ》を取り除いたもので、防寒用として保温性の少ない麻の袷《あわせ》着の中に入れられたり、撚りをかけて紬糸《つむぎいと》を作り、それを用いて織物を織った。一方、繭から糸を引き絹織物に織られたものは、身分ある階層の衣服となっていたのである。

しかしこのような衣服材料がもっぱら麻と絹であった時代に、やがて木綿という僥倖がもたらされることとなる。木綿は肌ざわりがよく、繊維の中心が中空になっているため空気を含んで保温性に優れ、さらに水に強いため洗濯しやすく実用的である。また麻にくらべると紡糸が容易であるだけでなく、染色しやすいという特徴を持っている。

木綿の衣類は今日、私たちの生活のなかで幅広く用いられているが、日本における歴史はまだ浅く、十五世紀初め頃からの朝鮮貿易によってもたらされたことに始まった。朝鮮では十三〜十四世紀頃から木綿が栽培されて綿織物が作られるようになり、それらが日朝間の私貿易などにより日本国内に入ってきた。貴族・僧・武士などはこれを珍重し求めたが、ついで十六世紀には中国産の綿の輸入が始まり、当時より国内での木綿栽培が行われるようになった。この植物の国内での栽培はかつて平安時代に試みられた形跡はあるものの、定着することはなかった。しかし室町時代のこの頃には驚くほどの早さで伝播して庶民層に広がり、やがて衣料の中心は麻から木綿へと変化してゆく。衣を何枚も重ねるのではなく、小袖を中心として装われる当時にあっては、保温性があり染色しやすい木綿は最適な被服材料だったのである。

西陣の誕生　室町幕府三代将軍足利義満は京都北山に壮麗な山荘を造営して居所とし、そこを中心に北山文化の繁栄を築いた。また、あらたに明との国交を開き日明貿易を行ったため、多くの船載品とともに唐織物が渡来し、それらはのちの織物生産に大きな影響を与えた。『宗五大草紙』には次のようにある。

　から織物ハ一段御賞翫の儀に候。公方様の外。御台様。日野殿。三條殿。女中管領の御母御免にてめし候。又三職は拝領候てめし候。

このように唐織物は珍重され、一部の上層の人たちのみが着ることを許された高級品であった。また、鎌倉時代に中国（宋・元）から輸入されていた名物裂《めいぶつぎれ》として珍重視された織物類も、この当時数多く渡来した。名物裂は茶入れの仕覆《しふく》や書画の表装などに用いられた、金襴《きんらん》・緞子《どんす》・間道《かんとう》・錦などの織物であり、これらは茶の湯が盛んになるとともに隆盛した。今日まで多くのものが優品として伝わり、それらは大陸から渡ってきたあまたの裂のなかから取捨選択されたものであるため、私たち日本人の美意識をよく示すものとなっている。

また高級織物の産地として全国的に知られ、近世以降、各地の機織業に影響を与えたのが京都の西陣である。西陣の地名は、応仁・文明の乱（一四六七〜七七）の際、山名宗全の西軍がこの地に陣を構えたことに由来しているが、当時、京都の町が戦乱の巷となったため、織工たちは堺や山口などに逃れた。やがて戦乱が終わると彼らは京都に戻り、一部の工人集団は練貫《ねりぬき》（生糸を経《たて》、練糸を緯《よこ》として織った織物）を織る練貫《ねりぬき》方となり、他の集団は西陣の地を中心に大舎人《おおとねり》方として大舎人の綾を復活させた。両者はそれぞれの技法を秘伝として対立したが、天文（一五三二〜五四）の頃、大舎人方が綾織物や厚板物を織る座として認められ、これが西陣織物業を代表することとなったのである。大舎人の織工は、大乱の際に疎開していた先の堺などで外来染織品の製織法を修得したともいわれており、西陣はそれらの技術を取り入れながら能装束や高級織物などを生産していった。西陣織は空引機《そらひきばた》といわれる高機《たかばた》を使って織るものである。文様を織り出すのに必要な経《たて》糸を引き上げる紋あげ工《こう》が機台の上にのぼって（複雑な文様を織る場合には二〜三人必要）、織手とともに製作するものであったため、この技術にはかなりの熟練を要した。いずれにせよ、いつの時代にあっても権力者が魅せられてやまなかったのは高級織物であり、西陣は常にその中心となっていったのである。

六　織豊から江戸時代の衣服――武家服制の完成と庶民服飾の充実

1　武家の服制

織豊時代の肩衣袴　近世の幕開けとなった織豊時代には、男女ともに小袖を中心とした服飾形式が確立した。その後江戸時代にかけてのわが国の服飾文化は小袖を中心に展開していった。織豊時代の武家服飾では、中世に広い範囲で用いられた直垂《ひたたれ》系の広袖の衣服は重要な儀礼の場だけに着用されるようになり、小袖の上に袖のない肩衣《かたぎぬ》と袴をつける肩衣袴《かたぎぬばかま》が公服として定着する。江戸時代になると、肩衣袴が形式を整えた裃《かみしも》を主とする制度が整っていった。肩衣袴や裃では、それまで広袖衣服の内に着けていた小袖が表にあらわれており、この点において肩衣の登場は中世と近世の服飾を分かつ画期的なできごとであった。

肩衣が武家の衣服として台頭してきたのは応仁の乱（一四六七～七七）以降のことである。初期には簡略な武装など限られた範囲で用いられるにとどまっていたが、戦国の世により簡便な衣服を求めるという風潮が高まるなか、十六世紀後半には、上級武家の公的な服装から一般武士の略装にまで広く用いられるようになった。

肩衣が武家の服飾に登場した経緯についてはあまり明らかではないが、江戸時代の随筆『本朝世事談綺《ほんちょうせじだんき》』には、室町幕府三代将軍義満の時代に、殿中の祝賀の席から急遽合戦に臨むこととなった武将が、素襖《すおう》の袖と裾をとって便を図ったことに始まるという説が伝えられる。これは俗説の域を出ないものであるが、初期の肩衣は、素襖の袖を除いたような形であったと考えられる。その後しだいに公的な衣服にふさわしい形式を整え、前身頃《まえみごろ》の肩から裾にかけて自然に襞をよせ前を打ち合わせて袴に着込めるようになった。初期にはもっぱら小袴を組み合わせたが、室町末期以降は公的な場では長袴も用いられるようになり、上と下とを共裂《ともぎれ》で作ったものが正式とされた（図1）。

なお、肩衣袴が公的な服装となったのと期を一にして、平安時代以来の烏帽子《えぼし》が衰退し、髷をあらわにする露頂《ろちょう》が一般的となった。

江戸時代の武家服制　江戸時代に入ると幕府の制度・組織が整備されるに伴い、武家の服飾には支配階級としての格式や威厳を示すにふさわしい制度が整えられていった。

この時代の最上位の礼装は束帯《そくたい》で、朝廷への参内《さんだい》や、将軍宣下《せんげ》など勅使《ちょくし》を迎える朝廷関係の儀礼の場で、将軍や一般の大名以上が着用した。将軍家や大名家の重要な儀礼では、直垂《ひたたれ》・大紋《だいもん》・素襖《すおう》の着用が官位に応じて定められた。直垂は、将軍以下およそ四位以上（厳密には侍従《じじゅう》四位下以上）に叙任された一部の有力大名に限られた。紅・紫・萌黄《もえぎ》の直垂は将軍の専用で、他の者の着用は禁じられた。大紋は五位の一般大名と一部の旗本が、また素襖は無位で将軍に謁見することを許された御目見《おめみえ》以上の者（主に旗本）が着用した。直垂と大紋には風折烏帽子《かざおりえぼし》、素襖には侍烏帽子《さむらいえぼし》を着け、内衣《ないい》は直垂には白小袖、大紋と素襖には熨斗目《のしめ》を用いる。

熨斗目はもともと、経《たて》に生糸《きいと》、緯《よこ》に練糸《ねりいと》を用いた練貫《ねりぬき》（全体に横や格子の織筋を表したものが多い）という絹織物のうち、表面にしぼ（凹凸）を表したものをしじらの練貫と呼んだのに対して、表面のなめらかなものを呼ぶ名称であったが、江戸時代には、腰の部分のみに地白の縞柄を織り出し上下は無地とする腰替《こしがわり》小袖をさすようになった（図2）。熨斗目を着用するようになった経緯について、江戸後期の有職故実家《ゆうそくこじつ》松岡行義の『後松日記』では、素襖が広く用いられていた頃、袴の左右のあきからみえる部分に集中して小袖に装飾を施していたことが定形化したのであろうと指摘しており、後期の随筆『我衣《わがころも》』や幕末に執筆された風俗考証書『守貞漫稿《もりさだまんこう》』では、質素倹約から素襖の下に継ぎ接《は》ぎの小袖を着たことに始まるとしている。

直垂系の衣服は着用の場が限られたのに対し、礼装として広く用いられたのは肩衣袴が形を整えた裃《かみしも》（江戸時代には上下と書くことが多い）である。裃には、肩衣に長袴を組み合わせた長裃《ながかみしも》（図3）と、肩衣に足首丈の切袴を組み合わせた半裃《はんがみしも》がある。長裃は将軍以下御目見以上の、直垂・大紋・素襖に次ぐ礼装、半裃は御目見以上の公服であり、身分の低い武士には礼装として用いられた。また上層庶民も半裃を婚礼や葬儀などの特別な場合の礼装として着用した。裃という名称は上衣と袴が共裂のものを正式とすることによるもので、前代には直垂や素襖も上下《じょうげ》揃いのものを上下《かみしも》と称していたが、江戸時代には肩衣袴に限って裃と呼ぶようになった。

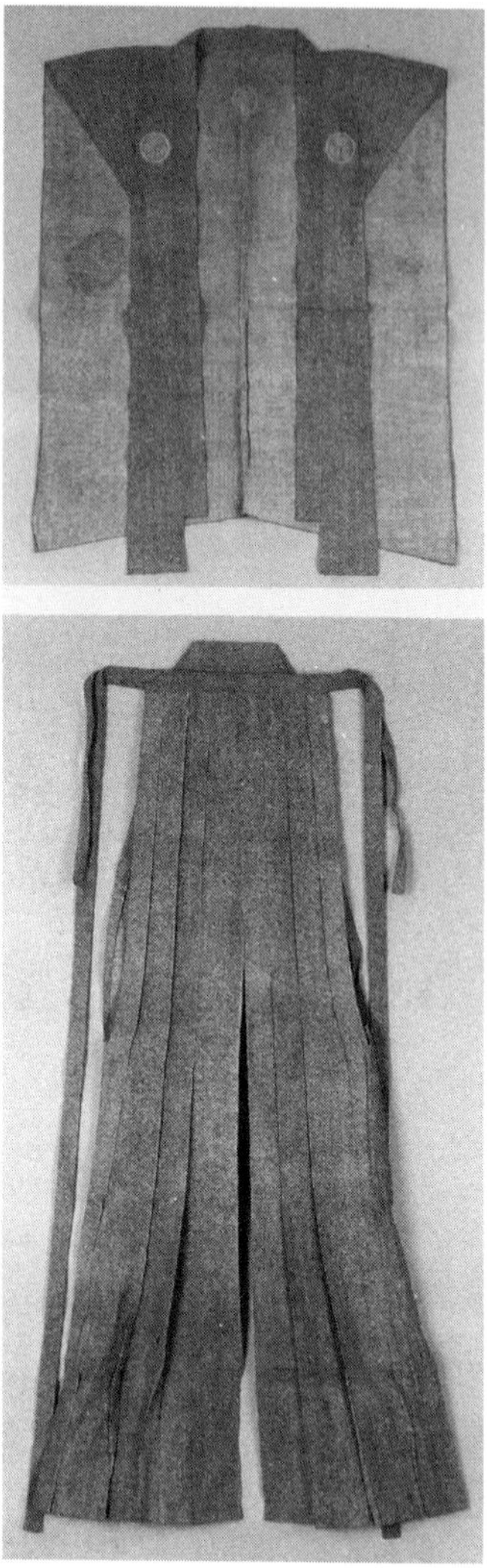

図３　松葉小紋長裃（徳川綱吉所用）

図１　肩衣袴姿（狩野元秀画『織田信長像』）

図２　熨斗目小袖

肩衣の形は貞享・元禄頃（一六八四〜一七〇四）から肩幅を広げ、その後鯨のひげを入れたり糊《のり》を強くするなどして肩を左右に張らせるようになり、前見頃上部には深く襞《ひだ》をとって権威的な印象を与えるものとなる。定紋《じょうもん》（家紋）の位置は、肩衣の背と左右の胸、袴の腰板（後腰にあたる部分）の四ヵ所と定められた。定紋は江戸時代の礼服や公服には欠かせないものとして武家のみならず一般市民にも広がったが、とくに武士にとっては家柄の象徴として重要な意味を持った。

裃の地質は、江戸初期には金襴《きんらん》・緞子《どんす》・繻子《しゅす》・錦などの高級な絹織物も用いられたが、十七世紀後半には麻製の単《ひとえ》仕立てが正式となった。色や文様については、黒・藍・茶・鼠・憲法《けんぽう》（茶がかった黒）などの無地や、これらを地色として微細な文様を白や淡い色で染め抜く小紋《こもん》が中心となった。小紋は、和紙を張り合わせて柿渋《かきしぶ》を塗り文様を彫った型紙を用いて防染糊《ぼうせんのり》を置き、地の部分を染める技法である。

肩衣と袴を共裂で仕立てた正式な裃のほかに、地質の異なる肩衣と袴を組み合わせる継裃《つぎ》がある。享保頃（一七一六〜三六）までは例外的な略装であったが、享保の改革以後は通常の公服としても認められるようになり、後期には公服の主流を占めるようになった。略式の継裃が公服となった背景には、日常着の縞の袴を応用できるという質素倹約の意識があったと考えられるが、縞や小紋を自由に組み合わせることのできる継裃は、公的な場でお洒落を楽しむ装いとして好まれた。

裃の内に着る小袖は熨斗目がもっとも正式で、色は茶・紺・浅黄などである。長裃には必ずこれを着用し、半裃の場合は式日は熨斗目、平日には無地紋付である。夏は白や水色などの無地紋付帷子《かたびら》を

図4　打掛姿（細川昭元夫人像）

図5　腰巻姿（浅井長政夫人像）

着た。紋付の小袖は背中央、両胸、両後袖の五ヵ所に定紋を置く。継裃には小紋や縞の小袖が用いられた。庶民が裃を着用する場合の内衣は無地紋付で、拝領したものに限り熨斗目の着用が許された。

裃や熨斗目は支配階級としての武士の威厳を示す衣服であり、経済力を蓄えた町人がどのように贅沢な装いを試みようとも、けっして超えることのできない身分の違いを象徴する衣服であった。その裃も、西欧各国のあいつぐ開国要求に揺れ動いた幕末の慶応三年（一八六七）に廃止され、羽織襠高《まちだか》袴が公服となった。

武家女性の礼装　織豊時代の武家女性の服飾では、前代にあらわれた打掛《うちかけ》姿と腰巻《こしまき》姿が正装として確立した。冬の打掛姿は小袖を重ねて帯をしめた上に小袖形の打掛を羽織るかたち、夏の腰巻姿は一番上の小袖の肩をぬいで腰のまわりに巻きつけるかたちで、いずれも小袖のみによる服装形式である。

打掛・腰巻・小袖にはそれぞれ唐織《からおり》・縫箔《ぬいはく》・辻《つじ》が花《はな》染めなど多様な技法によって華やかな装飾が施されていたようすが、

上流武家女性の肖像画や遺品からうかがわれる（図4・5）。

江戸時代の武家女性の服飾は、将軍家や各大名家においてそれぞれ服制が定められ、服装の形式や衣服の地質、色、装飾加工について、着用日（大まかには年中行事、毎月朔日・十五日・二十八日の式日《しきじつ》、平日の三段階）、季節、身分、年齢、既婚・未婚の別などによって詳かな決まりがあった。江戸時代前・中期の詳細は明らかではないが、後期の身分の高い女性の節句や式日の儀式における正装はおよそ次のようであった。

九月九日から三月末日までは打掛姿である。打掛は白・黒・赤の綸子《りんず》や縮緬《ちりめん》（地白・地黒・地赤と呼ぶ）に、金銀色糸の刺繡に鹿子絞りを加えて文様を表した豪華なもので、正月には松竹梅や鶴亀などの吉祥文様が好まれた（図6）。将軍家の御台所《みだいどころ》や大名家の正室、中臈以上の女中《じょちゅう》はもっとも格の高い綸子の総模様で、以下縮緬の総模様、縮緬の中模様（袖の中ほどから裾にかけて文様を置く）と続いた。中臈は大奥では老女《ろうじょ》、御客会釈《おきゃくあしらい》、中年寄《なかどしより》に次ぐ職階で、各大名家でもこれに準じる。打掛の下に着る小袖形の間着《あいぎ》は、緋・白・うこん（黄）の綸子や紗綾《さや》や縮緬で、緋色地に金糸、白地に銀糸で刺繡したものや縫（刺繡）なしのものがあった。打掛と間着の裏は紅羽二重《はぶたえ》である。幕末の大奥では打掛と間着をともに綸子とする綸子重ねは御台所と老女に限られた（三田村鳶魚『御殿女中』）。帯（掛下《かけした》帯《おび》）は幅七寸（約二七㌢）くらいで、黒・緋・黄の繻子《しゅす》地に金銀色糸で縫模様を施したものである。

四月一日から五月四日までは、袷《あわせ》上着に袷下着を重ね提帯《さげおび》をしめた姿である。袷上着は白や黒の綸子や縮緬に縫模様、袷下着は白羽二重とした。提帯は唐織や錦や繻子を用いた幅二寸五分（約九・

図6　変り七宝つなぎに牡丹菊藤花束文様打掛

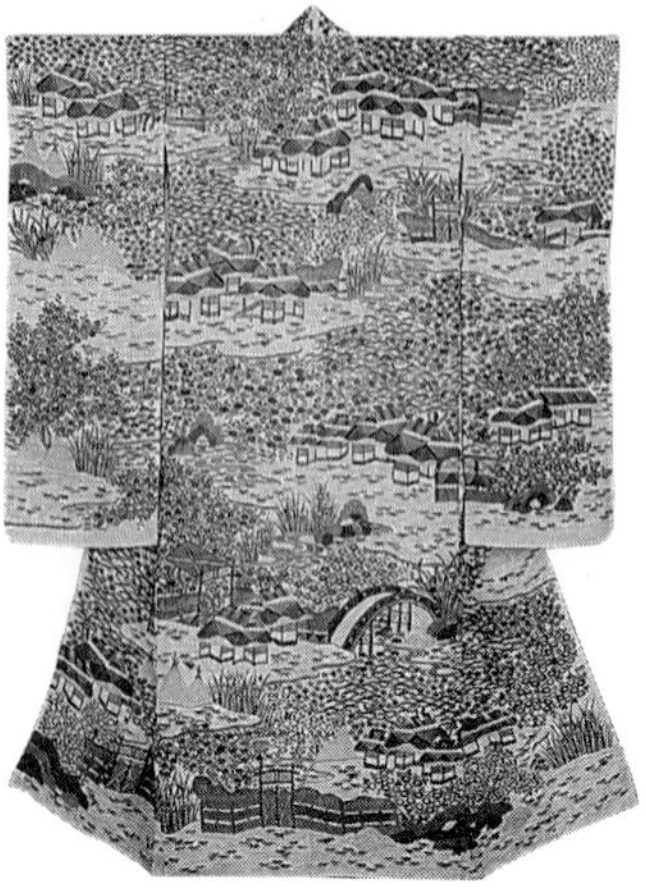

図7　白麻地茅屋風景文様茶屋染縫帷子

五センチ）から三寸五分（約一三センチ）の狭いもので、結び余りの両端に紙の芯をいれて筒状にし、左右にぴんと張らせた。

五月五日から九月八日までは単衣《ひとえ》もしくは帷《かた》子《びら》に提帯を基本とし、将軍家御台所や大名家の正室と中臈以上の女中は腰巻を着けた。腰巻は黒の練貫《ねりぬき》地に金銀色糸の刺繍で全体に文様を表したもので、提帯の両端に腰巻の両袖を通して着装する。中臈以上の帷子は本辻《ほんつじ》と呼ばれる格の高いもので、白や黒の晒麻《さらしあさ》に金銀色糸で総《そう》縫《ぬい》模様を表し袖口に紅羽二重をつけた。これに次ぐ格の帷子として、流水を取り入れた風景模様や植物模様を白の晒麻に藍の濃淡で染めた茶《ちゃ》屋辻《やつじ》が着用された（図7）。

なお将軍家御台所や大名家の正室や娘は、正月三が日や五節句には袿や打掛に緋袴をつけることがあったが、幕末には緋袴の着用は腰巻とともに将軍家と御三家・御三卿に限られた（吉川二〇〇六）。

武家女性の平常服　身分の高い女性の平常服や、身分の低い女中の式服や平常服には、右の礼装より服装形式や地質や装飾を簡略にしたものが行われ、平常服では色、地質、意匠の選択の幅が広がった。『南紀徳川史《なんきとくがわし》』によると、幕末の紀州徳川家の正室の五節句（冬期）午後のお召替は打掛を着けない帯付《おびつき》という略装で、縮緬地（紫・萌黄《もえぎ》・ひわ色など）に染めや刺繡で全体に文様を表した小袖を着用した。また平日の午前は京都へ特別に注文して織らせた縞縮緬の打掛をつけ、午後は江戸呉服店で購入した縞縮緬小袖に着替えた。また風俗考証書『守貞漫稿《もりさだまんこう》』には、幕末の身分の高い女中の略服や下級女中の晴服として、紺と紫の絣を織り出した白地縮緬や茶地に紺の八丈縞の小袖が紹介される。

江戸時代後期の武家女性の打掛や小袖の遺品には、定形化された特徴的な意匠がみられる。ひとつは、草花の折枝や花束、花車などと、立涌《たてわく》・紗綾形《さやがた》・七宝繫《しっぽうつな》ぎなどの有職風の文様を交互に配した総模様を刺繡や摺匹田《すりひった》（型鹿子）で表わすもので、綸子の打掛や単衣（絹縮《きぬちぢみ》、絽《ろ》）・帷子にみられ、地は白・赤・黒に限られる。これらは五節句や式日の格の高い装いとして着用されたものである。もうひとつは、縮緬の小袖や帷子に、四季の草花を密に配した風景文様を糊置きによる白上げや刺繡などで全体もしくは腰から下に表わすもので、御所車《ごしょぐるま》・檜扇《ひおうぎ》・柴垣《しばがき》などの王朝文学や能の主題を暗示するモチーフをさりげなく配したものが多い。このような意匠は明治以降、御所解《ごしょどき》模様と呼ばれている。

茶屋辻の遺品については、生地の両面に防染糊を置いて藍の浸染をくり返す大変手間のかかる技法によると考えられてきたが、近年では必ずしも両面から糊を置いたのではなく、引き染めによるものの方が多いことが指摘されている（長崎二〇〇二）。腰巻の遺品にはもっぱら精緻な刺繡で宝尽くし・亀甲・鶴亀などの吉祥文様が密に表わされる。

2 男性の装い

織豊時代の武家の装い　織豊時代は、新興の武将によって従来の価値観が打ち壊され、新たな秩序を築こうとする創造的気運あふれる時代であった。それゆえにポルトガルやスペインからの南蛮船《なんばんせん》によって伝えられた西洋の学問や新奇な文物も熱烈に歓迎されたのである。このような時代精神を反映して、武家服飾は人目をひきつける華やかなものが中心となり、伝統にとらわれない自由な発想による多様な意匠が試みられた。

織田信長の一代記『信長公記《しんちょうこうき》』には、信長が若い頃から奇抜な異装を好んでいたことや、天正九年（一五八一）の「御馬揃」のパレードでは、唐冠をかぶり、紅梅と白の段替りに桐唐草文様を表わした小袖、その上に名物と賞翫される蜀江錦《しょっこうにしき》で仕立てた小袖を重ね、紅地桐唐草文様緞子の肩衣袴を着けて腰には牡丹の造花をさし、沓は猩々緋という豪奢な装いを凝らして、天皇や公家、京の町衆に威信を誇示するデモンストレーションを行ったことが伝えられる。比叡山焼討ちにみられるような伝統破壊が服飾においてもあらわれたのである。

一方この時代には、小袖が表着として確立したことに伴い、小袖の上に羽織る外衣《がいい》が発達した。これらの外衣のうち武将に好まれた胴服《どうぶく》や陣羽織《じんばおり》には、右のような武家の好尚が顕著にみられる。

胴服にみる意匠　胴服は屋外で着用するコート風の衣服で、最初は乗馬の際の埃《ほこり》よけなどに用いられていたが、やがて一種の洒落着として愛用され意匠が凝らされるようになった。形態は、伝上杉謙信所用の胴服八領に、襟が前身頃《まえみごろ》の途中までで、襠《まち》がなく、衽《おくみ》のつくものが多いという特徴がみられるように、初期には全体的に小袖に近い形であった。また派手な別襟のつくものが多く、着用の際には外に折ったり内側に折り込んだり、あるいは立てたりと自由であった（神谷一九六五・一九六六）。その後しだいに江戸時代の羽織に近い形へと変化していったと考えられるが、羽織の特徴である襠《まち》つきの胴服はこの時代にはわずかである。

胴服の遺品には華麗で斬新な意匠のものが多くみられる。たとえば、伝上杉謙信所用の「金銀襴等《きんぎんらんとう》縫合胴服《ぬいあわせどうぶく》」（上杉神社）は、中国明《みん》の金襴《きんらん》・銀襴《ぎんらん》・緞子《どんす》・繻子《しゅす》など一六種類の裂《きれ》をパッチワークのように複雑に縫い合わせたもので、豪奢でありながらも洗練された好みを示している。また伝豊臣秀吉所用「桐矢襖文様胴服《きりやぶすまもんようどうぶく》」（京都国立博物館）や伝徳川家康所用「丁子文様胴服《ちょうじもんようどうぶく》」（図8、島根県・清水寺）には、この時代を中心に発展した辻《つじ》が花《はな》染めによる大胆で躍動感あふれる意匠がみられる。

陣羽織　織豊時代の武将たちは、当世具足《とうせいぐそく》と呼ばれる軽便な鎧の上に羽織る陣羽織に綺羅《きら》を尽くした。陣羽織の形には、袖のないものと袖のつくものがあり、身頃《みごろ》の輪郭線なども多種多様で、この時期の特徴的な兜である当世兜《とうせいかぶと》（いわゆる変わり兜）とともに、自由自在な意匠が凝らされた。武士にとって晴《はれ》の場である戦場では、平安時代末以来華麗な装いが競われてきたが、今日に伝わる陣羽織の

図8　丁子文様胴服

図9　鳥獣文様綴織陣羽織

遺品はたんに華やかであるだけでなく、素材・色彩・モチーフに工夫を凝らした、人目を驚かせるような奇抜な意匠が多い。戦場で武威を誇示するという役割だけにとどまらない、この時代の型にはまらない造形感覚がうかがわれる。

陣羽織の素材は、高級絹織物から金泥塗《きんでいぬり》の牛革、鳥や動物の毛まで多岐にわたるが、なかでも南蛮《なんばん》船によって伝えられた新奇な染織品が盛んに用いられている点が注目される。また西洋の衣服の装飾（モール装飾、フリル、立襟）や裁断方法（曲線裁ち）を取り入れるものも多く、異国趣味に溢れた様相を呈している。もっとも好まれたものはヨーロッパ産の厚地毛織物の羅紗《らしゃ》（ポルトガル語のraxaに由来）で、猩々緋《しょうじょうひ》と呼ばれた緋色の羅紗をはじめ、黒や黄など絹織物にはない鮮明な色調が歓迎された。

たとえば伝伊達政宗所用の「黒羅紗地裾緋羅紗山形文陣羽織」（仙台市博物館）は黒羅紗と猩々緋をたくみ

にはぎ合わせ、豪華なモール糸（絹糸に金銀の切金をまきつけたもの）で装飾を施した洗練された意匠で、前裾には曲線裁断がみられ、襟に襞飾りがつくなど細部に西洋の衣服の影響がみられる。また伝豊臣秀吉所用「鳥獣文様綴織《つづれおり》陣羽織」（図9、高台寺）は、ペルシャ・サファヴィー朝の宮廷工房で制作された最高級のタピスリー（敷物や掛布として使用する綴織）で仕立てたもので、このタピスリーはポルトガルのインド副王から秀吉への贈答品かと推測されている（小笠原一九九八）。

十徳　小袖の上に着用した外衣にはほかに十徳《じっとく》がある。これは素襖の両脇の裾を縫い合わせたかたちの垂領大袖《たりくびおおそで》の衣服で、室町時代中期から主に身分の高い武士に供奉《ぐぶ》する者が、社寺参詣や屋外での行事に麻製のものを用いたようである。本来は幅の狭い袴の上から着用して白布の帯をしめたが、放《はな》ち十徳と称して、帯をはずした略式の着方も行われた。江戸時代には、医者や僧侶・絵師・俳人・茶人などが礼服として用いた。

羽織　羽織は江戸時代に入って男性に広く用いられる外衣であるが、織豊時代からその前身としての羽織が用いられていたと考えられる。しかし語義の点においても、また絵画作品の描写のうえでも胴服との違いは明らかではなく、どのような範囲で用いられていたのかについてもあまりよくわかっていない。江戸時代に形式の定まった羽織については、胴服が形を整えて羽織と呼ばれるようになったとする説が多いが、胴服のみを羽織の前身とするのではなく、織豊時代に用いられた各種の外衣が統一されて一つの形式に収束されていったという考え方もあり、その成立過程はあまり明らかではない。

南蛮服の流行　室町時代末期以降のポルトガル人やスペイン人の渡来によって、わが国にはじめて伝えられた西洋の衣服は、同時に船載された多様な染織品とともに、直接的にも間接的にも織豊時代の服飾に少なからぬ影響を与えた。布教のために各地を訪れる宣教師の姿や、宣教師から武将への贈答品などを通して目にしたマントや襞襟《ひだえり》や帽子は、当時の人びとの好奇心を刺激し、いわゆる南蛮服が流行した。信長と親交のあったポルトガル人宣教師ルイス・フロイスは、天正五年（一五七七）八月にインドのゴアに滞在するイエズス会宣教師の責任者に送った書簡で、日本の武将が宣教師からの贈り物を熱望していることを伝え、具体的には眼鏡、琥珀やビロードの裏つきの帽子、刺繍入りのハンカチ、瓶入金平糖、羅紗のカパ（マント）などをあげている。

南蛮趣味は武将だけにとどまらず一般市民にも広がった。当時の風俗画には、襞襟をつけたり、あるいは高い立襟つきの洋服の上衣を小袖の内に着た若衆の姿がみられる。この上衣はポルトガル語でjubao（ジュバン）またはgibao（ジバン）と呼ばれるもので、江戸時代に下着として着用されるようになった襦袢《じゅばん》の語源と考えられている。またマント（ポルトガル語でcapa＝カパ）を模した合羽《かっぱ》が普及するなど、西洋の衣服の影響は江戸時代にも続いた。

南蛮貿易によって船載された主な染織品には、右にあげたヨーロッパの羅紗やビロードのほか、更紗《さらさ》、縞物などインドや東南アジアの綿製品やモール（インドやペルシヤ産の金銀糸入りの織物）などがあり、中国明の金襴《きんらん》・緞子《どんす》・錦・間道《かんとう》・繻子《しゅす》なども室町時代にひきつづき船載された。これらの染織品は貴重な舶来品として珍重され、陣羽織や胴服などに用いられるほか、茶の湯では名物裂《めいぶつぎれ》として鑑賞された。その一方では国産化も試みられて、わが国の染織技術の発展を促すこととなった。

かぶき者の異装　人目をひく装いを競った武将たちの気風は、戦国の乱世が終息し太平の世へと向かいはじめた織豊末期から江戸初期の、かぶき者と呼ばれる反体制的な若者たちへと受け継がれていった。自由奔放さを求める空気がいまだ色濃く残る京や江戸の市中に登場したかぶき者は、奇抜な言動と派手で型破りな異装で人びとの注目を集めた。江戸初期に制作された『歌舞伎図巻』や『四条河原遊楽図』には、華麗な色や大胆な文様の小袖や、襟や袖口に派手な裂をつけた羽織を身につけるかぶき者や若衆の姿がみられる。

町人服飾の発展　織豊時代には武家を中心に新しい好みのさまざまな服飾が生まれ、庶民の服飾にも影響を与えたが、江戸時代には武家の服飾に加えて、町人文化の隆盛とともに独自の美意識に支えられた町人服飾がはなやかに展開し、幅広い階層の人びとが流行を享受した。

江戸時代の身分制度において下位にあった町人の衣服は、制度上では紬・木綿・麻布に限ることとされ高級な絹織物の着用は禁じられた。しかし十七世紀後半から奢侈な装いを好む富裕な町人も現われ、流行の担い手として台頭した町人の服飾は、その後しだいに洗練度を増していった。このような町人服飾と武家服飾とが相互に影響しあいながら、それぞれの充実した服飾文化が花開いた。その背景には、染織技術の発達や流通網の整備などのさまざまな要素とともに、出版文化の発展によって登場した小袖雛形本や浮世絵、黄表紙や洒落本などの小説類による多くの人々への速やかな流行の伝播があった。

羽織袴姿と着流し　江戸時代には羽織が形式を整えて男性の外衣として普及した。小袖の上に袴をつけて羽織を着る羽織袴姿が裃に次ぐ服装形式となり、武士の日常着として用いられる一方で、町人の礼装となった。これに次いで羽織袴姿から羽織をとった小袖袴姿がある。これらの袴をつけた装いが公的な服装であるのに対して、小袖羽織姿や小袖のみの姿など袴をつけない着流し姿は略装であった。

羽織は江戸初期までは色・文様・形態いずれもさまざまであったが、十七世紀半ば以降は、しだいに礼装化していくとともに地味な色や柄が一般的となった。享保頃（一七一六〜三六）には黒の定紋《じょうもん》付《つき》（背・両胸・両後袖の五所紋《いつところもん》）を正式として、以下無地、小紋、縞の順に略式とした。袴をつけない小袖羽織姿であっても黒紋付の羽織であれば準礼装として扱われた。形は、両脇に襠《まち》がついて衽《おくみ》はなく、裾までつく襟を外側に折り返す形式が十七世紀後半までに定まったが丈は流行によって変化した。江戸では元禄（一六八八〜一七〇四）以降短羽織と長羽織の流行が交互に訪れ、安永・天明頃（一七七二〜八九）の通人の長羽織のように各時期の装いを特徴づけた。

武士が着用した特殊な形の羽織に打裂《ぶっさき》羽織がある。帯刀や乗馬の際に裾が邪魔にならないよう背縫《せぬ》いの下半分をあけて仕立てたもので、元来は旅装用であったが、江戸末期には通常の略装にも用いた。

羽織は本来男性の衣服であるが、延享五年（一七四八）三月に江戸で町人女性の羽織着用を禁ずる御触書が出されているように、十八世紀半ば頃には略装に羽織を用いる町人女性が現われ、同じ頃から伊達な心意気を誇る深川芸者も羽織を愛用するようになって、後期には一般庶民女性にも広まっていった。

袴は、通常は半裃の切袴と同形で襠の低い平袴を着用し、このほかに武士が用いた馬乗袴《うまのり》や野袴《の》がある。馬乗袴は乗馬に適するよう工夫した袴で、馬上で脛が出ないよう襠を高くし、背に鞍腰と呼ばれる薄板をつける。野袴は旅行用で裾に黒天鵞絨《びろうど》の縁をつける。袴の地質は緞子や錦、仙台平《せんだいひら》などの高級織物から小倉などの縞木綿にいたるまで種々の織物が用いられた。

『色道大鑑』にみる遊客の装い　江戸初期までの男性の羽織や小袖には華やかな色や大胆な文様も行われたが、十七世紀半ば以降は、黒・藍・茶などの無地、小紋・縞が主流となり、小袖意匠に多様な展開のみられる女性服飾とは様相を異にする。しかしこのような好みは男性の装いが地味で単調であったことを意味するのではなく、遊里《ゆうり》での装いをはじめとする当世風《とうせいふう》服飾においては、さまざまな趣向が凝らされ、多くの流行が生み出されたのである。

延宝頃（一六七三〜八一）にまとめられた『色道大鏡《しきどうおおかがみ》』は、京の富裕な町人藤本箕山《ふじもときざん》（一六二六〜一七〇四）が遊里通いに放蕩を尽くした末に著した遊里の百科全書ともいうべき書である。この書の巻第二「寛文格」には、遊客《ゆうかく》が身につけるべき遊びの心得とともに、遊里での理想的な服飾についての詳細な記述がある。その内容は、衣服をはじめとして髷《まげ》の結い方や月代《さかやき》の剃り方、脇差《わきざし》や印籠《いんろう》などの附属品、履物の鼻緒にまでいたり、それらひとつひとつに細かく気を配るようにと説いている。

小袖については無地がもっとも好ましく、ついで小紋をあげ、縞は時によってはすすめるが必ずしも好ましいものではないとしている。無地は黒を最上とし、これについで茶・煤竹《すすたけ》・鳶色《とびいろ》・鼠をあげ、

図10　遊里通いの通人
（『当世風俗通』所載）

黄唐茶《きからちゃ》・花色《はないろ》は「初心《しょしん》」めいてよくないとする。小紋は細やかな柄の茶・憲法《けんぼう》・花色・栗梅《くりうめ》がよいとする。縞は八《はち》丈縞《じょうじま》・飛騨縞・上田縞・郡内縞《ぐんないじま》・奥縞《おくじま》（唐桟《とうざん》）をあげ、簡素な手織り縞は用いてはならないとしている。羽織も黒を最上とし、綿入れ羽織は憲法色の縮緬がもっとも好ましく、羽二重《はぶたえ》地には茶・憲法・栗梅の小紋をすすめる。羽織に舶来品の毛織物を用いる場合は、羅紗・ラセイタなどの厚地のものがよいとする。また小袖の形については、身丈の長いものは「優《ゆう》」ではあるが「重し」として短いものをすすめるなど、男性的な雰囲気をよしとしている。このように遊里通いの装いでは、衣服の材質や色、小紋柄や縞の種類、仕立て方などがひとつひとつ吟味されなければならなかったのである。

通の装い　中期以降の男性服飾には、前期とは異なる様相がみられるようになる。羽織や小袖に黒や茶や藍などを用いることには変わりはなかったが、前期にはあまり用いられなかった縞（縦縞や格子縞）が広く好まれるようになり、小紋柄とともに多様化した。

一方、十八世紀半ば以降の江戸の遊里では、通《つう》（通人《つうじん》）であることを理想とする遊客《ゆうかく》によって、洗練された服飾の好みがかたちづくられた。当世風の遊客の装いは、洒落本《しゃれぼん》（遊里での一昼夜の遊びを題材とする小説）や黄表紙《きびょうし》（江戸市中の流行と風俗を活写する絵入り小説）、浮世絵に描かれている。『当世風俗通《とうせいふうぞくつう》』（一七七三）は通常とは異なる形式の洒落本で、裃姿から小袖のみの簡略な装いにいたるまでの各種の当世風の男性服飾について、髪型・持ち物・履物《はきもの》も含めて詳細に解説した作品である。このうち、小袖着流しに羽織をつけた「上《じょう》の息子風《むすこふう》」は裕福な若者の典型的な遊里通いの装いである（図10）。この装いは、羽織は綿を入れずにひらひらとした紋付き黒羽二重《はぶたえ》、小袖は紋付き黒羽二重・縞縮緬《しまちりめん》・八丈八端《はちじょうはったん》（上質な綾織の八丈縞）・よごれ小紋縮緬、夏期は越後縮《えちごちぢみ》（越後産のしぼのある上質の麻）の縞や小紋である。黒紋付の羽織や小袖は着流しでも改まった姿で黒仕立てと呼ばれるのに対し、縞や小紋の小袖はややくだけた感じの洒落着《しゃれぎ》である。小袖の内に着る襦袢《じゅばん》は緋縮緬や桃色縮緬で黒天鵞絨《びろうど》の半襟《はんえり》をかける。帯は上質な博多や天鵞絨の帯を胸高にしめ、端《はし》をだらりとさげる猫じゃらしに結ぶ。挿絵には小袖を草履が隠れるほど丈長《たけなが》に着て、猫背気味に歩く細身の姿が描かれる。

この装いのもっとも注目される特徴は、全体的に柔弱《にゅうじゃく》な印象で女性的な雰囲気がみられることである。華やかな緋縮緬の襦袢は、一般的には若い女性に広く用いられていたものである。このような色めいた装いが遊客に流行したのは、江戸町人の憧れであった市川団十郎演じる助六《すけろく》の扮装の影響によることが指摘されている（小池一九九一）。

細部へのこだわり　通人の装いのもうひとつの特徴は細部にこだわることである。通人は小紋柄や縞柄のわずかな違いや、下着や襦袢、羽織の裏、小さな袋物《ふくろもの》など目立たない部分に趣向を凝らした。たとえば洒落本『妓者呼子鳥《げいしゃよぶこどり》』（一七七七）にでてくる「江戸中で今助六《いますけろく》と評判の雅男《いき》」の装いは、羽織は「いきな小紋」で、上田縞の小袖の下に「茶返《ちゃがえ》し」（小紋の文様部分を白く染め抜くのではなく薄茶に染めたもの）の間着《あいぎ》と「小紋のつぶ霰」の下着を重ねる。間着と下着は小袖と同じ形の衣服である。多彩な小紋柄のなかから、羽織・間着・下着それぞれに「いき」な小紋を吟味して選んでいたと考えられる。ただしどのような小紋が「いき」であるかは、他の衣服との組み合わせや着る人の人柄とも関わった。また通人のあいだでは、自分で考案した好みの小紋柄を身につけることが流行した（小池二〇〇〇）。洒落本『客衆肝照子《きゃくしゅきもかがみ》』（一七八六）には、遊客の誂《あつら》えの小紋柄を、茶屋の女房が誉めるという場面がでてくる。

縞は、八丈縞・縞縮緬・上田縞などに続いて結城《ゆうき》縞や唐桟《とうざん》（舶来の上等な木綿縞）が流行したが、いずれも経糸《たていと》や緯糸《よこいと》の配列の微妙な変化によってさまざまな縞柄を織り出した上等の織物である。洒落本『辰巳之園《たつみのその》』（一七七〇）には、「芸者八丈《げいしゃはちじょう》の羽織に黒紬《つむぎ》の小袖、八丈代《かわ》り縞の下着、八端掛《はったんがけ》の立横《たてよこ》縞の帯」という服装の通人がでてくる。小袖以外はすべて八丈縞で揃えた流行の装いで、芸者八丈や八丈変わり縞はおそらく特別に凝った柄をさしていると考えられる。通人にふさわしいのはこのような縞であった。

小袖の下に重ねる間着や下着は表からはほとんどみえないが、右のように小袖と同様に凝った縞や小紋が用いられたほか、役者染（歌舞伎の人気役者が舞台で用いて流行した文様染）の下着や、舶来の更紗《さらさ》や間道縞《かんとうじま》などの趣味的な裂《きれ》で仕立てた下着も通な好みとして好まれた。下着に特有の仕立て方で、胴に古渡更紗、縁に間道縞を用いるというように、胴と縁《ふち》とで異なる裂を使う額仕立《がくじたて》て（へりとり仕立て）もみられた。

下着よりさらに内に着る襦袢にも、流行の緋縮緬のほか更紗や縮緬の鳴海絞《なるみしぼ》り、墨絵文様（墨による描絵《かきえ》）、散らし書きの文字を表した反古染め《ほうぐ》文様（遊女からの手紙を貼り合わせて作った紙衣《かみこ》を意味する）などの凝ったものがみられる。このほか洒落本『辰巳婦言《たつみふげん》』（一七九八）には、上田縞の羽織の裏に遊女の姿を葛飾北斎《かつしかほくさい》に描かせているという遊客がでてくる。後述するように、贅沢な素材を用いた煙草《たばこ》入れや鼻紙袋《はながみぶくろ》も遊びの場には欠かせない持ち物である。通であるためにはこのように装いの細部にわたって心を配るとともに、全体の調和を考えることが重要であった。このような通の装いは、同時期の江戸の女性の装いと関わりながら、いきの美感を成立させるのである（小池一九九一）。

③ 小袖と帯の流行

小袖の形態の変化　織豊・江戸時代の服飾の中心は小袖である。一般庶民の服飾においては、男性には小袖に袴や羽織を組み合わせる各種の形式が行われたのに対し、女性は礼装から略装まで小袖に帯をしめるかたちが一般的であった。

今日のきものにつながるこの時代の小袖は、上下ひと続きの全身をおおう身頃《みごろ》に、袂《たもと》の発達した袖口の小さい袖を伴い、前身頃には左右の身頃を重ねるための衽《おくみ》がつき、襟元を斜めに合わせて着用（垂領《たりくび》）した。このような形式の衣服を広く小袖と呼ぶが、素材や仕立て方の違いによって区別することもある。その場合は、絹製で裏地がつき、間に薄い絹綿を入れたものをとくに小袖とし、ここから綿を抜いたものを袷《あわせ》、絹製で裏のつかないものを単衣《ひとえ》、麻製の裏のないものを帷子《かたびら》、木綿地の綿入れを布子《ぬのこ》と呼ぶ。これらは衣替《ころもが》えの慣習によって着用時期が定まっており、四月一日から袷、五月五日から単衣や帷子、九月一日から袷、九月九日から綿入れを着た。本章で小袖という場合はこれら小袖形の衣服全般をさしている。

小袖の形態については、横広から縦長へと、身幅と身丈のバランスに変化がみられた。織豊時代から江戸初期までは、男女ともに広い身幅に対して袖幅は狭く、丈は対丈《ついたけ》（身丈と同じこと）である。織豊末期の『花下遊楽図《かかゆうらくず》』（東京国立博物館）には、全体にゆったりとして裾廻りにゆとりのある小袖を、おはしょりなしで地面につくかつかないかの対丈《ついたけ》に着用する男女の姿がみられる（図11）。十七世紀半ば頃になると、細身で身丈の長いシルエットに美しさが見出されるようになり、しだいに身幅は狭く、一方で袖幅は広くなっていった。この頃の遊女を描いた美人画には細身の小袖をやや裾を引いて着用する姿がみられる。元禄頃（一六八八〜一七〇四）には身幅と袖幅がほぼ同じとなり、男性は対丈のままであったが、女性は裾を引く長さが一般的になって、外出時には裾を引き上げ抱え帯でしめるようになった。現在のきものはこの形態をほぼ継承している。

大人の小袖は袖丈を短く仕立て脇をすべて身頃に縫い合わせたが、子供や若い男女は長い袖の縫いつけ部分を少なくして振りを作った。このような袖をもつ小袖を振袖《ふりそで》と呼ぶ。男子は元服後に、女子は結婚後に「袖留」と称して振りのない袖とした。若い娘の振袖は十七世紀半ば頃からしだいに長くなり、『守貞漫稿《もりさだまんこう》』によると、宝暦頃（一七五一〜六四）には二尺八、九寸（約一〇六〜一一〇チセン）にも達し、袖が地面に届くほどであったという。江戸末期にはこのような華やかな振袖を大振袖と呼び、

図11　江戸初期の小袖姿
（『花下遊楽図』）

図12　春草と桐唐草文様肩裾小袖

大名や旗本、富裕な町人の娘は平日にも着用したが、中流層の町人などは、礼服や晴《はれ》服など特別な衣服として用い、平日には一尺五寸（約五七センチ）の中振袖を着用した。

織豊時代の小袖意匠　服飾の主流となった織豊・江戸時代の小袖にはさまざまな意匠が凝らされ、多くの流行が生まれた。

織豊時代から江戸初期にかけては、公家服飾の伝統を受け継ぐ重厚華麗な唐織《からおり》、刺繡や摺箔《すりはく》、この時代に盛んになった縫箔《ぬいはく》や辻《つじ》が花染《はなぞめ》などの多様な染織技法によって、武家や上層町人の男女の小袖に多彩な文様表現が展開した。縫箔は刺繡を主体として隙間の地を摺箔（金銀の箔を生地に付着させて文様を表現する技法）で埋める技法で華麗なものが多い。これとは対照的に絞りの技法によって大柄な文様の輪郭を表わし、細部に墨絵《すみえ》や摺箔を加えた辻が花染には、のびやかさと繊細さを併せ持つ文様表現がみられる。文様の構図は中世から受け継がれたものが中心で、男女ともに肩裾《かたすそ》、片身替《かたみがわ》り、段替《だんがわ》りが多くみられた。肩裾は小袖の肩と裾の部分を区切って文様を集中し腰部分を余白とするもの（図12）、片身替りは身頃の左右で地色や文様を替えるもの、これをさらに上下の段に分けて異なる色や文様を交互に配するものが段替りである。このほか総模様や散らし模様も行われた。

地なし小袖　江戸時代に入ると男女の小袖意匠に違いがみられるようになる。男性の小袖は、十七世紀半ば以降は落ち着いた色の無地や小紋や縞が中心となるが、女性の小袖には幕末にいたるまで多様な展開がみられた。

初期から寛文頃（一六六一〜七三）にかけては、鹿子絞《かのこしぼ》りや摺箔などで小袖全面にびっしりと細かな文様を施す「地なし」（地が見えないという意味）と称される小袖が好まれた。二代将軍徳川秀忠夫人や秀忠の娘で後水尾天皇に入内した東福門院が、呉服商雁金屋（尾形光琳の生家）に注文した江戸初期の注文品のなかに「地なし」小袖がみられる（河上二〇〇五）。また十七世紀中頃には家老の妻から武家奉公する町人女性まで、誰もが摺箔の地なし小袖を晴着に用いていたことが、随筆『むかし〳〵物語』に伝えられ、武家女性から町人へと流行が広がったようすがうかがわれる。

初期の小袖遺品には、寛永年間（一六二四〜四四）前後に流行したと推察されるいわゆる慶長小袖《けいちょうこそで》がある。地を黒・紅・白に複雑に染め分け、それぞれの区画に合わせて刺繡や摺箔、鹿子絞りで細緻《さいち》な草花文様などを表すもので、地なし小袖の性格を備えるものも多い（図13）。生地は織豊時代に主流であった張りのある練貫《ねりぬき》ではなく、綸子《りんず》や紗綾《さや》など地紋のある柔らかいものが用いられた。

図13　四季花鳥文様縫箔小袖

図14　黒綸子地菊水文様絞縫箔小袖

小袖雛形本　町人が急速に経済力をつけはじめた十七世紀後半には、町人の好みを反映した小袖意匠が登場し、流行の中心は武家からしだいに町人へとうつっていった。町人たちは文様の構図、題材、技法のいずれにも変化に富んだあらゆる趣向を試み、そのなかから多彩な流行が生み出された。これらの流行の形成と伝播、享受者の拡大に大きな役割を果したのが、小《こ》袖《そで》雛形本《ひながたぼん》である。

小袖雛形本は流行の小袖文様を紹介する図案集で、もっとも古い現存の小袖雛形本は寛文六・七年（一六六六・七）に刊行された『御《おん》ひいなかた』である。その後十九世紀初め頃まで多数出版された。これらの雛形本は小袖を注文する際に広く参考にされたと考えられるが、下絵とは異なるため、実際の制作にあたっては色や技法、文様の大きさや配置などに注文主や制作者の好みが加えられた。現在約一二〇種の小袖雛形本の存在が確認されているが、これらは当時の小袖意匠の流行を今日の私たちに具体的に伝えてくれる。

寛文模様　小袖雛形本が登場した寛文頃には、従来の伝統的な小袖意匠とは一線を画する特徴的な構図が流行した。大柄なモチーフを肩から裾にかけて弧《こ》を描くように斜めに配置して余白を大きくとった図柄を、綸子や繻子地に鹿子絞りや刺繍で表わすいわゆる寛文模様《かんぶんもよう》である（図14）。この構図は『御《おん》ひいなかた』や、東福門院《とうふくもんいん》が万治四年（一六六一）と寛文三年（一六六三）に呉服商雁金屋に注文した小袖の図案下絵集に多くみられ、公家や最上層の武家女性から町人までさまざまな階層の女性に愛好されていたことがわかる。寛文模様の成立過程については、従来、慶長小袖からの意匠の流れとして説明されてきたが、近年ではこれに加えて、江戸初期のかぶき者や遊女に好まれた大胆な小袖文様を寛文模様のさきがけと位置づける説が多くみられる。

図15　「橋に一来法師の模様」（『御ひいなかた』所載）

『御ひいなかた』に収載される文様には主題にも特徴がみられ、伝統的な花鳥文様だけでなく古典文学・謡曲・故事・諺・伝説や身近な行事などに取材したものが多い。これらの主題を文様化するにあたっては、題材を簡略な図柄で暗示的・象徴的に表したり、大文字を用いて言葉遊び風に表現するなど、技巧的な表現法が用いられている。たとえば「橋に一来法師の模様」（図15）は、背面左肩から右袖に斜めに橋を表してその上に「一来《いちらい》」の大文字を置き、右裾に川の流れを描いて、『平家物語』に出てくる三井寺《みいでら》の僧一来の橋合戦での活躍を表す。この主題は謡曲『頼政《よりまさ》』に取り入れられたり祇園祭の山鉾《やまほこ》（浄妙山《じょうみょうやま》）にも作られるなど、当時の京の人びとには身近でなじみ深いものであった（小寺一九六四）。『御ひいなかた』以後の小袖雛形本にもこのような文学的主題をもつ文様は多くみられ、それらを享受した人びとの教養や遊び心がうかがわれる。

衣裳法度　続く延宝・天和頃（一六七三～八四）には、町人の繁栄にともなって町人女性が華美な装いを求める風潮が拡大していった。当時の庶民女性の生活ぶりを批判的に綴る仮名草子『都風俗《みやこふうぞく》鑑《かがみ》』（一六八一）には、凝った髪型に金銀蒔絵《まきえ》の贅沢な櫛をさし、念入りに化粧をする「都女《みやこおんな》」が、「思い〳〵」の文様を表した小袖に流行の幅広の帯をしめ、懐《ふところ》には趣向を凝らした鼻紙袋《はながみぶくろ》（小物を入れる袋物）を入れて、歌舞伎の女形上村吉弥《おんながたうえむらきちや》の舞台姿をうつしたような風情で歩むようすが描写される。また天和頃の江戸上野の賑わいを伝える『天和笑委集《てんなしょういしゅう》』（貞享年間成立）には、道を行きかう娘たちの小袖姿が記され、「吉野の糸桜、紅葉流れる竜田川……扇尽くし、幕尽くし……花に蝶、柿に瓢箪《ひょうたん》……墨絵の源氏……波に兎……富士見西行《さいぎょう》……三河の八橋杜若《はつはしかきつばた》……その他異国、日本の名所旧跡、古歌の心、流行り小唄、文字言語に至るまで」の多種多様な文様が華麗に展開する。

このような奢侈の風潮に対して幕府は相ついで禁令を出した。天和三年（一六八三）三月の衣裳法度《はっと》では、女性の衣服に金紗（金糸入りの薄織物）、刺繡、惣鹿子（小袖の全面に鹿子絞りを施すこと）が禁止され、さらに小袖一領の表地の値段を銀二百目を上限とするよう制限された。また同年五月にも重ねて刺繡と金紗の禁令が出され、刺繡で紋を施すことも禁止された（『御触書寛保集成』）。しかし、井原西鶴《いはらさいかく》の浮世草子《うきよぞうし》『本朝二十不孝《ほんちょうにじゅうふこう》』（一六八六）に「衣装は御法度は表向は守り。内証《ないしょう》は鹿子類さ

図16　華麗な菊と桜の丸文様の振袖に吉弥結びの帯（菱川師宣画『見返り美人図』）

まさま整へ」とあるように、禁令を守らず贅を尽くした装いを好む女性は少なくなかった。貞享・元禄期（一六八四～一七〇四）にもこのような華美を追い求める傾向は続いた（図16）。元禄小袖と呼ばれるこの時期の遺品は、多彩な刺繍や緻密な鹿子絞りを駆使した大柄の文様を、左腰部分をわずかに残してほぼ全面に表した豪奢なものである。一方この時期の西鶴の作品には、一般的な贅沢を越えた種々の服飾の趣向が描き出されている（小池一九九一）。

友禅染　天和年間（一六八一～八四）以降の小袖には、華やかな意匠とは対照的な文様染（染物）への好みがあらわれてくる。小袖雛形本『新板《しんぱん》当風《とうふう》御《おん》ひいながた』（菱川師宣《ひしかわもろのぶ》画、一六八三）の序文には、総鹿子や金糸縫入りの小袖に代わって軽い感じのものが好まれるようになり、唐《から》染・正平《しょうへい》染・しゃむろ染・更紗染・霜ふり染などの模様染め、鹿子散らし、金銀摺箔などの技法が好まれるようになった、と記されている。おそらく以前から徐々に広がりはじめていた染物への関心が、天和三年の禁令をひとつのきっかけとして高まっていったのではないかと考えられる。

ところで右にみえるしゃむろ染と更紗染は、インド産の更紗の模倣を試みて考案された技法と考えられる。更紗は花鳥・人物・幾何学文様などのさまざまな図柄を、主に赤の染料である茜《あかね》や藍を用い、媒染模様染《ばいせんもようぞめ》（媒染剤を用いてひとつの染料で複数の色を染める技法）と蝋防染《ろうぼうせん》によって表した異国的な雰囲気の木綿の文様染布である。本格的に輸入されはじめた江戸初期から、刺繍や鹿子絞りなどの華やかさとは異なる趣きの装いとして注目され、遊女や若衆をはじめ新奇な装いを好む人びとに小袖や羽織として用いられるとともに、技法的にも関心が高まった。この更紗を模して工夫されたしゃむろ染や更紗染の技法は、インド更紗とは異なり、糊防染《のりぼうせん》と染料による彩色を組み合わせたものと推測され、次に述べる友禅染《ゆうぜんぞめ》の誕生に少なからぬ影響を与えたと考えられる（河上二〇〇七b）。

さまざまな文様染が好まれるようになるなかで登場したのが、今日でも文様染の代表的な技法として知られる友禅染《ゆうぜんぞめ》である。友禅の名は、元禄前後に京で活躍した扇絵《おうぎえ》専門の絵師宮崎友禅《みやざきゆうぜん》に由来する。友禅の描く扇絵は、井原西鶴の『好色一代男《こうしょくいちだいおとこ》』（一六八二）に、島原通いの大臣客の持ち物として「友禅が浮世絵」の扇が出てくることからも、その人気ぶりが知られる。その扇絵の画風を小袖文様に応用し、染めによって表したのが友禅染である。貞享三年（一六八六）刊の小袖雛形本『諸国御ひいなかた』の序文に「此頃《このごろ》都に流行りし模様友禅風」と記され、京都町家風の項に繊細な表現の「花の丸の友禅模様」が紹介されるように、友禅模様は貞享頃から町人好みの文様として流行しはじめた。『友禅ひいなかた』（一六八八）には丸文様とともに絵画的な構図の文様を細やかな筆遣いで表現したもの

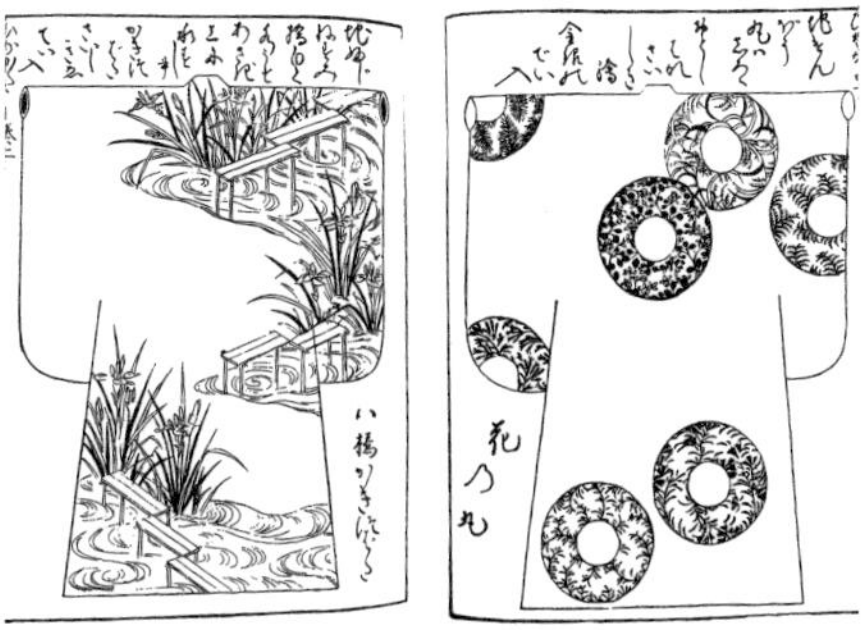

図17　友禅模様　右：丸文様　左：絵画的構図の文様（『友禅ひいなかた』所載）

が多くみられ、友禅文様にはこれらの二つの流れがあったことがうかがわれる（図17）。宮崎友禅直《じき》筆《ひつ》の小袖雛型本『余情《よせい》ひなかた』（一六九二）にも、流暢な筆づかいによる絵画的な文様が集められている。このような繊細で絵画的な文様を自由に染めるためには、文様の輪郭線に細く糊をおくことによって隣り合う色同士が滲まないように工夫し（後に糸目糊《いとめのり》と呼ばれる技法）、筆に染料をつけて細かく色を挿していくという技法が用いられた。初期の友禅染は特徴的な文様が注目されたが、やがて友禅染の名称はこのような独自の技法をさすことが多くなる（長崎一九八九）。なお従来は、友禅染の技法の創案も宮崎友禅によると伝えられてきたが、友禅が染織技術に関与していたことを示す史料は見出せず、あくまで意匠のみに関わるデザイナーであったとの指摘がなされている（丸山二〇〇八）。十八世紀には友禅染の技法は完成度を高め、より多彩で繊細な文様表現が可能になったことから、町人女性の小袖における主要な技法として定着し、風景文様をはじめ装飾的な色遣いの絵画的な意匠の小袖がつぎつぎと生み出されていった（口絵5）。

友禅染の隆盛にともなって小袖の生地には縮緬《ちりめん》が盛んに用いられるようになる。縮緬は緯糸《よこいと》に強い撚《よ》りのきいた生糸を用いて平織にし、織り上げた後に精錬《せいれん》して表面にしぼ（凹凸）を生じさせ、しなやかで柔軟性に富むのが特徴である。細かなしぼは友禅染の繊細な色挿しに深みをあたえた。

描絵小袖　友禅染と同じ時期に注目されるようになったのが描絵《かきえ》小袖である。描絵は墨や顔料・染料を用いて筆で絵を描くように布に直接文様を表す古くからの技法で、織豊期から江戸初期の辻が花染と称される文様染めには、繊細な描絵を部分的にほどこす例が多くみられる。元禄前後には描絵を補助的に用いるのではなく、小袖をひと続きの画面として捉えて風景画などを描き、その絵画を着るという趣向の描絵小袖が好まれた。西鶴の『好色一代男』（一六八二）には島原の遊女かほるの衣装として、「女性絵師狩野雪信《かのうゆきのぶ》が秋の野の風情を描いた」この上ない贅沢な「白繻子の小袖」が出てくる。また西鶴の『好色五人女《こうしょくごにんおんな》』（一六八六）では、被衣《かずき》をつけた三十四、五歳の上品な装いの女性が、左の袖に兼好法師《けんこうほうし》が『徒然草《つれづれぐさ》』を綴《つづ》るようすを描絵であらわした絖《ぬめ》地の小袖を着ており、「さりとは子細らしき物好き（ほんとうにひねった趣向）」とされる。このような小袖は一般的な華やかさとは異なる趣味的な装いとして、遊女や一部の上層町人女性に取り入れられたと考えられる。

著名な絵師の描いた描絵小袖は、今日いくつかの作品が伝来する。たとえば、元禄期を代表する絵師尾形光琳《おがたこうりん》（一六八五～一七一六）の手になる「秋草文様小袖」は、風にわずかに揺れる秋草を墨と淡彩で描いた情緒豊かな作品で、江戸滞在中に交流のあった深川の材木商冬木《ふゆき》家の夫人のために描いたものと伝えられる（図18）。このほか後期のものとして、光琳に私淑した酒《さか》井《い》抱一《ほういつ》（一七六一～一八二九）の「紅梅春草文様描絵小袖」、四条派の祖呉春《ごしゅん》の「楼閣山水人物文様描絵小袖」などが知られる。

図18　秋草文様描絵小袖

十八世紀に入ると小袖雛形本にも描絵による図柄が多

くみられるようになり、墨絵文様のみを集めた小袖雛形本『墨絵ひなかた都商人』（一七一五）が出版されるなど、描絵のなかでも墨絵への関心が高まった。

光琳模様　正徳〜元文頃（一七一一〜四〇）にかけて、尾形光琳の画風の影響をうけた光琳模様《こうりんもよう》と呼ばれる特徴的な文様が流行した。モチーフの細部を大胆に単純化して抑揚のある流暢な筆使いで表わしたもので、「光琳梅」「光琳桐」「光琳桔梗」「光琳水」などと称された。とくに享保元年（一七一六）の光琳没後人気は拡大し、『当流模様雛形鶴の声』（一七二四）をはじめ光琳模様を中心とする小袖雛形本が次々と出版され、『光琳雛形若みとり』（一七二七）のように書名に光琳の名を冠したものも現われた。当時の上方を代表する絵師西川祐信の絵本や肉筆画作品には、光琳模様が多く取り上げられている。

中後期の模様小袖　多彩な色遣いの友禅染や墨絵による絵画的な文様表現が主流となった享保頃には、文様は繊細さを増すとともにしだいに小柄になり、腰より上と下で地色や文様を変える上下二段文様や、ひとまとまりの単位模様を全体に配置するもの、腰から下のみに文様をおくものなど、小袖全面をひと続きの表現の場とする従来の構図とは異なる意匠がみられるようになった。

宝暦頃（一七五一〜六四）になると、小柄な文様を小袖全体あるいは腰から下に散らしたものが多くなり、これらの文様を糊防染によって白く染め抜く白上げ《しろあ》（白上り《しろあが》）や、刺繍のなかでも線描《せんびょう》的な表現の素縫《すぬ》いの技法で表わすことが流行した。いずれの技法も色数をおさえ淡泊で瀟洒な趣きを表現する新しい好みの技法である。また同じ頃から小袖の裾部分にのみ文様をおく裾《すそ》模様も好まれるようになり（図19）、明和・安永頃（一七六四〜八一）には表を無地や縞とし裏に文様をつける裏模様も登場した。

以上のような享保以後の小袖文様の構図は、小袖の形態や帯の変化と関わりながら新たに生み出された流行である。帯の上と下とでそれぞれに成立する文様は、帯幅の広がりにともなって求められるようになったものであり、小柄な文様は装飾的な帯の結び方と調和するものであったと考えられる。裾模様の流行は、身丈の長くなった小袖の引き裾の美しさが注目されるようになったことが背景にあると考えられる。なお、小袖の豪華な装飾を抑制させた要因としては、享保の改革における厳しい奢侈禁止令の影響も指摘されている。

江戸後期には裾模様が女性の小袖意匠として定形化し、友禅染・白上げ・刺繡などの技法によって小柄なモチーフを散らしたものや絵画的な意匠が多くみられた。後者については、とくに写生画風の線の表現や色遣いによる、より絵画に接近した意匠が好まれるようになった。このような絵画的意匠にはさまざまな絵師の関与の可能性が指摘されている（大久保一九九九）。

図19　裾模様に幅広の帯
（歌川豊広画『梅咲く園』）

浴衣　江戸時代に普及した庶民の衣服に浴衣《ゆかた》がある。これは古くから入浴の際に身につけた湯帷子《ゆかたびら》から派生したもので、浴後に着る木綿の単衣である。

風呂屋の普及にともなって幅広い層に用いられるようになった。十八世紀後半以降は夕涼みなどにも着るようになり、その後は庶民の夏の日常着として一般の木綿単衣や帷子に代えて用いることが定着した。その場合は本来は広袖仕立ての袖口を縫い合わせることもある。浴衣の意匠には人目を引くものが好まれ、前期の『御ひいなかた』や『諸国御ひいなかた』には、大柄で簡略化された表現の染文様が紹介される。後期には真岡木綿などの晒木綿の白地に藍染が男女ともに広く行われ、中形（小紋よりも大柄な文様の型染め）や小紋、鳴海絞りなどの絞り染め、大柄の縞や格子、歌舞伎役者に因む文様などさまざまな意匠が凝らされた。

帯の変遷　小袖の表着化にともなって装飾性を備えるようになった帯は、小袖の形態や文様の変化と関わりながら、形や結び方、生地に多様な好みが展開された。織豊期から江戸初期にかけては、男女ともに幅の狭い平絎《ひらぐけ》の帯や名護屋帯と呼ばれる房つきの組帯を、前後左右と思い思いの位置で結んだ。

十七世紀半ば頃から男女の帯に違いがみられるようになり、女性の帯は幅広く長くなっていく。寛文頃（一六六一～七三）には幅が二寸五分から三寸（約一一センチ）で丈は七尺五寸くらい（約二八四センチ）であったが、延宝頃（一六七三～八一）には幅が五寸から六寸（約二二センチ）となり、一丈二尺（約四五五センチ）の丈の帯を用いた吉弥《きちや》結びが流行した。これは歌舞伎の女形上村吉弥《おんながたうえむらきちや》の舞台衣裳から流行したもので、帯を後で結び、帯先を唐犬の耳のように垂らす結び方である。貞享・元禄頃（一六八四～一七〇四）には帯幅はさらに広がり、絹織物の織幅（当時は九寸が主流）をそのまま用いるようになった。帯を結ぶ位置は、装飾的な結び方が広まるにつれて若い女性を中心に後結びが多くなり、後期には遊女や年配の女性のみ前結びで、そのほかはもっぱら後結びとなった。結び方もさまざまな工夫がなされ、中期の水木《みずき》結び(歌舞伎役者水木辰之助の工夫)や路考《ろこう》結び(二世瀬川菊之丞《きくのじょう》の工夫)、後期のやの字結びや太鼓結びなどの流行が生まれた。

帯地には小袖意匠に合わせた多様なものがみられる。上流層には江戸初期から金襴《きんらん》などの華やかなものが用いられており、その後緞子《どんす》・錦・繻珍《しゅちん》・天鵞絨《びろうど》・繻子《しゅす》・綸子《りんず》・縮緬《ちりめん》・琥珀《こはく》・モールなど各種の織物が後期まで用いられた。繻子・綸子・縮緬に刺繡や鹿子絞りなどで多彩な文様を表すものもあった。また元禄五年(一六九二)刊の『女重宝記《おんなちょうほうき》』に「絹一幅に大散らしの染帯……今の流行《はや》り風」と記されるように、貞享・元禄頃には小袖文様と同様に染めの技法で文様を表すことも好まれるようになった。『友禅ひいなかた』には、友禅染めによる帯の雛形図が掲載される。

中期以降の江戸町人女性には、安永・天明期(一七七二〜八九)を中心に流行した更紗《さらさ》をはじめ、博多、ゴロフクレンやカツサンなどの舶来の毛織物、縞・格子・市松・七宝《しっぽう》・麻の葉などの文様が好まれた。表裏別裂《きれ》で仕立てた鯨帯《くじらおび》も盛んに用いられ、浮世絵や人情本には縞や小紋の小袖に鯨帯をしめた「いき」な女性の姿が多くみられる。

小袖の丈が長くなった延宝頃から、外出の際には帯の下に抱《かか》え帯を結ぶようになった。長い裾を引き上げるためのものであるが、縮緬などの上等な生地が用いられることもあり、色の流行などもみられた。

男の帯　男性の帯は、初期から前期には幅が約二寸（約七・五センチ）であったが、元文頃（一七三六〜四一）には四、五寸になり、その後二、三寸と再び狭くなって、寛政（一七八九〜一八〇一）以降は幅一寸八、九分、長さ一丈（約三七九センチ）の帯を三重に廻して後で結んだ。結び方は、初期にはかるた結び（かるた三枚を並べたような形）が多かったが、後期には貝の口（真結びの両端を上にする形）が一般的となった。

帯地には、繻子・縮緬・琥珀・緞子・博多・紗綾《さや》・七子《ななこ》・八丈などが用いられ、黒・茶・紺などの無地や小紋・縞・格子などが多かった。なかでも独鈷形《とっこがた》（仏具の独鈷に似た形）を連ねた文様を特徴とする博多は、中期以降贅沢な帯地として好まれ、後期には幅広い層に流行が広がった。このほかの特徴的な流行として、天明頃の遊里通いの装いに好まれた腹切《はらきり》帯と称する緋博多や緋緞子の帯がある。

4　江戸風の好みと「いき」の美感

江戸中・後期の江戸文化　享保の改革以後、江戸は政治・経済・文化のあらゆる面で中心となり、上方から江戸へのいわゆる文運東漸《ぶんうんとうぜん》現象がおこった。十八世紀後半の江戸では文学・絵画・演劇などの諸分野において上方文化とは異なる江戸町人の新しい文化が発達した。文学では黄表紙《きびょうし》・洒落本《しゃれぼん》・滑稽本《こっけいぼん》・合巻《ごうかん》・人情本《にんじょうぼん》などの戯作《げさく》と呼ばれる小説類、あるいは俳諧《はいかい》・川柳《せんりゅう》などの俗文芸が興隆し、多色摺《たしょくずり》の浮世絵（錦絵《にしきえ》）が創始されて流行の風俗を活写した。歌舞伎も江戸が主軸となり、演出や舞台装置、音曲などに独自の展開をみせ人気を博した。これら諸分野の活性化とともに、服飾においても従来の上方風の趣味とは異なる江戸風の趣味が町人の間に生まれた。

いきの好み　江戸風の趣味の中心をなすのは渋い色合いの縞や小紋、そして黒への好みである。これらの衣服は前期には男性のみに用いられるもので、一般的には女性が好んで身につけることはなかったが、十八世紀後半には「いき」な好みとして女性の服飾にも流行するようになる。「いき」の語は江戸前期から遊里を中心とする世界で用いられていた語で、当初は心意気《こころいき》、あるいは意気地《いきじ》すなわち大気《たいき》さという意を表していた。明和頃（一七六四〜七二）から髪型や衣服を含めた具体的な事物の様態をさす言葉として流行し、やがて江戸町人文化の成熟を背景にひとつの美意識として結実していく（中野一九八四）。

服飾における「いき」の好みについて詳しくみると、色彩については単色かもしくは限られた色数のなかで、ひとつひとつの色に微妙な変化を求めるという方向がみられる。基調となる色は茶・鼠・藍で、そのなかにわずかに華やかな色味を加えたもの、たとえば路考茶《ろこうちゃ》、媚茶《こびちゃ》、藍鼠《あいねずみ》、紅かけ鼠、藍みる茶などのような微妙な色調を特徴とする。これらの色を用いた縞や小紋には、配色や柄、素材の風合いなどに繊細で複雑な味わいが求められた。また、縞や小紋と同じ頃から流行した繊細な裾模様にも同様の色の好みが取り入れられている。装い全体としては地味で控えめな表着に黒を効果的に組み合わせ、緋色などの襦袢をのぞかせてわずかな華やかさ明るさを加えるといった装いである。

このような「いき」の好みは、遊里を中心とする世界を発端として町人社会全体に拡大したもので、京風・上方風に対する江戸風、江戸風のなかでも武家風に対する町風、町風のなかでも堅気風ではない色街風の性格を持ち、上方や武家、堅気のお店風などいわば伝統性や正統性を持つものは、「いき」に対立する野暮であるとして否定された（谷田一九六〇）。

縞や小紋の流行は、浮世絵や黄表紙・洒落本・滑稽本・人情本などの戯作に描き出されている。浮世絵では、明和年間（一七六四〜七二）には、当時絶大な人気を誇った鈴木春信が、暖かな色調の画面に体の線や動きにともなって柔らかな表情をみせるすっきりとした印象の縞の小袖や帯を描いている（図20）。また天明・寛政頃（一七八一〜一八〇一）には、すらりとした長身の清楚な美人画を得意とする鳥居清長が、縞の小袖をつけた女性ののびやかな美しさを表現し、喜多川歌麿が恋に悩む女性を描いた「歌撰恋之部」のシリーズで、複雑な心の内を映し出すかのような陰翳にとんだ小紋や縞の小袖を描いている（図21）。

戯作では黄表紙『江戸春一夜千両』（一七八六）に、富裕な町人の女房が憧れの八丈縞の小袖三枚重ねを呉服屋に注文するという話がでてくる。また為永春水の『春告鳥』（一八三六・三七）には、「黒紬《つむぎ》の紋付の花色裏、……下着は仙斎茶《せんざいちゃ》の色にて梶の葉の二分《にぶ》（約六ミリ）ぐらいの大きさの小紋縮緬、惣地は白茶《しらちゃ》なり、……湯もじ（腰から下に巻く肌着）は浅黄《あさぎ》縮緬」という元芸者の、繊細さを増した江戸風の好みが描かれている。

男女の服飾の接近といきの成立　以上のような「いき」の好みは、男女に共通してみられるものであったことが注目される。従来は男性の衣服であった渋い色の縞や小紋を最初に身につけたのは芸者

図 20　縞の小袖と帯に緋の襦袢
（鈴木春信画『風俗四季哥仙　竹間鶯』）

図 21　霰に千鳥の鼠小紋の小袖，三升格子の間着，絞りの下着の重ね（喜多川歌麿画『歌撰恋之部　物思恋』）

などの遊里を中心とする場所の女性であったと考えられる。彼女たちが縞や小紋を着るようになったのは、遊里通いの男性の洒落《しゃれ》姿をみずからの装いに取り入れてみようという「男性スタイルにならった物好《ものず》き」（谷田・小池一九八九）からであったと考えられる。一方③でみたように、当時の通人には黒仕立てや渋い色の縞の小袖や羽織の内側に緋色の襦袢を身につけるなど、華やかで女性的な雰囲気が好まれていた。男女問わずに渋い色の縞や小紋が流行したのは、このように遊里の男女が双方から接近しあって服飾の好みを共有することになり、それがさらに広い範囲に拡大して一般化したためと考え、男女が近づきあった世界に「いき」の美意識が成立したとする見解がある（小池一九九一）。

「いき」の美意識は具体的な着るものの問題にとどまるものではなく、着る心の問題であり、さらには人間の価値観や生き方に関わる問題である。このような点から九鬼周造《くきしゅうぞう》著『「いき」の構造』（一九三〇）は、「いき」の性格を構成する要因として「媚態《びたい》」と「意気地《いきじ》」と「諦め《あきら》」を示したうえで、垢《あか》ぬけして（諦め）、張《は》りのある（意気地）、色っぽさ（媚態）と「いき」を定義した。「いき」の美感に支えられた江戸風の好みは、明治以降もややかたちを変えながらも、江戸の面影を伝える東京の下町の風俗に受け継がれていった。

5 服飾品へのこだわり

印籠 江戸時代には、薬を入れる携帯用容器の印籠《いんろう》や、身のまわりの細かなものを持ち歩くための袋物が広く用いられた。袋物には、煙草入れ・鼻紙袋《はながみぶくろ》（紙入《かみい》れ）・巾着《きんちゃく》・胴乱《どうらん》などがある。これらは本来の実用的な用途をもちながら、意匠や材質にさまざまな趣向が凝らされ、男女の装いを彩る装身具としてはなやかな展開をみせた。

印籠は、扁平な容器を数段重ねて紐でつなぐ形式が一般的で、紐の先に根付《ねつけ》と呼ばれる留具《とめぐ》をつけ、紐を帯にはさんで腰から提《さ》げる。根付と印籠の間に通した緒締《おじめ》という玉を上下して紐を調節し容器を開閉する（図22）。印籠が用いられはじめた時期は明らかではないが、『花下遊楽図屏風《かかゆうらくずびょうぶ》』や『四条河原遊楽図屏風《しじょうがわらゆうらくずびょうぶ》』などの織豊末期から江戸初期の風俗画には、賑わう京の町や遊里で遊びに興じる男性が巾着（巾着形の袋）とともに印籠を提げる姿が散見され、女性にも風流《ふりゅう》踊りの扮装やかぶき踊りを演じる太夫《たゆう》の衣装などに印籠と巾着がみられる。これらのなかには、江戸時代を通して印籠の装飾技法の中心であった蒔絵を思わせるものもある。

十七世紀半ば以降は一般的に印籠は男性が用いるものとなり、武家から庶民まで幅広い層に普及した。裃や羽織袴の礼装や遊里通いの装いに装飾的な印籠は欠かせないものとなり、文様や形もしだいに多様化していった。『蒔絵為井童草《まきえいいとぐさ》』(一七〇五)などの蒔絵の図案集には、花鳥風景・謡曲・古典文学・ことわざなどさまざまな題材の印籠図案が掲載される。

十八世紀後半になると、着流し姿に印籠を提げることはしだいになくなり、もっぱら武士や上層町人が裃姿や羽織袴姿に着けるようになり、裃姿には印籠を提げることが正式とされた。平戸藩主松浦《まつら》静山《せいざん》(一七六〇〜一八四一)が引退後につづった随筆『甲子夜話《かっしやわ》』には、印籠をめぐる興味深い記述がある。藩主であった頃の静山は印籠や巾着などの提げ物の趣味のよいことで知られ、江戸城などで静山の提げ物に大名たちの注目が集まったことから、ますます珍しい趣向を凝らすようになって、ついには百以上もの提げ物を所持することになったというのである。この記述に続いて静山が所持していた提げ物(引退後に火事で焼失)の意匠が書きとめられており、富士に草花を蒔絵で表わした印籠、鷹をかたどった鈴の緒締、「真に逼る《せまる》」木彫りの茄子を取り合わせた「一富士二鷹三茄子《いちふじにたかさんなすび》の印籠」など、印籠と根付や緒締との組み合わせで一つの題材を表す趣向の

図22　松に諫鼓鶏蒔絵印籠

ものが多くみられる。裃は武家の身分を象徴し、公的な場で威儀を整えるための服装であったが、そのような装いにおいても、小さな印籠に各自の趣味を反映させて装うことを楽しんでいたようすがうかがわれる。

上流武家や富裕な町人が蒔絵印籠を購入する際には、一流の絵師に下絵を依頼して特別に注文することもあった。後期に江戸で活躍した蒔絵師原羊遊斎《はらようゆうさい》（一七六九～一八四五）は、江戸琳派《りんぱ》の立役者である酒井抱一《さかいほういつ》の下絵によって印籠を含む多くの蒔絵作品を制作したことで知られるが、二人と交流のあった古河藩主土井利厚が蒔絵印籠の制作を依頼していたことが明らかにされている（小林二〇〇四）。このような文化人たちの交流のなかで、洗練された印籠が生み出されていった。

印籠の遺品は蒔絵や螺鈿《らでん》装飾のものを中心に江戸後期の作品が国内外に数多く伝わる。文様の題材は花鳥風景をはじめ多岐にわたるが、中国の故事を題材とするものも多く、武士や上層町人の教養や遊び心が織りなす豊かな世界がうかがわれる。

鼻紙袋と煙草入れ　袋物のなかでも、町人を中心にもっとも幅広い層の男女に用いられたのは鼻紙袋と煙草入れである。

鼻紙袋は、鼻紙・金銭・薬・鏡や楊枝などの身だしなみの道具を入れる袋で、前期には長方形の袋に蓋のついた形が一般的であったが、中期には形・大きさともに時々の流行がみられるようになり、後期になると二つ折か三つ折りで内側を複雑に仕切った仕立てが一般的となった。用いられはじめた時期は明らかではないが、『色道大鏡』によると延宝頃（一六七三～八一）には身分の高い人びと（おそらく武士）を含めて多くの遊客が用いていた。また前述したように『都風俗鑑《みやこふうぞくかがみ》』（一六八一）には、流行を追う京の町人女性が「物好き（趣向を凝らした）の紙入れの端」を懐《ふところ》からわずかにみせるようすが記される。また『人倫訓蒙図彙《じんりんくんもうずい》』（一六九〇）には、諸々の絹や舶来の毛織物や革で鼻紙袋を仕立てる「紙入師」や鼻紙袋の留め具を専門に作る「金物師《かなものし》」が紹介され、十七世紀後半には贅沢な素材を用いて留め具にも凝った装飾的な鼻紙袋が好まれていたことがわかる。

煙草の葉を入れる煙草入れは、南蛮文化のひとつとして伝えられた喫煙の風習の普及にともなって用いられはじめたもので、袋に紐をつけて腰から提げる形式と（図23）、紐をつけずに懐《ふところ》や袂《たもと》に入れる形式がある。前者には印籠と同様に紐の先に根付を結ぶものと、煙管《きせる》（刻み煙草をつめて吸うための具）を入れる煙管筒をつけるものとがある。最初は実用的な紙製煙草入れから始まったが、享保頃（一七一六～三六）には緞子《どんす》・繻珍《しゅちん》・更紗《さらさ》などの贅沢な素材を用いるようになった。ただし旗本森山孝盛の随筆『賤のをだ巻』（一八〇二）によると、十八世紀半ば頃になっても武家は紙製の簡素な煙草入れを用いていたという。

図23　一つ提げ煙草入れ

独自の文化が発展した十八世紀後半以降の江戸では、装身具としての鼻紙袋や煙草入れへの関心が急速に高まり、洗練された趣味が育まれていく。鼻紙袋や煙草入れを扱う袋物屋や小間物屋がつぎつぎとあらわれ、町人を中心に煙草入れや鼻紙袋に趣向を凝らす風潮が男性にも女性にも広がった。

『進物便覧《しんもつびんらん》』（一八一一）の「江戸土産《おゑどみやげ》」の項には、八四の商品が紹介されるが、そのなかに「丸角《まるがく》袋物」「越川《えちかわ》袋物」「京伝《きょうでん》たばこ入」「紙たばこ入竹屋松本」「金子革袋物」があげられる。十九世紀前半には、袋物は江戸名物として知られるようになったのである。丸角・越川・竹屋・松本・金子はいずれも店の名前で、京伝は、洒落本や黄表紙の人気作者で遊里の事情にも通じていた山東京伝が京橋に開いた店のことである。江戸の袋物は各地の人びとにとって憧れの的であった。煙草入れや鼻紙袋の素材も多様化し、染織品では緞子・天鵞絨・綴織《つづれおり》をはじめとする各種の高級絹織物や、更紗・唐《とう》桟《ざん》・羅紗《らしゃ》などの舶来品、革では国産の菖蒲革・姫路革、舶来の金唐革《きんからかわ》・印伝《いんでん》革などが好まれたほか、細工を凝らした高価な紙も用いられた。

江戸袋物と遊里通い　このような江戸袋物の発展を促したのは、十八世紀後半以降の通《つう》をめざす遊里通いの男性たちであったと考えられる。洒落本や黄表紙、浮世絵に伝えられる遊客の姿には、鼻紙袋や煙草入れが細かく丁寧に描かれていることが多い。なかでも洒落本の詳細な袋物の描写は、きものや帯などの描写と深く関わりあいながら作中人物の個性を鮮明に描き出している例が多く、煙草入れや鼻紙袋が通の装いにおいて重要な意味を持っていたことがわかる。たとえば前出の『辰巳之園《たつみのその》』には通人志厚《しこう》の「小菊三ツ折。丸角屋が骨折りの利久形」の鼻紙袋がでてくる。これは『進物便覧《しんもつびんらん》』にも紹介される遊客御用達の丸角屋で購入した凝った形の、当時流行の細身の鼻紙袋と考えられる。この描写は、通人の黒紬の小袖に羽織、帯、下着をすべて人気の八丈縞で揃えた姿が、流行のすきのない装いであることをより強く印象づけている。また、ありとあらゆる素材を取り揃える丸角屋や越川屋などの人気の店で、通人は好みの素材を吟味し、仕立て方や留め具などにも留意して鼻紙袋や煙草入れをオーダーしていたことが洒落本の描写から知られる。既製品を購入するのではなく、自らの趣味によって仕立てた袋物を身につけ、美的センスを競いあっていたのである。彼らのこのようなこだわりが、袋物を江戸の名物へと発展させたのではないだろうか。

更　紗　煙草入れや鼻紙袋は、舶来の素材が多く用いられていることが特徴のひとつであるが、そのなかでももっとも流行が際立っていたのが更紗である。江戸時代初期にみられた更紗の小袖や羽織は、一部の人びとが用いるにとどまるものであったと考えられるが、十八世紀後半には、江戸の遊里周辺の男女のあいだで更紗に対する好尚が盛んになり、帯や下着や袋物に使われるようになった。洒落本『曽我糠袋《そがのぬかぶくろ》』（一七八八）に、吉原で名の通った遊客朝比奈が、「金更紗の提げ煙草入れ」から煙管を取りだす仕草が描かれるように、洒落本では更紗の袋物は通にふさわしい持ち物としてもっぱら描かれている。江戸初期から中期に日本に舶載された更紗として、井伊家伝来のいわゆる彦根更紗約四五〇枚が知られるが、これらの裂《きれ》は色遣い、図柄、染の技術、生地の風合いなどによって一枚一枚が異なる趣きを持つ。当時の人びとはそのような多種多様な更紗のなかから好みに適う裂を選びだして袋物を仕立て、さりげなく自分の趣味を表現した。このような更紗の流行は、遊里周辺の世界からさらに広い範囲に拡大していった（梅谷一九九二）。

男性の髪型　近世の男性の結髪は、室町末期以降広がった露頂《ろちよう》の風習が定着したことから、多様な展開をみせた。織豊期から江戸初期にかけては、成人が月代《さかやき》を剃る武家の風習が一般庶民にも広がり、束ねた髪を元結《もとゆい》で巻いて先端を房のように出した茶筅髷《ちゃせんまげ》と元結の先を二つ折にした髷とがみられた。元服前の男子は前髪を残して中剃《なかぞ》りを行う若衆髷《わかしゅまげ》で、元服後に前髪を落とした。

江戸時代には二つ折の髷が武家・一般庶民ともに主流となり、髪型は月代の大きさ、髷の太さや形、鬢《びん》（顔の左右の側面の髪）の厚さ、髱《たぼ》（後頭部の髪）の形などの違いによって多様化した。髪型の変化は流行によるところも少なくないが、それ以前に身分・年齢・職業・人柄などによって細かく異なる。

特徴的な流行としては、元文頃（一七三六～四一）に上方から江戸に下って人気を博した浄瑠璃語りの宮古路豊後掾《みやこじぶんごのじょう》の風を写した文金《ぶんきん》風や、明和頃（一七六四～七二）から広がった本多髷が知られる。本多髷は月代を大きく剃り細い髷の元結部分を高く結いあげた形で、当時の流行の装いを紹介する『当世風俗通』（一七七三）には、上品な金魚本多から極端に髷を細くした疫病本多まで十種の本多髷が紹介され、人柄や服装の好みにふさわしい髪型が選ばれていたようすがうかがわれる。幕末には各種の銀杏《いちょう》髷が男性の髪型の中心となった。

女性の髪型　女性の髪型も江戸時代には頭上に髷を結いあげる結髪《けっぱつ》が主流となり、さまざまな流行が生まれた。織豊期には垂髪《たれがみ》が一般的であったが、武家の侍女や労働に携わる庶民女性が襟あしに小さな髷を作るなど、江戸初期にかけて結髪へと移行する過渡的な様相がみられるようになる。武家の侍女には後頭部で髪をひとつに束ねて元結をかける下髪《さげがみ》もみられ、庶民女性には垂髪の先端を輪にする玉結びも行われた。

一方江戸初期の遊女には、玉結びや下髪とともに頭上の高い位置で輪を作り残りの毛を根元に巻きつける唐輪髷《からわまげ》が結われるようになり、この髷は形を整えて兵庫髷《ひょうごまげ》へと発展した。これに続いて若衆髷などの男性の髷や兵庫髷を元として成立した島田髷（束ねた髪を二つ折りにしてその間を締める形）、勝《かつ》山髷《やままげ》（束ねた髪の毛先を前に向けて輪を作る形）が十七世紀半ば頃までに現われた。いずれも遊女に始まると伝えられ、これらの髷の出現は、女歌舞伎の太夫が舞台で若衆髷を取り入れたことが影響したと考えられる。同じ頃には上層の武家女性が、正式な下髪を一時的に棒状の笄《こうがい》を用いてまとめたことに端を発する笄髷もみられるようになった。これ以後江戸時代には多種多様な髷が結われたが、それらのほとんどは兵庫髷・島田髷・勝山髷・笄髷の四系統に分けられる。『女重宝記《おんなちょうほうき》』（一六九二）に、町人は京も田舎も上流女性から下女にいたるまで島田髷か笄髷であるとのべられるように、十七世紀後半には下髪や玉結びとともに髷を作る結髪が一般女性にも広がり、十八世紀以降は公家や上層武家女性以外はもっぱら結髪となった。

　結髪は基本的には前髪・鬢《びん》・髱《たぼ》・髷の四つの部分から構成され、各部分の形は相互に調和をはかりつつそれぞれに流行がみられた。前期には髷は全体的に太く、髱は延宝頃（一六七三〜八一）からしだいに長くなって、元禄頃（一六八八〜一七〇四）には下に突き出す鷗《かもめ》髱が流行した。十八世紀前半には細い髷が一般的となり、鬢を左右に張り出しはじめるとともに髱は水平に持ちあがり、宝暦・明和頃（一七五一〜七二）には髱刺《たぼさ》しという道具を中に入れて髱先を上に反らせる鶺鴒《せきれい》髱が流行した。安永・天明頃（一七七二〜八九）には髱のふくらみがほとんどなくなる一方で、髷は幅広く平らになり、鬢はさらに大きく張り出すようになって鬢張りという道具を用いて形を整える燈籠鬢《とうろうびん》が流行した。女性の結髪は従来は自分で結うことがたしなみであったが、このように複雑な髪型が好まれるようになったことから、専門の女髪結《おんなかみゆ》いに頼むことが始まった。寛政（一七八九〜一八〇一）以降は髷が大型化し、女髪結いが一般化したことによって、髪型はより精妙で技巧的なものとなった。

髷と年齢・身分　このような流行による変化がみられる一方で、髷の種類については、身分、年齢、既婚・未婚の別、職業、上方・江戸などの地域差による違いがあった。島田髷は前期には大島田・やつし島田・投《なげ》島田など種々の変化形が現われ、遊女から一般女性まで広く結われた。中期以降は未婚女性の代表的な髪型として定着し、武家女性などに好まれた上品な高島田（根の高い形）や芸者や町人の娘に結われた潰《つぶ》し島田（髷の中央を細くした形）、いきな年増にふさわしい島田崩し（髷の前の部分を笄に巻きつける形）などがあった。島田髷とともに一般化した笄髷も中期以降多くの種類が生まれ、後期には武家女性には片外《かたはず》しが、上方の既婚女性には新婦は先笄《さつこう》、懐妊後は両輪《りょうわ》が広く結われた。勝山髷は前期には主に遊女の髪型であったが、中期以降は一般女性にも見られるようになり、後期の江戸では勝山系で幅の広い丸みを帯びた丸髷が既婚女性の代表的な髪型となった。兵庫髷は元禄頃には髷が小さくなって一般女性にもみられるようになり、遊女には根の低い根下《ねさ》がり兵庫が結われた。後期には輪を左右に作る横兵庫が遊女の代表的髪型となる。このほかに簡略な結髪として、前期のぐるぐる髷や中期以降の櫛巻き・達磨返《だるまがえ》しなどがあった。

髪飾り—櫛・笄・簪　平安時代以降の女性の垂髪には、特別な場合を除いて髪飾りを用いることはなかったが、江戸時代の結髪には櫛《くし》・笄《こうがい》・簪《かんざし》などの髪飾りが発達し、女性の装いを彩った。

笄は十七世紀前半の笄髷の出現とともに用いられはじめ、同じ頃から梳《す》き櫛を髷に挿すことも行われるようになった。初期の笄や櫛は実用的で簡素なものであったが、町人女性の服飾が華やかさを競い贅を尽くすようになった元禄（一六八八〜一七〇四）前後には、富裕な女性を中心に鼈甲《べっこう》・象牙・金銀などの細工を凝らした櫛や笄が用いられるようになる。井原西鶴の浮世草子『西鶴俗つれ〴〵』（一六九五）には、美しい娘のこのうえない凝った装いに、貴重な香木の白檀《びゃくだん》の台に梅の古木《こぼく》をかたどった珊瑚《さんご》をはめこんだ櫛が出てくる。

同じ頃には簪を挿すことも始まり、十八世紀前半には幅広い層の女性に装飾的な櫛・簪・笄が定着した。享保（一七一六〜三六）前後の江戸の懐月堂《かいげつどう》派や上方の西川祐信《にしかわすけのぶ》の美人画には、未婚・既婚の一般女性や遊女のいずれにも斑入《ふい》り鼈甲製の櫛や笄・簪が描かれることが多く、広く流行していたことが知られる。鼈甲の流行は後期まで続き、舶来品で高価な鼈甲に代えて水牛の角やガラスなどを使った模造品も工夫された。

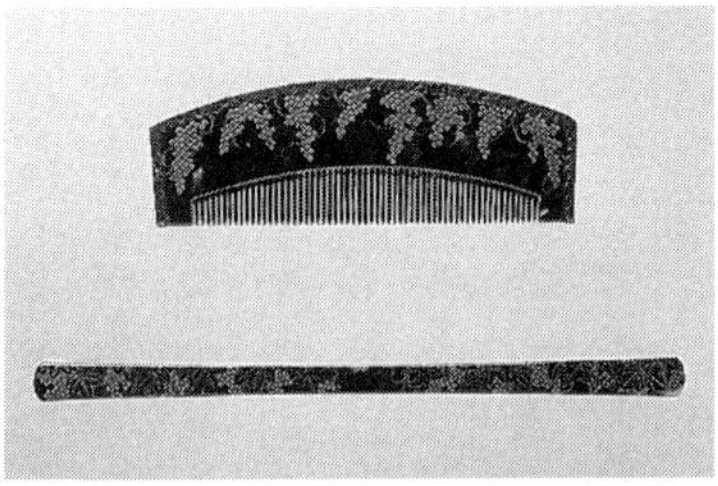

図24　葡萄蒔絵鼈甲櫛・笄

櫛や笄には木製漆塗りや鼈甲や象牙の台に蒔絵装飾を施したものも好まれた（図24）。『蒔絵為井童草《まきえいいとぐさ》』などの図案集にも櫛の図案が多数掲載され、花鳥風月の伝統的な文様や古典文学や謡曲を主題とした文様など多様な意匠がみられる。

十八世紀半ば以降は、技巧的な髪型の流行とともに髪飾りもさらに趣向が凝らされるようになる。櫛の形は半円形や半楕円形、長方形など多様化し、簪も先端が耳掻《か》き状の二本足の形が基本となって、頭部の装飾には、松葉をかたどった松葉簪、珊瑚や翡翠《ひすい》の玉を飾る玉《たま》簪、金属製の薄板に花鳥文様などを毛彫《けほ》りや透かし彫りで表わす平打《ひらう》ち簪などが行われた。平打ち簪には武家女性などが家紋を表すことを好んだほか、思いを寄せる相手の紋や贔屓《ひいき》の歌舞伎役者の紋などをつけることも好まれた。さまざまな意匠を凝らした立体的な飾りつきの簪も広く行われ、モチーフには花鳥や古典文学や故事に因んだ典型的なものに加え、井戸の釣瓶《つるべ》や山葵《わさび》おろしなど町人生活に密着したものも多く、当時の人びとの遊び心がうかがわれる。また鬢《びん》の張った髪型の流行にともなって、従来は一本であった簪の本数が増え、髷の根元だけでなく前髪や後頭部にも挿すようになった。櫛は一般女性は江戸時代を通して一枚に限られたが、遊女はこの頃から二枚から三枚挿すこともあり、簪の数も多く華麗さを競った。その後燈籠鬢《とうろうびん》の流行と髷の大型化にともなって髪飾りも全体的に大ぶりになった。

髪飾りに趣向を凝らすことが幅広い層に広がりはじめた享保前後の時期は、女性の小袖意匠がそれまでより小柄になり繊細さを増すようになった時期に重なる。すなわち十八世紀以降の髪飾りの発展は、装いの細部の変化に心を配るという服飾全体の好尚の流れのなかに位置づけられる。

十九世紀には振袖姿の未婚女性の髪飾りが華やかさを増し、金属の花枝に色紙短冊を提げた花簪、花簪に数本の鎖を提げ先端に花びらや蝶などをつけたびらびら簪、花鳥を彫りによって表した大ぶりな鼈甲飾りの差込式の簪などや、赤い手柄《てがら》（飾り裂《ぎれ》）が用いられた。これとは対照的に江戸風のいきな装いには、歌麿の「歌撰恋之部・物思恋」（図21）に描かれる斑なし鼈甲の櫛・笄と繊細な銀の平打簪を挿す女性のように、あっさりとした趣向が好まれた。女性の人柄と衣服と髪飾りとが調和したきわめて洗練された装いの美が成立していたのである。

十九世紀の作品を中心に伝えられる数多くの髪飾りの遺品には、多様な意匠が蒔絵や象嵌《ぞうがん》、金工、牙彫《げぼり》、ガラス細工などの精緻な技巧を駆使して表されており、髪飾りの発展がそれらの熟練した工芸技術に支えられていたことをうかがわせる。

笠　江戸時代には笠・頭巾《ずきん》・帽子などのかぶりものが発達した。かぶりものは、防雨や日よけなどの実用的な役割をもつ一方で、美的な表現をもつものも少なくなかった。

笠は江戸時代を通して幅広い層の男女にさまざまな場面で用いられた。素材や製法によって、藺草《いぐさ》や藁《わら》を編んだ編笠《あみがさ》、菅《すげ》を縫い合わせた菅《すげ》笠、竹や木を組んだ網代《あじろ》笠、編笠などに漆を塗った塗《ぬり》笠などに大別される。前期の遊里通いの装いでは、武士が顔を隠すために熊谷《くまがい》笠（深い編笠）を好んで用いた。女性の笠は十七世紀後半以降浅いものが一般的となり、頭頂部内側のあて布やあご紐に美しい裂《きれ》を用いるなど装飾性が求められた。

頭巾　頭巾には、布を円形に縫った丸《まる》頭巾（大黒《だいこく》頭巾、焙烙《ほうろく》頭巾などと呼ばれる）、四角い袋状に縫った角《すみ》頭巾や投《なげ》頭巾（細長い形）、小袖の袖の形をした袖頭巾、目の部分だけを残して顔を覆い隠す覆面頭巾などさまざまな形があり、身分や年齢、用途に応じた頭巾が用いられた。流行の頭巾としては、寛延頃（一七四八〜五一）の歌舞伎役者沢村宗十郎に始まる宗十郎頭巾（左右に長いしころをつけた角頭巾)、宝暦頃(一七五一〜六四)に歌舞伎の女形中村富十郎が防寒用に考案した大明《だいみん》頭巾(紫縮緬製の袖頭巾)などが知られる。大明頭巾はその後お高祖《こそ》頭巾と称され、女性用の頭巾として明治時代まで続いた。

覆面頭巾は、前期には黒絹製で顔全体を包みこむ形の奇特《きどく》頭巾が女性に用いられ、中期以降は丸頭巾の前面にしころをつけた熊坂《くまさか》頭巾や角頭巾の前後にしころを垂らした竹田頭巾(別名亀屋頭巾、大坂頭巾)が男性に用いられた。強盗や放火、浪人の不穏な動きを取り締まるために、覆面頭巾を禁止するお触書が中期以降くり返し出されたが、それにもかかわらず遊里通いの流行風俗として好まれつづけた。遊客の覆面頭巾は、顔を隠すことでかえって人目をひきつける上品で色味ある雰囲気の装いであった(青木一九九九)。

帽子の流行　帽子は女性のかぶりもので、防寒用の真綿《まわた》でできた綿帽子と、美しい裂《きれ》を前髪にかけるものとがある。後者は、歌舞伎の女形がかつらの不自然な生え際を隠すために用いた野郎《やろう》帽子に始まり、これが発展して中期に一般女性に流行したものである。

江戸時代の女性のかぶりものは、顔を隠すことをめぐる意識と深く関わりながら多様な様相をみせている。前期の武家女性や中流以上の町人女性には、外出時にかぶりものをつけて顔を隠す風習が定着していた。この慣習は前代から受け継がれたもので、女性は人前に顔をみせるべきではないという平安時代以来の規範意識が背景にあったと考えられる。

初期から寛文頃(一六六一〜七三)までは、一部に深編笠もみられたものの、従者を伴って外出する中流以上の女性の多くが被衣《かずき》をつけていたが、江戸では延宝頃（一六七三〜八一）から用いられなくなり、上方でも武家や上流の町人女性に限られるようになった。被衣にかわって浅い笠や黒絹製の奇特頭巾、綿帽子の一種である手細《てぼそ》（顔の周囲を細長い真綿で包むもので、美しい裂《きれ》で覆うこともある）などが用いられた。これらのかぶりものは、本来は顔をあらわにしないためのものであったが、仮名草子『都風俗鑑《みやこふうぞくかがみ》』（一六八一）には、被衣をつけながらも「顔を晴れやかにあらわ」にする当世流行の女性の姿が描かれ、『好色五人女《こうしょくごにんおんな》』（一六八六）には、遊女の風俗をまねる女性が吉弥笠を「顔自慢に浅くかぶる」姿が描かれる。このように顔を隠すことに対する意識がしだいに変化しつつあるなかで、歌舞伎の女形の風を模して行われるようになったのが帽子である。

帽子はまず、細長い裂を前髪から顔の両脇に垂らすひらり帽子が、続いて輪状の裂を二つ折にして額にかける輪《わ》帽子があらわれ、享保（一七一六〜三六）前後から広く流行した（図25）。帽子の上に円盤形の平らな笠をかぶることも多い。歌舞伎役者が工夫し流行した帽子に、ひらり帽子の系統と推察される荻野沢之丞《おぎのさわのじょう》の沢之丞帽子や水木《みずき》辰之助《たつのすけ》の水木帽子、輪帽子に相当すると推察される初代瀬川菊之丞《せがわきくのじょう》の菊之丞帽子がある。美しい裂を用いるこれらの帽子は、体の動きにつれて顔を影にしたりあらわにしたりしながら女性の魅力を効果的に表現する服飾品であった。その後十八世紀半ば頃から帽子をつける女性はしだいに少なくなり、明和・安永頃（一七六四〜八一）には顔をあ

図25　輪帽子（西川祐信画『きのこ狩図』より模写）

らわにすることが一般的となる。ただし武家女性や上層町人女性は、文化年間頃（一八〇四～一八）まで帯状の白い布を前髪から髷の後にかける揚帽子《あげぼうし》をつけて外出した。この帽子には従来のかぶりものとは異なり、礼儀に適った姿を整えるという意味があったと考えられる。

6 歌舞伎と流行

歌舞伎役者の創意工夫　江戸時代には、数多くの服飾の流行が歌舞伎の舞台衣装や役者の好みの服飾から生まれた。

歌舞伎は、慶長八年（一六〇三）に京で出雲の阿国《おくに》が演じて圧倒的な人気を博したかぶき踊りを起源とする。かぶき踊りの衣装には、かぶき者の異装を模した男装が取り入れられ、人びとの注目を集めた。その後阿国に追随した遊女による女歌舞伎、若衆歌舞伎が起こるもののあいついで禁止され、十七世紀後半には成人男性による野郎歌舞伎の時代となり、演劇として形態が整った。役柄の分化が進むとともに個性豊かな名優が輩出し、衣裳も狂言の内容や役柄に合わせてそれぞれの役者が工夫するようになった。このような歌舞伎の発展にともない、女性の服飾に歌舞伎の影響がみられるようになる。

貞享・元禄頃（一六八四～一七〇四）の女性用の教養書『女用訓蒙図彙《じょようくんもうずい》』（一六八七）や『女重宝記《おんなちょうほうき》』（一六九二）は、京の女性の小袖の文様や着方、髪型、化粧、帯の結び方などに歌舞伎の女形《おんながた》の風が流行していることを伝えている。その代表的な流行として、上村吉弥考案の帯の「吉弥結《きちやむす》び」、伊藤小太夫の「小太夫鹿子《こだゆうかのこ》」、荻野沢之丞の「沢之丞帽子」、水木辰之助の帯の「水木結び」などがある。これらの流行の背景には、女性の美しさを効果的に演ずるための女形の苦心があった（小池一九八六）。享保年間（一七一六〜三六）に活躍した女形初代瀬川菊之丞は、女性の贔屓《ひいき》を受けるためには、観客の好みに適い、まねをされるような櫛や簪・帽子・帯などを工夫することが肝要である、と話したと伝えられている（『古今役者論語魁』）。このような工夫がさまざまな流行を生み出した。

十八世紀後半にはとくに江戸において歌舞伎の人気が高まり、町人の生活文化にはさまざまなかたちで歌舞伎の影響が入りこんだ。歌舞伎に因む中期の流行としては、遊里通いの通人に助六風が流行したことは先に述べたが、女性には市松模様・路考茶などの流行が際立っていた。従来は石畳と呼ばれた市松模様は、京都の人気の若衆形佐野川市松《さのがわいちまつ》（一七二二〜六二）が寛保元年（一七四一）江戸に下り、中村座『高野山心中』で小姓粂之助《こしょうくめのすけ》役の扮装にこの文様を用いたことが流行の発端となったと伝えられる。緑がかった茶色の路考茶は、美貌の女形二世瀬川菊之丞（一七四一〜七三、俳名路考）が、宝暦十三年（一七六三）二月江戸市村座『封文栄曽我《ふうじぶみさかえそが》』で下女お杉の衣裳に用いて注目され、武家女性にも流行が広がった。従来江戸の女形はもっぱら上方下りの役者が活躍していたが、二世瀬川菊之丞は江戸歌舞伎の隆盛を象徴する江戸根生《ねお》いの女形で、路考茶のほかに路考櫛、路考髷、帯の路考結びなどの流行も生んだ。

人気意匠　江戸歌舞伎が全盛期を迎えた文化・文政期（一八〇四〜三〇）には、市井の生活描写を

図26 「かまわぬ」の意匠

取り入れた世話物や怪談物が盛んになり、演技や演出、衣裳や小道具なども写実的で精緻なものとなる一方、立派な大道具や各種の仕掛けものが工夫された。また、この時期に飛躍的に発達した芝居絵や役者絵、作中人物を人気役者の似顔絵で描くなど歌舞伎趣味の盛んな合巻《ごうかん》（長編の挿絵入り大衆小説）などを通して、市民生活の細部にわたって歌舞伎が浸透した。このような状況のなか、人気役者に因む流行の数々が生まれた。

たとえば「かまわぬ」（鎌と輪の形と「ぬ」の字を連ねたもの。水火のなかも構わぬという意味）は、七世市川団十郎が男だての衣裳に用いたことをきっかけに、江戸ッ子の気風を表す意匠として流行した（図26）。団十郎の舞台以後、この文様は山東京伝《さんとうきょうでん》の作品を中心とする多くの合巻の服飾表現に用いられており、これらの合巻が流行の拡大に積極的な役割を果たしたことが指摘されている（小池一九九一）。また、文化年間に流行した浅黄麻《あさぎあさ》の葉鹿子《はかのこ》は、すでに江戸の女性に好まれていたものを、五世岩井半四郎が八百屋お七役の振袖に用いたところ、半四郎鹿子と呼ばれていっそう流行し、襦袢の掛襟《かけえり》や袖口の裂《きれ》、髪飾りなどに盛んに用いられた。浅黄（薄い藍色）のさっぱりとした美しさと麻の葉文様のなまめかしい雰囲気を併せ持つこの文様本来の魅力に、五世半四郎の個性が重なり合って新たな表現が加わり、流行が拡大したと考えられる（大久保一九九三）。このように後期の世話狂言では、舞台衣装と一般の服飾とが密接な関連を持ちながら多様な服飾表現を生み出した。

このほかには、五世松本幸四郎《まつもとこうしろう》の「高麗屋縞《こうらいやじま》」（格子縞）、三世中村歌右衛門の「芝翫縞《しかん》」（四本縦縞の間に鐶《かん》繋ぎ）、七世市川団十郎の「三升縞《みます》」（縦横三筋の格子）・「蝙蝠模様《こうもり》」、三世尾上菊五郎の「キクゴロ格子」（四本筋と五本筋の格子の間に「キ」と「呂」の字を入れる）・「よきこときく（良き事聞く）」（斧《よき》・琴・菊の組み合わせ）、三・四世坂東三津五郎《ばんどうみつごろう》の「三つ大縞《だい》」（三筋と瓢箪形の大の字繋ぎを並べた縦縞）・「花勝見《はなかつみ》」などがよく知られる。江戸町人はこれらの意匠をめぐって思い思いの趣向を案じ楽しんでいた。人情本『春告鳥《はるつげどり》』（一八三六）には、四世坂東三津五郎の贔屓連中《ひいきれんちゅう》「東連《あずまれん》」に属する通人が、花勝見や梶の葉など三津五郎に因む文様を浴衣や暖簾《のれん》、糠袋《ぬかぶくろ》などに用い、また馴染みの深川芸者のために誂えた衣装の帯や襦袢の掛け襟にも三津五郎縞を表すなどの趣向がみられる（大久保一九九八）。このように歌舞伎に関わる意匠は日常生活のあちらこちらに浸透していたのである。

7 国内織物産業の発展

外来技術の受容と西陣の発展　室町時代以来の中国明との交易やポルトガルやオランダなど西洋の貿易船によってもたらされた染織品は、織豊・江戸時代の染織技術の発展に大きな役割を果たした。なかでも中国明の絹織物とその技術は高級絹織物産地としての京都西陣《にしじん》の隆盛の基盤となった。

中国明から伝来した絹織物には金襴《きんらん》・緞子《どんす》・金紗《きんしゃ》・繻珍《しゅちん》・錦などの先染《さきぞ》め紋織物と、綸子《りんず》・繻子《しゅず》・紗綾《さや》・縮緬《ちりめん》などの後染《あとぞ》めの白生地がある。西陣では十六世紀半ばから十七世紀初めにかけてこれらの絹織物を織りだすようになり、続いて西洋のビロードやインドやペルシャ産のモールを模した織物などの生産も始まる。このほかにも羽二重《はぶたえ》・琥珀《こはく》・竜紋《りゅうもん》などが織りだされた。これらの多様な織物を製織するために、高機《たかはた》や複雑な文様を織るための空引き機《そらびばた》などの織機《しょっき》にそれぞれの織物の特性に合わせた工夫が施され、紋織物や縮緬に必要な撚糸《ねんし》技術も開発された。江戸初期にはこれらの高級絹織物を身につけるのは支配者層を中心とする上流の限られた人びとであったが、十七世紀後半には町人層も流行の服飾を享受するようになり、その需要は高まった。金襴・緞子・繻珍などの紋織物は主に上等の帯地として用いられ、染物が主流となった小袖の生地には、綸子・紗綾・縮緬などの柔らかな風合いの白生地が好んで用いられた。このような状況を背景に、織部司《おりべのつかさ》以来継承された絹織技術の伝統に新たな技術を加えた西陣はめざましい発展を遂げたのである。

江戸前期の西陣では、高級絹織物に用いる生糸をもっぱら中国産の白糸に頼っていた。十七世紀中頃の白糸輸入量が二十万斤であるのに対して、国内での生糸の生産量は九万斤弱にすぎず（永原・山口編一九八三）、柔軟で光沢に富む高級絹織物に適した白くて節のない均一な品質の生糸は、国内ではいまだ生産されていなかったのである。輸入白糸は幕府の糸割符《いとわっぷ》制度によって京都や大坂などの糸割符商人に割り当てられたが、将軍家の御用を担う西陣にはその枠とは別に優先的に供給されており、このことも西陣の隆盛を促した。

十八世紀半ば以降は、享保十五年（一七三〇）と天明八年（一七八八）の京都の大火や、地方の絹織物産地の興隆によって西陣は打撃を受けるが、多様な高級絹織物の生産は続き、明治維新後は西洋の技術を積極的に導入した新たな展開をみせることとなる。

西陣技術の伝播と地方絹織物業の発展　十八世紀に入ると、それまでは平絹や紬を主に生産していた地方絹織物業の活性化が顕著になってくる。西陣の技術を導入して高級絹織物の産地として台頭する地域が現れるとともに、特色ある独自の織物を製織する産地も目立つようになった。このような地方発展の背景には、西陣において職人の独立が厳しく規制されたために職人が流出したことや、殖産興業の一環として各藩で織物産業の発展に力が注がれたことなどがあった。

最初に西陣の技術が伝播したのは丹後と桐生である。丹後では西陣に赴いて縮緬製織の技術を習得した在方《ざいかた》商人や職人によって、享保年間（一七一六～三六）に縮緬の製法が伝えられた。十八世紀半ばには、丹後の縮緬は商品として京都にかなりの量が送りこまれるほどに発展し、その織法は宝暦年間（一七五一～六四）には近江の長浜へ、また文化年間（一八〇四～一八）には米沢へも伝えられた。桐生には元文三年（一七三八）に西陣の織工によって高機技術が伝えられて紗綾の生産が盛んになり、ついで縮緬・繻子も織りだされるようになる。十九世紀に入ると空引き機を導入して金襴・緞子・綸子なども織られるようになり、西陣に並ぶ高級絹織物の産地へと成長した。足利でも桐生からの技術伝播によってこれらの絹織物の製織が行われるようになった。

このような地方における高級絹織物の生産を可能にしたのが、蚕糸《さんし》・製糸業の発展である。貞享二年（一六八五）に幕府が金銀流出を防ぐため中国の白糸の輸入を制限したことをきっかけに、国内の生糸生産量は増大しはじめ、品質も中国の白糸に劣らないほどに向上していった。このため地方でも高級絹織物に適した生糸を安価に安定的に入手できるようになったのである。

地方機業における西陣技術の導入が盛んになる一方で、地方独自の特徴的な絹織物の生産も盛んになり、それらのなかには全国的に広く知られるものも現れた。たとえば袴地の仙台平《せんだいひら》、帯地の博多《はかた》、着尺地の八丈縞《はちじょうじま》はいずれも幕府への献上品や藩の御用品として織られていたものが、生産の増加とともに流行の織物となったもので、博多と八丈縞は本来の産地である筑前博多や八丈島だけでなく、桐生や郡内などでも模織が行われるようになった。縞の流行した十八世紀半ば以降の江戸では、色や柄や風合いにそれぞれ特徴のある地方の縞織物が注目を集めた。信州上田の上田縞や結城地方の結城縞（紬）はその代表的な例である。

木綿織物の多様化と麻織物　室町時代後期に広まりはじめた国内における木綿の生産は、江戸時代に入ると飛躍的に発展し、早くから有力な産地として知られた三河・尾張・伊勢・河内・摂津などをはじめ、関東以西の各地で行われるようになる。これにともない木綿は、一般庶民にとっての安価な日常の衣服素材として急速に普及した。

前期の木綿は古来のいざり機《ばた》を用いた素朴な白木綿や色無地の木綿が中心であったが、十八世紀後半には絹織物用の高機を改良した木綿用高機が考案され、小倉織《こくらおり》・縞・晒《さらし》・縮《ちぢみ》・絣《かすり》などの生産が盛んになり、絹織物とは異なる独自の魅力が求められるようになった。このような木綿の発展も地方機業の活性化によるものである。

小倉で創始された厚手木綿の小倉織は、足利や諏訪に技術が導入されて普及し、帯や袴地として広く好まれるようになった。縞木綿は、いざり機による素朴なものは前期にもすでにみられたが、十八世紀後半以降は高機による複雑な縞が各地で織りだされ、礼装以外の木綿の小袖は縞が主流となった。代表的なものに桟留縞《さんとめじま》や結城縞がある。桟留縞は、インドのサントメから輸入された唐桟《とうざん》（紺地に赤や茶の糸を織りこんだ上等な縞木綿）を模して西陣で織りはじめられたもので、その後濃尾《のうび》地方などにも伝えられた。結城地方で始められた結城縞は上質な縞木綿として知られ、足利や濃尾地方でも織りだすようになってさまざまな色合いの多様な縞柄が工夫された。晒は織りあがった白木綿を灰汁《あく》に浸《つ》けて杵《きね》でついては干すという作業をくり返して白くしなやかな状態に仕上げたもので、高い晒技術による真岡《もおか》木綿は上等の浴衣《ゆかた》の生地として広く好まれ、鳴海絞《なるみしぼ》りや中形《ちゆうがた》染などの藍染《あいぞ》めが施された。縮は緯糸《よこいと》に強い撚りをかけた糸を織りこみ、製織後に表面にしぼを表した夏向きの木綿で、岩国縮や銚子縮が知られる。斑《まだら》に染め分けた糸で文様を織り表わす絣が木綿に行われるようになったのも十八世紀後半で、十九世紀前半には琉球《りゆうきゆう》絣にならった紺地白絣の薩摩絣が夏用の単衣に流行し、幕末・維新期に発展をみる久留米絣《くるめがすり》や伊予絣《いよがすり》も織られるようになった。

江戸時代の麻織物は、木綿の普及によって庶民の衣服材料としての重要性は薄れ、主に裃《かみしも》と夏期用の帷子《かたびら》に用いられるものとなった。主要産地は奈良・越後・越中・能登・近江で、高級麻織物として越後縮《えちごちぢみ》・奈良晒《ならざらし》が知られる。無地が中心であった麻織物も、十八世紀後半には木綿と同様に縞が流行し、木綿に先駆けて絣も好まれるようになる。なかでも越後では、薩摩を介して伝えられた琉球絣にならった幾何学文様の絣織がいち早く発展し、十九世紀には独自の絵画的な文様の絵絣も織られるようになった（小笠原一九九二）。

8 婚礼衣裳と喪服

婚礼衣裳の充実　室町時代以来の嫁迎え婚の形態がとられた織豊・江戸時代の婚礼は、室町時代の武家社会に確立された作法・故実《こじつ》を基盤として形式が整えられた。花嫁の衣裳も江戸時代には上流武家から庶民にいたるまで白の衣裳が広く浸透した。江戸時代の武家の婚礼作法には伊勢流・小笠原流・吉良《きら》流などの流派があったが、主流をしめたのは小笠原流である。小笠原流では旗本の平兵衛家が将軍家の諸礼式を司ったほか、小倉藩小笠原家家臣の小池貞成の孫弟子水島卜也《みずしまぼくや》が十七世紀後半に開いた流派（いわゆる水島流、小笠原庶流）が、武家を対象とする礼法を確立して指導を行い、諸大名にもこれを用いるものがあった。

小笠原庶流の婚礼における花嫁衣裳は、中流以上の武家を対象にしたと考えられる『婚礼推陳記《こんれいすいとうき》』や『婚礼書』によると、冬期（九月九日から三月末）は打掛姿、夏期（五月五日から八月末）は腰巻姿、袷《あわせ》の時期（四月一日から五月四日、および九月一日から八日）も一般の礼装とは異なり腰巻姿で、いずれも「御肌（着）より上着まで」（『婚礼書』）白装束である。腰巻姿の袷小袖や打掛など外側の衣服は、室町時代から花嫁衣裳に用いられた吉祥の意味のある幸菱《さいわいびし》（菱形の花弁を四つ組み合わせた文様）の織文様とする。これらの衣裳に加えて、嫁の家を出て婿の家に向かう輿《こし》の中と婿の家で輿から降りて控えの化粧の間《ま》に案内されるまでは被衣《かずき》を着用する。嫁が輿からおりる際には屏風をたてて嫁の姿を隠すという作法もあり、婚礼前の嫁の姿は周囲の目から幾重にも隠されている。また婚礼儀式の中心である夫婦の盃事《さかずきごと》、式三献《しきさんこん》を済ませた後に、お色直しと称して婿から贈られた色のついた衣裳に着替える。

武家の婚礼ではこのような婚礼書の記述や礼法家《れいほうか》の教えによりながら、家の格式に応じて衣裳を整えたと考えられる。宝永六年（一七〇九）九月の八代福井藩主松平吉邦の婚礼に際し松平家が仕度した花嫁の衣裳は、「白綸子《りんず》下着、白綾幸菱小袖、白幸菱帯、白綾幸菱腰巻、白練両面被衣」で、小袖・帯・腰巻にいずれも幸菱の織物を用いた一揃い、お色直しは「白綸子下着、本紅綾幸菱小袖、黒幸菱帯、綸地《（ママ）》黒腰巻」の一揃いである（林智子二〇〇七）。

小笠原流平兵衛家が司った享保二十年（一七三五）十一月の六代仙台藩主伊達宗村と八代将軍吉宗の養女利根姫《とねひめ》の婚礼では、姫の衣裳について「白綾御小袖、紅之御引袴」との記録があり（高橋二〇〇〇）、将軍家の姫君の場合は、紅袴を着用したことがわかる。利根姫のお色直しについては明らかではないが、同じ時期の薩摩藩主島津継豊と五代将軍綱吉の養女竹姫の婚礼（享保十四年十二月）では、島津家が竹姫の「御色直し御召」として「紅綾幸菱、紅梅の御小袖、式正御帯（紅綾）、綸子地黒紅（素縫《すぬい》松竹梅）」を用意したという記録があり（『鹿児島県史料・旧記雑録追録3』）、紅梅色小袖と紅綾幸菱小袖を重ね、綸子黒紅地に松竹梅を素縫いで表わした打掛を羽織った姿であったと考えられる。

武家社会に定着した婚礼儀式は庶民の婚礼にも影響を与えた。江戸前期には一部の上層庶民の婚礼が武家にならった豪華なものとなり、中流層以下でもこれを簡略化した婚礼がしだいに行われるようになる。十七世紀末頃から婚礼の解説書や婚礼記事を含む女子用教養書も次々と出版されるが、そこに紹介される作法の多くは民間でも積極的な活動を行った小笠原庶流のものである（森下一九九二）。

整った形式の婚礼が行われるようになるにともない、武家の花嫁に定着していた白の衣裳も庶民に広がっていったと考えられる。井原西鶴の浮世草子『椀久一世《わんきゅういっせ》の物語《ものがたり》』（一六八五）には、町人女房の嫁入り姿として「大振袖白無垢をかさね」た姿がみられ、貞享・元禄（一六八四〜一七〇四）頃には富裕な町人層の花嫁衣裳に白無垢が用いられていたようすがうかがわれる。

白無垢とともに浸透したのが綿帽子《わたぼうし》である。綿帽子は真綿を薄く引き延ばして袋状に整えたもので、享保二年（一七一七）刊の浮世草子『世間娘気質《せけんむすめかたぎ》』には、材木商の娘の嫁入り姿が「白き小袖に綿帽子着たる」と描写される。婚礼書や女子用教訓書の上層庶民の盃事を描いた挿絵でも、ほとんどの場合花嫁は白無垢と考えられる打掛姿に綿帽子をかぶって髪やときには顔まで隠しており、綿帽子が庶民の婚礼には欠かせないものであったことがわかる。元禄十年（一六九七）刊の婚礼書『嫁娶調宝記《よめとりちょうほうき》』によると、花嫁は盃事の座敷に入る直前の化粧の間で綿帽子を着け、お色直しの際にははずした。この綿帽子は白無垢を用意できない庶民にも用いられた。元禄五年刊の『女重宝記《おんなちょうほうき》』には、中流より下の町人の簡素な婚礼を描いた「草《そう》の祝言《しゅうげん》」の図があり、文様のある小袖姿に綿帽子をかぶる花嫁がみられる。綿帽子の起源は明らかではないが、中流以上の武家が祝言の座敷でかぶりものを着けないのに対して、このように早い時期から中流以下の庶民にまで綿帽子が浸透していた点が注目される。

盃事の後のお色直しの作法も白無垢とともに浸透した。『世間娘気質』には、前述の材木商の娘のお色直しのようすが「千代重ねの白無垢、皆紅の小袖に着替えさせ」と描写される。『婚礼仕用罌粟袋《こんれいしようけしぶくろ》』（一七五〇）などの婚礼書によると、お色直しには、婿や舅《しゅうと》姑《しゅうとめ》から贈られた地赤・地黒などの小袖を着用した。江戸後期の上層町人女性の小袖遺品には、紅・黒・白・茶の綸子地に鴛鴦・貝桶・檜扇などの吉祥文様を刺繍や鹿子絞りや摺箔などで小袖全体に表わした豪華なものが多くみられ、これらの多くは婚礼のお色直しに用いられたと考えられる。三井家伝来の作品（文化学園服飾博物館蔵）はその代表的なものとして知られ、江戸時代の豪商の贅を尽くした婚礼のさまがうかがわれる。

喪服制度の整備　宮中における喪服の制度は、前代と同様に平安後期の伝統を継承しているが、天皇が二親等以内の親族のために着用する錫紵《しゃくじょ》は、親の喪の場合と兄弟の喪の場合で、明確に区別されるようになる。東園基量《ひがしぞのもとかず》は、その日記『基量卿記』で、延宝六年（一六七八）に崩御した後水尾后徳川和子《まさこ》の喪に服した霊元天皇（子）の錫紵について詳細に記している。それによると、諒闇《りょうあん》の錫紵は「冠、黒塗り、無紋。縄纓《なわえい》、黒布紙捻《こより》一筋を藁一筋で合わせて捻《よ》る。小本結《もとゆい》、九尺、鼠色緒。袍《ほう》、闕腋《けってき》、一重《ひとえ》仕立て、地貲布《さよみ》、濃鼠色、左衽《ひだりまえ》。下襲《したがさね》、材質・色は袍と同じ。単、材質・色袍と同じ。表袴《うえのはかま》、貲布、表は黒に近い濃鼠色、裏柑子《こうじ》色、ひだりまえに纏《まと》う。下袴、加賀絹、柑子色、ひだりまえ。布帯、材質・色は袍と同じ。縄帯、長八尺。藁の上に鼠色の紙捻を加える。檜扇《ひおうぎ》、二十五枚重ね、花田染め」というものであり、構成や材質・色等は以前と変わりないが、袍も袴・下袴も左衽に着用することとなっている。一方で、同じ霊元天皇が貞享二年（一六八五）に兄の後西《ごさい》天皇の喪に服したときの錫紵について、やはり『基量卿記』は記しており、それは「冠、常の羅の無紋。纓、常の無紋、垂纓《すいえい》。袍、縫腋《ほうえき》。縄帯、なし。下襲、単、平絹。全て右衽。その他は諒闇と同じ」となっている。すなわち、兄弟の喪のための錫紵は、袍以外は日常の装束を無紋にし、色を濃鼠色にしたというかたちであり、親の喪に服す場合との差が大きくなっている。これは、江戸時代における儒教の隆盛と関わってのものであろう。

公卿たちの素服《そふく》は、戦国時代のものを継承しており、変化はみられない。中宮や女官の素服も、平安後期のものと大差ない。

天皇が親の喪に服すときに一年間着用する諒闇服であるが、これもその構成等は平安後期と変わりないが、天皇は橡《つるばみ》色の御引直衣《ひきのうし》を錫紵と同様に左衽に着る。公卿たちの諒闇服は、従来どおり右衽のままである。

一方、武家の喪服であるが、将軍が亡くなった場合は、葬儀の準備と墓所の築造等のために通常三〇日間くらいは薨去を伏せておく。薨去触出しの日には、御三家以下総大名が登城し、その前で発表され、国民全般に鳴り物停止のお触れが出される。基本的に御三家・譜代大名・諸番頭《ばんがしら》は二一日間、外様大名は一四日間月代《さかやき》を剃ることを停止する。三代家光の頃までは殉死の慣行があり、恩顧を被った者は切腹したが、寛文三年(一六六三)に禁止された。これに代わってなされるようになったのが薙《ち》髪《はつ》である。御小姓頭取四人、御小納戸頭取二人が、薨去するとすぐに、髷の結び目から髪を切り捨てるのが通例となった。御台所《みだいどころ》以下側室もすべて髪を切って出家の身となり、終身菩提を弔って過ごす。

将軍が父母の喪に服す場合は、基本的には五〇日間月代を剃らなかったが、一般の武士も忌中は月代を剃らず、出仕もしなかった。江戸時代の服忌令の基本となる貞享元年（一六八四）の服忌令によりその主なものを記すと、父母は忌五〇日、服一三ヵ月、夫は忌三〇日、服一三ヵ月、祖父母（父方）は忌三〇日、服一五〇日、伯叔父母（父方）・兄弟・姉妹・夫の父母は忌二〇日、服九〇日、妻・嫡子（男）は忌一四日、服九〇日であった（林由紀子一九九八）。

会葬および葬列に従う者の装いであるが、将軍が亡くなった場合、五位以上の者は巻纓冠《けんえいかん》と衣冠《いかん》、御小姓頭取四人、御小納戸頭取二人は薙髪姿に浅黄《あさぎ》色無地長袴・熨斗目《のしめ》、無位の者は、浅黄長袴または半袴に熨斗目であり、袴は小紋でも無地でもよかった。大名の場合は、喪主を含めて基本的に墨色か浅黄色の長袴か半袴に熨斗目であり、一般の武士の葬送の場合も、浅黄色の袴である。女性が供奉する場合は、白無垢《しろむく》小袖・白帯に白布を頭から被《かず》くのが一般的である。棺担ぎや提灯持ち等の中間《ちゅうげん》や小者《こもの》は、白丁《はくちょう》（白布製の単の法被《はっぴ》状のもの）を着た。

一般庶民の参会者や参列者の装いは、基本的に武士と同様で、男性は白小袖に浅黄や白の袴、女性は白無垢小袖で、頭に白布や白被衣《かずき》をかぶった。江戸中期頃より貸衣裳屋がみられるようになり、富者は自前で用意したが、中流以下の場合は、喪服はほとんど貸衣裳で済ませたようである。葬式の装いは穢れと関わる衣裳であり、棄却して川に流すか、寺に寄進するのが本来の姿であるが、経済力の乏しい者は、貸衣装屋に返すことにより、穢れも払拭できるという一石二鳥のものであった。しかし、地方では喪服が用意できないことも多かったため、喪主と近親者以外の一般の会葬者は、日常衣のままで、白布を衿に掛けたり、頭から被ったりして喪の姿とした。

この江戸時代の喪服は、近代を経て、現代まで地方においては継承されているものである。

七　近代の衣服——洋風化の時代

1　洋風化のはじまり

日本の開国と不平等条約の締結　アメリカ大統領の親書を携えたペリーが四隻の黒船を率いて浦賀に来航し、開国を求めたのは嘉永六年（一八五三）六月であった。さらに七月にはロシア使節プチャーチンが同様に四隻の黒船を率いて長崎に訪れ、日本の開国と国境の画定を求めた。この年は両者とも要求をつきつけるだけで立ち去ったが、ペリーは翌年の年明け早々に七隻の黒船を率いて再び江戸湾にあらわれ、大統領親書の回答を求めて幕府を威嚇し、開国を迫った。幕府はペリーの強硬な姿勢に屈し、同年三月三日に日米和親条約を締結して下田と箱館の二港を開港した。また、八月にはイギリスとのあいだで日英和親条約を、十二月にはロシアとのあいだで日露和親条約を締結し、翌年にはオランダとも和親条約を結んだ。

しかし、各国のめざすところは和親条約にとどまらず、通商条約の締結にあった。アメリカの日本駐留総領事ハリスは安政三年（一八五六）、下田に総領事館を構え、翌四年には下田奉行と談判して日米約定を結び、さらに江戸城に登って将軍に大統領の親書を呈上し、幕府首脳に通商貿易の必要性を説いた。幕府もそれを認め、条約草案作成の審議に応じた。この日米修好通商条約は孝明天皇の勅許が得られないまま安政五年六月に調印された。また、この年にオランダ・ロシア・イギリス・フランスとも通商条約を締結し、さらに慶応二年（一八六六）には改税約書を調印した。これにより日本における外国人は領事裁判権によって治外法権を獲得し、開港場に設けられた居留地は日本の法律の及ばない租界となった。また、「自由貿易の確立」の名のもとに日本には関税自主権が認められず、低い税率を強要されて不利益となる一方で、欧米各国には莫大な利益をもたらした。すなわちこれらの条約は、欧米各国の軍艦や大砲の威力によって結ばされた不平等条約であった。

このような欧米各国の軍事力に対して日本の軍備はまったく無力であり、人びとは西洋の優れた軍事力に脅威を感じた。文久二年（一八六二）の生麦事件に端を発した翌文久三年の薩英戦争以後、薩摩はイギリスと手を握り、洋式軍備の充実を図った。一方、同年の長州藩による外国船への砲撃に対しては、翌元治元年（一八六四）に米英仏蘭四国連合艦隊によって報復攻撃が行われたが、これを収拾すべく、急遽ロンドンから帰藩した伊藤博文・井上馨らの仲介によって講和が結ばれ、以後、長州はイギリスに急接近した。すでに幕府は安政二年（一八五五）にオランダの援助によって海軍伝習所を創設し、オランダ海軍軍人を教官として雇い入れている。幕府や諸藩にとって軍備を整えることは急務であり、西洋の軍備や軍隊の調練に対する関心は急速に高まっていった。また、それとともに西洋の軍服の合理性が着目されはじめた。しかし、はじめからただちに洋服を取り入れるのではなく、和服を洋服に近づける工夫を行ったのである（図1）。

男性の洋装化―結髪から断髪へ　男性の洋風化としてもっとも早く行われたのは断髪である。江戸時代まで男性の結髪は、元服前は前髪のある若衆髷《わかしゅわげ》か角《すみ》前髪とし、元服後には月代《さかやき》を剃って髷を結う、半髪と呼ばれた髪型にすることが長い間の習慣であった。結髪をしないことは罪人を意味したため、ほとんどの男性が結髪した。半髪の場合は月代が伸びると病人のようにみえるため、およそ三日に一度ずつ月代を剃らなければならず、手入れに手間がかかった。また、この結髪は髪結いの手によらねばならなかった。この半髪のほかに、髷はあるが全体の髪を伸ばし、頂で束ねて結ったものを総髪といい、また、同じ総髪といっても、月代を伸ばしてすべての髪を後ろへなでつけて垂れ下げた髪型もあった。これらは御坊主・医師・儒者・神官・山伏・退隠者などの髪型であった。

図1　行進中の洋式装備の幕府軍
（1864年の英字新聞）

しかし、江戸時代末期になって、断髪する者があらわれはじめた。断髪とは、髷を結わずに髪を短く切った洋風の髪型であり、ザンギリ頭とも呼ばれた。断髪は、はじめ、幕末にヨーロッパに派遣された留学生や洋式調練を受けた諸藩兵、また、横浜で外国人に接する商人のあいだに広まった。留学生は西洋諸国の風俗習慣にじかに触れたことにより、現地で洋服を着用し、また、断髪する者も多かった。また、洋式調練を受けた諸藩の兵卒は、調練中に髷が崩れる恐れがあるため、指導者である外国の仕官を見習い、進んで断髪した。

しかし、長いあいだ行われてきた結髪から断髪への移行は留学生といえども容易ではなかった。『明治事物起原』には、留学生の頭髪に関する三つの逸話が記されている。

文久二年（一八六二）九月に開陽丸の注文と留学のために、榎本釜次郎（のちの武揚《たけあき》）・沢太郎左衛門・内田恒次郎らがオランダ国に渡った。幕末の留学生は幕府の命令により、在外中に衣服髪容を変えてはならないとされていたが、留学先の市中でその姿を嘲笑されるため、衣服については洋服を用いた。しかし、いつ召還されるか予測がつかないために断髪はせずに、帽子で髷を隠していた。あるとき、留学生が揃って劇場に入った際に観客がみな帽子をとっていたので、それにならって脱帽したところ、観客一同が彼らの髷を見て騒ぎだしたため、やむをえずその場を立ち去ったという。西洋人にとって丁髷《ちょんまげ》は野蛮な風習であり、彼らの目には日本人の丁髷姿が奇異に映ったのであろう。

また、文久三年（一八六三）に留学のために英国に密航しようとした伊藤春輔（のちの博文）らは船長に乗船を拒否されると、すでに斬髪したので、このままでは攘夷を唱える者たちに狙われて殺されるから切腹するほかはない、と主張したことから英船に乗船を許されて留学がかなったという。

さらに、明治元年（一八六八）六月末に英国から帰朝した留学生・取締など一四名は全員断髪していたので、浪士を恐れて横浜から江戸に入る際につけ髷をつけたという。これらの逸話は、幕末の日本において断髪に対する抵抗が根強かったことを物語っている。

しかし、明治維新後は断髪をめぐる動きが活発になっていった。

明治維新の立役者であった官軍の薩摩兵はザンギリ頭であったが、一方では明治一、二年頃までは断髪を禁止する藩もみられた。しかし、明治二、三年頃になると各藩において西洋式調練が盛んになり、兵士は羅紗《らしゃ》の軍服を着て、靴をはき、腰に剣を吊るという西洋式の姿で調練に臨んだ。この洋式軍服に丁髷はあまりにも不調和であったことと、調練で号令されて首を振ると丁髷や鬢《びん》が揺れて具合が悪く、軍帽をかぶると丁髷が邪魔になるという不便さも加わって断髪が進行していった。

明治元年（一八六八）には横浜に、二年には、東京に斬髪店が開業し、その翌年頃には一般の人のなかにも断髪頭がみられるようになった（図2）。断髪は従来の結髪に比べて手入れが簡便で清潔であるため、若者は進んで断髪したが、年配者は長いあいだ親しんできた髷に愛着と誇りを持っており、髷を斬ることに対する抵抗感は根強く、容易に断髪することができなかったという。

図2　横浜の散髪店（明治6年）

断髪の促進　明治政府は明治四年（一八七一）八月九日に散髪、制服、略服、脱刀の勝手令を出した。巷《ちまた》では「半髪頭をたたいてみれば、因循姑息《いんじゅんこそく》の音がする。総髪頭をたたいてみれば、王政復古の音がする。ジャンギリ頭をたたいてみれば、文明開化の音がする」（『新聞雑誌』二号）と謡われた。このように散髪頭を開化の象徴としてもてはやし、反対に結髪者を時勢遅れとする風潮となったため、散髪が盛んに行われるようになった。この勝手令は表面上は強制ではなかったが、中央政府の方針は国民の頭容を一新し、いわゆる開化人としたいことにあったため、各地方においても断髪を奨励し、あるいは告諭を発し、あるいは結髪禁止令を出したことにもみられるように、なかば強制的な意味合いをもっていた。断髪を進めるためにさまざまな方策がとられたが、その例として、大阪府や長崎県では頭髪によって頭脳を保護することができると喧伝し、若松県や滋賀県では半髪に課税して学校の費用にあてることにした結果、断髪者が多くなったという。また、大阪府や山梨県では結髪店に課税する一方で斬髪店を無税とし、愛知県下では羅卒《らそつ》（警察官）が往来の所々に出て半髪のものを見受ければ生国・住所を聞いて管内のものなら理解させて断髪させるという強行策をとった。断髪者が多いほどその地方がよく治められているとみられたため、断髪を推進しようとしたのである。しかし、地方により断髪の進み方には大きな違いがあった。また、断髪をめぐっての訴訟や離婚なども起こるほど、断髪は社会を揺るがした。この断髪が進められたことで帽子が大流行し、大阪神戸の洋品店の帽子が売り尽くされたが、これはなじみの薄い断髪頭を帽子によって隠すためであった。

明治四年（一八七一）十一月には岩倉具視《ともみ》を全権大使とする一行が欧米一二ヵ国を歴訪したが、最初の訪問国である米国に入国した時点では岩倉具視は結髪のままであった（図3）。しかし、米国に渡ってからその頭容を恥じるようになり、滞在中に断髪した。

断髪はまず、士族から行われ、軍人・官公吏・教員・警官が率先して行い、数年遅れて町人のあいだで始まり、農民のあいだではようやく明治七、八年以降に行われるようになったという（藤澤衛彦

『明治風俗史』)。

明治五年には京都の三井・大丸などの大舗では主人以下番頭・小僧にいたるまで断髪したといい、これは町家としてはかなり早い例である。名古屋県下では「いきな散髪、いやみな茶筅《ちゃせん》ドンドン、髷のあるのは野蛮人《やぼなひと》、ホンマカネ、ソウジヤナイカ、ドンドン」という童謡《わざうた》が流行した。この頃には断髪が世の趨勢となっていたことがうかがえる。

このようななか、明治六年三月二十日には天皇も断髪した。天皇自らが断髪したことにより断髪の風は急激に広まっていった。

図3　岩倉使節団の中心人物（明治4年）

断髪への移行は地位や立場によりその時期にずれがあり、また、東京と地方とでは断髪の進み方が異なっていた。明治十年になると滋賀県大津ではザンギリが八割、半髪（丁髷）が二割（『読売』四月二十四日）とザンギリが増えているが、福島県下では一旦はザンギリになったものの、ふたたび野郎頭に戻るものが多い（『読売』四月三十日）とあって、断髪は地方によっては遅々として進まなかった。同年、函館では洋服は官吏のほかはまれであったが、散髪については七分（『郵便報知』八月二十三日）とあり、洋服着用に比べて断髪が進んでいる。大分県中津では断髪は士族は八分、平民は三分で、その他は野郎鬢すなわち旧来の丁髷が多い（『郵便報知』八月三十日）とあり、士族には断髪が広まっていることを示している。

町人のあいだでの散髪が容易には進まなかった例として、同年、日本橋通り一丁目の指折りの商家で、番頭に無断で散髪したことを理由に店の者二名が解雇されるという騒ぎ（『読売』二月二十八日）があった。この頃になっても丁髷に固執する町家があったのである。しかし、その二年後の明治十二年には東京駿河町の三井呉服店で十一月一日の冬物売り始めの日より、雇い人一同すべてを斬髪とした。これには出入りの髪結いが二日半を要したという（『郵便報知』十一月十一日）。大阪では東京より遅れて、ようやく明治十八年になって、豪商鴻池《こうのいけ》家で家憲としていた番頭手代の散髪筒袖禁止をやめ、家内の男は残らず散髪筒袖とし、主人も洋服を着用することにした（『日日』十月二十六日）との記事があり、保守的であった商家も時代の流れには逆らえなかったことがうかがえる。

このように紆余曲折があったものの、東京では明治九年頃には散髪がいきわたり、明治十四、五年には、相撲取りと芝居以外では丁髷をみることはできなくなったともいわれた。しかし、明治十八年にいたっても、地方では開化風の散髪はまれなところもあり、旧来のさまざまな髪型がみられたという（『東京絵入』八月二十八日）。

上からの洋装化　すでに西洋火器を用いた洋式調練は天保十二年（一八四一）には開始されていたが、この調練で着用していた衣服は筒袖の上衣に立付袴《たつつけばかま》であった。この服装はもともと農民が労働着として用いていたもので、西洋服と同様に活動的な上下二部式であり、調練に適した服装であった。立付袴は伊賀袴とも呼ばれた。安政三年（一八五六）には幕府は江戸築地に講武所を開設し、剣・

槍・砲・水泳を教授し、さらに軍艦操練、銃隊調練も行うようになった。このとき用いられた服装も筒袖に伊賀袴であった。その後、幕府は文久元年（一八六一）に筒袖羽織陣股引《ももひき》を採用して、これを「戎服《じゆうふく》」と呼び、軍艦方や大船乗組員、武芸修行者に着用を許した。戎服という呼称は漢学における「軍服」の称である。このときの戎服は西洋人の服装に似てはいるが、あくまでも和服であり、外国人の服と紛らわしくないように仕立てることとしていた。また、「皮履」すなわち革靴も船中または稽古場に限り使用を認めた。百姓町人でも職業や商売によっては戎服の着用を許し、あわせて雪中での皮履使用についても許可している。文久二年には長 裃《ながかみしも》、裃が廃止され、平服としては羽織小袴、襠高袴《まちだか》などを着用することになった。

さらに、慶応二年（一八六六）には調練用の筒袖股引を調練以外でも使用することが許可され、公用にはこの上に羽織を重ねることとした。また同年十一月には、戎服の呼称を「そぎ袖羽織細袴」と改め、これを陸海軍の平服とした。「そぎ袖羽織」は「レキション羽織」、「細袴」は「段袋《だんぶくろ》」とも呼ばれた。レキションはレッスン、すなわち調練用の羽織という意味であり、段袋は広くゆるやかな股引のことで、洋服のズボンをこう呼んだ。また、生地についても木綿から羅紗に替え、より洋服に近いものにしている。翌慶応三年にはフランスから軍事教官を招いて陸軍にフランス式調練を採用した。これによって軍服服制も完全に洋服となった。

明治新政府となってからは、明治三年（一八七〇）に陸軍をフランス式、海軍をイギリス式とし、軍服についてもそれぞれの形式を用いて、陸海軍の軍服が制定された（図4）。このように軍服はその活動性が重視されてもっとも早く洋服化されていった。明治四年には近衛兵の軍服・軍帽などと海軍夏服が制定され、明治五年には海軍将士の服制が改正され、さらに明治八年には陸軍服装規則改正が行われた。

図4　軍服（『風俗画報』明治33年）

陸軍将校の軍服としては礼装用の正衣がフロック・コート型に、軍衣がフランス式の肋骨式胸飾りのついた詰襟《つめえり》ジャケット型に定められた。また、下等士官・兵卒は正衣・軍衣とも詰襟ジャケット型であった。地質色はいずれも濃紺羅紗である。また、袴《こ》（ズボン）の色・側章（ズボンの両脇につけた筋）・肩章・袖章・襟章・帽子などには兵種・階級による区別があった。その後、普仏戦争（一八七〇～七一年）でプロシアが勝利したことから陸軍は逐時ドイツ式に改められ、明治十九年（一八八六）には軍服についても将校軍衣のいわゆる肋骨服以外はドイツ式になった。さらに、明治三十八年（一九〇五）にはカーキ色を採用している。

海軍の軍服はイギリス式でイギリス海軍の服制そのままといってもよい服制をとっていた。将校の正衣は濃紺羅紗を用い、明治三年制定では陸軍と同じフロック・コート型二行ボタンであったが明治四年に燕尾服《えんびふく》型に改正され、また、海軍夏服が制定された。明治五年には海軍将士の服制が改正され、明治六年には大礼服、礼服、常服、略服とし、大礼服・礼服にエポーレット型正肩章をつけるようになった。明治二十九年には燕尾服型礼服を廃止してフロック・コート型正服に正肩章をつけて礼服とした。

官吏の洋装化としては、明治三年に有位者制服、工部省官員服などに洋服が採用されたのが早いものである。つづいて明治四年に邏卒《らそつ》（警察官）服、郵便夫服、兵部《ひょうぶ》省官員服が、明治五年には鉄道員服が制定された。邏卒服は当初、饅頭笠《まんじゅうがさ》に三尺棒と捕縄を持った洋服姿で、これを達磨《だるま》服と呼んだ。

図5　横浜の警察官のサーベル，制服（明治初年）

図6　郵便配達夫（『風俗画報』明治23年）

その後改定されて笠は軍帽になり、制服は袖口付近とズボンの両脇に赤筋が入った紺羅紗の詰襟服となった（図5）。また初期の郵便夫の制服は韮山笠《にらやまがさ》・黒の詰襟上衣・両脇に赤い筋のはいった黒ズボン・わらじばき・かけ鞄の姿であったが、東京府の羅卒の制服とあまりにも類似していたため、ズボンの赤い筋を幅三分（九ミリ）に改めた（小林一九八二）。また、韮山笠は後に饅頭笠に変わった（図6）。鉄道員服は海軍士官の制服によく似ていた（毎日新聞社編『旅情一〇〇年』）といい、駅長の制服は幅一寸（三センチ）の金筋のついた羅紗の帽子・金ボタンが二列に並んだ折襟の紺色上着・幅八分（二四ミリ）の黒筋のはいった紺色ズボンだった。その後さらに勅任官《ちょくにんかん》・奏任官《そうにんかん》・判任官《はんにんかん》および非役有位者の大礼服ならびに通常礼服が洋服に定められ、従前の束帯《そくたい》・衣冠《いかん》は祭服として残すのみとなり、直垂《ひたたれ》・狩衣《かりぎぬ》・裃《かみしも》などはすべて廃止された。しかし、高額な洋服の礼服を新調することは容易ではなかったため、当分のあいだは従来の直垂・裃の着用が許されている。

洋服はこのように軍服・制服に採用され、軍人・官吏・教員などは早くから洋服を着用した。その後、帝国議会が発足した際も議員のほとんどは洋服姿であった。このことから洋服は男性の公の衣服となっていく。しかしこれらの洋服を公的な立場で着用する人物も私的な生活においては和服でくつろぐのが一般的であったため、しだいに洋服は公的な衣服、和服は私的な衣服と認識されるようになっていった。そのため、洋服ならばどんなものでも和服より格が上であるとされたり、和服を着用しているために会合や式典などに入場を許されないということもあったという。

なお、これらの洋服の代用として着用されたのが羽織袴である。先に記したように旧幕時代の文久二年（一八六二）九月に裃が廃止され、服装の簡便化が図られた際に、羽織袴は平服として公認され、士分者の事務服となっていた。したがって士分以外のものは着用が許されなかったが、明治四年（一八七一）にいたり、羽織袴の着用が平民にも許可された。明治十年九月の太政官達《だじょうかんたつし》により、官吏は通常礼服着用の場合は黒もしくは紺色のフロックコートをもって礼服に換えてもよいとされたが、判任官以下については羽織袴をもって代用することが認められた。これにより、羽織袴は洋服の礼服と同等のものとして着用されるようになった。

和洋混合風俗　このように男性の洋装化は上から定められた軍服・制服などに始まり、広がっていったといえる。しかし、それまで着用したことのなかった洋服を採用するにあたっては、当初大きな混乱がみられた。慶応三年（一八六七）に刊行された片山淳之助（福沢諭吉）著の『西洋衣食住』は当時、洋服の着用の仕方に大きな混乱があり、盛夏に冬物を着用したり、ワイシャツとジャケットを取り違えて着ることが少なくなかったため、正しい着装法を図式で表し、洋服についての啓蒙をすることを目的としていた。

このような啓蒙書が刊行されてはいたが、長いあいだ着用してきた伝統的な和装と新たな洋装が無秩序なまま混在していたようすが、明治四年（一八七一）五月の『新聞雑誌』第二号に記されている。ここには「衣服の数」として「装束　狩衣《かりぎぬ》（原文は假衣）　直垂《ひたたれ》　鎧直垂《よろいひたたれ》　白丁《はくちょう》　上下《かみしも》　軍服　非常服　西洋服　羽織袴　平服　被布《ひふ》　雨羽織　医者ノ十徳《じっとく》　袈裟衣《けさころも》　腹カケ股引　トンビ　フランケット」の一八種があげられている。この記事は当時、巷《ちまた》で着用されていた主なる衣服をそのまま列記したものと思われるが、ここには江戸時代から引き続いて着用されていた衣服と西洋からもたらされた衣服が共存していた、当時の衣服の混乱ぶりが語られている。このような衣服の混乱はますます激しさを増し、つぎのような広告も出された。

明治四年（一八七一）十月の『新聞雑誌』一八号に掲載された横浜五二番ロースマンド、東京表茅場町柳屋店の開店広告は「西洋衣服類品々、奇なり妙なり、世間の洋服、頭に普魯士《プロシア》の帽子を冠り、足に仏蘭西《フランス》の沓《くつ》をはき、筒袖に英吉利《イギリス》海軍の装、股引は亜米利加《アメリカ》陸軍の礼服、婦人の襦袢《じゅばん》は膺に纏《まとい》て窄《せま》く、大僕《おおおとこ》の合羽《かっぱ》は脛を過ぎて長し、恰《あたか》も日本人の台に西洋諸国はぎ分けの鍍金《めっき》せるが如し」と当時の洋服の着方について批判し、その原因は事物を知らない古着屋や袋物師が変化した洋服仕立屋のせいであるとしている。この店の謳い文句は西洋の仕立師を抱え、羅紗・フランネルその他の反物を本国より取り寄せて客の身丈に合わせ、流行に従った正真の洋服を仕立てるというものであった。この広告文からは、西洋の衣服であればどんなものでもかまわずに着用した当時の人びとの洋服に対する強い憬れと、それに反して洋服についての知識をほとんど持たなかったようすがみてとれる。洋服を誂《あつら》えるには大金を要したため、洋服であれば何でもよいと古着でまにあわせることも多かった。

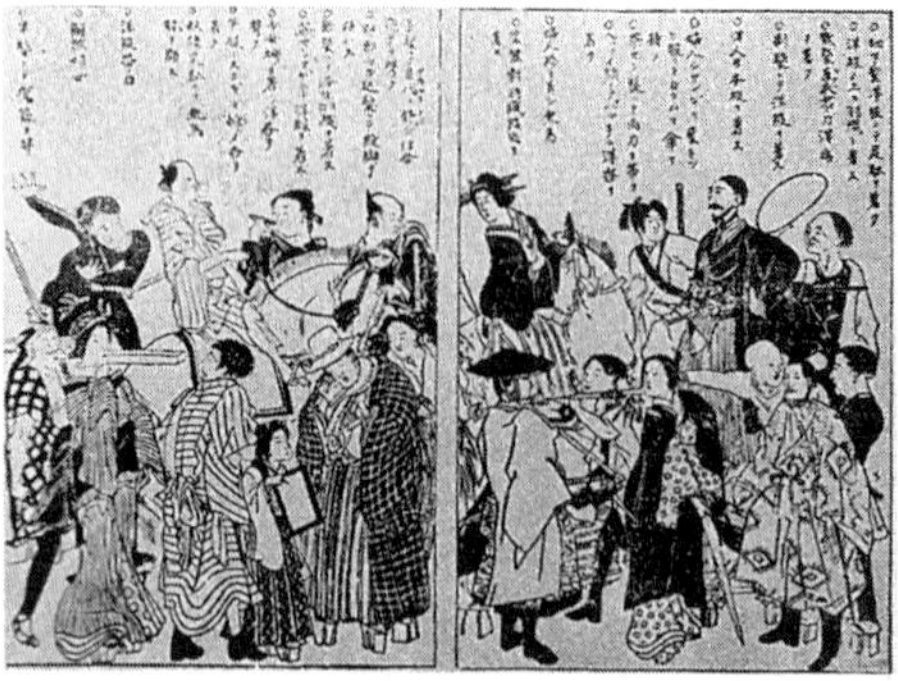
図7 「府下当時異風変態」（『新聞雑誌』明治5年）

また、洋服と和服を混合して用いる着方も多くみられた。明治五年十一月の『新聞雑誌』七〇号には「府下当時異風変態」と題した挿画が掲載されている（図7）。これには切下髪・洋服で足駄、洋服の上に羽織、散髪で直衣《のうし》・帯刀・洋沓、剃髪で洋服、婦人シャンギリ髪でトンビ服・蝙蝠傘《こうもりがさ》、ヘッツイ頭でパッチ・洋沓、書生羽織・袴に帽子・襟巻、茶筅《ちゃせん》まげで洋服、洋服・帯刀などの和洋混合の風俗が描かれている。このような洋服と和服の混合はその後も長く続いた。羽織袴に山高帽と靴を組み合わせる姿などは多くみかけられるものであった。

和洋混合外套の誕生—トンビと二重廻し　もともと和服には防寒のための外套といえるものはなく、雨衣としては蓑《みの》があっただけである。近世末期になって南蛮人の衣服を真似て合羽が作られるようになり、雨衣として用いられるようになったが、防寒着としての外套であるトンビが着用されるようになったのは幕末である。

『西洋衣食住』には下着から数えて一一番目に着用する衣服として「合羽　マグフェロン」があげられ、「日本にて俗にトンビという」と記されている（図8）。この「マグフェロン」は「マックファーレン（Mac Farlan）」と呼ばれた外套のことで、一八五〇年頃ロンドンにあらわれ、十九世紀末まで流行した（山根一九八三）。日本では幕末に西洋人が着用していたこの外套を「トンビ」という名で呼んでいたのである。トンビは袖が鳥の翼のような形で洋服地の羅紗で仕立てたため、雨天時でも雨がしみこまず便利であった。このトンビは明治初年頃から用いられはじめて流行し、明治三年（一八七〇）九月には、大阪の松本重太郎がトンビを商う店を出したという（石井研堂『明治事物起原』）。明治五年の大津絵節の「この頃のはやりもの」の一節や『武江年表』附録の「近き頃、世に行はるゝ物」にも「トンビ」があげられ、この頃、トンビが流行したことを伝えている。さらに、明治七、八年頃にはフランス軍人の甲種外套をまねてつくり、引廻し・釣鐘・鳥と名づけたマント風のものが流行した（遠藤一九八七）。

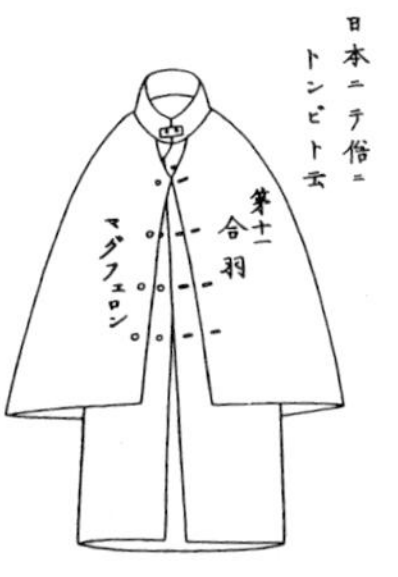

図8　合羽「マグフェロン」
（福澤諭吉『西洋衣食住』）

その後、明治十五、六年頃になるとトンビと廻し合羽を合わせて着る形の「二重廻《にじゅうまわ》し」が流行し、二重廻しという呼び方のほかに、「トンビ」や「二重鳶《にじゅうとんび》」とも呼ばれた。この二重廻しは羊毛仕立てで、袖なしのコートの上にケープ（引廻し）を組み合わせたもので、コートとケープはそれぞれ独立して用いることもでき、晴天時にはケープだけを着用したという。しかし、明治十七、八年になると取りはずしのきかない仕立て方となり、身頃《みごろ》にケープ風の大きな袖をつけ、前面はコートにケープを重ねたようにみえ、背面からみると大きな袖がついているという形になった。この袖が羽のようにみえたため、袖のことを羽と呼んだ。襟にはラッコやカワウソなどの毛皮をつけることもあった。また、雨天や防寒用に頭巾（フード）をつけることもなされた。

この二重廻しの意匠に工夫を加え、売り出したのが白木屋洋服部である。白木屋はもともと呉服商を営んでいた老舗であったが、明治十九年十月一日に、洋服部を開業し、同年、当時英国の高官が着ていたインバネスからヒントを得て、袖なしのコートにケープ状の袖をつけたデザインの和服外套を創案して売り出した（『白木屋三百年史』）。このインバネスとはスコットランドのインヴァーネス（Inverness）で創案された黒無地の羅紗で作られた袖なしのケープつきコートで、燕尾服着用の場合に用いるのが正式である。しかし、この和服外套はインバネスとは呼ばれず、二重廻しと呼ばれたようである。白木屋洋服部が二重廻しの意匠に工夫を加え、売り出すことによってこの外套が広まったと考えられる。

この二重廻しの流行については、近来は婦人までトンビを着るという世の中なので男は二重廻しを着ない者はなく、寒気しのぎとボロ隠しの一挙両得だと誰も彼も買い求めている（『報知』明治二十九年一月二十九日）とされ、男性では和服用の防寒用外套として二重廻しを着ない者がいなかったほどの流行であった。丈が長く、着物がすっぽり隠れることが、寒さしのぎにもボロ隠しにも好都合だった。この記事によれば十円内外の価格のものがよく売れていたという。ちなみに明治二十七年の白米中級品の小売価格は十キログラムに換算すると七八銭九厘であり、また、明治二十六年の東京公立小学校教員の初任給は五円（『物価の文化史事典』）であった。したがって二重廻しの十円内外という価格は、かなり高額なものだったといえる。さらに、同年十一月の『風俗画報』一二七号には流行の「独逸《ドイツ》トンビ」について、地質はとくに黒紺絹綾が非常に流行し、形は羽根、すなわち袖が長く広くなり、襟は細く、ラッコ・別珍《べっちん》・絹ラッコなどをつけ、なかでも別珍がもっとも流行しているとし、価格については安物もあるが、総裏で充分の恰好であれば、八円以上四十円くらいまでとしている。報知新聞の記事と比較してもその価格の高さに驚かされる。二重廻しはデザインが変化し、背に襞《ひだ》がある独逸形や襞のない英吉利《イギリス》形が現われ（平出鏗二郎『東京風俗志』）、大正末まで流行した。

また、明治三十五年になるとインバネスという男用の小型の外套があらわれ、都会では道行《みちゆき》・モジリという角袖の外套が商人のあいだにはやったという。先にあげたように二重廻しはインバネスからヒントを得て作られたものであるが、当初はインバネスとは呼ばれなかった。

インバネス　明治三十年代になって、洋服用の二重廻しがあらわれ、流行した。洋服用は和服用と同様に、袖なしのコートにケープ状の袖をつけたデザインであったが、洋服に合わせて袖のくりが小さく、着丈・袖丈とも短かった。

この洋服用の丈の短い二重廻しを和服の上に着用していた姿もよくみられた。明治三十二年（一八

図9　二重廻し
（『都の華』明治32年）

九九）一月二十五日付『都の華』一九号の「流行夜目遠目」には二重廻しについてそれ以前に用いられていたスコッチ・玉羅紗などの厚地の毛織物が廃れ、吾妻コートと同じように薄物で作られたものが流行しているが、洋服用の短い丈の二重廻しを和服の上に着る者が多く、袂《たもと》や裾が露《あら》われて見苦しいとある（図9）。

明治三十年に『読売新聞』に連載された『金色夜叉』には高利貸鰐渕直行の子息、直道の装いとして黒綾のモーニングの上に紺メルトンの二重外套を着た姿が描かれている。直道の二重外套は洋服に組み合わせる丈の短いもの、すなわちインバネスであったと考えられる。ここでは二重外套の名称が用いられており、インバネスという名称がまだ一般的ではなかったのではないかと思われる。

しかし、明治三十六年に『読売新聞』に連載された小杉天外の『魔風恋風《まかぜこいかぜ》』には青年紳士殿井が和装と洋装によって二重廻しとインバネスを着分けているようすが記されている。その装いは和装では「二重鳶の下から見える其の服装は、大島らしい十の字絣に、黒八の襟の揃うた下着を二枚も重ね、白っぽい八丈格子の糸織の書生羽織」とあり、洋装では「茶色のインバネスに同じ色の背広、起ちながら茶革の靴を脱ぐ姿も瀟洒に」と描写されている。殿井の服装、とくに和装からは、高価で吟味された印象を受ける。ちなみに明治三十六年二月十七日付の『都の華』七三号の「流行大観」には、明治二十七、八年の日清戦争の影響で「活発な品と柄」が流行し、なかでも「飛白《かすり》と筒袖が非常の勢力」となったとある。全国各地で絣《かすり》が染織され、また絹織物では大島紬絣が大流行し、変わり柄は一反三十円、五十円の高値の物が売れ、男性の衣類ひと揃いが百円や百五十円かかっても何とも思わないほどだったという。殿井の服装は、まさにこの頃の流行に乗った贅沢な装いといえるだろう。

また、『都の華』七三号の小説「春模様」には若紳士春山の服装描写として、フロック・コートに地味な縞羅紗ズボン、鶯茶《うぐいすちゃ》（褐色がかった黄緑色）の裏なしのインバネス、二インチの高襟に結び下げのネクタイなどが記されている（図10）。当時のハイカラな紳士を表したものであろう。二重廻しが冬用であったのに対して、インバネスは冬用のほかに夏用のものもあった。

明治三十年代の初め頃は洋服用も和服用と同様に「二重廻し」と呼んでいたようであるが、三十年代の半ば頃には、和服用と洋服用とを区別するために洋服用を「インバネス」とし、和服用の「二重廻し」と区別して呼ぶことが一般化した。しかし、三十年代の末頃には和洋兼用のインバネスが盛んに流行したという（明治三十八年一月五日付『風俗画報』三〇七号）。

図10　インバネス
（『都の華』明治36年）

トンビ・二重廻し・インバネスなどの外套は毛織物で作られた高価な衣服であった。それまで防寒着を着用する習慣のなかった日本人にとって、暖かく、風を通さず、雨をはじくという毛織物でできた外套の着心地は、体験したことのないすばらしいものだったに違いない。また、これらの外套は、いずれも洋服店であつらえるものであり、和服と組み合わせても洋服の感覚を味わうことのできる衣服であった。男性の和服用外套と女性の吾妻コートを創案して売り出した白木屋洋服部が、驚くほどの盛況であったのも、洋服を当時の人びとに受け入れられやすい、和服用の外套として提供したことが功を奏したのであろう。西洋からもたらされた衣服を日本人の感覚に合わせた意匠に作り替えたことにより、これらの外套は多くの人びとに受け入れられ、長い期間にわたり流行した。

[2] 女性の服飾の変化

女性の洋装化—鹿鳴館時代　男性の洋装化が、軍服や制服などの公的な服装から取り入れられていったのに対して、公的な役割を持たなかった女性の洋装はごく限られた人びとのあいだにみられるにすぎなかった。明治五年（一八七二）頃には、大胆な服装を好んだ年若い芸者や長崎円山《まるやま》の遊女が洋服を身につけたことが新聞記事に取り上げられたほど、明治初期の女性の洋装は珍しかった。しかし、華族や外交官の夫人・令嬢など、海外に滞在する機会に恵まれた人びとのあいだには徐々に洋装が行われるようになっていった（図11）。この女性の洋装が盛んになるのは鹿鳴館《ろくめいかん》時代である。

鹿鳴館は日比谷ガ原近くの薩摩藩別邸跡八千坪の広大な敷地に建設された、建坪四四〇余坪のネオ・バロック様式の煉瓦造り二階建ての大建築で、設計者はイギリス人のジョサイア・コンドル博士である。これは幕末に締結した諸外国との不平等条約を改正するため、内外の人びとが親しく交際を深めることを目的とした迎賓館として用いられ、外国人と上流の人びととの社交場であった。また、慈善バザーや音楽会なども開かれた。開館式は明治十六年（一八八三）十一月二十八日に行われた。この日の服装は、男性は燕尾服にシルクハットが主であったが、日本人の女性は夜会服のローブ・デコルテは少なく、大半が三枚襲《かさ》ねの白襟五つ紋の裾模様の和服姿で、なかでも宮中の女官は袿《うちぎ》袴《はかま》姿で出席したという。翌十七年十一月三日には井上外務卿夫妻主催の天長節《てんちょうせつ》の祝賀会が開催されたが、このときも男性は文官の大礼服、燕尾服、陸海軍の大礼服だったのに対して、女性は開館時とほとんど変わらない姿であった。しかし、この年から宮内卿伊藤博文と外務卿井上馨の発案で舞踏会が開かれるようになり、女性の洋装化が進んでいった。同年七月にはその準備段階として外国人ダンス教師が指導する舞踏練習会ができ、この会は引き続き東京舞踏会となった。その入会資格は勅奏任官・華族・外国公使・御雇い外国人、およびその夫人・令嬢を限りとした。このようにしてダンスが盛んになり、鹿鳴館では華やかに舞踏会が開催されるようになった。

鹿鳴館の舞踏会へ出席する華族・政府高官の夫人・令嬢たちはバッスル・スタイルの洋装であった。バッスル・スタイルとはコルセットで胴体を締め、ヒップのふくらみを極端に誇張したスタイルであり、当時、ヨーロッパで大流行していたが、その流行がそのまま取り入れられた（図12）。その姿は「仕立て卸しの洋服の裾を家鴨《あひる》の尻を見たようにプリ〳〵と振り廻し」（福地桜痴『もしや草紙』）と揶揄された。

図11　女子留学生の洋装（明治4年）

図12　鹿鳴館ファッション（戸田伯爵夫人，明治20年）

女性の洋装が盛んになるにつれ、洋品の輸入が増加した。はじめはパリ風の最新流行の品であったが、そのうちヨーロッパ各国から種々雑多な帽子や装飾品が輸入され、また、新旧の流行が入り乱れて入ってくるようになり、混乱を招いたといわれる。

このように上流女性の洋装が積極的に行われるようになった結果、明治十七年九月には宮中女官の礼服に洋装が取り入れられ、明治十九年には皇后をはじめとして皇族・大臣以下各夫人の朝議に洋装が採用された。それらは新年の拝賀などに着用する大礼服のマント・ド・クール、夜会や晩餐などに着用する中礼服のローブ・デコルテと小礼服のローブ・ミデコルテ、新年宴会や昼の御陪食等に着用する通常礼服のローブ・モンタントであった。また、同年十月には東京女子師範学校の制服が洋服となったことが地方にも波及して、各地の師範学校女子部生徒の制服にも洋服が採用されるようになり、わずかながら地方においても女性の洋装がみられるようになっていった。

明治二十年一月には皇后の「婦人服制のことについての思召書《おぼしめし》」が出された。その趣旨は洋服の合理性に着目して女服の改良を説き、また国産品の使用を奨励し、奢侈華美を戒めることにあった。しかし、当時の洋服の材料としては国産品の品質が劣っていたため、ほとんどが高価な舶来品であり、また、この思召書も一般国民を対象としたものではなかった。とはいえ、同年三月の皇后の関西御臨幸が洋装であったことが、洋服の普及に大きな影響を与えたといわれる。

このように上流階級から始まった女性の洋装は、明治二十、二十一年を境として極端な欧化主義が衰えるとともに後退していった。連日華やかな夜会が催されていた鹿鳴館も閉鎖されて払い下げられ、華族会館に貸与されることになった。欧化熱が冷めるとともに洋服の廃止論が盛んになり、女性の和服が見直された。その理由としては、当時の洋服が日本女性の体型に合わず、また、コルセットを用いて胴体を締めることは窮屈で、着心地の悪いものであったこと、また、洋服をあつらえるには高額な費用がかかったことがあげられる。明治二十一年八月二十三日の『東京日日新聞』には、洋服のコルセットの胸部圧迫が病気の原因とされたことから洋服の不便説が起こり、また、洋服が高価なこともあいまって、洋服の廃止論が盛んになり、府下の女性の洋服が五、六割減少したとある。

さらに日清戦争・日露戦争の二度にわたる日本の勝利は、極端な欧化主義の反動として国粋主義を台頭させ、日本文化に対する関心を高めさせた。折から元禄文化の復興が起こり、服飾・調度・髪飾りなどにまで元禄風が及び、元禄模様や元禄袖が流行した。このため女性の洋服は皇室や上流社会を除いて衰え、一時洋装をしていた一部の女性たちも再び和服姿に戻っていった。

女性の断髪と改良髪型　男性の断髪が進められた明治四年（一八七一）頃、男性の断髪にならって女性のなかにも断髪をする者があらわれた。これについては、近頃女性にも断髪するものが多いが、贅沢な櫛笄《こうがい》を使わず、油元結《もとゆい》などが節約でき、簡素でよい（『千葉』明治四年二月）と賛同する新聞もあったが、女性の断髪をけしからんとする意見が多勢を占めていた。

断髪を行った女性は上野山内の茶店の女や新内節浄瑠璃語りの女などで、そのなかには男性が着用するトンビを着ている者もいる（『武江年表』明治四年十月）とその行状が非難の対象となった。この女性の断髪については明治五年三月の『新聞雑誌』三五号も、近頃東京でちらほら断髪の女性をみかけるが、日本には古くからそのような習慣はなく、西洋諸国にもいまだかつてなかったことで、その見苦しいようすはみるに忍びないと非難している。男性に対しては断髪を励行したが、これに影響を受けた女性までが断髪するにいたり、女性の断髪が風紀を乱すと判断した東京府は同年四月五日に女性のザンギリ頭禁止の告諭文を出した。しかし、すぐにはおさまらなかったとみえ、同年十一月には、東京府下にザンギリ髪でトンビを着用し、蝙蝠傘を持った婦人が見受けられたという（『新聞雑誌』七〇号）。そこで東京府はさらに現在の軽犯罪法に当る違式《いしき》詿違《かいい》条例で罰則を定め（明治五年十一月）、明治政府も翌年二月に詿違罪目第三十九条を設けて女性の断髪を一掃しようとした。この詿違罪目第三十九条は、理由なく断髪した女性を逮捕して科料を課したうえで放免し、その後、髪が伸びて結髪できるまでの間、処罰済の証書を与えて再逮捕を免れさせるというものである。これが奏功したのか、同年三月頃には、「婦人の散髪おおいに減ず」（『新聞雑誌』八一号）と報じられているように、女性の断髪はみられなくなった。

その後、明治十六年（一八八三）頃から鹿鳴館時代の影響を受けて日常生活のうえにも欧化主義が唱えられ、生活改良論が盛んになった。女性の生活改善でまずあげられたのは結髪の改良で、明治十八年七月に、医師渡辺鼎と経済雑誌記者石川暎作が婦人束髪会を提唱した。また九月には『洋式婦人束髪法』が刊行されたが、そのなかには会の趣旨と会則が掲載されていた。その主張するところは、従来の結髪は不便窮屈にして苦痛に耐えないこと、不潔汚穢にして衛生上害があること、不経済にしてかつ交際上に妨げがあることの三点をあげ、これを束髪結とすることによって新風俗とし、経済・衛生・便益の三を兼ねるというものであった。束髪の結い方については西洋上げ巻・西洋下げ巻・英吉利《イギリス》結び・まがれいとの四種を図示して説明している。これらの束髪は錦絵にも描かれた（図13）。

束髪会に入会する者も多く、同年九月には東京女子師範学校の教員・生徒や小学校教師などが束髪を採用し、十二月には大阪にまで流行した。初めの頃の束髪は女中や子守りなどに多く、中流以上には少なかったが、明治十九年頃になると上流社会の女性にも束髪にする者が多くなった。ところが、

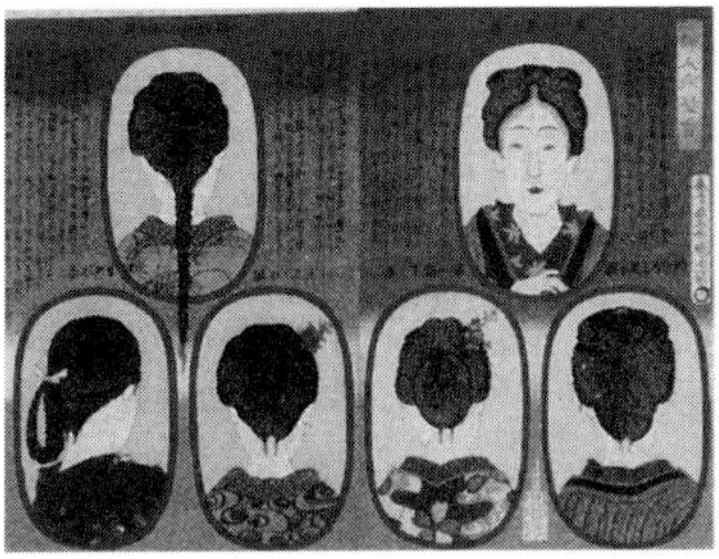

図13　婦人束髪会提唱の洋風髪型

明治二十三、四年頃には国粋主義の風潮が強くなり、また、明治二十七、八年の日清戦争の影響などで再び日本髪が流行して、束髪は一時衰えた。しかし、その後まもなく復活して明治二十八、九年頃には夜会結び・フランス結びが、明治三十年過ぎには庇髪《ひさしがみ》・花月巻《かげつまき》（一名ハイカラ）が流行した。明治三十七年には日露戦役の旅順攻略で有名になった二〇三高地から名づけられた、頭上に高い髷を結った髪型「二〇三高地」が流行し、一般女性から子守りにいたるまでこの髪型を結った。これも明治四十年頃からは衰えて、それ以降は七分三分が流行した。

図14　初期の女学生の袴姿（明治8年）

女学生の袴　明治四年（一八七一）頃から官立学校や私塾の設立が盛んになり、男性だけでなく女性のなかにも学問を志す者があらわれた。明治五年に初めての官立女学校として開校した東京女学校は外国人女教師による洋式学校であったが、開校に際して文部省は生徒の服装についての伺いを太政官に出した。その内容は従来の女子のきものでは適当でないので、羽織と袴を着用させたいというものであった。これに対して袴の着用のみが許可された。当時はまだ女袴が考案されていなかったため、この袴は男袴であった。当時の社会においては、女子に袴の着用が公認されたことはきわめて画期的で、男袴着用は他の学校で学ぶ女学生のあいだにも広がった。その結果、大帯の上に男袴を着し、足駄をはき、腕まくりして洋書を提《さ》げて往来する女学生の姿がみられ、この姿は文明開化の弊害として非難された（明治五年五月『新聞雑誌』三五号）。『怪化百物語』の「書生の化物」には縞の袴をはき、洋傘を持ち、書物を抱えて颯爽と塾に入っていく海外留学帰りの若い女教師（助教）を書生と子供が眺めている挿絵がある（図14）。女性が学問をするために堂々と塾に通い、また、男性の袴をはくという見慣れない姿に人びとは眉をひそめたが、男に負けずに学問をしようとした心意気が男袴着用という服装にあらわれたのであろう。このように明治の初年から一部の女性が袴の着用を始めたが、この袴は腰板のついた男性の袴と同様の仕立で、また、地質も男性の袴に用いられた縞の小倉地《こくらじ》であった。小倉地の男袴に振袖のきものの取り合わせはいかにも不釣合いだった。

明治七年（一八七四）に設立された東京女子師範学校の開校式は皇后の行幸を得て翌年十一月二十九日に行われたが、そのときの生徒の服装はおしきせの揃いのきものか自弁のきものに、男袴の襠《まち》を低くしただけの紺の荒い竪縞《たてじま》の小倉袴、髪は唐人髷《とうじんまげ》、履物は全生徒揃いの麻裏草履であった。「唐人髷に袖の長いきもので、からだの上半分はやさしい若いお嬢さんたちの、下半分は腰板のついた小倉袴という異様な姿には、皇后も女官たちも笑いをかみ殺すのに骨が折れ」（山川菊栄『おんな二代の記』）たという。

このような不釣合いを解消し、女学生としての優美さが保てる服装を考案したのは跡見花蹊《あとみかけい》である。跡見花蹊は明治八年に跡見女学校を設立したが、設立当初に女生徒がはいていた竪縞の馬乗袴《うまのりばかま》があまりにも殺伐とした体裁であることから、官女の緋の袴から思いついた紫色の袴を考案し、髪は稚児髷《ちごまげ》、着物は振袖とした。跡見女学校は明治二十年に神田から小石川に移転したが、学校が神田にあったときから紫の袴を着用していたという。

その後、明治十年代には自由民権運動が盛んになったことに対抗するように教育界に儒教主義的道徳強化が唱えられ、開化主義が批判されるようになった。また、明治十二年に「教育令」が公布されて政府の教育政策も変化した。それにともなって東京女子師範学校の教育方針も変化し、袴を廃止して通常の青年女子の服装、すなわち幅広の帯を締めたきもの姿とした。さらに明治十五年には東京女子師範学校附属高等女学校が設立されたが、その通学用服は袴を用いない通常のきもので、履物も下駄や草履であり、服飾は質素を旨とし、世間の風習に従って、浮華に流れないようにと規定された。
また、文部省は同年十二月に各府県の学務担当者を招集して、女生徒の教導について温和貞順などの婦徳を養成することを求め、服装に関しても婦徳の表現として和服着用を示した。さらに翌年には各県令に通牒を発したが、それは女性教員および女子師範学校・高等女学校の生徒が袴をつけ、靴をはき、その他異様の装いをしていることを、風俗の浮華にはしる行為として非難し、服装等は努めて習慣に従い質素を旨とし、奇異浮華に流れないようにすべきであり、ことに女性教員および女子師範学校・高等女学校の生徒の風習は他に及ぼす影響も大きいので注意をするようにとの内容であった。このようにして、かつて公認されていた女学生の袴着用は禁止され、旧来の和服に大帯を結んだ姿に戻った。

しかし、明治十七年（一八八四）に森有礼《もりありのり》の初代文部大臣就任にともない、教育行政が大きく変化し、立憲体制確立の準備としての啓蒙的国家主義が打ち出され、欧化主義の教育思想が強まった。

このようななか、明治十八年には下田歌子によって華族女学校が設立された。設立当初の服飾規定では女生徒は袴を着用し、靴をはくこととされたが、袴は縞を除き、色目・地紋は随意であった。また、束髪、西洋服も勝手としていたが、明治二十年には在校のあいだは洋服着用と定め、洋服着用を励行した。明治十五年に禁止された袴と靴が早くも復活し、西洋服を採用したことは大きな変化であった。先にふれたように東京女子師範学校でも明治十九年に洋服の制服を採用し、生徒は洋服で課業を受け、また、学校でダンスの稽古をしたという。このときの洋服は当時流行のバッスル・スタイルで、鹿鳴館の洋装スタイルに通じるものであった（図15）。

しかし、鹿鳴館時代が終わるとともに極端な欧化主義の反動として国粋主義が起こり、女子教育においても「婦徳」が重視された。それにともなって女生徒の洋服着用が廃止され、再び旧来の和服に大帯を結んだ姿に戻っていった。このようななかでも前述の跡見女学校は生徒に一貫して和服に紫の袴を着用させた。また、華族女学校でも明治二十二、三年に洋服着用から和服着用に変更し、生徒に海老茶色の袴をはかせるようになった。なお、この袴はこれまでの男袴のように裾が二つに分かれていないスカート状の袴、いわゆる行灯袴《あんどんばかま》で、下田歌子が考案したとされる。この後、女性はこの行灯袴を着用するようになり、女袴ともいわれた。

図15　東京女子師範学校夏の制服（明治19年）

この頃、東京医学校教授のベルツをはじめとする医師たちは、洋服が日本女性の体型にあわないこと、コルセットの使用は衛生上害があることを主張していた。また、ベルツは、旧来の和服についても大帯や紐で体を締めつけることは姿勢を悪くし、運動を妨げており、帯は細く、柔らかい地質のものとすべきで、袖も短くすべきである。袴をはかせることはよいが、下に通常のきものを着て大帯を締めてはなにもならないので、袴をはくときは衣服の丈は膝くらいにすべきだと服装の改良を唱えた。

このような主張に影響を受けて、女子高等師範学校では大帯を廃して袴を着用することになった。明治三十年頃より高等女学校が各府県に設立され、また、明治三十二年には高等女学校令が公布されて高等女学校は全国に多数設立されるようになっていたが、女子高等師範学校や同校附属高等女学校が女袴を採用したのに倣い、全国の女学校に女袴が普及した。また、明治三十三年には学校生徒はなるべく袴をつけるようにとの内諭があってから、都下の女学校の生徒のほとんどが海老茶の袴姿になった。当時の女学生にとって海老茶の袴は新鮮で、知的な印象をもち、魅力的な装いとして迎えられ、瞬く間に日本全国の女学生に広まった（裏表紙カバー参照）。女学生を紫式部にかけて「海老茶式部」と呼ぶことが広く行われたが、跡見女学校だけは伝統の紫色の袴を用いつづけ、門下生は「スミレ女史」と称されたという。

しかし、高等小学校や女学校で女生徒に袴をはかせることについては抵抗もあったという。明治三十四年五月には熊本県の高等小学校で女生徒の袴着用の是非について学校長と郡長が衝突し、文部省の視学官が視察に出張するという事態が起きている（『大朝』五月二十一日）。また、永島信子の在学していた山形市立高等女学校では、老教諭が「唯さへ人目につき容《やす》い若き娘たちが、袴の如き従来何の家にもみたことのない、すばらしく派手なものを着したならば、それこそ人目を引き、宜しからざる結果を引き起すおそれある」と猛反対したという（永島一九三三）。しかし、このような反対にもかかわらず、袴は女学生の衣服として定着していった。

明治末まで海老茶の袴は女学生の代名詞ともなり、小杉天外や小栗風葉の小説に登場する女学生も庇髪に海老茶袴の当時最先端の女性として描かれている。この庇髪に海老茶袴、西洋靴の姿は女学生だけにとどまらず、当時あらわれはじめた電話交換手、鉄道の出札係、郵便局や日本銀行の女性事務員にもみられ、これらの女性たちには女学生とみまがう姿の者も多かったという。

袴の地質は一般的にはカシミヤ・綿カシミヤで、セルや毛繻子《けじゅす》も用いた。毛織物以外では繻子・綿繻子・博多・琥珀《こはく》・塩瀬《しおぜ》なども用いた。色は海老茶がもっとも多かったが、紫紺・藤紫・小豆色・オリーブ・黒などさまざまであった。

女学生の袴はきものに束髪や西洋靴などとともに組み合わせて着用され、西洋建築の校舎で勉学するのにふさわしいスタイルであった。その形態は和服よりも洋服の感覚に近いものであり、新しい時代の服飾として次に訪れる洋装時代のさきがけとなるものであったといえる。また、このきものと女袴という二部式の着用スタイルをさらに改良し、袖や襟の形を変えることなどが試みられ、実践女学校では校服を改良服としたことが知られている。

和装に加わる洋装アイテム—ショール（肩掛）の採用　もともと日本にはショールと同じようなものとして襟巻があり、別名首巻とも呼ばれ、寒さを防ぐなどの目的で和装品の一種として用いられていた。明治五年（一八七二）頃の風俗画には男性の断髪者・結髪者とも襟巻を着けた者が多くみられ、その着け方は襟巻を二つに折り、その端を折り口に差し込んで用いていた（『明治事物起原』）。書生らしき人物が西洋風の襟巻を着けている図もみられる。明治七年の大津絵節のはやりもの唄のなかにも「長い襟巻」があり、この頃に流行していたことがわかる。

その後明治十一年頃から洋風のショールが流行しはじめた。ショールは、襟巻と外套とを兼用する、和服に用いられた防寒具で、舶来品の上等なものは五、六円もするほど高価であったが、京都西陣の織物会社で安価な棉（綿）織ショールを生産するようになり、一般に用いられはじめ、流行するようになったという。また、この頃の一時期、男性も小型のショールを着用していた例がみられる。

その後、ショールの流行は長く続き、明治二十年、二十七年の衣服の流行としてショールがあげられている。ショールは当時の防寒の装いとして一般的なものであり、厳寒時には御高祖頭巾《おこそずきん》と組み合わされて用いられた。

もともと日本には和服用の外套はなかったが、先にみたように明治になって男性用外套としてはトンビや二重廻しが考案され普及した。これに対して女性の外套の登場は男性よりも遅れたため、女性はもっぱらショールを用いていたが、なかには男性用のトンビを着用する者もいた。

女性の外套としては後述するように、明治二十四、五年頃に吾妻コートが登場するが、この吾妻コートの流行により、ショールの流行は一時衰えたようにみえ、明治三十年十一月三日付『都の華』六号には、吾妻コートが四、五年以来流行し、今日この頃は男性の二重廻しのように、婦人の上着として老若を問わずなくてはならないものとなったため、ショールはまったく廃れたと記されている。しかし、明治三十二年一月二十五日付『都の華』一九号や同年二月十日付『風俗画報』一八二号には吾妻コートが廃れてショールが復活したとの記事があり、さらに、明治三十六年一月二十五日付『都の華』六二号には「吾妻コートの一時の流行は何処へやら、今は花柳社会では着る人なし、ショールといって襟巻のようなものが流行している。二尺四方ぐらいの縮緬の周囲へ色々の編出しをしたもので、価格は十円位までである。これは一昨年頃よりボツボツ用いられ、今は終に流行となっている」とある。ショールは吾妻コートが流行すると、それにとって代わられて用いられなくなり、吾妻コートが廃れると、また流行するというように、ショールと吾妻コートは交互に流行をくり返していた。しかし、ショールと吾妻コートを組み合わせて用いることも行われた。

ショールは、本来は洋装品であったものを和装に合わせ、しかも違和感なく用いられていることがわかる。ショールの材料は、当初、フランネル・毛・ラクダなどの防寒に適した実用的なものであったが、その後、装飾的なものへと変化していった。

明治三十四、五年には高級着尺地《きじゃくじ》の御召縮緬《おめしちりめん》のショールも用いられるようになり、流行を追う人は、いずれも絹物を用いるようになった。この頃からショールの材質が上質なものとなってゆき、明治三十六年頃からは極薄地で、縞模様がある長いシルクショールが流行した。普通は肩に掛け、または襟に巻きつけて用い、夜間または寒い日は日中でも、頭から被ったという。また、レースのショールが大流行する一方で、縮緬地のショールの周囲へ色々の編出しをするなどの装飾が加えられ、ますます華やかになっていった。この頃の華やかなショールとしては、インバネスの項でも紹介した『都の華』七三号の小説「春模様」に、令嬢、艶子の吟味された贅沢な装いのひとつとして「葡萄色のやや紫に見える西陣製の縮緬肩掛」が記され、挿絵も描かれている（図10）。

さらに明治三十八年頃になるとショールはさまざまな変化をみせるようになり、絹物や毛糸編物、さらに鳥の毛を原料としたボーアなど多様なデザイン・材質のショールが用いられた。また、大人ばかりでなく子供にまでも用いられた。また、同年三月五日の『滑稽新聞』にはSHAWLの文字を六人のショールを纏った女性の絵文字で表した図が掲載されている（図16）。漫画としての誇張もあるとは思われるが、当時、ショールが大流行していたことを示すものであろう。

その後もショールは和装に溶けこんで用いられつづけ、現在でも和服着用時の防寒やおしゃれ衣料として欠かせないものとなっている。

吾妻コート　東《あずま》コートは白木屋呉服店の洋服部が明治十九年（一八八六）に創案したものといわれる（『白木屋三百年史』）。白木屋は同じ年に男性用の和服外套である二重廻しを売り出していたが、これを女性用に応用したのが東コートである。白木屋では「東コート」として売り出したが、のちに他店がこれを模倣して「吾妻コート」の名で販売し、この名称が一般化した。

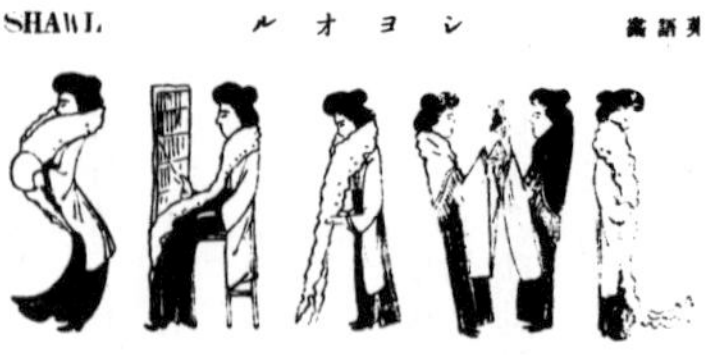

図16　ショールの絵文字
（『滑稽新聞』明治38年）

吾妻コートは男性用の二重廻しに相当する女性用コートで、綾羅紗《あやらしゃ》、すなわち毛織物で被風《ひふ》と似た形につくられ、その丈は裾まであった（図17）。着物をすっぽりと被うため襤褸《ぼろ》隠しともいわれた。

この吾妻コートは呉服店の洋服部が売り出したとあるように、和服ではなく洋服の一種であった。東京風を意味する「東」や「吾妻」に洋服の外套を意味する「コート」を結びつけて「吾妻（東）コート」と呼んだことにも東京風の洋式外套の意が汲みとれる。

吾妻コートは明治二十六年頃から年齢にかかわりなく大流行した。色は黒を中心として、その他は紺・濃鼠《こいねず》などで、はじめは羅紗地を用いた高価なものだったが、徐々に安価なものもあらわれ、中流以下にまで及んだ。上流婦人向けのより贅沢な材料としては絹の御召地を用いるようになり、織柄にもさまざまな意匠を凝らすようになった。また、日清戦争後の国粋主義の影響か、「愛国コート」の名称もあらわれている。

また、明治三十二年には京都地方で東京の吾妻コートに対抗して「上方コート」がつくられた。しかし、形は吾妻コートと同じであったという（一月二十五日付『都の華』一九号）。

図 17　吾妻コート（『風俗画報』明治 30 年）

吾妻コートは一時廃れたとみえた時期もあったが、その後も流行がくり返され、明治三十六年には贅沢な品であったレースのショールを組み合わせて用いることが流行した（『都新聞』十一月二十九日）。吾妻コートの流行は大正時代にはいるまで続き、その頃には上等の絹織物で作られ、ますます贅沢なものになっていった。跡見花蹊《あとみかけい》は、「随分高価な品で製し贅沢な世の中」になったとし、「一般にかく華美を好むやうになつたに就ては」「遂に国を亡すやうなことに立ち至りはしまいか」と、高価なコートを着用することへの危惧の念を述べている（大正二年六月五日付『風俗画報』四四六号）。ここからも吾妻コートが華やかで贅沢なものだったことがうかがえる。

はじめ羊毛の羅紗地で作られた洋風のコートが、当時の女性たちに受け入れられて大流行し、さらには贅沢な絹地で作られるようになり、和装の一部となっていった。

羽織の普及　明治時代には女性のあいだで羽織が広く用いられるようになった。

羽織は江戸時代に武士の日常着となり、町人も用いるようになったが、元来は女性が着用するものではなかった。後期に踊り子のあいだに羽織が流行し、深川の芸者は羽織姿を売り物として「羽織芸者」や「辰巳芸者」などと称したという。女性の羽織着用は禁じられたが、幕末にはそれもゆるんで、縞縮緬や南部縮緬の羽織が流行した。

男性の羽織は比較的身分の高い者の衣服であったが、この羽織が女性にも用いられるようになったのである。女性にとって羽織のように外衣として着用されるものといえば、明治以前は上流階級のものとして被布《ひふ》が、下流階級のものとしては半纏《はんてん》があるのみで、いずれも一般の女性の外衣としてふさわしいものではなかった。そのようななか、男性に黒紋付羽織袴が礼装として認められたため、女性もそれに倣って黒縮緬の紋付羽織を礼装として用いるようになった。このようにして羽織は女性にもふさわしいものとして用いられはじめ、その後、女性が羽織を着用する風が一般化し、あらゆる服装の上に加えられるようになった（永島一九三二）。

日清戦争後には訪問着として、高級絹地柄物、たとえば縞御召・糸織・八丈絹のようなきものの上に、黒縮緬紋付羽織を着ることで、男性の羽織袴の礼装と同等の格を持つ服装となっていた（図18）。また、黒縮緬だけではなく、小豆紫系の色羽織も用いるようになったが、日露戦争後には納戸《なんど》系色縮緬地を用いるようになった。

また、その頃から羽織に模様をつけることが行われはじめ、大正の初めになると羽織の襟先から前《まえ》身頃《みごろ》にかけて褄《つま》模様のように斜めに模様が配置されるようになった。さらに五、六年後には後身頃《うしろみごろ》の裾に、そして数年後には肩・袖に模様を置くようになった。このように模様羽織が流行し、以前の無地の色紋付羽織は顧みられなくなったという。縞御召・大島絣などの正式衣とはならない柄地の上に羽織っても訪問着の代用として通用した。

大正三年（一九一四）頃には、白生地のうちに仮縫いして縫い目を渡るように模様を描き、染加工したものを絵羽模様と称するようになり、この絵羽模様を施した羽織は絵羽羽織（絵羽織）と呼ばれた。

また、男性だけに用いられていた夏羽織が女性にも用いられるようになった。防寒の用をなさない単《ひとえ》の羽織はこれまでなかったが、明治四十年（一九〇七）頃になって装飾美の要素の強い絽《ろ》縮緬の白生地の単羽織が流行するようになった。その後、単羽織は装飾を目的として、大正十年頃から袷《あわせ》のきものの上にも着用されるようになり、夏物の白生地に限らず、華麗な色模様のものもあらわれた。単の羽織も女性の服装のなかになくてはならないものとなっていった。

図18　羽織姿（『風俗画報』明治33年）

3 結婚式と婚礼服の変化

和装の婚礼服　婚礼衣裳は明治の中頃まで、花婿は黒地の紋付羽織袴、花嫁は白無垢といわれる和装で、肌襦袢《じゅばん》・下着・上着・帯・帯留・帯揚・打掛《うちかけ》・被衣《かずき》まですべて白装束が用いられた。髪型は高島田であり、上流では被衣をかぶり、一般では真綿でつくった綿帽子をかぶった。

しかし、明治二十年代になると、江戸時代に武家の女中衆や上流家庭の町家の婦女・娘たちが物見遊山のときに塵除けのためにかぶった揚帽子を都会で婚礼用として用いはじめるようになり、これを「角隠し」と呼んだ。

明治四十二年（一九〇九）十月五日に大日本家政学会が発行した『家庭の栞《しおり》　婦人文庫』第八類「礼法の巻」（下田歌子著）の「婚儀の服装」には男性は爵位ある人は大礼服がよいが、紋付羽織袴・燕尾服などでもよいとし、女性は袿《うちぎ》袴《はかま》、または純白のローブ・デコルテに白のうすぎぬを被って柑《かん》子《し》（オレンジ）の造花を飾るのがよいが、武家風の掻取《かいどり》（打掛）でもよく、正式にはすべて純白を着用し、やや略しては地白の縫いを着用する。しかし、帯付白襟紋付でもよいと記されている。ローブ・デコルテは舶来の高価な材料と高度な技術を要した高級な衣装であり、このローブ・デコルテを花嫁衣裳とすることができたのは日頃から洋装を身につけていた皇族や上流階級の女性に限られていた。

また、明治四十二年十一月五日発行の『風俗画報』四〇二号には、今川橋松屋呉服店陳列として三種の花嫁衣装の写真が掲載されているが、「真の礼服」は裃袴、「行の礼服」は打掛に綿帽子、「草の礼服」は白襟紋付振袖となっており、和装としては『家庭の栞　婦人文庫』の記述と同様で、その頃にはこれらの服装が標準であったことがわかる。

大正の初め頃には花嫁衣裳に、それまで上流社会のものとされていた振袖を用いることが中流社会でも大流行した。地色は黒地が主であったが、なかには色物を着る人もあり、流行を追って派手になった。帯も年ごとに立派になっていった。ハイカラを好む花嫁は髪型を束髪にし、一時ベールも流行した。また、大正末頃は高価な花嫁支度をする場合に打掛を着たという。

幸田文の『きもの』には、大正十年（一九二一）頃に主人公るつ子の長姉が婚礼の衣装をあつらえる際に、「式にはおかいどりが着たい、というのが姉の希望だつた。そんなものは普通のうちでは着ない。身分のいい人とか、よほどお金持ちとかは着るが、なみの家では着ようという気さえおきない、特別かけはなれた衣装である」と記されている。結局、「かいどりはよして、黒い振袖と藤色の色直しにきまつた」が、その黒い振袖は、「胸に小さい千羽鶴を赤まじりに飛ばせ、裾に青々と老松をみせていた」意匠であった。

もともと振袖は上流社会のものであり、高価で不経済という理由から婚礼衣裳として用いるには賛否両論があったようであるが、それにもかかわらず徐々に振袖の着用が多くなり、昭和初期には花嫁姿として文金高島田に振袖姿が階級の別なく好まれ、打掛や洋装はごくまれだったという。

新しい形式の結婚式と婚礼服　明治時代において女性の洋装は皇族・華族、ならびに上流階級に限られていたため、洋装の婚礼服を着用したのもこれらの階級の人びとに限られていた。

このように花嫁の婚礼衣裳としては和装が一般的ではあったが、花婿については明治三十年代になると洋装がみられるようになり、羽織袴にかわってフロック・コートや軍服を着る者もいた。女性の洋装の数は少なかったため洋装の花婿に和装の花嫁という組み合わせも多かった。

しかし、わずかながら花嫁の洋装の例もみられた。洋装の婚礼衣裳としては、明治七年(一八七四)三月六日夜、浅草御蔵前片町伊勢屋弥兵衛の裏に住んでいる語学校に勤めている者に嫁入りした一八、九歳の新婦が、洋服を着こなし、夫の洋服も立派だったと報道されている(『東京日日』三月八日)。新聞記事になるほど当時は洋装の婚礼衣裳は珍しいものであった。この婚礼の形式がどのようなものであったかは明らかではないが、明治維新による近代国家の成立は結婚式の形態を変容させ、この頃から新しい形式の結婚式が新聞に報じられるようになっている。この新しい形式とは契約結婚式であり、この結婚式の新郎は、欧米へ留学して西洋文明に触れた知識人であった。『明治事物起原』には三例の契約結婚式が記されているが、契約結婚とは結婚する男女間で契約証書を作成して関係者の前で読み上げて署名し、証人もこれに署名するという、いわゆる人前結婚式であった。この契約結婚式の思想的背景をなしていたのは森有礼《もりありのり》の「妻妾論」である。この論旨は西洋流の一夫一婦制を基本として、男女は対等・平等であるとし、結婚と同時に夫と妻のあいだに権利と義務の関係が生じ、お互いに侵害することはゆるされないというもので、当時の社会状況下ではきわめて進歩的な考え方であった。明治八年二月六日には森有礼と広瀬常の契約結婚式が行われたが、新郎・新婦とも洋装の婚礼衣装で、新郎は小礼服、新婦は薄鼠色の西洋服に白い紗のようなきれを被っていたと報道されている（『読売』二月九日）。しかし、この契約結婚式はごく一部で行われたにすぎない。

また、この頃にはキリスト教の結婚式も挙げられている。明治二十七年（一八九四）三月十日付の『風俗画報』六九号には洋風婚礼としてキリスト教式の結婚式の挿絵が掲載されている。この挿絵にはいずれも洋装の数組の新郎新婦が描かれている。また、『風俗画報』には明治二十七年七月（七五号）、明治二十九年一月（一〇七号）、五月（一一三号）の三号にわたって「日本婚礼式」上・中・下巻の特集が組まれているが、下巻には「基督教婚礼式」について詳細に記されており、挿絵もある（図19）。その挿絵には黒の礼服の花婿と束髪で和服の花嫁が描かれており、列席者も女性はすべて和装、男性は洋装と紋付羽織袴姿が半々である。さらに『東京風俗志』下の巻にもキリスト教徒の結婚式の挿絵があるが、ここでも新郎はフロック・コート、新婦は和服である。しかし列席者のなかには洋装の女性が一名だけみられる。それまで、「一般の婚礼は儀式として挙行することは皆無といってもよい有様で、僅かに三々九度の杯を式としていたが、これは饗宴の乾杯の名残で至極つまらぬものであり、これをもって儀式となすのはあまりにも軽々しい」（『近代庶民生活誌』第九巻、報知新聞「新式の婚礼」）と指摘されていた。これに対して、キリスト教の結婚式の荘厳さは、結婚式のあり方のひとつの模範として受け入れられた。

図19　キリスト教婚礼式
（『風俗画報』明治29年）

このようななか、明治三十三年（一九〇〇）五月十日の皇太子嘉仁《よしひと》親王と公爵九条通孝の四女節子《さだこ》の結婚が宮中の賢所《かしこどころ》で行われた。この結婚が神道式で行われたことが民間に与えた影響は大きく、その後民間でも神前結婚式が行われるようになった。翌年には日比谷大神宮において模擬結婚式が行われ、さらに明治三十五年九月二十一日には初めての神前結婚式が同神宮で執り行われた。また、同時期に仏前結婚式も行われるようになった。

大正にはいると束髪の花嫁が多くなり、束髪で洋装した花嫁が気高く上品であると評価された。大正時代のウエディング・ドレスとして、トレーンを曳き、ベールをつけた花嫁の写真が雑誌に掲載されているが、このウエディング・ドレスも上流階級のものであり、一般にはまだ、浸透していなかった。

したがって、大正末頃になっても洋装の花婿に和装の花嫁の組み合わせが多くみられ、北沢楽天の時事漫画にもその不統一が諷刺されている。このように昭和の初めまでは花嫁の洋装はまれだったが、昭和八年（一九三三）頃には洋装の花嫁が増えはじめた。これは丸帯一本の値段で立派なウエディング・ドレスができ、また、白サテンのドレスは染め替えてアフタヌーン・ドレスにもなるという、経済性・簡易性が喜ばれたからであった（『大阪朝日』九月十五日）。

昭和十八年（一九四三）の戦時下では乙型婦人標準服を基準にした婚礼服が考案されている（『毎日』九月二十二日）。

4 黒の喪服の普及

従来の葬礼服　もともと日本における喪の色は白であり、葬儀のときの衣服は白衣が中心だった。白色の晴着《はれぎ》をイロといい、婚礼と葬礼のいずれにも用いられていた。白色の晴着が結婚式と葬式の両方に用いられていたことは、二つの儀礼の基底に共通するものがあったことを物語っている。葬儀の当日は、家中の者は白装束を着用して、水浅黄の裃《かみしも》をつけ、鳥追笠をかぶって杖をつき、履物は下駄を嫌って福草履を家のなかからはいておりるのが習わしで、埋葬から帰宅するまでこの姿であった。女性は婚礼と同じように被衣《かずき》をかぶり、これをイロと称するが、婚礼とはかぶり方が違い、左袖のなかに頭を入れる地方もあり、また、地方によっては綿帽子をタテかぶりにして婚礼と区別したり（遠藤一九八七）、頭部に紙または布や白い鉢巻をつけたりした。

しかし、男性については明治も中期になってから和服の礼服として用いられていた紋付羽織袴を喪主が着用するようになり、また、洋服姿も多くなっていった。また、この頃から黒を喪の色とすることが広まり、女性も喪服として黒の紋付に黒帯を着用しはじめた。その後、明治末になると、告別式が始まり、それまで近親者が喪に服すために喪期に着る服であった喪服が、告別式に参列するための服となった。

国葬と喪服　このように喪の色はもともとは白や浅黄であったが、明治時代にはこの喪の色が西洋の喪の色である黒に替わるという大きな変化がみられた。

明治新政府の中心人物として活躍した大久保利通は明治十一年（一八七八）五月に暴徒に暗殺されたが、大久保の葬儀には、皇族・大臣・参議・勅任官・奏任官・華族などすべての上流階級が会葬し、明治になってからの最初の盛大な葬儀であった。この葬儀に会葬した皇族以下の人びとはすべて大礼服を着用し、勅任官・奏任官などは大礼服を着用したうえ、喪章として黒の襟飾（ネクタイ）と手袋を着用したとされ、このことによって上流階級においては黒が喪の色となったことが認識された（風見二〇〇八）。明治時代には明治十六年の岩倉具視の国葬（国葬の公式発表はなかったが、事実上、国葬といえる）に始まり、明治四十二年の伊藤博文の国葬まで八回の国葬が行われ、また、明治三十年二月には、英照皇太后の大喪が行われるなど盛大な葬儀がしばしば行われて喪服に対する関心が高まった時期といえる。これらの葬儀に際しては、官報に会葬者が着用すべき喪服の心得が示された。

岩倉具視の葬儀では、奏任官以上は大礼服を着用し、黒紗あるいはこれに類似する裂地《きれじ》で帽の飾章を覆い、佩刀の柄を巻き、左腕（およそ曲尺幅二寸）を巻き、襟飾・手袋は必ず黒色を用いることとされた。大礼服を所持しない者については通常礼服の着用を認めるが、大礼服着用の場合と同様に黒紗あるいはこれに類似する裂地で帽帯と左腕を巻き、襟飾・手袋は必ず黒色を用いるとされた。その後の国葬においてもほぼ同様であった（風見二〇〇八）。

女性の洋装喪服については、明治十九年に皇后をはじめとして女官の儀礼服が洋装とされた際に、喪服として黒のドレスが制定された。これにより、皇室をはじめとして上流階級に洋装の喪服を着用することが始まった。

黒の喪服の浸透　英照皇太后の大喪では、全国民が三十日間喪に服することになり、庶民に対して喪服心得が示されたが、その内容は礼服を着用する場合は、和服としては、男性は紋付地色黒の羽織袴・紋付上着、女性は白襟紋付とし、男女とも左肩に黒布をつけるとされた。西洋服としては、男性は通常礼服（燕尾服）で黒布を左腕にまとい、黒の帽子を黒布で巻き、襟飾と手套（手袋）は白とする。女性は通常服（ローブ・ドヴィジット）で、服と帽は黒、服帽その他の飾ならびに手套は黒とするとされた。また、礼服を着用しない場合は、和服では男女とも衣服の左肩に黒布をつけ、男性西洋服では黒布を左腕にまとい、婦人西洋服では服の飾を黒、または帽・手套のみ黒とした（『風俗画報』一三五号）。この心得によって、黒を喪の色とすることが広まっていった。

さらに明治四十四年（一九一一）には皇室喪服規定が制定された。また、大正元年（一九一二）の明治天皇大喪における女性喪服制式としては、洋服では、衣は黒色で地質は光沢なきものとし、黒紗の飾をつけ、そのほかの飾はすべて黒色とし、帽・帽飾・髪飾はすべて黒色とするが、大喪および一年の喪には黒縮紗を背後に垂れる。覆面は黒色とする。また、手套・扇・傘・靴・靴足袋は黒色とすると規定された（『風俗画報』四三八号）。これにしたがって皇族・華族・上流夫人等は黒のローブ・モンタント形式の喪服を着用した。また、師範学校女性教諭などのあいだでも洋装喪服がかなり着用されるようになったという（百田一九八三）。この大喪においても一般国民対象の喪服心得が出され、和服では左胸に蝶形結の黒布をつけ、洋服では左腕に黒布をまとうことになった（図20）。

図20　御大喪中の東京市内
（『風俗画報』大正１年）

このように明治時代の国葬や大喪を通して、一般国民のあいだに喪服に対する新たな認識が広まり、また喪の色としての黒が従来の白や浅黄に替わって浸透していった。上流階級の女性に洋装喪服が着用されるようになったのに対して、洋装化が遅れていた一般女性については喪服の洋装化もほとんどなされなかったが、西洋の喪の色である黒が日本においても喪の色として認識され、喪服として黒色紋付の和服が着用されるようになっていった。ただし、地方によっては従来の白の喪服も着用されつづけた。

５　洋装の浸透と働く女性

女性と職業　明治時代には女性は家庭のなかで、家事を行うべきものとされており、農家や商家のように家業がある場合を除いて、社会に進出して働く機会には恵まれていなかった。また、女性が生計のために働くことは家の恥とされていた。家庭内での家事労働の時間的・労力的な量の多さは女性が家庭の外へ働きに出ることを難しくしていた。また、社会も女性を労働者として受け入れる習慣がなく、受入れ態勢もできていなかった。

このような状況下において女性の職業は、教員・看護婦などの専門職と、紡績工・女中などに限られていた。このうち教員の養成開始は早く、東京女子師範学校は明治七年（一八七四）に設立され、各地にも続々と女子師範学校が開設されている。また、看護婦については明治十九年（一八八六）二月に看護婦講習所が開設され、看護婦の養成が始まった。

これらの専門職に就いている女性の数に比較して、雇用者の数のうえでは製糸工場の女工がもっとも多かった。日本最初の官営製糸工場である富岡製糸場の創設は明治五年十月で、官営模範工場としてフランス式製糸機械を導入し、フランス人技師を雇って製糸技術の指導者となる工女の養成を始めた。当初は開業に必要な工女三〇〇人が集まらなかったため、各県ごとになかば強制的に一〇人ないし一五人ずつを割り当てた結果、家族の名誉や郷土の期待を担い、お国のためにという情熱に燃えた士族の娘たちが多数応じたという。その後、製糸工場は貧しい農家の娘たちが結婚前に一時的に働く場となっていった。

また、女中と呼ばれた家事使用人も多かったが、女中として働く目的は、結婚前に家事ならびに行儀見習をするといったことに重点がおかれ、花嫁修業としての意味合いも強かった。

そのほかの職業についても、数は少ないながら徐々に女性の社会進出が行われていった。東京慈恵病院では明治二十二年（一八八九）四月にこれまでの受付掛を廃して、看護婦中より選抜して任じたところ、これが好評であったため、これ以降、女性を受付掛とした。日本銀行では明治二十八年に女性職員を採用している。

逓信省では明治二十三年（一八九〇）九月に小学校高等科出の女性電話交換手を募集し、十二月十六日開業の東京電話局に勤務させた。これらの女性電話交換手の勤務成績が良好であったため、明治三十三年には郵便物の発着捺印、書留小包発送、切手売り渡し、窓口事務にも女性を採用した。また、女性電話交換手を漸次増やしていき、明治三十七年には電話交換手をすべて女性とした。さらに逓信省は明治三十九年七月に女性判任官登用の道を開き、世間の注目を集めた。逓信省がこの方針をとったのは、女性職員が薄給ですむうえ、彼女らが緻密、従順で、かつ相当な技量を発揮するという長所を認め、他の会社や銀行でもしだいに女性事務職員を優遇しはじめたのに対抗する引留め策であったが、これはまた女性が職業人として認められてきたあらわれともいえる。

官設鉄道では明治三十三年六月に事務見習として、はじめて女性雇員を採用し、新橋駅でも日当一五銭で一四歳から三五歳までの女性職員を募った。明治三十六年には女性採用案が鉄道作業局部内に起こり、四名に事務見習をさせたところ、思ったより良好の成績を修めたので、十一月十六日より出札係として採用した。女性の出札係は翌年夏頃からは鉄道の各駅にも及ぶようになった。続いて東京電燈会社や三越でも女性を採用した。

日露戦争では陸軍の動員兵力が一〇〇万人、戦死・戦病死者は一〇万余人にのぼり、国民に大きな犠牲を強いた。とくに出征兵士の家族や戦争未亡人の生活の困窮は社会問題となった。その体験から、いざというときのために手に職をつけることの必要性が痛感され、女子専門学校や女医学校への入学希望者が急増した。また、増税や物価上昇による生活難から中流階級出身の若い女性たちも働かなければならなくなった。

明治末から大正初めには、資本主義の発展によって女性の職域が拡大し、女工、小学校教員、女医、産婆、速記者、看護婦、電話交換手、婦人記者、鉄道・郵便局の雇員、デパートの店員などの従来の職種に加えて、幼稚園の保母、歯科医、銀行・保険会社などの事務員、薬剤師、写真師、タイピスト、音楽教師、ウェイトレス、女優、劇場案内人などが登場した。

大正の中頃から末期にかけては婦人記者、バスの車掌、製図工、保険勧誘員、アナウンサー、美容師が誕生した。第一次大戦後には、教員、事務員、タイピスト、記者、看護婦、電話交換手などの職種に従事していた女性たちは、一般の家庭婦人とは区別された存在として「職業婦人」と呼ばれるようになったが、その「職業婦人」という呼称には蔑視の響きがあった。しかし、職業婦人の地位は徐々に向上していった。

働く女性の洋装　女性が職業に就くとともに洋装をする女性も増えていった。

教員の洋装はもっとも早く行われ、東京女子高等師範学校では明治十八年（一八八五）に生徒とともに教員の制服を洋服とした。これをはじめとして各地の女子師範学校教員の制服に洋服が採用されるようになった。この洋服の制服は明治二十三年頃まで続いたが、その後、生徒の洋服の制服は廃止されて和服に戻った。しかし、女性教員は任意に好みの洋服を着用した。女性教員の洋装はその後も定着し、女性の職業のなかでは洋装が進んだ職業とされている。昭和の初期には女性教員は洋装を義務づけられることが多く、そのため費用がかかって苦しいという投書が新聞に掲載されている。

図21　看護婦の制服（『風俗画報』明治39年）

看護婦については明治二十年（一八八七）に日本赤十字社が設立され、万国赤十字条約に加盟したが、制服についてはイギリスの看護服制をそのまま採用した。その後、各地に洋式病院が設立されたが、同様に洋服の制服を採用し、看護帽にワンピース型の制服であった（図21）。

しかし、職業に就いていた女性がすべて洋装化したわけではない。富岡製糸場の女工は和服に男性が着用する縞の袴をはいた。その後も製糸工場の女工は同様に和服着用であった。また、カフェの女給は和服にエプロン姿で、電話交換手、銀行、百貨店の女店員は和服の上に洋織物製の事務服をコートのように着用していた。

一方、婦人記者、バスの車掌、劇場案内人、女優、保険勧誘員の洋服採用は早く、大正九年（一九二〇）以前に実現された（図22）。また、白木屋呉服店の食堂店員の洋装化は大正十三年頃から始まり、三越・松坂屋もこれに続いた（遠藤一九八七）。さらに、昭和初めには作業の能率を上げ、危険を防止することを目的として工場で働く女性工員の制服に洋服が採用されはじめた。ようやく洋服の機能性の高さが認められるようになったのである。

しかし、一般女性の大半は和服のままであり、職業に就いている女性でも洋服着用に踏みきれない者が多かった。

白木屋の火災と洋装の普及　昭和七年（一九三二）十二月十六日午前に東京日本橋区通り一丁目の

白木屋呉服店の四階玩具売り場から発生した火災はクリスマスデコレーションやセルロイド玩具に燃え移ってまたたくまに燃え広がり、同建物の四・五・六階の延べ三五〇〇坪を全焼し、死者一三名、重傷者四六名、軽傷者約八〇名を数える大惨事となった。この火災は近代的な高層建築としては関東大震災後の最初の大火災であった。それまでは高層建築物での大火災の経験がなかったことから設計施工上の防火の備えが不十分で、火災に備えた訓練もされていなかったこと、また、消防はしご自動車のはしごの長さが足りなかったこと、燃えやすいセルロイドが売り場に置かれていたことなどが大惨事の原因とされた。さらに、当時の女店員はほとんどが和服着用であったため、非常時には和服での避難が困難であることが痛感された。とくに下着（ズロース）を着用していなかったことが、ロープや帯をつなぎ合わせて避難する際の妨げとなり、下から煽られる風に裾を押さえるために、手がおろそかになって墜落死した者もいたことが大きく取り上げられた。このことから、高層建築に勤務する女性に下着の着用と洋装化の動きが起こり、また、経営者側も支度金を出して洋装を奨励するようになった。この火災が下着の普及と洋服着用を促進させる契機となったといわれている。

図22　乗合バスの女車掌（大阪市・昭和5年）

モボとモガ　日本は日露戦争に辛くも勝利を収めたものの、膨大な戦時負債は明治末期の経済を不況に陥れた。しかし、第一次世界大戦がもたらした好景気によって、大正から昭和初期にかけての日本の近代化は急速な進展をみせた。また、大正十二年（一九二三）の関東大震災は未曾有の大災害であったが、その復興に当たっては、区画整理や都市の改良が進み、高層ビルが次々に建設されるとともに道路が整備されて、東京は近代都市の様相をみせるようになった。郊外電車が敷設され、田園都市の開発が進み、銀座や浅草を結ぶ地下鉄が開通した。産業の発達とともに都市が発展し、都市の人口は急激に増加した。この都市に会社員・行員などのいわゆるサラリーマンと呼ばれる階層が生まれた。これが、都市中間層であり、モダニズム文化の担い手であった。また、このころ「尖端」という言葉が流行し、より新しいものが求められた。

この大正末から昭和初期の銀座に流行の先端を担う男女があらわれた。いわゆる「モボ」と「モガ」である。モボはモダンボーイ、モガはモダンガールの略語で、近代男や近代女をさしている（図23）。その頃から銀座には百貨店が進出し、あらゆる流行は銀座で作られ、地方へ発信されるようになっていった。

モボは岡本一平が描いたように、おかま帽子をかぶり、髪はオールバックで、もみあげを長く伸ばし、鼻の下にちょび髭をはやし、縞や格子の洋服に、裾広がりのラッパズボンをはき、ステッキを持った姿であった。一方、モガはショートスカートにハイヒールの靴、赤い口紅の濃い化粧をし、髪は断髪であった（図24）。新聞などはモダンを「毛断」と書き、モダンガールを「毛断嬢」と書いた。このことが示すように断髪であることがモガの条件であり、したがって和装でも断髪していればモガ

図23　モダンガール
(「断髪にお釜帽，街を行くモガ」)

図24　モボ・モガ
(岡本一平画)

と呼ばれた。

断髪は第一次世界大戦をきっかけとしてドイツから流行し、パリやアメリカにも広まって、日本にも映画に登場する女優の髪型などを通じて紹介されるようになっていた。当時は映画が大衆娯楽として人気を呼びはじめ、映画女優の断髪をまねる日本女性もあらわれた。こうしてモダンガールが出現したのである。長い黒髪が女性の象徴とされていた当時の女性にとって、断髪することは勇気がいることであった。断髪に対する抵抗は社会においても大きく、断髪する娘は嫁に迎えられないといわれ、また、女学生が断髪のために退校を命じられることもあったという。

アッパッパの流行　アッパッパは夏季に女性が家庭内で着用する簡単なワンピースの俗称で、関西地方から広まった呼称といわれる。アッパッパの語源は裾がパッとひろがるという大阪言葉に由来しているという説があり、また、アッパッパはエプロン服から転じたとの説もある。頭からかぶってボタンやホックをかけければいいという、簡単なデザインで、気楽に着ることができ、また、涼しく、安価であるという利点が下町のおかみさんたちに受け入れられた。当時の女性は家庭内で家族の和服を調製するために和裁の技術を持っていたが、洋服についてはその裁断ならびに縫製方法についての知識を持たなかった。しかし、アッパッパは直線裁ちで、簡単な半袖のついたワンピース形のため、和服の手法で製作することができた。アッパッパは洋服ではなく浴衣の感覚で着用され、裾からは腰巻がのぞいている姿もみられたという。このようななかば間に合わせとしての衣服であったため、髪は丸髷で、下駄を履き、アッパッパを着て大根足を出していると揶揄されながらも、一般大衆の夏の家庭着として人気を得た。しかし、あまりに簡易な服装であったため、来客の際などはそのままの姿で迎えるのがはばかられ、あわてて単物《ひとえ》に着替えることもあったという。

アッパッパは大正の末期から昭和のはじめにかけて誕生し、大正十二年(一九二三)の関東大震災がきっかけとなって流行したといわれる。大正初期から洋装化を推進してきた婦人之友社は、震災後の社会変化を好機に一枚一円の簡単服を製造販売した。これがよく売れたので既製服販売業者も生産に着手し、大阪商人は浴衣地一反の値段のおよそ半値の一枚八〇銭から九〇銭でアッパッパを売り出したという(中山一九八七)。幸田文の『きもの』には、この震災で衣類を焼失した祖母が、着のみ着のままの浴衣を洗濯して乾かすあいだの間に合わせに青い唐草模様の風呂敷でつくったアッパッパについて、「襟は三角にあけてあるというだけ、袖ぐりもなし、胴のしまりもなし、ただ筒型にずどんとしたものだけれど、とにかく和服ではなくてアッパッパだつた」と書かれている。洋裁の知識がなくても見よう見まねで苦心して作ったアッパッパであった。関東大震災による火災で手持ちのきものを失い、おりしも夏の暑いさなかであったため、簡単で実用的なアッパッパを自分で縫ってやむをえず着用したのである。

昭和四年(一九二九)の夏は四〇年ぶりの暑さでアッパッパは「清涼着」としてはばをきかせ、その翌年にはアッパッパは夏の家庭着として大流行となった(図25)。しかし、アッパッパはその形態のまずさから嘲笑の対象ともなっていた。この頃には婦人の洋服が徐々に普及してきたが、洋装は銀座の街頭を颯爽と歩くモガやビルディングで働く女性の服であり、一般の家庭婦人にはまだなじみの薄いものであった。

佐藤春夫は随筆『アッパッパ論』で、「アッパッパの愛用家たる彼女等は、もともと美的価値の問題でない。便利でさへあれば、これが醜悪であらうと滑稽であらうと、一切問題ではない。敢然として帯袂の装飾から開放されたのであつた」と書き、さらに「やれ一国の風俗上から見てよろしくないとか、あれは外国人の寝巻きだなどと非難攻撃は当らざる亦甚だしいものである」とし、「僕は、今日アッパッパを愛用してゐる婦人たちは、もしアッパッパ無かりせば、裸体或は半裸体で市中を横行してゐるに相違ないことを知つてゐるからである」と、半ば揶揄しながらもアッパッパを擁護している。

図25 「婦人簡易服のアッパッパが流行」(昭和4年)

ようやく昭和七年の夏にはアッパッパの改良も行われる

ようになり、夏季の服装を合理化するための解決策として、形態の美しさを考案した改良アッパッパが提供されるようになった（今和次郎「今夏の服装問題」『読売新聞』七月二日）。

洋装は上流階級から始まって一般庶民に浸透していったのに対して、アッパッパは庶民層から広まっていった。昭和十年頃にはこれがさらに改良されてホームドレスと呼ばれるようになり、冬季にも用いられるようになって、洋装の普及に大きな役割を果たした。

男女の学生服の洋装化　男子の学生服は詰襟・五つボタン・箱ポケットまたは雨蓋《あまぶた》（フラップ）ポケットつきの上衣と長ズボンのスタイルで、プロシアの軍服をもとに考案されたとする説がある。この学生服を最初に採用したのは学習院で、明治十二年（一八七九）のことであり、その後、明治十七年には東京山林学校がこれに続いている。さらに、東京大学が明治十九年に詰襟金ボタンの制服と制帽を定め、同年十一月から実施したことから、これが学生服の形式として全国に広まった。制服の生地としては、冬は黒・濃紺・濃鼠色などのサージや羅紗、夏は霜降りの小倉木綿を用いた。

男子中学生の制服も小倉詰襟服が制定され、明治時代末から大正時代にかけて文部省の援助のもとに全国に広がっていったが、それに伴い、女子にも制服が必要であるとの認識が高まり、女子にどのような制服を着せるかについて研究が行われた。その結果、大正七年（一九一八）頃に水兵服型の少女服にヒントを得たセーラー服型の上衣にセーラースカーフを結び、下衣としてはプリーツスカートを組み合わせた二部式の制服が考案された。これが高等女学校の制服として、まず都会から始まって地方へと広まっていき、大正末から昭和初期にかけて全国に浸透していった。この制服の冬服は上下とも紺色サージを用いてつくられ、夏は上衣だけを白木綿とした。

このように男子中学生・高等女学校生に洋服の制服が用いられたことは子供服の洋装化にも大きな影響を与えた。

子供服の洋装化　上流階級や裕福な家庭では明治三十年（一八九七）頃から子供に晴着として洋服を着せはじめた。しかし、そのような家庭の子供でも日常の生活では和服着用がほとんどであった。当時の子供の多くは男女ともに木綿の絣に三尺帯をしめ、男子は地方では袴をつけない着流し姿で、都会では縞の小倉の袴をはき、下駄または草履で、なかには靴をはく者もあった。明治末期になって男女児に和服の上からエプロンを着用させることも行われるようになった（図26）。

大正時代になると、第一次世界大戦後の大正八年頃から好景気とともに子供服が流行するようになった。とくに夏季は軽装で価格が安いこともあって子供服の人気が高まった。また、冬季は子供の毛糸編物上衣（セーター）が流行した。一般女性は自身の洋服着用には抵抗があったが、子供の洋装化については関心が高く、いずれ来ると予想される洋服の時代に備えて子供のうちから洋服に慣れさせ、また、洋服着用によって活発に活動させたいとの考えを持っていた。しかし、既製の洋服や洋服仕立て代は高額であったため、一般家庭に子供の洋服を普及させることは経済的な困難があった。それを解決すべく当時発刊された婦人雑誌には、家庭洋裁の普及を目的とした洋服の作り方、セーターの編み方、型紙や既製服の通信販売などの情報が掲載され、一般家庭でも子供服を製作することを可能にした。

図26　子供服（エプロン）（『風俗画報』明治33年）

図27　子供服（男児服）（『風俗画報』明治34年）

図28　子供服（女児服）（『風俗画報』明治39年）

大正時代には生活改善運動として家庭生活の合理化が唱えられ、衣服の洋装化が推奨された。生活改善同盟会では東京市内の女学校生徒が製作した子供服を廉価で販売し、また、子供服の普及と既製服の利用に向けて服装改善展覧会を企画するなど、子供服の普及に努めた。また、大正十一年（一九二二）には東京子供洋服商組合が結成されて子供服陳列会や子供洋服展覧会が開催され、子供服に対する関心が高まった。さらに酷暑のさなかの大正十二年九月に起こった関東大震災は、簡易で活動的な子供洋服の普及に拍車をかけ、大正時代末には子供服はほとんど洋服となった。このめざましい普及の理由は、子供の洋服が大人の衣類を更生して、家庭洋裁で簡単に製作できるという点にあった。

流行した子供服は男女児のセーター、男児のジャケット・半ズボン（図27）、女児のワンピース（図28）やツーピース、男女児のオーバー・コート、マント、コンビネーション（上下つづきの肌着）やベスト（チョッキ）、ブルマース、シャツなどであった。

繊維産業の発展　日本の西欧式綿紡績は、慶応三年（一八六七）に薩摩藩がイギリス製の蒸気動力紡績機械を導入した紡績工場を鹿児島郊外に作ったのが初めとされる。

明治時代になると綿製品が輸入され、従来の手紡、手織品を品質と価格の上で圧迫したため、明治政府は明治十一年（一八七八）に愛知県岡崎市郊外と広島県安芸郡の二ヵ所にそれぞれ二千錘の設備を持つ官営模範工場を建設した。翌十二年には各二千錘の紡績機械一〇組を輸入して、無利子、十ヵ年年賦で民間に払い下げるなどして民間工場の保護育成を進めた。また、政府の特別な保護によらない民間企業として明治十五年に大阪紡績会社が設立され、一万五百錘の近代的な経営規模をもつ最初の大工場として翌年に操業を開始した。この会社が早くから利益を計上したことが刺激となって、明治十六年に一六社で四万三七〇四錘であった設備が、一一年後の明治二十七年には四五社で五三万七四錘と十二倍に激増し、めざましく発展した。原料の綿花は当初は国産を用いたが、しだいに不足してきたため明治十七年には中国綿を、明治二十三年にはインド綿を、その後アメリカ綿も輸入するようになった。国産の綿花に比べてこれらの輸入綿は品質が優れ安価であったので、明治二十九年（一八九六）以降は綿花輸入税を廃止して輸入綿花を主とするようになった。

綿糸については、明治三十年に生産が輸入を上回り、綿織物についても明治三十四年に自給化を達成した。さらに第二次世界大戦前の最盛期には綿紡績の設備が一二〇〇万錘を超え、世界最大の綿製品輸出国に成長した。しかし、第二次世界大戦中は原料難のために生産統制が強化され、大戦前の企業数八二社は統合によって一〇社にまで激減し、設備の供出や戦災により終戦時には二〇〇万錘の能力を残すだけで壊滅的な打撃を受けた。

また、羊毛工業については、明治初年から軍人・邏卒・郵便夫・鉄道員の洋服の制服が制定され、一般官吏も洋服を着用するようになり、毛織物の使用は軍官需要として始まった。また、有力な民間人のなかにも洋服を着用する者がしだいに増え、さらに、女性も薄手の羊毛織物を着尺《きじやく》として愛用するようになった。このため毛織物の輸入は急速に伸長し、綿糸・綿織物につぐ輸入量に達した。政府は自給化をめざして、緬羊の飼育を奨励し、明治八年（一八七五）には官営の牧羊場を設け、翌明治九年に官営の千住紡績所を設立し、三年後に操業を開始している。その後、鹿鳴館時代には洋装が流行して毛織物の需要が増大したが、日清戦争の頃までは羊毛工業はさしたる発展はみられなかった。しかし、日清・日露戦争後に紡毛・毛織業が拡大し、梳毛《そもう》製品であるモスリンの生産も盛んになった。原料となる羊毛は緬羊の飼育が成果をあげられなかったために輸入に依存していた。大正三年（一九一四）に第一次世界大戦が勃発し、ヨーロッパからの毛織物の輸入が困難となったため、国内の羊毛工業が拡張された。恐慌後の昭和六年（一九三一）以降は洋服毛織物の需要が増大し、生産が盛んになって昭和八年には毛織物の輸出が輸入を上回るようになった。羊毛工業は昭和七年から十二年までは躍進したが、昭和十五年から二十年までは原料羊毛の輸入がしだいに途絶え、また、設備の供出と戦災によって甚大な損害を受けた。

生糸については、すでに安政六年（一八五九）の横浜開港後、日本の生糸はもっとも主要な輸出品として国際市場に進出していたが、手作業による製糸では品質が一定しないため、洋式器械を導入した工場生産によることが必要であった。そこで、明治三年（一八七〇）に洋式器械を使用する前橋製糸場や築地製糸場が設けられ、明治五年には官営の模範製糸工場が群馬県富岡に設置された。日本は世界第一位の生糸生産国として第二次世界大戦勃発前までは順調に発展していった。

再生繊維の発達　再生繊維はセルローズなどの天然の物質を原料として、天然絹糸と同様の外観形状を人工的に造りだしたもので、十九世紀末に工業化された。この繊維を「人造絹糸」ともいい、その略称が「人絹《じんけん》」である。明治二十五年（一八九二）に日本に初めて紹介された人造絹糸は硝化法による「シャルドンネ絹」で、リボンや組紐に用いられた。明治三十七年（一九〇四）の春頃から流行した花月巻にはリボンが飾られたが、そのほとんどは高価な船来品だった。その後、銅アンモニア法・ビスコース法が発明されたが、ビスコース法人絹は改良が加えられ、安価で品質がよい人造絹糸として優位となった。これが「ビスコース・レーヨン」である。日本においては大正五年（一九一六）からビスコース・レーヨンの生産が始められたが、大正十五年頃にはビスコース・レーヨンを生産する会社が相ついで設立されて大正末期から昭和の初めにかけて製造が盛んになった。なお、銅アンモニア法についてもその後改良が加えられ、ドイツのベンベルグ社が「キュプラ」として一九一八年に生産を開始している。日本でも民間の会社が昭和四年（一九二九）に特許を買って製造を開始した。

日本では大正十五年（一九二六）には一般呉服織物の錦紗《きんしゃ》・御召・セル地などに人絹が盛んに利用されはじめたが、人絹は絹の三分の一の価格であったために製品も安くなり、流行の織物が一般の人びとの手に届くものとなった。昭和五年（一九三〇）には西陣の本絹帯地《ほんけんおびじ》と桐生の人絹帯地との競技会が東京日比谷の市政会館で開催され、糸錦の丸帯などは手触り以外、本絹と人絹の区別がつかないほどに人絹織物が発達したことが示された。この頃には人絹が帯地によく用いられ、安い価格で提供された。また、この年、専門家でも区別が難しいほどの高級人絹糸が開発され、絹織物への人絹の交《こう》織《しょく》は常識化した。福井地方、足利・桐生、京都などの絹織物産地での人絹糸の受入量の多さがそれを裏づけている。

当時の夏用薄物和服地の代表は本絹の明石（明石縮）で、汗に強く、感触もよいとして好まれたが、これに対して人絹明石は人絹特有の鮮やかで派手な色彩が大衆向きとして好まれ、価格も本絹の四分の一程度であった。また、人絹ボイルも大衆薄物の代表として用いられた。安価な人絹きものは、汗じみができたり、皺がよったりしやすい夏季にも惜しげなく着ることができ、若年層のきものとしてふさわしいとされた。

昭和十一年には道行く女性のきもののほとんどはレーヨンと思えば間違いないといわれるほど人絹が流行した。ローラー捺染《なっせん》の大量生産による人絹の派手な色彩のきものはその華やかさが好まれたが、一方では、まるで長襦袢のようだともいわれた。

昭和十二年の日中戦争勃発以降は、羊毛・綿花の輸入制限を受けて、羊毛を原料とするセルやモスリン、また、各種綿織物の生産ができなくなったため、絹織物の銘仙《めいせん》の人気が高まった。銘仙は農村女性の手織によって生産されていたが、昔のような単純な縞や絣《かすり》ばかりではなく、糸も紡績絹糸を使用するようになり、人絹を交織したものも織られるようになっていた。人絹を交織した結果、従来の銘仙特有の突っ張った堅さがとれて柔軟になったことが歓迎された。一方、人絹の撚糸の研究は年とともに進み、緯糸《ぬきいと》（織物の横糸）に強撚糸《きょうねんし》を用いてしぼを現わし、縮緬や御召のような高級絹地に似せた生地を織ることもできるようになった。

昭和十四年にはデパートの衣料品の売上が好調で、洋服類もよく売れているが、呉服売場では人絹に人気が出てきたことが目立った。以前は人絹といえば安物の代名詞だったが、技術の向上から交織ものなら純絹に見劣りせず、むしろ見栄えのするものが売場に並んでおり、交織と銘打っている品が選ばれた。

このように人絹は絹に代わる安価な繊維として大衆に受け入れられ、一般の人びとが流行の品を身に着けることに寄与した。また、人絹の価格は本絹に比較して四分の一程度であったが、品質は絹に比べて劣るものの、絹と人絹との交織ならば風合いもそれほど悪くはなく、なかには銘仙の交織もののようにかえって柔軟さが歓迎されたものもあり、充分に着用できるものであった。また、その華やかな意匠が喜ばれた。

6 戦時体制下の衣生活

綿花・羊毛の代用品としてのスフ　昭和四年（一九二九）十月の米国、ニューヨーク株式市場の大暴落に始まった世界経済恐慌はヨーロッパの資本主義諸国や日本へも波及した。この不況を克服するための策として、イギリス・フランス・アメリカはそれぞれの経済圏を作り、経済のブロック化が始まったが、これらから締め出された日本は深刻な不況に陥り、資源を求めて対外政策を強めていった。昭和六年に満州事変が起こり、昭和十二年には日中戦争が始まった。その後の太平洋戦争にいたるまで、戦争は拡大を続け、昭和二十年に終戦を迎えるまで、泥沼の長期戦となっていった。戦争の激化による軍事支出の増加は国家予算を膨張させ、軍需景気をもたらしたが、それとともに各種の統制法が制定された。軍隊の拡大は国内のすべてを戦時体制化し、国民生活に多大な影響を及ぼした。日中戦争の勃発により軍事物資の輸入が最優先されると、民需のための輸入は制限され、国民生活に必要な物資が不足するようになった。綿花・羊毛も輸入に依存していたが、それらの輸入額は綿花が七億円、羊毛が二億円で、輸入総額二九億円の三分の一にあたり、輸入量を減らす必要に迫られていた。また軍需が優先された結果、国民生活に必要な衣服材料が窮乏してきた。そのため、綿花・羊毛の代用品として生産されるようになったのがステープル・ファイバー、すなわちス・フ（以下「スフ」と表記する）である。

スフは長繊維状の人造絹糸（レーヨン・フィラメント）を適当な長さに切断して、紡績用の短繊維に変えたもので、一九一四年頃から綿花の代用品としてドイツにおいて初めて生産され、日本では昭和八年（一九三三）から生産されるようになった。

スフは肌触りが悪く、強度が劣り、また熱に弱く、水にぬれるとさらに弱くなって伸びやすく、いったん伸びると元に戻らないという劣悪な繊維で、型崩れしやすいため、仕立てる際にも形を崩さぬよう裏をつけるなどの工夫が必要だった。また、洗濯についても石鹸溶液中にしばらくつけてから軽く揉んで洗い、強く絞らずに平らに置いて陰干しするという細心の注意を払わなければならなかった。そのようにしても本来品質の悪い繊維であったため、すぐにぼろぼろになって使いものにならなかった。

政府は昭和十二年十二月に毛製品ならびに綿製品に対してスフなどを混用する規則を制定し、毛織物にはスフを二割から三割、内地向けの綿布・メリヤス・タオルその他の綿製品には三割以上のスフその他の人造繊維を混用することにした。軍需を優先する国策にしたがい、綿花や羊毛に代わるものとしてスフの生産が奨励された。

その後、翌年七月には毛織物へのスフの混用率を高めて、梳《そ》毛《もう》織物は五割以上、紡《ぼう》毛《もう》織物は三割以上、毛メリヤスは五割以上とした。また、綿製品についても手拭いや浴衣にもスフが混用されることになったため、混用される前に純綿製品を確保しようとする買いだめ客が反物屋に殺到し、晒し木綿・浴衣地・足袋などが飛ぶように売れた。このようなことからスフが混用されていないことを表す「純綿」という語が、品質のよいものをさす言葉となった。その後、さらに綿製品の製造・販売が禁止されることになったため、それを知らせる号外が出た途端に純綿品を求めて人びとが商店に殺到したという。

また、昭和十三年には小学校から大学までの制服はスフを使用することになり、それまで羊毛や木綿でつくられていた製品を、全スフまたは三割以上のスフ混用品とし、帽子・外套などは二割以上のスフ混用品とすることになった。それ以前の中学生男子の制服は三年生になってもいたみがなかったのに対して、この年の新入生のスフ混織の制服は六月には早くも肘やお尻が破れてきたとの報告が多く、スフ混用品の質の悪さは人びとを悩ませた。また、これと同時に牛革を節約するため、ランドセルなどの皮革製品は鯨や鮫の皮を代用品として使うことになった。戦時体制化では生活物資が著しく逼迫し、あらゆるものが代用品となっていった。

さらに七月には、各デパートでそれまで季節の変わり目ごとに行っていた洋装・和装のファッション・ショーや新作発表会が禁止され、実質を本位とした堅実な衣裳の普及に努めることになった。また、箪笥《たんす》に眠っているきものを更生させることが広く行われた。

国民服　このような物資欠乏の状況下において、物価は高騰し、衣服材料も手に入りにくくなって、衣服を新調することが困難になっていった。また、それまでの衣服形態が戦時下の実情に合わなくなってきた。そこで、昭和十三年（一九三八）四月に厚生省社会局では物価高騰に対する国民の身構えをつくる必要があるとの見地から庶民経済保護懇談会を開催して、長期持久の態勢に対応する消費生活の順応策を諮った結果、国民服の制定を行うことになった。国民服の方針としては、耐久力があり、廉価で、かつ衛生的な生地を用い、ワイシャツやネクタイを必要としない意匠で、画一化せずに甲種・乙種・丙種の三種の型とし、服装の簡易化を図ることを目的としていた。しかし、その後、この国民服制定は自然解消となり、実現を見なかった。

そこで、昭和十四年十一月には、陸軍の被服協会が新日本服制定委員会を設けて一定の新日本服を制定する運動に乗り出した。その意図するところは、国防上の見地から被服資源を軍民共同として常備すること、また、国民がいたずらに種々雑多な洋服を新調することを避け、平常着ている洋服をただちに准軍服として利用し、いつでも軍隊に動員可能とすることにあった。したがって国民服の形式を軍服の規格に適合させ、色は国防色と呼ばれていたカーキ色に統一すると規定したうえで、陸軍省・厚生省の後援のもとに被服協会と東京日日・大阪毎日の両新聞社主宰により男性用国民服の形式意匠公募が行われた。結果は入選なし、准入選二点、特別佳作二点、佳作三点であった。これらの入賞作品を参考案として服装刷新委員会によって昭和十五年一月に一号型から四号型まで四種の服種が制定された。

図 29　国民服（昭和 15 年制定）

このように制定された国民服であったが当初は評判が悪く、ほとんど着用されなかった。その理由は比較的高価であり、またあまりにも軍服に似た意匠だったためである。そこで国民服の普及は政府主導で行われることになり、その結果、国民服は徐々に浸透していった。

同年八月には「大日本国民服協会」が設立され、十一月二日にはこの四種の服種のなかから二種に限定して、甲種（一号型）・乙種（四号型）として定め（図29）、国民服令が公布された。この時期に公布されたのは同年十一月十日の紀元二千六百年奉祝式典の日に国民服を着用させることが目的であった。このように統一した国民服が定められたことにより、種々雑多な洋服を新調せずに、平常の仕事着から礼服まで、この一着で通用することになった。甲種は背広に代わるべきもので、礼服としてもモーニング・コート、フロック・コートに代えることができた。また、乙種は青少年向きとした。諸儀式に際して佩用する儀礼章は紫組紐の花飾りで、右胸に吊り下げた。帽子も国民服と同様に国防色で、烏帽子型の甲種、戦闘帽型の乙種の二種類があった。また、外套も同色で、立て折り襟式開襟と規定され、靴は黒革短靴とし、白手袋を使用することになった。

紀元二千六百年奉祝式典（昭和十五年十一月十日）が近づくにつれ、国民服の姿が目立って多くなっていった。会社・工場などでは続々と国民服を着用する姿に変わっていったが、なかには工員や社員に国民服を無料支給し、あるいは半額を補助するという企業もあった。大手企業では百貨店・洋服店に大口の注文を出し、洋服店は国民服一色となっていったという。

また、昭和十七年（一九四二）一月に始まった衣料切符制では、国民服よりも背広の点数が高かったために、点数の低い国民服を着ざるをえなくなっていった。その後、国民服の甲号を廃止しようとする動きがあり、昭和十八年六月の『戦時衣生活簡素化要項』には国民服乙号を着用するよう指示されている。十九年にはほとんどすべての成人男性が国民服を着用するようになっていた。

また、男女中等学校生徒の制服も全国統一され、昭和十六年（一九四一）四月の新学期から、新調の場合は新制服を作ることとなった。男子の制服は国防色で、生地は混紡小倉織、型は国民服乙号を用い、脇下をあけ、襟は低襟でカラーをつけるなど細部を中学生に合わせて調整している。帽子は羅紗製国防色の戦闘帽型とし、外套についても国防色とした。また、女子の制服は原則として帽子をかぶらないこと、上衣・スカート・外套とも紺色とし、生地はスフ織か更生糸織（更生糸はもともとは毛ボロ、毛・絹・麻・スフ屑などを紡いだ比較的無難な糸であったが、昭和十五年十月に毛ボロ・毛屑の使用が制限されてからは粗悪な糸となった。この更生糸で織った生地を更生糸織という）、上衣の襟はセーラー型を廃してヘチマ型とし、前合わせは和服と同様に右前とした。スカートは襞がなく、裾廻りは一八〇センチ以上とし、スカートの下には同色、膝丈のブルマースを着けることとなった。

婦人標準服　男性が国民服に統一され、戦時色が強まるなか、女性は女学生を除くほとんどが依然として和服姿であった。しかし、戦時色が濃くなっていくとともに、女性にも国民服が必要であるとの動きが強まっていった。そこで厚生省は斯界の権威を集めて昭和十六年（一九四一）三月より会議を重ね、国民服と同様に婦人標準服についても懸賞募集を行った。その結果、全国から七百数十点の応募を得て、十月に七十余点を当選とした。そのなかよりさらに修正を加え、昭和十七年二月に婦人標準服を発表した（図30）。その内容は甲型（洋服式）二部式一号・二号、甲型（洋服式）一部式一号・二号、乙型（和服式）二部式、乙型（和服式）一部式、活動衣の七種であった（江馬務『昭和新礼法』）。

図30　婦人標準服
甲型二部式一号
（昭和17年）

男性の国民服が准軍服としての意味を持っていたのに対して、婦人標準服は非常時の活動的な服装を目的とするものであったが、軍服としての要素はなかった。また、新調するものではなく、あくまでも手持ちの和服を標準服として更生するものとし、衣服材料の需要を極力抑えることを目的としていた。しかし、当時の女性は標準服の着用の必要性を実感しなかったため、婦人標準服はほとんどといっていいほど着用されなかった。

その一方で、婦人標準服の意匠募集は女性の衣服改良について国民の関心を集め、活発に議論する機会を与えたといえる。厚生省主導の婦人標準服の懸賞募集をはじめとして、各種婦人雑誌や新聞などが婦人標準服の懸賞募集を行い、また試作案を掲載するなどして、婦人標準服についての議論が盛んに行われたことにより、和服の改良と洋服の日本化が行われ、和服と洋服の歩み寄りがなされた。

もんぺ　もんぺは、江戸時代から北陸から東北・北海道にかけての農村で常用されてきた上下二部式の仕事着の下衣で、もんぺい・もっぺいとも呼ばれ、また、かるさん・雪袴・山袴・裁附《たつつけ》・裾細なども同類である。昭和初期には都会でもこのもんぺの活動的な形態に着目して、実用着として愛用する者があらわれたが、もんぺは東北の農村で野良着として着用するものという印象が強く、また、もんぺの形態が不恰好なものとされていたため、都会ではなかなか着用されるにはいたらなかった。

しかし、昭和十二年（一九三七）には防空演習が行われるようになり、非常時の婦人服として、もんぺが各方面から推奨されはじめた。それにより、発表されたもののほとんど普及しなかった婦人標準服に代わるものとして、もんぺやズボンを着用する女性が徐々に増えていった。

また、警視庁は女性の活動はまず軽装からとの建前で、防火群・衛生婦人会・愛国婦人会・国防婦人会などの各種団体に対してもんぺ着用を奨励していた。大政翼賛会も空襲に備えてつねにもんぺ風のものを着用するようにと呼びかけた。はじめはもんぺ着用に抵抗感のあった女性たちも、本土決戦が叫ばれるようになるともんぺを着用せざるをえず、女性のほとんどがもんぺを着用するようになった。

この頃の一般的な婦人の上衣は袖が元禄袖か筒袖の腰丈のきもので、袖口にはゴムひもを入れてしぼるか、カフスをつけてホック掛けにした。下衣はもんぺで裾にゴムひもを入れてしぼった。また、女学生などは上衣をブラウスとし、下衣にもんぺを着用することが多かった。

このように戦時下の服装は和服に洋服の活動性を取り入れた和洋折衷の形態であったが、それまで洋服になじみのなかった多くの女性が上下二部式の衣服を着用したことは、洋服の活動性に慣れるきっかけとなり、戦後の洋服の普及に大きな影響を与えたといわれる。

衣料切符制　昭和十四年（一九三九）十月には物価統制令が実施され、一般物価・賃金・地代・家賃などが九月十八日現在の水準から動かせなくなり、日本の経済が統制されることになった。翌年二月には繊維製品配給統制規則が公布され、四月には米・味噌・醤油・砂糖・マッチ・木炭などの生活必需品に切符制が導入された。七月には奢侈品の製造販売制限規則が実施された。

さらに昭和十六年四月には生活必需物資統制令が公布され、それに基づき、翌年一月に繊維製品配給消費統制規則が制定された。これは衣料品の配給に対し、新品・中古品を問わず、点数制による切符制を実施するものであった。切符制実施の理由は、①無駄な消費を抑制し、②生活必需品の配給をできるだけ公平に配分する、③衣料品消費の計画化をはかり生産に計画性をもたす、④贅沢な消費を抑圧して戦時衣料生活の刷新・簡易化を図り、大東亜長期戦下の国民衣料生活の安定確保に資するというものであったが、インフレの進行と消費物資の不足により、切符制を導入せざるをえない状況に追い込まれていたのである。この切符制の適用範囲は樺太・台湾・朝鮮をのぞく内地のみで、一人当たりの一ヵ年の衣料消費総点数は年齢・性・職業の区別なく、都市、および東京・大阪・横浜・神戸・名古屋の隣接町村は乙種として一〇〇点、その他の郡部居住者は甲種として八〇点で、一世帯内の家族間で融通を認め、点数内での購入品の選択の自由を許したが、所定期間の一年以内に使用しない切符は無効となった。

主な衣料の点数は、表1に示したとおりである。衣料品の内、生活に必要なものの点数は低く、贅沢品とみられるものの点数が高くなっていた。しかし、ネル・晒・手拭・タオル・足袋・靴下などの必需品については「制限小切符」によって品目別に購入数量が決められており、一定量以上は購入できない仕組みになっていた。さらに物資の不足が深刻になってきた昭和十八年には都市部居住者が七五点、郡部居住者が六〇点となり、翌年には三十歳以上が四〇点、未満が五〇点と、ますます減少していった。

このように制定された衣料切符制であったが、昭和十八年三月には大日本婦人会が、衣服の新調は見合わせて手持ちのものを使用し、衣料切符を献納することを全国支部に呼びかけている。また、配給物資の不足から、点数を持っていても衣料品を入手することは難しかった。そのため「やみ」取引が横行し、公定価格の数倍のやみ価格で取引された。

いよいよ戦火が激しくなった昭和十八年五月には「戦争生活協力会」が結成され、衣生活の実践事

表1　衣料切符の点数　昭和十七年（一九四二）　商工省「衣料品点数表」より抜粋

品目		点数	品目		点数	品目		点数
背広三揃		五〇	作業服（上下）		二四	足袋		二
国民服		三二	もんぺ		一〇	靴下		二
着物	単衣	二四	シャツ（ワイシャツを含む）	長袖	一二	学童用ソックス		一
	袷	四八		半袖	六	蒲団地	大人掛	三六
男子外套		五〇	セーター		二〇		大人敷	二四
国民服外套		四〇	申又・褌		四	座蒲団		六
レインコート		三〇	シュミーズ		八	毛布（一枚物）		一八
婦人服	ワンピース	一五	ズロース		四	敷布		一〇
	ツーピース	二七	ジュバン		八	手拭・タオル		三
	外套	四〇	腰巻	メリヤス編	一二	縫糸（一〇匁まで）		一
小学生服	上衣	一二		布製	八	毛糸（一オンスまで）		二
	ズボン	五	手袋		五	都市一〇〇点、郡部八〇点、有効期間一年		
	スカート	五	肩掛・首巻		一五			

図31 「ぜいたくは敵だ」のプラカード持つもんぺ部隊（昭和15年）

項として、①衣類の新調を見合わせ、更生活用を本旨とし、やむをえず常用和服を新調するときは短袂とし、なるべく婦人標準服を実行すること（この場合は古物を利用し新調しないこと）、②服を新調する場合は国民服乙号とし、また服地・色合いが異なっても乙号型につくること、③いざ空襲に備えてつねにもんぺ風のものを着用すること。さらに、衣類の融通・交換・間に合わせを徹底し、もっと融通・交換に努めることが指示された。

このように戦争が拡大するとともに生活物資は欠乏し、国民は自給自足を余儀なくされた。物資の不足を補うために家庭の不要品を持ち寄って物々交換が行われ、人気を呼んだ。また、廃品が回収され、あらゆる金属品が供出の対称となって軍需産業へ回された。「欲しがりません勝つまでは」、「贅沢は敵だ」の標語のもとに、国民生活は極限まで窮乏した（図31）。

八　現代の衣服——洋服の時代

1　戦後の物資不足のなかで

洋装する女たち　昭和二十年（一九四五）太平洋戦争の終焉を迎えた日本は、連合国の軍事占領下におかれた。GHQによる民主化指令が出され、以降、天皇の人間宣言をはじめとして戦前の国家体制を全面的に転換させる諸改革が推し進められていく。新しい日本の誕生への道であった。

しかし、主要都市の大部分が焼け野原と化し、復員兵や引揚者があふれ、深刻な住宅難・食糧難のなかでの国民の多くは、生きることに精一杯であり、未来をみつめる余裕も、着るものに心を配るゆとりもない日々を過ごしていた。

ところがこの頃に、いち早く洋装する者がいた。真っ赤な口紅を塗り、占領軍の女性をまねた肩パット入り上衣にスカートという洋装スタイルとなって、アメリカ兵を相手にするパンパンガールたちである。生きる術を持たなかった女性たちの生きるための洋装であった。当然のことながら、この洋装はごく一部の特殊な人びとの姿にすぎず、多くの一般国民は戦時中の国民服・復員服（軍服）やもんぺ姿のままで、食料買出しに東奔西走していたのである。

昭和十七年に始まった衣料切符制度は、国家総動員法・輸出入品等臨時措置法の効力喪失にともなってその意味は薄れた。しかし、戦後の衣料不足は深刻であり、昭和二十二年に新たな衣料切符制度が設けられることとなり、衣料品の統制はその後も続いた。これが廃止されるのは昭和二十六年まで待つことになる。

図１『装苑』復刊１号

洋裁ブーム　統制経済下において闇市《やみいち》が横行していた昭和二十一年（一九四六）一月に、ドレスメーカー女学院は焼け残った建物を利用して授業を再開した。一〇〇〇人の生徒が集まったという。また同年九月には、文化服装学院も授業を開始したが、これには約三〇〇〇人もの生徒が集まり、翌二十二年になると六〇〇〇人へと倍増した。これらの東京での動きに呼応して、二十二年には全国に四〇〇校におよぶ洋裁学校が誕生した。洋裁学校は、翌年には一五〇〇校に達し、生徒数も二〇万人を超えた。昭和二十五年の文化服装学院の入学式は、あまりにも入学生が多かったために会場がなく、青空入学式となったという。当時の洋裁ブームの凄さがうかがえる。
一方で、洋裁学校ブームとともにファッションブックも復刊された。早くも、昭和二十一年にデザイナーの伊東茂平《もへい》は戦後初のスタイルブックを出版し、翌年にはファッションブック『装苑』復刊一号が刊行された（図１）。五万部もの売上げを誇ったという。そして、昭和二十四年には『ドレス・メーキング』が創刊された。

終戦後わずかな期間に、日本中に洋裁学校とファッションブックが普及し、日本人の衣生活は急速に洋装化していった。その背景としては、日本が連合国、主としてアメリカ合衆国の占領下に入ったことがある。英語の教科書などで提示されるアメリカの生活は、大多数の日本人にとっては夢の世界であり、憧れの世界であった。こうしたアメリカナイゼーションのなかで、戦争中に国民服という名の洋服に慣れた男性と、筒袖にもんぺという機能的な服装に慣れた女性は、いずれも、長いあいだの日本人の衣生活の中心であったきものに、衣生活をもどすことはもはやなかった。

しかし戦後の統制下では、洋服生地を手に入れることはきわめて困難であった。花森安治《はなもりやすじ》は昭和二十一年に出したスタイルブックのなかで、「新しい生地がたとへ一尺もなくても」という題で、タンスの中や、疎開してあった行李《こうり》の中などに眠っているきものをほどいて洋服に仕立てることを勧めている。こうして、きものを洋服に仕立て直した更生服が盛んに作られるようになった。

オシャレへの目覚め　昭和二十三年（一九四八）には、前年にパリで発表されたクリスチャン・ディオールのニュー・ルックが、日本にはアメリカ経由で入ってきた。それまでのいかり肩に膝下丈のミリタリー調ファッションに対して、細いウエストに広がった丈長のスカートという女性的なラインのニュー・ルック（図2）は、女性たちのオシャレ感覚を刺激し、またたくまに流行していった。こうして日本人女性もアメリカ経由ではあるが、遅ればせながら世界の流行の波にのって

図2　ニュー・ルック

いくことになる。

この頃より電気パーマが普及し、洋服にパーマが女性の流行スタイルとなった。また男性も、多くの者が復員服や国民服で過ごしていた二十三年頃に、リーゼントスタイルにアロハシャツというアメリカンスタイルの若者もみられるようになり、帽子をかぶらないこともはやりはじめる。

昭和二十四年には綿とスフ以外の統制が解除され、衣服材料がかなり自由に出回るようになり、洋服普及に拍車をかけた。また一方で、ファッションショーも再開され、流行が華やかなかたちで提示されるようにもなったが、ファッションショーは、一般庶民にとってはまだ遠い存在であった。二十八年十一月十六日付の『朝日新聞』夕刊に、「流行と女ごころ」のタイトルの記事がみえる。新しい流行を何によって知るかについての中央大学社会心理研究会の調査によるもので、この数値を円グラフにしたのが図3である。これによると、展示会というのはわずか一割弱であり、スタイルブックと服装雑誌がその六割を占めている。これらの雑誌類が当時の日本人の流行に大きな影響を与えていたことがうかがえる。

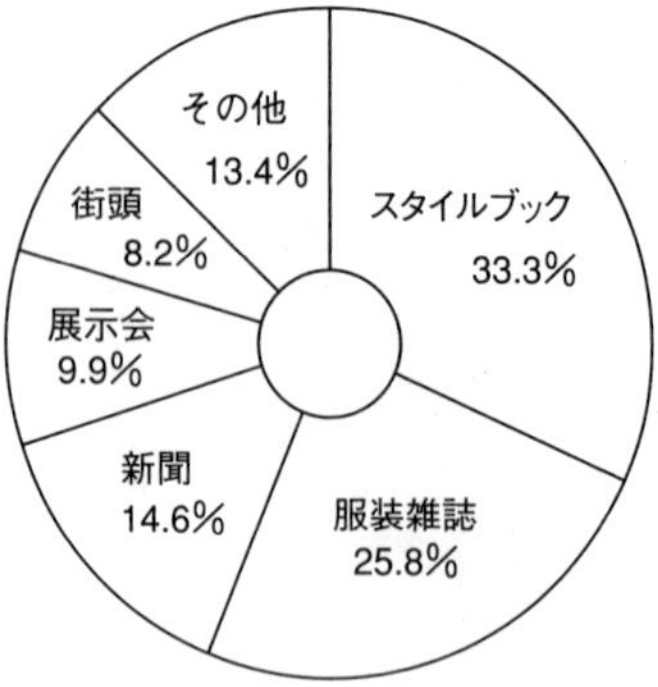

図3　流行は何によって知るか

化学繊維の発達　昭和二十六年（一九五一）にサンフランシスコ講和条約を締結し、主権を回復した日本は、前年から始まった朝鮮戦争の軍需品生産や輸送を担ったことにより、鉱工業生産高は戦前の水準を一気に抜いた。特需景気の到来である。当然のことながら軍需品のなかには繊維製品も含まれており、繊維業界は「ガチャ万景気（ガチャと織機を動かすと一万円もうかる。当時の一万円は、小学校教員初任給の二ヵ月分に相当）」と称される好景気時代となった。二十六年には衣料品の統制も完全に解除されて自由販売となり、国民一人当たりの繊維消費量も増加した。繊維消費量は、十年後の三十五年には戦前の水準を大幅に上回るようになる（通産省『繊維統計年報』）。

戦前からレーヨン・スフなどの生産を行っていた化学繊維メーカーは、アメリカ・ドイツ・スイスなどから技術導入を図り、合成繊維の国産化を始めた。昭和二十四年に商工省によって「合成繊維産業の急速確立方針」が出され、設備投資への融資や税の減免措置が講じられたことも合成繊維の国産化に大きく影響している。この年に東洋レーヨンはアメリカのデュポン社と提携してナイロン靴下を製造・発売し、翌年には倉敷レーヨンがビニロンの本格的生産を開始した。二十六年には東洋レーヨンがナイロンの生産を始め、翌二十七年頃より透けるナイロンブラウスが大流行する。また、昭和三十年には日本エクスランがアクリルの生産を開始し、三十一年には、鐘淵《かねがふち》化学がアクリル系繊維カネカロンの生産を始めた。三十二年になると、帝国人造絹糸と東洋レーヨンが共同でポリエステル系繊維テトロンの生産を開始し、ここにナイロン・アクリル・ポリエステルの三大合成繊維が出揃うこととなった。

強くて皺になりにくい合成繊維が大量に出回る時代となり、靴下のつくろいやアイロンかけから女性は解放された。以降わが国の合成繊維生産高は急激に高まり、世界有数の合成繊維産出国となってゆく。しかし、これに反比例して、綿・絹等の天然繊維の国内生産高は衰退の一途をたどり、これらの材料は輸入に頼ることになる。

2 グローバル化の時代

世界の流行のなかへ 戦後の洋装化を支えていたのは、家庭洋裁と注文製作であり、ミシンの普及率は、昭和三十一年（一九五六）には都市部においては七五%にもなり、三十二年には洋裁学校は全国で七〇〇〇校にも達した。この頃は、お茶・お花に洋裁というのがごく当たり前の花嫁修業となる。また、洋裁技術を習得して家庭で行う洋服の注文製作は、戦争未亡人などが子供を育てながらできる重要な内職でもあった。全国各地に公共職業補導所がおかれ、ここでは戦争未亡人や引揚者たちに洋裁技術を無料で習得させた。

昭和二十八年（一九五三）に来日したディオールは、東京・大阪などで開催されたファッションショーでチューリップ・ラインを発表し、翌二十九年にはHラインを、三十年にはAライン・Yラインと次々とアルファベットラインを発表した。ディオールと契約した日本のデパートによって新しい流行が提示され、この頃より日本のファッションもパリの流行の波にのっていくことになる。

昭和三十一年十月には日ソ国交回復がなされ、十二月には日本の国際連合加盟が認められて、国際社会への復帰が果たされた。三十三年にはピエール・カルダンが来日して立体裁断を伝えた。以降、しだいに裁断の主流は、型紙裁断から立体裁断にシフトしてゆく。また、この年には袋のようなドレスということでその名がつけられた「サック・ドレス」が、パリ・コレクションで発表された（図4）。「サック・ドレス」は、発表されるとすぐにわが国にも伝わり、ウエストに切り替えのない直線的な裁断のファッションは、着やすさと作りやすさからまたたくまに大流行していった。

下着への視線　一方で、整えられた胸と膨らんだスカートをもつチューリップ・ラインやAラインは、ブラジャーとペチコートへの関心を日本女性に目覚めさせた。経済的にも多少のゆとりの出てきた人びとは、この頃より下着にも目を向けるようになる。とくにAラインは落下傘スタイルと称され、拡がるスカートをかたちづくるペチコートは若い女性のあいだで大流行した。

第二次大戦前の昭和十二年（一九三七）頃には、すでに日本でもブラジャーは存在していた。しかし当時のものは、直線的なラインのきものに適応するように胸部を平板に整えるためのものであって、「乳押へ」と称されており、その名のとおりフラットな形のものであった。しかし、ディオールのもたらしたチューリップ・ライン の胸は、ふくよかな膨らみが求められるものである。したがって、カップつきブラジャーが登場することになり、バストを豊かにみせるためのブラジャーパットも考案されるようになった。昭和二十七年（一九五二）に和光商事（現ワコール）が大阪阪急デパートで下着ショーを開催したのを皮切りに、下着ショーが盛んに開かれるようになり、下着ブームの火付け役となった。化学繊維産業の

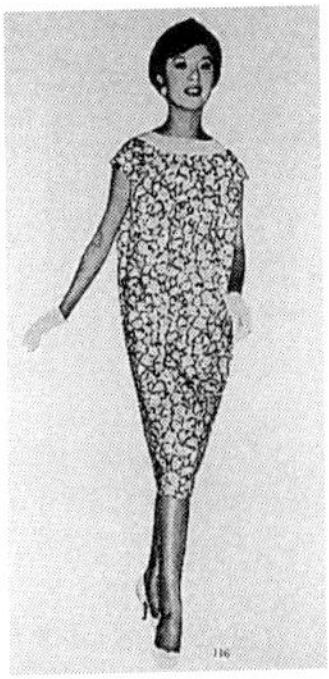
図4　サック・ドレス

発達で、しなやかですべりのよい新しいアセテートやトリコット素材のスリップやペチコートが発売されたこともその背景にはある。下着が男性を魅了するなどの記事やコマーシャルが新聞・雑誌などに多く登場するようになり、女性にオシャレとしての下着が普及してゆく。

ゆとりの時代へ　昭和三十年代から四十年代前半は、神武景気・岩戸景気・オリンピック景気・いざなぎ景気と称される好景気時代であり、その間に多少の不況は訪れたが、いわゆる高度経済成長時代となる。経済企画庁は三十一年に『経済白書――日本経済の成長と近代化』を発表したが、このなかで「もはや戦後ではない」といい、この言葉は当時の流行語となった。戦後の農地改革による自作農の増加は、農民の経済力を高め、一方でサラリーマンの所得も向上した。少し時期が下るが、昭和四十三年（一九六八）には国民総生産はアメリカに次ぐ世界第二位まで上昇する。

昭和三十四〜三十六年頃より「三種の神器」と称されるテレビ・冷蔵庫・電気洗濯機が一般家庭に普及した。とくにテレビの普及率は三十四年（一九五九）の皇太子の成婚を契機に飛躍的に伸び、多くの情報が直接視聴者に届けられることとなった。アメリカのホームドラマはアメリカ人の生活文化を映し出し、ファッション情報も、パリから日本全国の茶の間に直接同時に伝えられる時代となったのである。生活にゆとりのできた国民に、テレビを通して「消費は美徳」の宣伝がなされ、全国民総中流意識のもとに大量消費時代を迎えた。また、電気洗濯機の普及は、主婦の家事労働を軽減し、時間的ゆとりをもたらした。昭和三十八年（一九六三）の電気洗濯機の普及率は六六・四％であり、この時期の主婦の自由時間は三時間四三分である。これに対して、五十八年（一九八三）の洗濯機の普及率は九九・六％となり、主婦の自由時間は七時間二九分と倍増している（『昭和家庭史年表』）。洗濯機の普及がいかに主婦の労働を軽減しているかうかがえるであろう。そして、汚れたら洗う時代から、着たら洗う時代へと移行していった。

レジャー服とナイトウエアー　これらの経済的ゆとりと時間のゆとりにマスコミは目をつけ、人びとをテニス・スキー・ハイキング・ゴルフそして旅行へとかりたて、昭和三十五年（一九六〇）頃からはレジャーブームが到来した。昭和四十年（一九六五）頃には「新三種の神器」と称されたクーラー・カラーテレビ・自家用車が普及し、ドライブもレジャーに加わった。これらのレジャーブームは、テニスウエアー、スキーウエアー、ゴルフウエアーや水着などのレジャーウエアー産業の隆盛にも貢献した。

また、この時代には寝衣の洋装化も顕著となる。戦後の住宅不足の解消を目的に公団住宅などの団地が大量に作られ、その売りであるダイニングキッチンは、それまでのちゃぶだいを囲むという食事光景を、テーブルに椅子という洋風スタイルに変えていった。寝るときは畳に布団という生活がまだ一般的ではあったが、なかにはベッドを使用する人もあらわれるようになる。このように衣生活だけではなく住生活を含めた生活全般の洋装化が進んだことにより、人目に触れにくい部分であるがゆえに洋装化が遅れていた寝衣もこの波に乗ってゆく。三十年代になると「ナイトウエアーブーム」が到来する。テレビドラマの普及によるアメリカ人のナイトウエアー姿を目の当たりにし、また、合成繊維の発達によって安価で美しいネグリジェやパジャマが作られるようになったことも、その背景にはある。しかし、この洋風寝巻き普及のきっかけとしては、修学旅行や社員旅行などの集団旅行や新婚旅行が盛んになったことがあげられる。これらはいずれも寝巻きを人前に見せる機会であり、このような寝巻きを人前にみせる機会の到来がパジャマやネグリジェの購入契機となり、普及に貢献したのである。人並みを望む日本人気質が見え隠れして興味深い。

既製服の時代 大量生産・大量消費時代を背景に、衣服の既製服化が進行した。戦前の既製服は「つるし」の名の下に安物のイメージがつきまとっていたが、戦後いち早くオーダーメード一辺倒からの変化の動きをみせたのは紳士服であった。昭和二十四年（一九四九）にはデパートはイージーオーダーを始めている。そして、二十七年には、紳士既製服標準寸法の三六サイズが制定され、同時に婦人子供服標準寸法も発表された。翌二十八年には、婦人服のイージーオーダーもデパートで始まっている。

昭和二十年代後半には、ブラウス・スカート・ワンピース・子供服などの既製品もみられるようにはなるが、その主流はまだ家庭製作か注文製作であった。三十二年の既製服化率はまだ三〇％程度にすぎない（日本家政学会編一九九八）。既製服が安物とのイメージを払拭したのは、昭和三十五年のプレ・タ・ポルテ（高級既製服）の登場である。パリのオート・クチュールの有名デザイナーたちが高級既製服の製作を始め、日本のデパートはそれぞれのデザイナーと契約して三十七年には販売を開始している。同年にはＪＩＳ規格が発表されてサイズの統一がめざされ、さらに、四十五年に工業技術院による全国調査に基づいた紳士・婦人・子供服のＪＩＳサイズが発表されて、メーカーによってまちまちであったサイズが統一されたことは、既製服普及に大きく貢献した。昭和五十一年（一九七六）には、既製服が六四・一％、注文服が一九・五％、イージーオーダーが一六・四％となっており（『昭和家庭史年表』）、既製服化が進行していることがうかがえる。

昭和三十六年（一九六二）に帝人が「ホンコン・シャツ」の名で売り出した半袖ワイシャツは、長袖のワイシャツの袖まくりをしていたサラリーマン層に、夏の男性用ワイシャツとして歓迎された。他社も同様のものを売り出したが、半袖ワイシャツは帝人の製品名がそのまま普通名詞化して定着し、今日にいたっている。

一方で、この時期には『週刊女性』や『女性自身』などの女性週刊誌、『平凡パンチ』『週刊プレイボーイ』などの男性週刊誌、そして『ミセス』などの婦人雑誌、『男の服飾』（後の『メンズクラブ』）などが創刊され、週刊誌・雑誌ブームとなる。これらのメディアのなかには映画俳優などのファッション紹介記事とともに流行にも多くのページを割くものもあり、全国的レベルでの流行ファッションの浸透に貢献し、消費者のファッションセンスを磨く効果も果たした。

これらの週刊誌や雑誌によって情報が拡大し、三十九年から四十年にかけて若者のあいだで大流行したのがアイビー・ルックである。アイビーはアメリカの東部名門大学のアメリカンフットボールリーグ戦のニックネームからきた名であり、これらの大学生や卒業生が着ていたスーツにヒントを得てデザインし、VAN《ヴァン》が製品化したものであった。

また、「T・P・O」（time, place, occasion）という言葉が生まれたのも三十五年（一九六〇）であった。『ＴＰＯ事典』なども発売され、場に応じた装いをするという洋服着用のマナーが注目されるようになる。

アパレル産業と繊維産業の海外進出　既製服化の進行に大きく拍車をかけたのが、アパレル産業の発達であった。アパレルとは、衣服産業のことであるが、主として既製服産業をいい、衣料品の製造・卸から小売までのルートに関わる企業集合の称である。わが国でこの名称が普及していくのは昭和四十年代後半のことであった。とくに高度成長時代に既製服の需要が伸びたことを背景として、衣料品の製造と卸が一体化したアパレルメーカーが成長してゆき、昭和五十四年（一九七九）には日本アパレル産業協会が設立されている。

これまで対米輸出によって好景気を保ってきていた日本経済であったが、経済危機に陥ったアメリカは、昭和四十六年に、日米貿易摩擦の解消を迫ってきた。やむなく日本政府は、アメリカへの繊維輸出数量の自主規制を宣言し、翌四十七年には「日米繊維協定」に調印した。この見返りとして沖縄返還が実現したのである。「糸で縄を買った」と政府を非難するものもいたが、基地問題などを残しながらも戦後の懸案のひとつであった沖縄が日本に復帰した。

しかし、沖縄返還に沸いていられなかったのは日本の繊維業界である。この規制により大打撃を受けた日本の繊維資本は、コスト削減をめざして、天然繊維の原料価格の安さと労働賃金の安い地域に目を向けた。発展途上国であったブラジル・台湾などに資本投資をして合弁会社をつくるなど、繊維製品の海外生産を開始する企業が増加してゆく。こうして、わが国繊維産業の海外進出が始まった。

カジュアル化とユニセックス化　昭和三十三年（一九五八）頃に始まったロックンロールブームによってジーンズ着用の若者が目立つようになる。もともとジーンズは、一八五〇年にアメリカにおいて、リーバイ・ストラウスがテント用の丈夫な布で金鉱掘り人夫用のズボンを作ったのが始まりとされ、丈夫で汚れが目立たないことから労働者のあいだに広がっていったものである。この労働服をアメリカのロック歌手たちがはき、音楽とともに日本に伝わってその後流行していくこととなる。ロック歌手やフォーク歌手のもたらしたジーンズの流行は、たんなるおしゃれとしてのファッションではない。ジーンズは、長期化したベトナム戦争の陰でのヒッピーなど若者たちの抵抗の姿でもあった。直接の出兵こそしなかったが日本全土の米軍基地はベトナム戦争のための補給・兵站基地となり、傷病兵や兵士の死体が日夜運びこまれていた。日本でもベトナム反戦運動が労働組合や学生・市民などの幅広い層の運動として広がったが、こういう土壌もジーンズの拡大を後押しした。ジーンズは昭和四十六年（一九七一）頃より若者のあいだで大流行し、五十二年頃には中年層にまで浸透していった。この年に、大阪大学でアメリカ人講師によるジーパンをはいた女子学生の受講拒否事件が起こり、ジーパンが受講服にふさわしいか否かの大論争を巻き起こしたが、その着やすさと丈夫さから、しだいにジーパンは街着としての位置を獲得してゆく。

昭和四十年代はスーパーマーケットが急成長した時代でもあり、安価な既製服が全国レベルで出回るようになった。また、女性の雇用労働人口も急増した。総務省統計局の「労働力調査」によると、女性の就業率は昭和二十五年（一九五〇）から平成七年（一九九五）までほぼ五〇％と横ばい状態である。しかし、そのなかで農林業と自営業で働く女性の比率は下降を続けており、二十五年に約四〇%弱であったものが、五十年には二〇%弱に、さらに平成七年には一〇%へと下がっている。このことは逆に、女性就労者の内の雇用労働者の割合が増えつづけていることを意味しており、その多くはパートタイム雇用ではあっても、外に出て働く女性が増加しているのである。一方で、常勤の女性雇用労働者の割合も増えている。十年以上の勤続女性は、昭和三十七年（一九六二）には女性雇用者全体の一二・五%にすぎなかったが、四十九年には二〇・六%、五十二年には二八・一%へと増加し、雇用労働者の三割に迫っている（落合二〇〇五）。このような女性の労働人口の増加は、当然のことながら家事時間の短縮をともない、生活全般の簡素化をもともなう。一方では、女性の機能的な通勤着の需要も高まり、カジュアル化、ユニセックス化が進行していった。

昭和四十二年（一九六七）頃より女性にも男性のワイシャツと同様のシャツが流行するようになる。シンプルでシャープなイメージのシャツは、行動的な女性の好みとマッチし、シャツルックが大流行し、その後も根強い人気を保ちつづけた。

シャツにジーパンというのが男女を問わず若者の定番スタイルとなった。昭和四十五年頃になると、それまで下着であったニットシャツに文様や色をつけたTシャツが表着として着用されるようになる。ニットシャツに色や文様をつけた最初はアメリカのヒッピーといわれるが、これが世界的に大流行してゆく。また若者は下着のシャツを着なくなり、素肌にTシャツとジーパンの組み合わせが日常着に定着し、簡素な衣生活が一般的となった。

イギリスのマリー・クワントの創始したミニスカートをはいたツゥイッギーが来日したのは昭和四十二年のことである。ボーイッシュな彼女のミニスカートの姿は、人びとに斬新な美を植えつけ、カジュアル化の風潮ともマッチした。ニューヨークで、パリで、イタリアでと世界的に大流行していたミニスカートは、日本人の太くて短い足、ずんぐりした身体には似合わない等々といわれながらも浸透してゆき、老いも若きもミニスカートとなった。この流行はこの後十年も続いたのである。

一方で、パリでアンドレ・クレージュの発表したパンタロン・スーツは、女性にとって街着とはなりえなかったパンツ（ズボン）を街着の位置まで引き上げた。日本において男性の専売特許的存在であったズボンが女性の当たり前の装いとなったのはミニが大流行していた昭和四十四年（一九六九）頃のことである。今日の女性にごく一般的となっているパンツルックの先鞭をつけた意義は大きい。

また、昭和四十年代は、一九六七年にアメリカでの講演ではじめてその名が使われたとされる「ピーコック革命」の時代でもあった。それまで鼠色・黒色等ダーク色が主流であった男性ファッションを、孔雀の雄のようにカラフルにというものであり、カジュアルウエアーだけではなく、通勤着にもカラフルなワイシャツがお目見えするようになった。ヤング・ファッションに大きな影響を与えた雑誌『アンアン』が創刊されたのも昭和四十五年である。

現代社会とファッション　昭和四十八年（一九七三）に始まった第四次中東戦争は石油危機をもたらし、日本への石油供給量の削減と価格値上げがなされた。世界的不況のなかで、日本では省エネルギー・倹約が叫ばれ、都市のネオンは消され、テレビは深夜放送を中止した。高度経済成長時代から一転して、節約の時代となったのである。

この頃よりリサイクル運動が始まり、昭和五十年頃には不用衣料品交換即売会やファッションのリフォームも盛んになった。クリーン・ジャパン・センターの昭和五十二年の調査によると、一年に購入される衣料品量の七四・二%が不要衣料として排出されており、その内で、バザーや他人に贈与、雑巾などとして利用されるのが二四%、ゴミとして廃棄されるものが六六%であって、リサイクルルートに乗るのはわずか一〇%にすぎないという。リサイクルルートにのせられた衣料品は、その三分の一が中古衣料として海外などに輸出され、三分の一が綿状にもどして衣料の原料として再利用され、残りの三分の一が工場の機械油ふきなどとして利用されている（『繊維年鑑』一九九五）。しかし、政府がリサイクルに本腰を入れるのは、平成三年（一九九一）の通産省ほか七省による「再資源の利用の促進に関する法律（リサイクル法）」制定まで待つことになる。これ以降、各自治体もリサイクルに本格的に取り組みはじめる。

昭和五十四年（一九七九）三月には、政府が夏服省エネキャンペーンを行い、オフィスの冷房温度を二八度に設定するとともに、背広の袖を半袖にした省エネスーツを提唱した。しかしこれはまったく人気がなく、ほとんど普及することのないまま、まもなく姿を消した。代わってノーネクタイ・ノー上着運動が盛んになり、ネクタイに代わってループタイがもてはやされるようになる。

昭和五十年代になると、ファッションの個性化が叫ばれるようになり、マンションの一室でオリジナルな衣服を作るマンション・メーカーが生まれ、ＤＣブランドとしてブームとなっていった。ＤＣ

ブランドとは、Designers Characters Brand の略で、デザイナーによる個性的商品銘柄の総称である。また、今までパリのファッションを追い求めていた各デパートも、昭和五十三年頃より消費者のカジュアル化の傾向を受けて、スポーティで軽快なニューヨークファッションにシフトしていった。

一方で、洗濯機の普及にともなって使用量が増加した合成洗剤による水質汚濁が問題となり、昭和五十一年頃より始まった合成洗剤追放の動きに対して、五十五年になってようやく環境庁はリンを含んだ合成洗剤の追放を決定した。これに呼応して、メーカーは無リン合成洗剤を発売し、赤潮などの問題は一応収まったかにみえる。また、昭和六十二年にバイオ・コンパクト洗剤が発売され、今日ではこれが主力となっている。

バブル経済とアパレル産業　昭和五十三年（一九七八）からの第二次石油危機に対しては、第一次石油危機を教訓にして対策を講じていた日本は、さほど大きな打撃を受けることはなかった。景気は順調に回復し、輸出も増大していき、バブル景気が訪れる。

昭和五十三年には日中平和条約が締結され、日中国交が回復した。このことは、膨大な人口を抱えた中国の安い労働力に対して、メーカーの目を向けさせることとなる。五十八年頃より、日本の製造業者や流通業者の仕様指定により現地企業が生産した商品を輸入する開発輸入が盛んになった。これは繊維製品においても例外ではなかった。昭和六十年（一九八五）より繊維製品の開発輸入品仕入額は急激に上昇し、輸入品仕入れに占める開発輸入品の割合は、六十二年には二〇％にも達している（通商産業省昭和六三年調査）。平成十五年（二〇〇三）の『繊維白書』は、十五年までには日本の繊維産業の生産力の七割が中国に移転すると予測した。

昭和五十年代までの日本は、石油や羊毛・綿花等の原料を輸入して製品化し、それを輸出していた。しかし、昭和六十二年（一九八七）に繊維製品の輸入額と輸出額は逆転する。以降は、輸入額は増大の一途をたどっており（図5）、その輸入国の中心は中国であるが、中国のほかにも韓国・ASEAN諸国で生産される低価格商品がその主要部分を占めている（図6）。

バブル崩壊と衣生活　平成元年（一九八九）金融引締め策が起因となってバブルは崩壊し、その後の景気低迷のなかで、海外生産の安い繊維製品に押されて、生産縮小・倒産に追いこまれた国内企業も多い。また、近年は、中国の労働賃金の上昇により、より安い人件費を求めて、各企業は海外拠点をベトナムなどの東南アジアにシフトしつつある。

日本では、昭和四十三年（一九六八）にＪＩＳが「繊維製品の取り扱いに関する表示記号及びその表示方法」を制定して、表示記号・方法の統一を図るとともに、四十五年にＱマーク（繊維製品品質総合検査制度）を発足させて、繊維製品の品質保持と安全性確立をめざしている。四十七〜四十八年にはホルマリン・ホルムアルデヒドの樹脂加工を規制し、「消費生活安全法」を制定した。以降も、防炎加工剤や防虫加工剤として使用されているもののうちで有害が明らかになったものの規制を行っている。しかし、ここ数年中国製品からの鉛などの有害物質の検出や毒入り餃子などの問題が多々発生し、おもちゃや食料品だけではなく衣料品の安全性を求める声も高まり、とくに乳幼児衣料などは安全な国産製品への購買者の志向も目立ちはじめている。

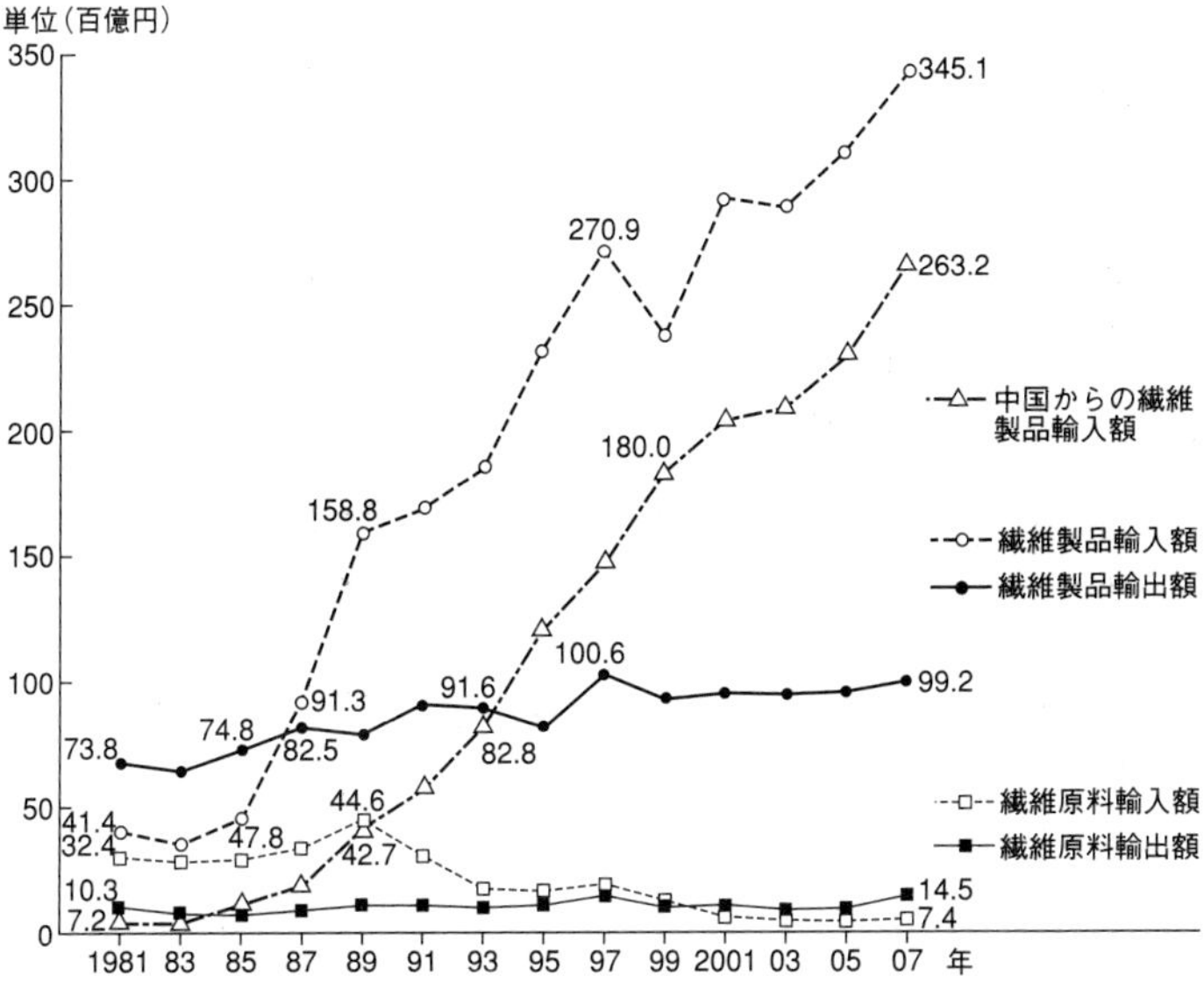

図５　繊維製品・繊維原料の輸出入，中国からの繊維製品輸入の推移

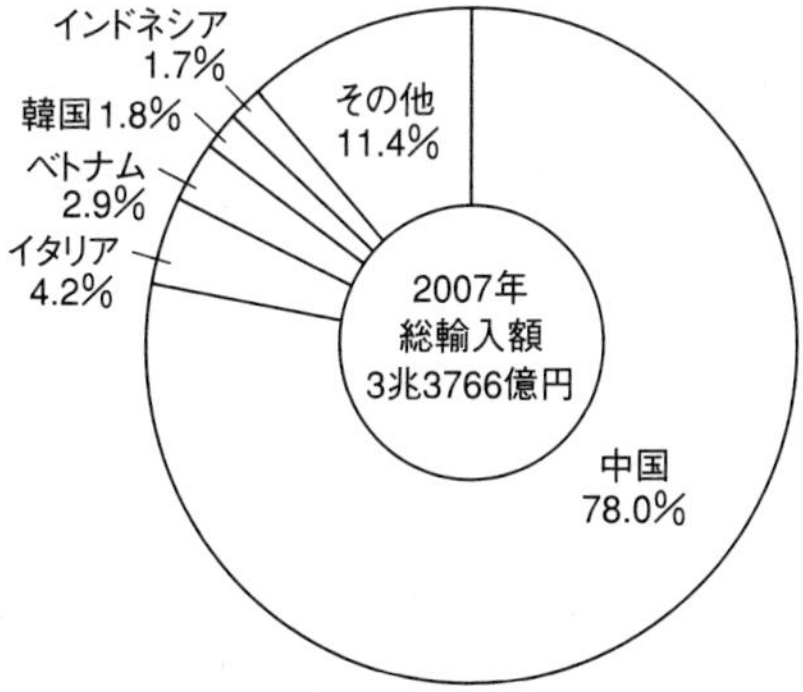

図６　繊維製品の主な輸入国（2007 年）

また、昭和五十年代から石油が限りある資源であることに目覚め、自然回帰が叫ばれるようになり、天然繊維の綿やウール、そして絹が再び脚光を浴びるようになった。一方では、オゾン層の破壊と紫外線の害がいわれるようになり、平成三年（一九九一）頃よりUV（紫外線）カット製品など健康に配慮した製品が出回るようになっている。高齢者や身体障害者に対しても、平成七年頃より、機能が衰えた者でも着脱しやすい衣服の研究がなされ、機能的でかつ美的要求も満たしたユニバーサルファッションが考案され、商品化されるようになった。

昭和五十五年（一九八〇）頃からのバブル経済下にあった日本の高級ブランド志向に目をつけたEU諸国は、日本法人を設立したり、日本アパレル産業と技術提携したりというかたちで日本市場に参入してきており、日本人の根強いブランド志向に支えられてこれらの企業運営は堅調に推移しているが、その一方で、「無印良品」などの安全性と実用を重視した非ブランド品の人気も高まっている。

昭和五十九年に広島にその名の店を開いてから急成長していったのが「ユニクロ」である。平成十一年（一九九九）には都心に進出し、デパート・量販店等に出店した。企画・生産・流通・販売を自社で一貫してしかもミニマムなコストで行い、品質保持をベースにして低価格でシンプルでカラフルなデザインの商品を供給し、幅広い層に受け入れられている。近年はカシミアなどの高級原料の製品を安価で提供し、格差社会に突入している日本人の衣生活の一方を、これらユニクロなどが支えている。

通信販売の発展とグローバル化　昭和六十一年（一九八六）には、セシールが下着のカタログ通販の宣伝を始めて急成長していったが、ニッセン、ベルーナなどの通信販売専門業者だけでなく、三越・高島屋・東急などの各デパートも通信販売業に参入してきた。自宅にいて、手軽にしかも比較的安価に商品が購入できる通信販売は急成長し、平成五年(一九九三)における調査では、通信販売による衣料品購入経験者は六六・三%といわれ、年齢層も十代から六十代までの幅広い層が利用している(中京短大調査『繊維白書』一九九六)。しかし、その製品の大半は中国・韓国・ＡＳＥＡＮ諸国製である。

一方で、海外の通信販売会社も日本市場に注目し、アメリカの各通信販売会社は、平成五年頃よりカジュアル衣料を中心に販売を開始した。また、海外メーカーとタイアップして、自社のカタログに海外ブランド商品を掲載し、注文の代行をする国内の通信販売企業も増加している。

また、パソコンの普及はインターネット通販を盛んにした。平成十一年(一九九九)にはインターネット通販の店舗は二万を超え、市場規模は前年度の二・一倍となっている。通信白書は平成十七年にはその規模は二十倍になるであろうとの予測を出した(『繊維白書』二〇〇二)。実際にネットショッピングの利用者は増大しつづけており、平成十九年(二〇〇七)の調査では、過去一年間にインターネットを利用した者のうち、四二・四%の人が商品・サービスの購入・取引などをネットで行っている。そのうちで衣料品・アクセサリー類を購入した者は三三・四%と、書籍・ＣＤ類、趣味関連品・雑貨についで三番目に高い数値となっている(『統計でみる日本二〇〇九』)。不要衣料のネットオークションとともに、ネットショッピングは、今後ますますその規模を拡大していくことはまちがいないであろう。

3 婚礼衣裳・喪服の洋装化

洋装婚礼衣裳の普及　戦後まもなくの物資不足のなかで行われた結婚式の服装は、花婿花嫁も国民服や平服であったが、昭和二十年代に、早くも婚礼衣裳を専門に扱う貸衣裳業者が誕生する。戦前から貸衣裳屋はあったが、一定以上の階層にあっては貸衣裳を利用することは恥ずかしいとする意識があったため、利用者は多くなかった。戦後しばらくもこの意識は継承され、貸衣裳によって結婚式を挙げる人は少なかった。しかし、三十年代の高度経済成長期に入ると、その意識も変化し、ゆとりのなかでの合理性が求められるようになる。一生に一度しか着ない結婚衣裳に多額のお金をかけるよりも貸衣裳を利用することを求める傾向が強まった。昭和三十一年（一九五六）の読売新聞によると、婚礼衣裳の九割が貸衣裳であり、そのなかでの洋装は一割である（十月二十二日付夕刊）。このように貸衣裳はすさまじい勢いで普及するが、すでに日常服には洋服が普及していたこの時期にあっても、まだ花嫁衣裳の大半は伝統的な振袖や打掛であった。

洋装婚礼衣裳の普及に拍車をかけたのは、昭和三十四年の皇太子の成婚である。普及しはじめたテレビを通じて全国ネットでそのまま配信された皇太子と美智子妃の洋装による馬車での成婚パレードは、人びとに洋装婚礼衣裳の魅力を目覚めさせた。また、三十二年頃から刊行されるようになった女性週刊誌も、この成婚式とともに芸能スターたちの結婚式情報を発信した。このような皇太子妃や芸能人の洋装婚礼衣裳の姿は、打掛などの和式婚礼衣裳に対して安物というイメージがつきまとっていたウエディング・ドレスの価値を高めた。

また一方で、ウエディング・ドレスの既製服化に貢献したのが桂由美である。彼女は、日本の高度経済成長の波のなかで、貸衣装ではなく自分だけのウエディング・ドレスを着たいという層に着目し、OLの一ヵ月分の給料で買える既製服のウエディング・ドレスをめざした。その背景には、化学繊維産業の発展によりウエディング・ドレスには欠かせないチュールなど薄物の素材が、低価格で提供されるようになっていたこともある。彼女の提供したファッショナブルで美しいウエディング・ドレスは、既製服ゆえの簡便さも手伝って、若い女性たちに歓迎され、洋装婚礼衣裳は定着してゆく。

また結婚式の形態も、従来からの主流であった神前結婚式に加えて、キリスト教会で挙式する人が増加し、ホテルや結婚式場は自らの敷地内や館内に神殿とともに教会をも設けるようになった。このような洋装による結婚式の需要に簡便に対応できる施設と体制の整備は、教会結婚式を増加させる一因ともなった。

こうして、多くの日本の若者は、神前結婚式・教会結婚式・人前結婚式・仏前結婚式と、結婚式の形態を自由に選択するようになった。そして、神殿や仏殿で式を挙げる者は羽織袴、白無垢打掛などの和式婚礼衣裳で、教会で式を挙げる者はフロック・コート、ウエディング・ドレスなどの洋式婚礼衣裳で、人前結婚式は和洋いずれでもというように、衣裳も好みの式の形態に応じて着用するようになっている。

洋服の喪服の普及　太平洋戦争中には、戦死や空襲によって死者は増大し、葬式は日常茶飯事とな

 っていた。そして昭和十五年（一九四〇）の国民服令公布以降は、戦況の悪化とともに吉凶すべてを男性は国民服で、女性は元禄袖か筒袖にもんぺですませるようになり、不幸の場合は、男性は左腕に黒布を巻き、女性は左胸に黒蝶結びの喪章をつけた。

しかし終戦後は、洋裁ブームの波のなかで、昭和二十二年（一九四七）頃より、洋裁書などに洋服の喪服のデザインが掲載されるようになる。物資不足のこの時代にあっては、黒の洋服は吉凶両用に適応する正装とされ、結婚式やパーティに出席するときは華やかなアクセサリーを装い、葬式のときにはアクセサリーは一切用いないで着るというように、一着持っていると重宝する衣服でもあった。

昭和三十年代に入ると、喪主やその親族などには和式の黒喪服や伝統的な白喪服を着る者もみられたが、日常生活も洋服が当たり前となったことを背景に参会者の多くはその簡便さから、洋服の喪服を着用するようになった。この頃から黒色のネックレスなども用いられるようになる。

昭和三十五年頃からの既製服化の動きは喪服にもおよび、安価な洋服の喪服が手に入るようになると、和式喪服を着用する者は激減した。なお、昭和三十九年頃より経済的ゆとりも手伝って、涙の象徴との意味づけがなされた真珠のネックレスが、喪服のアクセサリーとして用いられるようになり、今日にいたっている。

あとがき

「馬子《まご》にも衣裳」という文言ほど衣服の役割を言いえて妙なものはない。人は着るものによって立派にも貧相にも、魅力的にも野暮にもみえる。またハレの場合などには、たとえ分不相応であっても、その場に相応しい衣裳で参集することで安らぎを得る。一方、「馬子に褞袍《どてら》」のように、分相応の衣裳もまた、精神的安定感をもたらすことも確かである。これに「馬子の赤腹巻」などというような言葉を加えると、衣服の機能をさらに言い当てることになる。馬子が赤い腹巻をつけて、ケンカの助太刀に行く自分を鼓舞するというような意味でのものである。今でも選挙や試合の際に、勝負服として赤い衣服を着る者や、真っ赤なネクタイをする者を見受けるが、戦国時代の武将が、とくに好んで着用した赤色その他の派手な陣羽織などは同様の意図があってのものであろう。

このように、衣服は日々の暮らしのなかでの自己表現の重要なアイテムであるとともに、精神の安らぎをもたらすものでもあり、また逆に精神の高揚を助ける役目のものでもある。しかし、衣服の機能はこれだけではない。もちろん、気温の変化への対応や種々の外敵からの保護などの身体保護的側面や保健衛生的面からの実用的機能も無視できないが、衣服の歴史において重視されてきたもののひとつに、社会的規範の象徴がある。冠位十二階をはじめとした位階の序列において、その表象の役目を果たしてきたのが冠や衣服である。また、平安時代の禁色や江戸時代における町人衣服の紬以外の絹製品の禁制などのように、衣服は身分表象の具であり、支配のひとつの手段として利用されてきた。

この衣服の果たす役割の側面は、人間が衣服を着るようになって以来の歴史のなかで、さまざまな形で現われ、それぞれドラマを生んだ。日本人の衣服の歴史は、人間が社会集団のなかで暮らす存在であるとともに、個を主張する存在であることをも再認識する歴史でもある。

吉川弘文館より日本人の衣服の歴史を、最新の学説をもとに記してほしいとの依頼を受けた。確かに、日本衣服史、日本服飾史、日本被服史、日本服飾文化史というような名称での通史が多く刊行されてはいるが、大半は一般的な概説書であり、最新の研究成果をふまえたものは少ない。一九八九年に谷田閲次・小池三枝の共著で同様の意図による通史が光生館より出されたが、すでに二十年の歳月が流れている。日本における衣服史研究者は、近年の大学・短大の被服系学科激減とともに減少傾向にあるものの、未解明の歴史的事実を明らかにすべく地道に努力している研究者は少なからずいる。本書は、彼らの研究による新しい知見に基づいた歴史的事実を記すとともに、衣服変遷の具体的なプロセスとその要因を明らかにすべく努め、さらには、衣服の果たしてきた社会的側面とそのなかで生きてきた人びとの心の表現についてもできるだけ触れたつもりである。

最新の研究成果をふまえた読み物として、研究者だけではなく、日本の衣文化の歴史に興味を持つ方々にも広く手にとっていただければ幸いである。

最後に、本書の執筆に当たって、適切なご助言をくださるとともに、著者の事情により原稿が大幅に遅れたことに対しても、適切に対応してくださった吉川弘文館の一寸木紀夫氏に心より感謝申し上げたい。また製作の労を担ってくださった編集工房トモリーオの高橋朋彦氏にもこの場を借りてお礼を申し上げる。

二〇〇九年十一月

増田美子

参考文献

一　縄文・弥生の衣服

猪熊兼繁『古代の服飾』至文堂、一九六二年
斎藤　忠『古代の装身具』（塙選書）塙書房、一九六三年
井上光貞『日本古代国家の研究』岩波書店、一九六五年
佐伯有清『研究史戦後の邪馬台国』吉川弘文館、一九七二年
岡村吉右衛門『日本原始織物の研究』文化出版局、一九七七年
布目順郎『養蚕の起源と古代絹』雄山閣出版、一九七九年
岡本東三『日本の美術一八九　縄文時代Ⅰ』至文堂、一九八二年
土肥　孝『日本の美術一九〇　縄文時代Ⅱ』至文堂、一九八二年
岡本東三『日本の美術一九一　縄文時代Ⅲ』至文堂、一九八二年
木下正史『日本の美術一九二　弥生時代』至文堂　一九八二年
小笠原好彦「縄文～古墳時代の布」（『季刊考古学』五、雄山閣出版、一九八三年）
春成秀彌 a「装身の歴史―採取の時代―」、b「身体変工」（『季刊考古学』五、雄山閣出版、一九八三年）
上田正昭「職貢図の倭国使について」（『日本古代国家論究』塙書房、一九八六年）
斎藤　忠編『日本考古学論集2　集落と衣食住』吉川弘文館、一九八六年
斎藤　忠編『日本考古学論集4　容器・道具と宝器』吉川弘文館、一九八六年

伊藤　純「古墳時代の黥面」（『季刊考古学』二〇、雄山閣出版、一九八七年）
金関恕・佐原眞編『弥生文化の研究8　祭りと墓と装い』雄山閣出版、一九八七年
布目順郎『絹と布の考古学』雄山閣出版、一九八八年
井上秀雄『倭・倭人・倭国』人物書院、一九九一年
市毛　勲「埴輪と入れ墨」（『考古学ジャーナル』三五七、ニュー・サイエンス社、一九九三年）
柏原精一『図説邪馬台国物産帳』河出書房新社、一九九三年
原田昌幸『日本の美術三四五　土偶』至文堂、一九九五年
尾関清子『縄文の衣』学生社、一九九六年
岩永省三『日本の美術三七〇　弥生時代の装身具』至文堂、一九九七年
江坂輝彌「縄文人の装身具と衣服」（『日本考古学論集』2、吉川弘文館、一九九七年）
土肥　孝『日本の美術三六九　縄文時代の装身具』至文堂、一九九七年
白石太一郎編『日本の時代史1　倭国誕生』吉川弘文館、二〇〇二年

二　古墳から飛鳥の衣服

王　国維『胡服考』観堂集林、清代
宮崎一定「三韓時代の位階制について」（『朝鮮学報』一四、一九五八年）
関　晃「大化前代の大夫について」（『山梨大学学芸学部研究報告』一〇、一九五九年）
梅原末治『蒙古ノインウラ発見の遺物』東洋文庫、一九六〇年
張　末元編『漢朝服装図様資料』太平書局、一九六三年

関　晃「推古朝政治の性格」(『東北大学日本文化研究所報告』三、一九六七年)
原田淑人『漢六朝の服飾』東洋文庫、一九六七年
三木文雄『日本の美術一九　埴輪』至文堂、一九六七年
村井嵓雄『日本の美術五七　古墳』至文堂、一九七一年
家永三郎『上宮聖徳法王帝説の研究』三省堂、一九七二年
広瀬　圭「古代服制の基礎的考察―推古朝から衣服令の成立まで―」(『日本歴史』三五六、一九七八年)
群馬県教育委員会編『塚廻り古墳群』一九八〇年
黛　弘道『律令国家成立史の研究』吉川弘文館、一九八〇年
若月義小「冠位制の基礎的考察―難波朝廷の史的位置―」(『立命館文学』四四八〜四五〇、一九八二年)
武光　誠『日本古代国家と律令制』吉川弘文館、一九八四年
重松明久『古代国家と道教』吉川弘文館、一九八五年
押部佳周「七色十三階冠制について」(『日本歴史』四五二、吉川弘文館、一九八六年)
『考古学』二〇(埴輪をめぐる古墳社会)、雄山閣出版、一九八七年
奈良県立橿原考古学研究所附属博物館編『大和考古資料目録第一五集―石見遺跡資料―』一九八八年
牟田口章人『蘇った古代の木乃伊―藤原鎌足―』小学館、一九八八年
『考古学』二八(古墳には何が副葬されたか)、雄山閣出版、一九八九年
奈良県立橿原考古学研究所編『斑鳩藤ノ木古墳概報』吉川弘文館、一九八九年
奈良県立橿原考古学研究所附属博物館編『特別展藤ノ木古墳―古代の文化交流を探る―』一九八九年
増田美子「冠位制の変遷と位冠の性格について」(『日本歴史』四九一、一九八九年)

沈　仁安『東アジアの中の日本歴史1　倭国と東アジア』六興出版、一九九〇年
金井塚良一『人物埴輪を語る』さきたま出版会、一九九一年
武光　誠『日本古代社会史研究』同成社、一九九一年
辰巳和弘「生活1　衣服」（石野博信・岩崎卓也・河上邦彦・白石太一郎編『古墳時代の研究3　生活と祭祀』雄山閣出版、一九九一年）
芝山はにわ博物館編『はにわ人の服飾』一九九二年
辰巳和弘『埴輪と絵画の古代学』白水社、一九九二年
群馬県立歴史博物館『はにわ―秘められた古代の祭祀―』一九九三年
虎尾達哉「冠位十二階と大化以降の諸冠位―増田美子氏の新説をめぐって―」（『鹿大史学』四〇、一九九三年）
若松良一「埴輪と冠帽」（『考古学ジャーナル』三五七、ニュー・サイエンス社、一九九三年）
亀井正道『日本の美術三四六　人物・動物はにわ』至文堂、一九九五年
金文子（金井塚良一訳）『韓国服飾文化の源流』勉誠出版、一九九八年
群馬県教育委員会編『綿貫観音山古墳Ⅰ　墳丘・埴輪編』一九九八年
虎尾達哉『日本古代の参議制』吉川弘文館、一九九八年

三　奈良・平安初期の衣服

瀧川政次郎『律令の研究』刀江書院、一九三一年
竹内理三還暦記念会『律令国家と貴族社会』吉川弘文館、一九六九年
関根真隆『奈良朝服飾の研究』本文編・図版編、吉川弘文館、一九七四年

高松塚古墳総合学術調査会『高松塚古墳壁画調査報告書』便利堂、一九七四年
松本包夫『日本の美術一〇二　正倉院の染織』至文堂、一九七四年
井上光貞等校注『日本思想体系3　律令』岩波書店、一九七六年
松嶋順正『正倉院宝物銘文集成』吉川弘文館、一九七八年
大野　晋『日本の色』朝日新聞社、一九七九年
金　思燁『記紀萬葉の朝鮮語』六興出版、一九七九年
黛　弘道『律令国家成立史の研究』吉川弘文館、一九八〇年
虎尾俊哉『訳注日本史料　延喜式』集英社、二〇〇〇年

四　平安時代の衣服

鈴木敬三『初期絵巻物の風俗史的研究』吉川弘文館、一九六〇年
安谷ふじゑ『枕草子の婦人服飾』思文閣出版、一九七四年
小池三枝「襲色目試論—『待つ』と『惜しむ』の具象—」(『服飾美学』四、一九七五年)
柴田美恵「藤原期における位色の変容に関する一試論—紫から黒への移行をめぐって—」(『服飾美学』八、一九七九年)
近藤富枝『服装から見た源氏物語』文化出版局、一九八三年
吉村佳子「唐衣・裳形式の成立に関する一考察」(『服飾美学』一七、一九八八年)
河上繁樹『日本の美術三三九　公家の服飾』至文堂、一九九四年
西野悠紀子「桓武朝と後宮—女性叙位による一考察—」(『日本女性史論集2　政治と女性』吉川弘文館、一九九七年)

増田美子「和様の成立過程―唐衣裳装束を中心に―」(『国際服飾学会誌』二八、二〇〇五年)
増田美子「日本女性の顔隠しと被衣の意味―古代～中世を中心に―」(『風俗史学』三八、二〇〇九年)

五　鎌倉・室町時代の衣服

田中尚房編著『歴世服飾考』一八九三年(改訂増補故実叢書、明治図書、一九九三年)
脇田晴子『室町時代』(岩波新書)岩波書店、一九八五年
増田美子「中世の葬儀と喪服―黒から白への回帰―」(『学習院女子短期大学紀要』三〇、一九九二年)
伊原　昭『文学にみる日本の色』(朝日選書)朝日新聞社、一九九四年
高橋昌明『武士の成立　武士像の創出』東京大学出版会、一九九九年
藤本正行『鎧をまとう人々―合戦・甲冑・絵画の手びき―』吉川弘文館、二〇〇〇年
田端泰子・細川涼一『女人・老人・子ども』(日本の中世4)中央公論新社、二〇〇二年
五味文彦・本郷和人『中世日本の歴史』放送大学教育振興会、二〇〇三年
近藤好和『騎兵と歩兵の中世史』吉川弘文館、二〇〇五年
上横手雅敬『鎌倉時代　その光と影』吉川弘文館、二〇〇六年

六　織豊から江戸時代の衣服

九鬼周造『「いき」の構造』岩波書店、一九三〇年
谷田閲次『生活造形の美学』光生館、一九六〇年
山根有三『小西家旧蔵光琳関係資料とその研究』中央公論美術出版、一九六二年

小寺三枝「小袖文様の発想法—寓意性について—」(『お茶の水女子大学人文科学紀要』一七、一九六四年)
神谷栄子「伝上杉謙信所用金銀襴緞子等縫合胴服について—伝上杉謙信・上杉景勝所用服飾類調査報告一」(『美術研究』二二六・二二九、一九六五年)
神谷栄子「伝上杉謙信所用胴服八領下—伝上杉謙信・上杉景勝所用服飾類調査報告四」(『美術研究』二四四、一九六六年)
小池三枝「阿国かぶきの扮装—そのかぶきたるさま—」(『金沢女子短期大学学葉』一〇、一九六八年)
橋本澄子『日本の美術二三　結髪と髪飾り』至文堂、一九六八年
神谷栄子『日本の美術六七　小袖』至文堂、一九七一年
伊藤敏子『辻が花』講談社、一九七二年
丹野　郁『南蛮服飾の研究』雄山閣出版、一九七六年
谷田閲次『美学論攷　虚構の真実』光生館、一九七六年
荒川浩和『日本の美術一九五　印籠と根付』至文堂、一九八二年
河上繁樹「慶長小袖の系譜—その成立と展開—」(『MUSEUM』三八三、一九八三年)
永原慶二・山口啓二編『講座・日本技術の社会史　第三巻』日本評論社、一九八三年
中野三敏「すい・つう・いき」(『講座日本思想　第五巻』東京大学出版会、一九八四年)
小池三枝「近世日本の服飾文様2—歌舞伎文様の発生・展開—」(『衣服論—服飾の美意識—』放送大学教育振興会、一九八六年)
丸山伸彦「近世前期小袖意匠の系譜—寛文小袖に至る二つの系統—」(『国立歴史民俗博物館研究報告』一一、一九八六年)

河原由紀子「江戸時代武家服制の成立及びその社会的機能に関する研究」(『金城学院大学論集家政学編』二六、一九八七年)
井上光貞他編『日本歴史大系　第三巻近世』山川出版社、一九八八年
市川正一『徳川盛世録』(東洋文庫)、平凡社、一九八九年
長崎　巌「初期「友禅染」に関する一考察―「友禅染」の出現とその背景―」(『東京国立博物館研究紀要』二四、一九八九年)
坂本　満『人間の美術8　黄金とクルス』学習研究社、一九九〇年
永原慶二『新・木綿以前のこと』中央公論社、一九九〇年
小池三枝『服飾の表情』勁草書房、一九九一年
近松真知子「大名の婚姻―変遷・法令・縁組・結納・輿入・婚礼・献立―」(『婚礼　徳川美術館蔵品抄七』徳川美術館、一九九一年)
梅谷知世「近世服飾にみる舶来物の好尚―中期以降の遊客の姿―」(『服飾美学』二一、一九九二年)
小笠原小枝『日本の美術三〇九　絣』至文堂、一九九二年
森下みさ子『江戸の花嫁―婿えらびとブライダル―』中央公論社、一九九二年
大久保尚子「近世歌舞伎にみる服飾表現」(『服飾美学』二二、一九九三年)
長崎　巌『日本の美術三四一　町人の服飾』至文堂、一九九四年
貫　秀高『日本近世染織業発達史の研究』思文閣出版、一九九四年
有馬澄子・西垣賀子『『女重宝記』の研究―索引・研究編―』(東横学園女子短期大学女性文化研究所叢書第七輯)東横学園女子短期大学女性文化研究所、一九九五年

梅谷知世「洒落本にみる袋物―鼻紙袋と煙草入れ」(『たばこと塩の博物館研究紀要』六、一九九六年)
鳥越文蔵他編『岩波講座歌舞伎・文楽』2・3「歌舞伎の歴史一・二」岩波書店、一九九七年
大久保尚子「人情本にみる趣向と流行」(『服飾美学』二七、一九九八年)
小笠原小枝「豊臣秀吉所用の「鳥獣文様綴織陣羽織」をめぐって」(『MUSEUM』五五三、一九九八年)
奥村萬亀子『京に「服飾」を読む』染織と生活社、一九九八年
小池三枝『服飾文化論―服飾の見かた・読みかた―』光生館、一九九八年
『徳川将軍家冠婚葬祭百科』別冊歴史読本、新人物往来社、一九九八年
林由紀子『近世服忌令の研究』清文堂、一九九八年
青木もゆる「江戸時代の頭巾に関する一考察―覆面頭巾について―」(『服飾美学』二八、一九九九年)
大久保尚子「近世後期の服飾と絵画とのかかわりに関する一考察―人情本、浮世絵、絵手本にみる絵画的意匠の展開―」(『服飾美学』二九、一九九九年)
長崎　巌『日本の美術三九六　女の装身具』至文堂、一九九九年
小池三枝「小紋いまむかし」(『江戸小紋　藍田正雄・人と作品』群馬県立歴史博物館、二〇〇〇年)
小松大秀・岩崎均史『日本の美術四一二　喫煙具』至文堂、二〇〇〇年
高橋あけみ「大名家の婚礼について」(『大名家の婚礼―お姫さまの嫁入り道具―』仙台市博物館、二〇〇〇年)
長崎　巌「再考　茶屋染」(『MUSEUM』五七一、二〇〇一年)
古家愛子「光琳模様の成立と展開―小袖雛形本を中心に―」(『服飾美学』三三、二〇〇一年)
森田登代子『近世商家の儀礼と贈答』岩田書院、二〇〇一年
陶　智子「水島卜也の礼法伝書について」(『図書館情報大学研究報告』二一―一、二〇〇二年)

長崎　巌『日本の美術四三五　小袖からきものへ』至文堂、二〇〇二年
陶　智子『近世小笠原流礼法家の研究』新典社、二〇〇三年
江戸遺跡研究会『墓と埋葬と江戸時代』吉川弘文館、二〇〇四年
小林祐子「原羊遊斎と江戸琳派の蒔絵」（小林忠『日本の美術四六三　酒井抱一と江戸琳派の美学』至文堂、二〇〇四年）
河上繁樹「雁金屋資料にみる江戸時代前期の小袖—関学アート・インスティチュートの研究から—」（『関西学院大学人文学会人文論究』五五—一、二〇〇五年）
関口すみ子『大江戸の姫さま』角川学芸出版、二〇〇五年
古家愛子「西川祐信の服飾表現について—小袖雛形本を中心に—」（『服飾美学』四〇、二〇〇五年）
山本博文『徳川将軍家の結婚』文芸春秋、二〇〇五年
吉川美穂「幕末期における公武の女性の服制について—新出の染織資料を中心に—」（『金鯱叢書』三三、二〇〇六年）
梅谷知世「江戸時代前期における女性のかぶりもの」（『かぶりものの文化誌—儀礼におけるかぶりものの意味—』科学研究費補助金研究成果報告書、二〇〇七年）
河上繁樹a『江戸のダンディズム・男の美学』青幻社、二〇〇七年
河上繁樹b「江戸時代前期における小袖の模様染について—関学アート・インスティチュートの研究から（Ⅱ）—」（『関西学院大学人文学会人文論究』五六—四、二〇〇七年）
林　智子「近世の武家の婚礼衣装について—三井文庫所蔵史料を中心に—」（『共立女子大学家政学部紀要』五三、二〇〇七年）
丸山伸彦編著『江戸のきものと衣生活』小学館、二〇〇七年

森　理恵『桃山・江戸のファッションリーダー―描かれた流行の変遷―』塙書房、二〇〇七年
丸山伸彦『江戸モードの誕生』角川学芸出版、二〇〇八年

七　近代の衣服

柳田国男『明治大正史　世相篇』朝日新聞社、一九三一年（柳田国男全集・第五巻、筑摩書房）
今和次郎『今和次郎集　第七巻　服装史』ドメス出版、一九七二年
蓮池義治「明治時代における女学生の服装の変遷（上・中・下編）」（『学術誌衣生活』第二一巻第二・三・五号、一九七八年）
柳田国男編『明治文化史一三　風俗』原書房、一九七九年
景平一恵他「日本における女子洋式礼装の変遷」（『共立女子大紀要』二六、一九八〇年）
小林正義『制服の文化史―郵便とファッションと―』ぎょうせい、一九八二年
柳　洋子『ファッション化社会史―ハイカラからモダンまで―』ぎょうせい、一九八二年
柳　洋子『ファッション化社会史　昭和編―ファシズムからミイ・イズムへ―』ぎょうせい、一九八三年
山根章弘『羊毛の語る日本史』ＰＨＰ研究所、一九八三年
南　博　編『日本人の生活文化事典』勁草書房、一九八三年
お茶の水女子大学百年史刊行委員会編『お茶の水女子大学百年史』お茶の水女子大学百年史刊行委員会、一九八四年
遠藤　武『遠藤武著作集　第Ⅱ巻　近代編』文化出版局、一九八七年（「明治服飾史」・「日本洋装文化史」・「服飾近代史」）
外山三郎『海軍』（日本史小百科）近藤出版社、一九九一年

渡邊友希絵「『束髪案内』再考―「婦人束髪会を起すの主旨」と渡邊鼎―」（『日本歴史』六二九、吉川弘文館、二〇〇〇年）
井上雅人『洋服と日本人―国民服というモード―』（廣済堂ライブラリー）廣済堂、二〇〇一年
大江迪子「日本における婚礼衣装―江戸・明治・大正時代―」（『大谷女子短大紀要』二〇〇一年）
大江迪子「明治・大正時代の日本の洋装」（『大谷女子短大紀要』二〇〇二年）
田辺真弓「近代日本における外套―二重廻しと吾妻コートについて―」（『郡山女子大学紀要』三八、二〇〇二年）
朝岡康二『古着』（ものと人間の文化史）法政大学出版局、二〇〇三年
村田裕子「大正期における洋装子供服について―雑誌『主婦之友』より―」（『大谷女子短大紀要』二〇〇四年）
石井研士『結婚式　幸せを創る儀式』（NHKブックス）日本放送出版協会、二〇〇五年
田辺真弓「近代日本における肩掛」（『郡山女子大学紀要』四三、二〇〇七年）
成田龍一『大正デモクラシー』（岩波新書）岩波書店、二〇〇七年
風見　明『明治新政府の喪服改革』雄山閣、二〇〇八年

八　現代の衣服

奥村萬亀子「婚礼衣装にみる戦後生活の一側面―貸衣装業者の視点から―」（『京都府立大学生活センター年報』三、一九七八年）
岩田勝雄『日本繊維産業と国際関係』法律文化社、一九八四年
文化服装学院編『ファッション・ビジネス』文化出版局、一九八五年
林　邦雄『戦後ファッション盛衰史』源流社、一九八七年

青木英夫『風俗史からみた一九四〇〜五〇年代』源流社、一九八八年
千村典生『戦後ファッションストーリー』平凡社、一九八九年
家庭総合研究会編『昭和家庭史年表』河出書房新社、一九九〇年
青木英夫『風俗史からみた一九六〇年代』源流社、一九九三年
鍛島康子『ファッション文化』家政教育社、一九九六年
財団法人日本家政学会編『日本人の生活』建帛社、一九九八年
青木英夫『下着の文化史』雄山閣出版、二〇〇〇年
荒井三津子「戦後の婚礼衣装の変遷と背景—衣装の西洋化と女性の意識を中心に—」(『生活文化史』三八、二〇〇〇年)
鵜飼正樹・永井良和・藤本憲一編著『戦後日本の大衆文化』昭和堂、二〇〇〇年
吉田集而・睡眠文化研究所編『ねむり衣の文化誌』冬青社、二〇〇三年
小泉和子編著『洋裁の時代』農山漁村文化協会、二〇〇四年
落合恵美子「世界の中の戦後日本家族」(『日本史講座10　戦後日本論』東京大学出版会、二〇〇五年)
渡辺明日香『ストリートファッションの時代』明現社、二〇〇五年
高橋晴子『年表近代日本の身装文化』三元社、二〇〇七年
和田美代子『桂由美MAGIC』集英社、二〇〇八年

通史・各時代通史

関根正直『服制の研究』古今書院、一九二五年

明石染人『染織文様史の研究』萬里閣書房、一九三一年
永島信子『日本衣服史』大雅堂、一九三三年
日野西資孝『図説日本服飾史』恒春閣、一九五三年
『日本繊維産業史　総論篇・各論篇』繊維年鑑刊行会、一九五八・一九五九年
遠藤武・石山彰『図説日本洋装百年史』文化服装学院出版局、一九六二年
三瓶孝子『染織の歴史』（日本歴史新書）至文堂、一九六三年
石川綾子『日本女子洋装の源流と現代への展開』家政教育社、一九六八年
遠藤元男『生活史ノート』朝倉書店、一九七〇年
芳賀　登『葬儀の歴史』雄山閣出版、一九七〇年
谷田孝之『中国古代喪服の基礎的研究』風間書房、一九七〇年
河鰭実英『日本服装史図説』光生館、一九七三年
潮田鉄雄『はきもの』（ものと人間の文化史）法政大学出版局、一九七三年
角山幸洋『日本染織発達史』田畑書店、一九七四年
日本化学繊維協会編『日本化学繊維産業史』日本化学繊維協会、一九七四年
『江馬務著作集』全一三巻、中央公論社、一九七五～七八年（①風俗文化史、②服装の歴史、③服飾の諸相、④装身と化粧、⑦一生の典礼、⑩有職故実）
遠藤元男『織物の日本史』（ＮＨＫブックス）日本放送出版協会、一九七五年
笠原一男編『日本宗教史１』（世界宗教史叢書11）山川出版社、一九七七年
上村六郎『上村六郎染色著作集』一～三巻、思文閣出版、一九八〇年

和歌森太郎『和歌森太郎著作集』五～八巻、弘文堂、一九八〇～八一年
宮本常一『絵巻物に見る日本庶民生活誌』（中公新書）中央公論社、一九八一年
家永三郎『日本人の洋服観の変遷』ドメス出版、一九八二年
百田裕子「女子喪服の変遷―その2日本―」（『共立女子大学家政学部紀要』二九、一九八三年）
柳喜卿・朴京子『韓国服飾文化史』源流社、一九八三年
武田佐知子『古代国家の形成と衣服制』吉川弘文館、一九八四年
中山千代『日本女性洋装史』吉川弘文館、一九八七年
脇田晴子他編『日本女性史』吉川弘文館、一九八七年
王　家驊『東アジアの中の日本歴史5　日中儒学の比較』六興出版、一九八八年
北村哲郎『日本の織物』源流社、一九八八年
谷田閲次・小池三枝『日本服飾史』光生館、一九八九年
藤原　彰『大系日本の歴史15　世界の中の日本』小学館、一九八九年
女性史総合研究会編『日本女性生活史1　原始・古代』東京大学出版会、一九九〇年
新谷尚紀『日本人の葬儀』紀伊国屋書店、一九九二年
黄能馥・陳娟娟編著『中国服装史』中国旅游出版社、一九九四年
丸山伸彦『日本の美術三四〇　武家の服飾』至文堂、一九九四年
沈　従文『中国古代の服飾研究』京都書院、一九九五年
増田美子『古代服飾の研究』源流社、一九九五年
小笠原小枝『染と織の鑑賞基礎知識』至文堂、一九九八年

李如星（金井塚良一訳）『朝鮮服飾考』三一書房、一九九八年
河上繁樹・藤井健三『織りと染めの歴史　日本編』昭和堂　一九九九年
増田美子『日本喪服史　古代編―葬送儀礼と装い―』源流社、二〇〇二年
増田美子「日本の服飾の移り変わり」（『服飾文化』文部科学省、二〇〇四年）
王　宇清『萬古中華服装史』輔仁大学出版社、二〇〇五年
舘野和己・岩崎雅美『古代服飾の諸相』東方出版、二〇〇九年

図録・展覧会カタログ

『年中行事絵巻』（日本絵巻大成8）中央公論社、一九七七年
『紫式部日記絵詞』（日本絵巻大成9）中央公論社、一九七八年
『男衾三郎絵巻』（日本絵巻大成12）中央公論社、一九七八年
『春日権現験記絵』（続絵巻物大成13）中央公論社、一九九一年
『頬焼阿弥陀縁起絵巻』（続々日本絵巻大成4）中央公論社、一九九五年
『伴大納言絵詞』（日本の絵巻2）中央公論社、一九九一年
『粉河寺縁起』（日本の絵巻5）中央公論社、一九九〇年
『餓鬼草子』（日本の絵巻7）中央公論社、一九九〇年
『蒙古襲来絵詞』（日本の絵巻13）中央公論社、一九八八年
『一遍上人絵伝』（日本の絵巻20）中央公論社、一九八八年
『絵巻物による　日本常民生活絵引』（渋沢敬三・神奈川大学日本常民文化研究所編）平凡社、一九八五年

『三井家伝来小袖展』文化学園服飾博物館、一九九〇年
『辻が花―英雄を彩った華麗な絞り染め―』徳川美術館、一九九〇年
『婚礼のいろとかたち』京都文化博物館、一九九七年
『花洛のモード―きものの時代―』京都国立博物館、一九九九年
『江戸モード大図鑑―小袖文様にみる美の系譜―』国立歴史民俗博物館、一九九九年
『江戸のデザイン展　初公開印籠・根付コレクション』静嘉堂文庫、二〇〇〇年
『男も女も装身具―江戸から明治の技とデザイン―』国立歴史民俗博物館、二〇〇二年
『小袖　江戸のオートクチュール　松坂屋京都染織参考館の名品』サントリー美術館他、二〇〇八年
『日本美術全集第二〇巻　浮世絵』講談社、一九九一年
『原色浮世絵大百科事典第五巻　風俗』大修館書店、一九八〇年
『鐘紡コレクション一　小袖一』（河上繁樹・長崎巌編著）毎日新聞社、一九八七年
『鐘紡コレクション二　小袖二　紅型』（切畑健・丸山伸彦編著）毎日新聞社、一九八八年
『日本の染織―技と美―』（京都国立博物館編）京都書院、一九八七年
『画報近代百年史』（日本近代史研究会編集）日本図書センター、一九八九年
『図説　明治事物起源事典』（湯本豪一）柏書房、一九九六年
『写真にみる日本洋装史』（遠藤武・石山彰著）文化出版局、一九八〇年
『陸海軍服装総集図典―軍人・軍属制服、天皇御服の変遷―』（北村恒信編）国書刊行会、一九九六年

引用史料一覧

【古 代】

『漢 書』 後漢 班固撰 八二年頃成立 台湾芸文印書館
『三国志 魏書』 晋 陳寿撰 二六五~三一六年成立 台湾芸文印書館
『後漢書』 宋 范曄撰 四三二年成立 台湾芸文印書館
『梁 書』 唐 姚思廉等撰 六三六年成立 台湾芸文印書館
『隋 書』 唐 魏徴等撰 六五六年成立 台湾芸文印書館
『旧唐書』 後晋 劉昫等撰 九四五年成立 台湾芸文印書館
『唐 書』 宋 欧陽州等撰 一〇六〇年成立 台湾芸文印書館
『古事記』 勅撰 七一二年成立 日本古典文学大系 岩波書店
『日本書紀』 勅撰 七二〇年成立 日本古典文学大系 岩波書店
『続日本紀』 勅撰 七九七年成立 国史大系 吉川弘文館
『上宮聖徳法王帝説』 奈良中期~平安中期成立 岩波文庫 岩波書店
『日本後紀』 勅撰 八四〇年成立 国史大系 吉川弘文館
『続日本後紀』 勅撰 八六九年成立 国史大系 吉川弘文館
『日本紀略』 神代~後一条天皇までの歴史書 編者成立年不詳 国史大系 吉川弘文館
『万葉集』 八世紀後半~九世紀前半成立 日本古典文学大系 岩波書店

『令義解』　勅撰　八三四年施行　国史大系　吉川弘文館
『令集解』　惟宗直本撰　九世紀後半成立　国史大系　吉川弘文館
『儀　式』　貞観年間（八五九～七六）成立　故実叢書　明治図書
『延喜式』　勅撰　九二七年成立　国史大系　吉川弘文館
『西宮記』　源高明著　十世紀後半頃成立　故実叢書　明治図書
『古今和歌集』　勅撰　十世紀初め成立　日本古典文学大系　岩波書店
『九条殿記』　藤原師輔著　九三〇～九六〇年の記録　大日本古記録　東京大学史料編纂所
『和名類聚抄』　源順著　九三一～九三八年頃成立　日本古典全集　日本古典全集刊行会
『大和物語』　作者不詳　九五一年頃成立　日本古典文学大系　岩波書店
『落窪物語』　作者不詳　九六〇～九七三年頃成立　日本古典文学大系　岩波書店
『うつほ物語』　作者不詳　十世紀後半成立　新日本古典文学大系　岩波書店
『栄花物語』　赤染衛門編か　九世紀末～十一世紀の編年体物語　日本古典文学大系　岩波書店
『歌合集』　平安時代成立　日本古典文学大系　岩波書店
『枕草子』　清少納言著　一〇〇〇年頃成立　日本古典文学大系　岩波書店
『紫式部日記』　紫式部著　一〇〇八～一〇一〇年の記録　日本古典文学大系　岩波書店
『源氏物語』　紫式部著　平安中期成立　日本古典文学大系　岩波書店
『政治要略』　惟宗允亮撰　一〇〇二年頃成立　国史大系　吉川弘文館
『類聚三代格』　編者不詳　平安中期頃成立　国史大系　吉川弘文館
『左経記』　源経頼著　一〇一六～一〇三六年の記録　史料大成　臨川書店

『長秋記』　源師時著　一一〇五～一一三六年の記録　史料大成　臨川書店
『中右記』　藤原宗忠著　一〇八七～一一三八年の記録　史料大成　臨川書店
『雅亮装束抄』　源雅亮著　平安末期成立　群書類従・第八輯　続群書類従完成会
『今　鏡』　藤原為経著か　平安末期成立　国史大系　吉川弘文館
『餝　抄』　中院通方編著　鎌倉初期成立　群書類従・第八輯　続群書類従完成会
『冠帽図会』　松岡辰方著　江戸時代後期成立　故実叢書　明治図書
『礼服着用図』　著者不明　江戸時代末期成立　故実叢書　明治図書

【中　世】

『愚管抄』　慈円著　鎌倉初期成立　日本古典文学大系　岩波書店
『吾妻鏡』　編者不詳　一三〇〇年頃成立　新訂増補国史大系　吉川弘文館
『平家物語』　鎌倉初期成立か　日本古典文学大系　岩波書店
『筆の御霊』　江戸時代の随筆　改訂増補故実叢書　明治図書
「御成敗式目追加法」（佐藤進一・池内義資編『中世法制史料集　第一巻　鎌倉幕府法』岩波書店）
『建治三年丁丑日記』　太田康有著　建治三年（一二七七）の日記　群書類従・第二十三輯　続群書類従完成会
『古事談』　源顕兼編　一二一二～一二一五年成立　新日本古典文学大系　岩波書店
『明月記』　藤原定家著　一一八〇～一二三五年の記録　国書刊行会
『今　鏡』（前出）
『台　記』　藤原頼長著　一一三六～一一五五年の記録　増補史料大成　増補史料大成刊行会

『兵範記』　平信頼著　一一三二～一一七一年の記録　増補史料大成　臨川書店
『射礼私記』　小笠原持長伝　室町中期　群書類従・第二十三輯　続群書類従完成会
『方丈記』　鴨長明著　一二一二年成立　新日本古典文学大系　岩波書店
『源平盛衰記』　鎌倉初期成立か　有朋堂文庫、有朋堂
『徒然草』　吉田兼好著　一三三〇年頃成立　新日本古典文学大系　岩波書店
『とはずがたり』　後深草院二条著　一三〇六年頃成立　新日本古典文学大系　岩波書店
『貞治六年中殿御会記』　二条良基著　貞治六年(一三六七)の記録　群書類従・第十六輯　続群書類従完成会
『宗五大草紙』　伊勢貞頼著　大永八年(一五二八)奥書　群書類従・第二十二輯　続群書類従完成会
『貞丈雑記』　伊勢貞丈著　十八世紀後半成立　改訂増補故実叢書　明治図書
『世俗浅深秘抄』　後鳥羽上皇著　建暦年間(一二一一～一三)成立　群書類従・第二六輯　続群書類従完成会
『保元物語』　鎌倉初期成立　日本古典文学大系　岩波書店
『太平記』　十四世紀後半成立か　日本古典文学大系　岩波書店
『竹むきが記』　鎌倉末期・南北朝の女流日記　新日本古典文学大系　岩波書店
「鉢の木」　(『謡曲集』日本古典文学大系　岩波書店)
「実　盛」　(『謡曲集』日本古典文学大系　岩波書店)
『今昔物語集』　平安末期成立　新日本古典文学大系　岩波書店
『七十一番職人歌合』　室町末期成立　新日本古典文学大系　岩波書店
『道具秘釈』　一遍著　鎌倉中期成立　(日本思想体系『法然・一遍』岩波書店)
『嫁入記』　伊勢貞陸著　室町後期成立　群書類従・第二十三輯　続群書類従完成会

『よめむかへの事』　伊勢貞陸著　室町後期成立　群書類従・第二十三輯　続群書類従完成会
『鼠の草子』（『御伽草子集』日本古典文学全集　小学館）
『和長卿記』　東坊城和長著　一四八七～一五二九年の記録　続群書類従・第十一輯下　続群書類従完成会
『装束雑事抄』　高倉永行著　一三九九年成立　高倉家所蔵本
『師守記』　中原師守著　一三三九～一三七四年の記録　大日本史料・第六編　東京大学史料編纂所
『明応凶事記』　著者不明　十六世紀前半成立　続群書類従・第三十三輯下　続群書類従完成会
『海人藻芥』　恵命院宣守著　十五世紀前半成立　群書類従・第二十八輯　続群書類従完成会
『基量卿記』　東園基量著　一六七一～一七〇四年の記録　古事類苑・服飾部　吉川弘文館

【近　世】

『本朝世事談綺』　沾涼著　享保十九年（一七三四）刊　日本随筆大成（二期一二）　吉川弘文館
『後松日記』　松岡行義著　文政五年（一八二二）～嘉永元年（一八四八）執筆　日本随筆大成（三期七）　吉川弘文館
『我　衣』　加藤曳尾庵著　成立年未詳　燕石十種（一）　中央公論社
『守貞漫稿』　喜多川守貞著　嘉永六年（一八五三）概略　守貞漫稿（上・中・下）　東京堂出版
『御殿女中』　三田村鳶魚著　一九三〇年刊　三田村鳶魚全集（第三巻）　中央公論社
『南紀徳川史　第十六巻』　堀内信編　名著出版
『信長公記』　太田資房著　慶長十五年（一六一〇）成立　戦国資料叢書（二）　人物往来社
『色道大鏡』　藤本箕山撰　延宝頃（一六七三～八一）執筆　八木書店
『当世風俗通』　越里気思案口豆斎著　安永二年（一七七三）刊　洒落本大成（六）　中央公論社

『妓者呼子鳥』　田にし金魚著　安永六年（一七七七）刊　洒落本大成（七）　中央公論社
『客衆肝照子』　山東京伝著　天明六年（一七八六）刊　洒落本大成（一三）　中央公論社
『辰巳之園』　夢中散人寝言先生著　明和七年（一七七〇）刊　洒落本大成（四）　中央公論社
『辰巳婦言』　式亭三馬著　寛政十年（一七九八）刊　洒落本大成（一七）　中央公論社
『むかし〳〵物語』　財津種莢または新見正朝著　天保八年（一八三七）刊　続日本随筆大成・別巻（近世風俗見聞集一）
吉川弘文館
『御ひいなかた』　寛文七年（一六六七）刊　小袖模様雛形本集成（一）　学習研究社
『都風俗鑑』　著者未詳　延宝九年（一六八一）刊　新日本古典文学大系（七四）　岩波書店
『天和笑委集』　著者未詳　貞享頃（一六八四～八八）成立　新燕石十種（七）　中央公論社
『御触書寛保集成』　岩波書店
『本朝二十不孝』　井原西鶴著　貞享三年（一六八六）刊　新日本古典文学大系（七六）　岩波書店
『新板当風御ひいなかた』　菱川師宣画　天和四年（一六八三）刊　小袖模様雛形本集成（一）　学習研究社
『好色一代男』　井原西鶴　天和二年（一六八二）刊　日本古典文学大系（四七）　岩波書店
『諸国御ひいなかた』　貞享三年（一六八六）刊　小袖模様雛形本集成（一）　学習研究社
『友禅ひいなかた』　友尽斎日置徳右衛門画　貞享五年（一六八八）刊　小袖模様雛形本集成（一）　学習研究社
『余情ひなかた』　宮崎友禅直筆　元禄五年（一六九二）刊　元禄模様余情雛形　山本文華堂
『好色五人女』　井原西鶴著　貞享三年（一六八六）刊　日本古典文学大系（四七）　岩波書店
『墨絵ひなかた都商人』　正徳五年（一七一五）刊　小袖模様雛形本集成（三）　学習研究社
『当流模様雛形鶴の声』　万字軒他画　享保九年（一七二四）刊　小袖模様雛形本集成（三）　学習研究社

『光琳雛形若みとり』　伝幸水堂兼信画　享保十二年（一七二七）刊　はくおう社民芸織物図鑑刊行会
『女重宝記』　苗村丈伯著　元禄五年（一六九二）刊　家政学文献集成（続編江戸期Ⅷ　女用訓蒙図彙）　渡辺書店
『江戸春一夜千両』　山東京伝著　天明六年（一七八六）刊　山東京伝全集（一）　ぺりかん社
『春告鳥』　為永春水著　天保七年（一八三六）刊　新編日本古典文学全集（八〇）　小学館
『蒔絵為井童草』　井上新七著　宝永二年（一七〇五）刊　江戸科学古典叢書（四〇）　恒和出版
『甲子夜話』　松浦静山著　文政四年（一八二一）～天保十二年（一八四一）執筆　東洋文庫　平凡社
『人倫訓蒙図彙』　著者未詳　元禄三年（一六九〇）刊　東洋文庫　平凡社
『賤のをだ巻』　森山孝盛著　一八〇二年序　燕石十種（一）　中央公論社
『進物便覧』　隴西大隠著　文化八年（一八一一）刊　（国立国会図書館蔵）
『曽我糠袋』　唐州著　天明八年（一七八八）刊　洒落本大成（一四）　中央公論社
『西鶴俗つれ〳〵』　井原西鶴著　元禄八年（一六九五）刊　定本西鶴全集（八）　中央公論社
『女用訓蒙図彙』　奥田松柏軒著　貞享四年（一六八七）刊　家政学文献集成（続編江戸期Ⅷ　女用訓蒙図彙）　渡辺書店
『古今役者論語魁』　近仁斎薪翁著　明和九年（一七七二）刊　日本思想大系（六一）　岩波書店
『婚礼推陳記』　編者未詳　成立年未詳　古事類苑（礼式部第一）　吉川弘文館
『婚礼書』　水島卜也著　成立年未詳　（陶智子「小笠原流『婚礼書』注」『富山短期大学紀要』三六）
『鹿児島県史料　旧記雑録追録3』　鹿児島県維新史料編さん所編　鹿児島県
『椀久一世の物語』　井原西鶴著　貞享二年（一六八五）刊　定本西鶴全集（二）　中央公論社
『世間娘気質』　江島其磧著　享保二年（一七一七）序　新日本古典文学大系（七八）　岩波書店
『嫁娶調宝記』　遠藤元閑著　元禄十年（一六九七）刊　重宝記資料集成（一五）　臨川書店

『婚礼仕用罌粟袋』白水著　寛延三年(一七五〇)刊　江戸時代女性文庫(二八)　大空社
『基量卿記』(前出)

【近現代】

『明治事物起原』　石井研堂著　一九〇七年刊　(ちくま学芸文庫　筑摩書房)
『東京風俗史　上・中・下』平出鏗二郎著　一八九九・一九〇一・一九〇二年刊　(日本風俗叢書　日本図書センター)
『明治風俗史』　藤澤衛彦著　一九二九年刊　春陽堂
『旅情一〇〇年―日本の鉄道―』　毎日新聞社編　一九六八年　毎日新聞社
『西洋衣食住』　福澤諭吉著　一八六七年刊　(福澤諭吉全集・第二巻　岩波書店)
『増訂　武江年表』　齋藤月岑著　一八八二年刊　(東洋文庫　平凡社)
『白木屋三百年史』　白木屋編　一九五七年刊　白木屋
『物価の文化史事典』　森本卓郎監修　二〇〇八年刊　展望社
『金色夜叉』　尾崎紅葉著　『読売新聞』一八九七～一九〇二年連載　(明治文学全集一八　筑摩書房)
『魔風恋風』前編　小杉天外著　『読売新聞』一九〇三年連載　(岩波文庫　岩波書店)
『もしや草紙』　福地桜痴著　『東京日日新聞』一八八八年連載　(明治文学全集一一　筑摩書房)
「怪化百物語」　柳亭種彦(三世、高畠藍泉)著　一八七五年刊　(新日本古典文学大系・明治篇1　岩波書店)
『おんな二代の記』　山川菊栄著　一九五六年刊　(東洋文庫　平凡社)
『家庭の栞　婦人文庫』　内田安蔵編　一九〇九年刊　大日本家政学会
『きもの』　幸田文著　『新潮』一九六五～六八年連載　(幸田文全集・第一七巻　岩波書店)

「新式の婚礼」　報知新聞一九〇二年九月一六日（近代庶民生活誌・第九巻　三一書房）
『アッパッパ論』　佐藤春夫著　一九三一年刊（日本の名随筆三八　作品社）
『風俗画報CD-ROM版』　槌田満文監修　一九九七年刊　ゆまに書房
『都の華第一号～第七三号』　井上米次郎編集　一八九七～一九〇三年刊　都新聞社
『新聞集成明治編年史』　中山泰昌編著　一九三四年　新聞集成明治編年史頒布会
『幕末明治新聞全集』　木村毅編集代表　一九七三年　世界文庫
『明治ニュース事典』　明治ニュース事典編纂委員会編　一九八三～一九八六年　毎日コミュニケーションズ
『大正ニュース事典』　大正ニュース事典編纂委員会編　一九八六～一九八九年　毎日コミュニケーションズ
『昭和ニュース事典』　昭和ニュース事典編纂委員会編　一九九〇～一九九四年　毎日コミュニケーションズ
『国際ニュース事典―外国新聞に見る日本―』　国際ニュース事典出版委員会・毎日コミュニケーションズ編集　一九八九～一九九〇年　毎日コミュニケーションズ
『近代庶民生活誌　第一巻　人間世間』　南博編　三一書房　一九八五年
『近代庶民生活誌　第五巻　服飾・美容・儀礼』　南博編　三一書房　一九八六年
『近代庶民生活誌　第九巻　恋愛・結婚・家庭』　南博編　三一書房　一九八六年
『繊維便覧―原料編―』　繊維学会編　一九六八年　丸善
『朝日新聞夕刊』　一九五三年　朝日新聞社
『繊維統計年報』　通商産業大臣官房調査統計部編　一九六一年版
『繊維年鑑』　日本繊維新聞社編　一九九五年版
『繊維白書』　矢野経済研究所編　一九八二年版～二〇〇九年版

『統計で見る日本　二〇〇九』　財団法人日本統計協会編　二〇〇八年版
『経済白書―日本経済の成長と近代化―』　経済企画庁　一九五六年

執筆者紹介―執筆分担

増田美子（ますだ　よしこ）→別掲　人はなぜ衣服を着るのか、一～四、五と六の喪服の項、八

山岸裕美子（やまぎし　ゆみこ）　五
一九五五年生まれ／一九八五年　お茶の水女子大学大学院家政学研究科被服学専攻修士課程修了
現在　群馬社会福祉大学社会福祉学部教授
〔主要論文〕
鎌倉武家服飾における権威と権力―狩衣の着用をとおして―（『学校法人昌賢学園論集』二）「直垂」にみる鎌倉武家の文化―供奉装束としての役割とその意識―（『群馬社会福祉短期大学研究紀要』三）

梅谷知世（うめたに　ともよ）　六
一九六四年生まれ／一九九一年　お茶の水女子大学大学院家政学研究科被服学専攻修士課程修了
現在　学習院女子大学非常勤講師
〔主要論文〕
近世服飾にみる舶来物の好尚―中期以降の遊客の姿―（『服飾美学』二一）　幕末における洋行者の服飾（『服飾美学』三二）

田辺真弓（たなべ　まゆみ）　七
一九五〇年生まれ／一九七三年　お茶の水女子大学家政学部被服学科卒業
現在　郡山女子大学短期大学部教授
〔主要論文〕
赤毛布―近代日本における一庶民服飾―（『服飾美学』一八）　近代日本における肩掛（『郡山女子大学紀要』四三）

索　引

あ 行

か　行

さ　行

た 行

な 行

は　行

ま　行

や 行

ら 行

わ 行

図版一覧

八　現代の衣服

編者略歴
一九四四年　広島県に生まれる
一九六八年　お茶の水女子大学大学院家政学研究科被服学専攻修士課程修了
現在　学習院女子大学国際文化交流学部教授
〔主要著書・論文〕
古代服飾の研究―縄文から奈良時代―　日本喪服史　古代編―葬送儀礼と装い―　和様の成立過程―唐衣裳装束を中心に―（『国際服飾学会誌』二八）

日本衣服史
二〇一〇年（平成二十二）二月十日　第一刷発行
編者　増《ます》田《だ》美《よし》子《こ》
発行者　前田求恭
発行所　株式会社　吉川弘文館
郵便番号一一三―〇〇三三
東京都文京区本郷七丁目二番八号
電話〇三―三八一三―九一五一〈代表〉
振替口座〇〇一〇〇―五―二四四番
http://www.yoshikawa-k.co.jp/
印刷＝株式会社 平文社
製本＝誠製本株式会社
装幀＝清水良洋・星野槙子

ISBN978-4-642-08031-6